Trastorno obsesivo-compulsivo:

Etiología, fenomenología, y tratamiento

Marcos E. Ochoa-Panaifo y Caleb W. Lack, Editores

Trastorno obsesivo-compulsivo: etiología, fenomenología y tratamiento (segunda edición).

Publicado por *Onus Books*

Impreso por Lightning Source International

Arte de portada: Candace Telford

Diseño de portada: Caleb W. Lack

Rústica comercial ISBN: 978-1-8382391-7-6

OB 23/39

Reconocimientos

Mi mayor reconocimiento a todas las personas que batallan día a día contra el monstruo del TOC, los admiro en demasía. Quiero agradecer a mi prometida: Jennifer Isla, quien ha sido la fuente de mi inspiración y dedicación durante todos estos años. A todos los miembros de ALTOC, especialmente, a mi partner Guillermo Dager, quien hizo que este proyecto se haga realidad. A mis fabulosos colegas y amigos, Alessandra Ramirez, Álvaro Flores, Tania Barbieri, José Luis Perales, Sary Torres y Matías Jensen por su labor magnífica contra el TOC. A Eric Storch, Jim Crowley, David Lozada, Isabel Valdivia y Luis Vescanse, por sus grandes enseñanzas. A mi mentor y gran amigo: Fernando Hurtado. A mis grandes amigos Milagros Breña y Luis Alonso Neyra, por su tiempo. Al mejor programador del mundo y gran amigo: Luis Zevallos, por el desarrollo de la EPR en RV. A la mejor asistente, Milagros Ochoa, por su ardua labor. A mis padres, Marcos y Wilma. A mis hermanos. A cada uno de los autores por tomarse el tiempo de trabajar en este proyecto. A todos los profesionales que realizan una magnífica labor de toda Latinoamérica, sobre todo, al profesor Caleb Lack.

MEOP

Este libro no hubiera sido posible sin el apoyo de mi familia, colegas y las muchas personas con TOC a quienes he tenido la suerte de ayudar en mi carrera. Me gustaría expresar específicamente mi agradecimiento a mis padres, Johnny y Patty Lack, quienes han sido una fuente inquebrantable de fortaleza para mí. Finalmente, aprecio mucho el tiempo y el esfuerzo que los autores del capítulo ponen en este libro, lo que resulta en una maravillosa introducción al trastorno obsesivo-compulsivo.

CWL

Contenido

CAPÍTULO DIEZ

CAPÍTULO ONCE

Introducción

Marcos E. Ochoa-Panaifo y Caleb W. Lack

Este libro surgió como resultado de la colaboración continua entre profesionales de la salud mental en los Estados Unidos y en toda América Latina. Gracias al trabajo realizado por la Asociación Latinoamericana de Trastorno Obsesivo Compulsivo (ALTOC) para ayudar a difundir información basada en evidencia y tratamiento para personas que sufren de TOC, pudimos reunirnos en el primer Congreso Latinoamericano del TOC que tuvo lugar en Colombia en 2022. Reconociendo la necesidad de un libro completo pero accesible sobre el TOC en español, decidimos traducir los capítulos publicados en la segunda edición de Dr. Lack's *Obsessive-Compulsive Disorder: Etiology, Phenomenology, and Treatment* en español. Para asegurarse de que fuera lo más útil posible para una audiencia latina, se reclutaron médicos e investigadores de toda América Latina y se les pidió que ampliaran la información en cada capítulo.

Este libro se divide ampliamente en dos partes. La primera mitad del libro se concentra en comprender mejor el trastorno, mientras que la segunda mitad se centra en el tratamiento. Para comenzar nuestro libro, el destacado investigador, clínico y líder en el campo Jonathan Abramowitz tiene algunos comentarios sobre el estado del tratamiento y la investigación sobre el TOC. El capítulo 1 ofrece una visión general de cómo se conceptualiza actualmente el TOC, mientras que Chapter 2 examina qué causa el TOC, basándose en una explicación de múltiples niveles que explica las influencias evolutivas, biológicas, psicológicas y sociales en la expresión del TOC. El capítulo 3 desglosa el TOC en los diferentes tipos de síntomas que vemos y explica cómo se ven y qué impacto puede tener en el tratamiento. El capítulo 4 se sumerge en el tema de la comorbilidad en personas con TOC, observando lo que todos los tipos de diagnósticos comúnmente viajan juntos. El capítulo 5 cierra la primera mitad, con un estudio exhaustivo de lo que dice la literatura sobre cómo la cultura afecta el TOC y sus manifestaciones.

La segunda mitad del libro comienza con el capítulo 6 y unavisión general del tratamiento psicosocial más eficaz para el TOC: la terapia cognitivo-conductual que incorpora la exposición con la prevención de respuesta. A continuación, observamos la dinámica familiar en el tratamiento exitoso del TOC. Lasopciones de tratamiento farmacológico son el enfoque en el Capítulo 8, incluido un esquema de un algoritmo para decidir qué medicamentos usar y cuándo. En nuestro capítulo final 9, examinamos las fronteras de las opciones de tratamiento para el TOC, incluidas las intervenciones cerebrales directas, como las psicocirugías y la neuromodulación.

Si usted es nuevo en el TOC, un proveedor de salud mental experimentado, una persona con TOC o un miembro de la familia de alguien que tiene TOC, esperamos que encuentre este libro como una adición útil a su biblioteca.

Marcos E. Ochoa-Panaifo
1 de novembre, 2023
Lima, Perú

Caleb W. Lack, Ph.D.
1 de novembre, 2023
Edmond, Oklahoma, USA

Lista de autores

Taylor Abounder, M.A. es estudiante de psicología clínica de 5° año en la Escuela de Psicología Profesional de la Universidad Estatal de Wright. Sus intereses clínicos incluyen psicología pediátrica, específicamente dolor crónico y trastornos de ansiedad. Taylor es actualmente el intervencionista del laboratorio Healing Emotions iLlness Pain (HELP) de la Universidad Estatal de Michigan, que se centra en desarrollar y probar intervenciones psicológicas para jóvenes con afecciones crónicas de salud y síntomas psicológicos concurrentes. Taylor completará su pasantía en MetroHealth Medical Center en Cleveland, Ohio.

Victor Adorno Quevedo, M.D. es médico psiquiatra y profesor adjunto de la Universidad Nacional de Asuncion. El Dr. Adorno Quevedo fue Presiente de la Asociación Paraguaya de Psiquiatras (2018 - 2020) y Director General del Hospital Psiquiatrico (2018 - 2022). Actualmente se desempeña como docente en la Catedra de Farmacologia y en la Catedra de Psiquiatria de la Universidad Nacional de Asuncion. Es especialista en Neuromodulacion por el Berenson-Allen Center, Harvard Medical School y se dedica al consultorio privado y a la aplicación de Estimulación Magnética Transcraneal.

Zachary S. Appenzeller, Ph.D. es becario postdoctoral en el programa de Trastornos Obsesivo-Compulsivos y Relacionados en el Departamento de Psiquiatría y Ciencias del Comportamiento de Baylor College of Medicine. El Dr. Appenzeller se especializa en terapia cognitiva conductual para el tratamiento del trastorno obsesivo-compulsivo, trastornos de ansiedad y trastornos alimentarios.

Amanda M. Balkhi, Ph.D. es el fundador y director ejecutivo de la Fundación Balkhi, una organización sin fines de lucro dedicada a mejorar la calidad de vida de las personas y las familias a través de la educación. Las publicaciones del Dr. Balkhi abarcan ampliamente la salud y el bienestar infantil y familiar con intereses específicos en enfermedades crónicas infantiles como la diabetes tipo 1 y el trastorno obsesivo compulsivo.

Tania L. Barbieri Aguirre es psicóloga por la Universidad de Piura (Perú). Formación en Terapias Contextuales: Terapia de Aceptación y Compromiso (ACT), Psicoterapia Analítico Funcional (PAF), Terapia Dialéctico Conductual (DBT) y Activación Conductual (BATD). Estudios en Exposición con Prevención de Respuesta (EPR) para el TOC. Experiencia en atención de trastornos de ansiedad, depresión y TOC. Miembro de la Asociación Latinoamericana de Trastorno Obsesivo Compulsivo (ALTOC). Psicóloga de la Clínica ALTOC. Colaboradora en la investigación LATINO OCD Genomics para Perú.

Megan A. Barthle-Herrera, Ph.D. es psicóloga licenciada y profesora de la Universidad de Florida. El Dr. Barthle-Herrera es director de la clínica de psicología ambulatoria de la División de Psicología TOC, Ansiedad y Trastornos Relacionados de UF Health. Ella es una Profesional Certificada de Salud Mental Perinatal (PMH-C), así como una Terapeuta Certificada de Terapia de Interacción Padre-Hijo (PCIT) y PCIT Certificada dentro de la Agencia Entrenadora. Sus intereses de investigación incluyen los resultados del tratamiento para las intervenciones de tratamiento CBT-ERP, así como temas asociados con el TOC y trastornos relacionados.

Hannah Benemann, B.S. es estudiante de segundo año en el programa de doctorado en psicología clínica de la Universidad Estatal Sam Houston. Recibió una licenciatura en psicología y una especialización en antropología de la Universidad Central de Michigan en 2021. Sus intereses de investigación incluyen la perpetración de delitos violentos con un enfoque particular en la agresión sexual.

Cassidy Bolton, B.S. se graduó de la Universidad de Sösterida en 2023 y trabajó como asistente de investigación en el equipo del Dr. Lewin durante aproximadamente un año, ayudando con estudios relacionados con Tourette y Misofonía.

Alexa Callahan, B.A. es estudiante de doctorado en psicología clínica en la Universidad Estatal Sam Houston. Ella es originaria de Omaha, Nebraska, y se graduó de la Universidad de Nebraska en Omaha con una licenciatura en Psicología, concentrándose en Psicología Forense. Sus intereses de investigación incluyen predictores de violencia, construcciones de personalidad y psicopatología, y un enfoque en poblaciones subrepresentadas en la investigación.

Daniellea Cash, Ph.D. es profesor asistente en la Universidad Estatal Sam Houston. Se graduó de la Universidad Estatal de Louisiana y sus intereses de investigación se centran en la interacción entre la psicología social y cognitiva dentro del sistema legal. Esto incluye factores como la identificación de testigos oculares, la toma de decisiones del jurado, la detección de engaños y la violencia sexual.

Alison Concannon, M.S. es estudiante de doctorado en psicología clínica en la Universidad Estatal Sam Houston. Se graduó con su B.A. en psicología de la Universidad de Creighton y su maestría en psicología clínica de la Universidad de Colorado en Colorado Springs. Sus intereses de investigación incluyen patología de la personalidad, psicopatía, ofensa sexual, evaluación de medidas de evaluación de riesgos y psicometría.

James J. Crowley, Ph.D. es profesor asociado con nombramientos en los Departamentos de Genética y Psiquiatría de la Universidad de Carolina del Norte - Chapel Hill. Su investigación se centra en la genómica psiquiátrica e incluye estudios genéticos moleculares, epidemiológicos y de gemelos de varios trastornos psiquiátricos, incluido el trastorno obsesivo-compulsivo (TOC), el síndrome de Tourette, la esquizofrenia y la anorexia nerviosa. Obtenga más información en línea en www.crowleylab.org.

Guilermo Dager-Perez, M.D. es Psiquiatra y Psicoterapeuta de la Universidad el Bosque de Bogotá. Médico de la Universidad del Sinú de Cartagena. Instituto Colombiano del Sistema Nervioso Central, Clínica Monserrat, Magister en Adicciones y Drogodependencia de la Universidad CES de Medellín. Investigador. Experto en Trastorno Obsesivo Compulsivo. Coordinador del Departamento de Salud Mental y Docente de la Corporación Universitaria Rafael Núñez de Cartagena en el programa de Medicina. Cofundador de la Asociación Latinoamericana del Trastorno Obsesivo Compulsivo – ALTOC. Colaborador de LATINO OCD Genomics.

Seth T. Downing, M.S. es candidato a doctorado en el Departamento de Psicología Clínica y de la Salud de la Universidad de Florida. Sus intereses de investigación incluyen los impactos y los tratamientos basados en la evidencia para el trastorno obsesivo-compulsivo, el trastorno de acumulación y los trastornos de ansiedad. También está interesado en las perspectivas de aquellos con experiencia vivida con estos trastornos y las perspectivas de otras partes interesadas relevantes, incluidos los médicos y los miembros de la familia.

Roy Eyal, M.D. es psiquiatra de niños y adolescentes en la práctica con el Grupo Médico Permanente del Norte de California. Completó la escuela de medicina en la Facultad de Medicina de la Universidad de Vanderbilt, seguida de una residencia y beca en psiquiatría general y adulta, así como para niños y adolescentes, en el Instituto Neuropsiquiátrico de UCLA. Está certificado tanto en psiquiatría como en psiquiatría infantil y adolescente. El Dr. Eyal practica en una clínica psiquiátrica general, enseña a estudiantes de medicina y fue presidente de la Organización Regional de Psiquiatría Infantil y Adolescente del Norte de California.

Nathan Fite, Ph.D. es un psicólogo licenciado y el fundador de The Anxiety Center, un centro de tratamiento integrado en Indiana. Obtuvo una maestría en Análisis de Comportamiento Aplicado y un doctorado en Psicología Escolar de la Universidad de Cincinnati, y ahora se especializa en el tratamiento de trastornos de ansiedad y tiene un enfoque de investigación en la integración clínica de la tecnología en la terapia cognitivo-conductual, así como en la atención basada en la medición.

Álvaro Flores-Garcia, Psic. es psicólogo por la Universidad de Piura dedicado a la atención de problemas de ansiedad y Trastorno Obsesivo Compulsivo. Certificado en Terapia de Exposición y Prevención de Respuesta por el Behavior Therapy Training Institute de la International OCD Foundation. Es especialista en Terapia Cognitivo Conductual por IPSICOC. Entrenamiento en Cognitive-Behavioral Therapy for OCD por el Dr. Caleb Lack en ALTOC. Diplomado en tratamientos basados en la evidencia para el espectro de la ansiedad y depresión en TCC Tandil. Entrenamientos en ACT, Terapia Metacognitiva y Activación Conductual. Miembro de la Asociación Latinoamericana de Trastorno Obsesivo Compulsivo (ALTOC) y de la International OCD Foundation (IOCDF). Docente y conferencista en congresos nacionales e internacionales en temas de TOC y ansiedad. Colaborador del proyecto LATINO OCD Genomics que busca dilucidar la genómica del TOC en Latinoamérica.

Ramón Andrés González Galera es Licenciado en Psicología por la Universidad de Granada (España) con 9 años de experiencia en psicología clínica y de la salud trabajando trastornos de depresión, ansiedad, personalidad y relacionados. Maestro cognitivo conductual en psicología clínica y de la salud en el Centro de Psicología Aaron Beck. Especialista en Trastorno Obsesivo Compulsivo certificado por la IOCD FUNDATION a través de BTTI. Behavior Therapy Training Institute. Director en ALTOC México. Colaborador en Ciudad de México de la firma psicológica especializada SINTOC by Belinda Núñez. Investigador principal de LATINO OCD Genomics. Especialista en Terapia Breve de Activación Conductual para la Depresión por el Centro Internacional de Psicología y Psicoterapia Cognitiva de Buenos Aires (Argentina). Especialista en Terapia de Aceptación y Compromiso y Mindfulness por el Centro Internacional de Psicología y Psicoterapia Cognitiva de Buenos Aires (Argentina). Socio activo de la Sociedad Mexicana de Neuromodulación (SMN).

Andrea D. Guastello, Ph.D. es una psicóloga licenciada y un profesora de la Universidad de Florida. La Dra. Guastello es codirectora del Laboratorio de Investigación de Exposición y Ansiedad de Florida (FEAR) y miembro del Centro de UF para TOC, Ansiedad y Trastornos Relacionados (COARD) y del Centro de UF para el Autismo y el Neurodesarrollo (CAN). Su experiencia clínica y de investigación es tanto en TOC / ansiedad como en trastorno del espectro autista, con un interés particular en el tratamiento de presentaciones concurrentes.

Matías Jensen, Lic. es psicólogo por la Pontificia Universidad Católica de Valparaíso. Durante su carrera se ha especializado en el tratamiento del Trastorno Obsesivo Compulsivo, Relacionados y Trastornos del Espectro Ansioso. Es director de Espacio TOC y representante de ALTOC en Chile.

Taylor Johnson, B.S. es estudiante de doctorado de psicología clínica de primer año en la Universidad Estatal Sam Houston. Recibió su licenciatura en Psicología y Ciencias Cognitivas en la Universidad Case Western Reserve. Está interesada en investigar los predictores de la violencia sexual, así como la iluminación de gas y su personalidad y correlatos de comportamiento.

Joseph T. La Torre, M.T.S está completando su Ph.D. en Psicología en el Laboratorio de Cultura y Disparidades de Salud Mental de la Universidad de Ottawa. Su investigación se centra en la psicoterapia asistida por psicodélicos, el trauma, la psicosis, el TOC y la intersección de la psicología, la cultura, la raza y la religión. Tiene una Maestría en Estudios Teológicos en Estudios Budistas de la Universidad de Harvard, donde fue miembro del decano.

Caleb W. Lack, Ph.D. es psicólogo clínico y profesor de psicología en la Universidad de Oklahoma Central. Un educador e investigador galardonado, se especializa en terapia cognitiva conductual para la ansiedad, el trauma y los trastornos obsesivo-compulsivos y relacionados, así como el escepticismo científico y el pensamiento crítico. Obtenga más información en línea en www.caleblack.com.

Adam B. Lewin, Ph.D., ABPP es profesor de pediatría y jefe de división de neuropsiquiatría pediátrica en la Universidad del Sur de Florida. Es el Director del USF Rothman Center, una clínica de capacitación multidisciplinaria y Tourette Center of Excellence para TOC y trastornos relacionados. Es el Presidente de la Junta Americana de Psicología Clínica de Niños y Adolescentes. La carrera del Dr. Lewin se ha centrado en mejorar los tratamientos para el TOC, el síndrome de Tourette y los trastornos relacionados. Sus antiguos aprendices ocupan puestos docentes y de liderazgo en todo el país.

Juliana Lozano es psicóloga clínica que actualmente se desempeña como Clínica en el Centro de Ansiedad, Bogotá, Colombia.

Martha Luque Villarreal es psicóloga, con 20 años de experiencia profesional, en los diferentes campos ocupacionales de la psicología, máster en psicología clínica y de la salud, de la Universidad del Atlántico de Barcelona y la UNINI de México. Especialista en violencia intrafamiliar, niñez y adolescencia, especialista en gerencia en seguridad y salud en el trabajo. Docente universitaria, coordinadora de prácticas profesiones de psicología, de la Universidad Nacional Abierta y a Distancia, psicoterapeuta privada, cuenta con diplomatura en atención e inclusión a familias, atención en primera infancia, es formador de formadores e integrante de semilleros de investigación.

M. Myriah MacIntyre, B.A. (ella/ellos) es una estudiante e investigadora queer, negra caribeña-indígena. Teniendo en cuenta la diversidad, utilizan una lente interseccional para proporcionar una investigación equitativa, compasiva e inclusiva y mejorar los estándares de atención. Como miembro del Laboratorio de Cultura y Disparidades de Salud Mental de la Universidad de Ottowa, su investigación se centra en el trauma racial, la terapia asistida por psicodélicos y las experiencias interseccionales de las poblaciones 2SLGBTQIA + y BIPOC. Por lo tanto, la investigación de Myriah se centra en las comunidades marginadas con la esperanza de aumentar la seguridad psicológica y los servicios equitativos de salud mental.

Itzel Marín Tenorio, Psic. es Lic. en Psicología, MCyTE, entrenamiento en EPR, Flooding, TCC para el TOC y TEP por ALTOC; entrenamiento en tratamiento para TAG; formación como Analista de la Conducta por ITECOT-NAVIERO; Agente capacitadora externa por STyPS y CONOCER; participa en grupo de investigación para prevención de conductas suicidas #TUMEIMPORTAS; participó en II grupo de investigación para el TOC, miembro de la Asociación Latinoamericana del Trastorno Obsesivo Compulsivo ALTOC.

Karen G. Martinez Gonzales, M.D., M.Sc. es psiquiatra de niños y adolescentes. Al momento, es catedrática asociada de la Universidad de Puerto Rico donde dirige el Centro para el Estudio y Tratamiento del Miedo y la Ansiedad (CETMA) y es la directora del Departamento de Psiquiatría. En CETMA se ha dedicado a adaptar culturalmente los tratamientos basados en evidencia para el Trastorno Obsesivo-Compulsivo. La Dra. Martínez también completó la Maestría Postdoctoral en Investigación Clínica-Traslacional en el 2006 y actualmente es la investigadora principal y directora de este programa sufragado por los Institutos Nacionales de Salud de los Estados Unidos (NIH por sus siglas en inglés). También es la investigadora principal de una propuesta que estudia los perfiles epigenéticos y microbiales del estrés prenatal causado por el paso del Huracán María, también sufragado con fondos del NIH. Ella es parte del Comité de Desastre y Trauma de la Academia de Psiquiatría de Niños y Adolescentes de América y presidente de la Asociación de Ciencia Clínica Traslacional (ACTS por sus siglas en inglés). Al momento, es la investigadora principal de Puerto Rico para el estudio LATINO-OCD.

Hadley McCartin, M.S. es estudiante de doctorado en psicología clínica en la Universidad de Dakota del Norte. Completó su licenciatura en psicología y sociología en la Universidad Mercer, y recibió su maestría en psicología clínica en la Universidad Estatal Sam Houston. Sus intereses de investigación incluyen factores de riesgo de agresión, violencia sexual y violencia de pareja, específicamente en poblaciones LGBTQIA. También investiga la personalidad y la psicometría relacionadas con la violencia y la orientación sexual.

Sean McMillan, M.A. es profesor en el Departamento de Psicología de la Universidad de Oklahoma Central, donde su investigación y enseñanza se centran en la psicopatía, la psicología social y los métodos experimentales.

Joseph P.H. McNamara, Ph.D. es psicóloga licenciada y profesora asociada en la Universidad de Florida. El Dr. McNamara es el Jefe de la División de Psicología en el Departamento de Psiquiatría, Director del Programa de Tratamiento del TOC y Codirector del Centro de TOC, Ansiedad y Trastornos Relacionados (COARD). Su experiencia clínica y de investigación es en terapia cognitiva conductual con prevención de exposición-respuesta (CBT-ERP).

Tannaz MirHosseini, M.S. es estudiante de doctorado en Psicología Clínica y de la Salud en la Universidad de Florida con una concentración en psicología infantil y pediátrica. Ella tiene un interés específico en la ansiedad y el TOC y su impacto en la calidad de vida de los niños y la satisfacción con la vida. Además, está interesada en el alojamiento familiar y el papel de los padres en el tratamiento.

Melissa S. Munson, Ph.D. es una profesora de la Universidad de Florida, donde es directora de la Clínica de Psicología en el Departamento de Psiquiatría. El Dr. Munson tiene experiencia clínica y de investigación relacionada con trastornos obsesivo-compulsivos y relacionados, trastornos de internalización en niños y adultos, y la utilización de la terapia de exposición en el tratamiento de trastornos alimentarios.

Ambar Nuñez es Psicóloga Cognitivo-Conductual de la Universidad Rafael Urdaneta Maracaibo Venezuela. Master en Educación Universitaria y Terapia Cognitiva Conductual. Certificada por el IOCDF en BTTI. Coordinador de SIN

TOC - Canadá y directora de ALTOC – Canadá. Miembro de la Sociedad Mexicana de Neuromodulación.

Belinda Estela Núñez Bracho, Msc. es psicóloga con 25 años de experiencia y actualmente directora y fundadora de la Firma Psicológica SIN TOC en México y Latinoamérica. Directora en México ALTOC. Investigadora principal de LATINO OCD Genomics. Asesora Académica de la Sección TOC de la Asociación Psiquiátrica Mexicana (APM) a nivel nacional. Socia activa de la Sociedad Mexicana de Neuromodulación (SMN). Certificada por la IOCDF en su BTTI.

Erika L. Nurmi, M.D. es el director médico del Programa Ambulatorio Intensivo de Trastorno Obsesivo-Compulsivo de la Universidad de California, Los Ángeles (UCLA), el director asociado de la pista de investigación de residencia en psiquiatría y profesor asociado en la facultad de la División de Psiquiatría Infantil y Adolescente en el Departamento de Psiquiatría y Ciencias Bioconductuales del Instituto Semel de Neurociencia y Comportamiento Humano de UCLA. La investigación del Dr. Nurmi se centra en la base genética del TOC infantil y los trastornos de tics.

Marcos Ochoa-Panaifo es psicólogo de la Universidad San Ignacio de Loyola – USIL (Perú), es psicoterapeuta e investigador especializado en TOC. Maestría en Psicología Clínica y de la Salud en la UCT. Es psicoterapeuta Conductual-Cognitivo de INEICIPS (Perú). Es miembro de la IOCDF obteniendo la certificación del BTTI. Es colaborador de LATINO OCD Genomics de Baylor College of Medicine y University of North Carolina. Además, es director de la Asociación Latinoamericana de Trastorno Obsesivo Compulsivo – ALTOC. Durante su carrera, se ha dedicado a abordar de manera clínica e investigar el TOC y relacionados en Latinoamérica.

Ashley R. Ordway, M.Ed., Ed.S. es el propietario y fundador de Magnolia Behavioral Health y es el director clínico de Fear Facers Summer Camp en la Universidad de Florida. Completó su maestría y especialización en educación en educación de consejeros con especialización en Terapia Matrimonial y Familiar en UF y su pasantía registrada en UF Health en el Departamento de Psiquiatría. Tiene experiencia clínica y de investigación en TOC y trastornos de ansiedad, terapia

11

cognitiva conductual con prevención de respuesta a la exposición (CBT-ERP) y terapia de interacción entre padres e hijos (PCIT).

Yaravi Peña Dominguez, Psic. es Psicóloga por la Universidad Nacional Autónoma de México (UNAM), FES Iztacala. Graduada con Mención Honorífica y Medalla al Mérito Universitario "Gabino Barreda". Cursó el Diplomado Superior en Intervención en Terapia Cognitivo Conductual por la UAEMéx y el Diplomado Internacional en Evaluación y Modificación de Conducta por Contacto Contextual. Estudios en Terapia de Aceptación y Compromiso (ACT) y Mindfulness. Cuenta con la Certificación Oficial International del Behavior Therapy Training Institute BBTI por la International OCD Foundation. Entrenamiento en Cognitive-Behavioral Therapy for OCD por el Dr. Caleb Lack en ALTOC. Estudios y entrenamientos en Exposición con Prevención de Respuesta (EPR) para el TOC en ALTOC. Miembro de la Asociación Latinoamericana de Trastorno Obsesivo Compulsivo (ALTOC).

Tiffany D. Russell, Ph.D. es un profesor de psicología clínica en la Universidad de Dakota del Norte. Se graduó de la Universidad de Dakota del Norte en 2019. Su investigación se centra en los rasgos y trastornos de personalidad desadaptativos, la perpetración de violencia y la prevalencia de enfermedades mentales graves (EMG) en poblaciones subrepresentadas. Sus especialidades clínicas incluyen la evaluación forense, así como la evaluación y el tratamiento de rasgos de personalidad desadaptativos y otros MMI comórbidos, particularmente en la comunidad LGBTQIA+.

Alejandra Sandoval es una psicóloga clínica radicada en Bogotá que actualmente se desempeña como clínica en The Anxiety Center. Es licenciada por la Pontificia Universidad Javeriana. Ha trabajado con niños y adolescentes tanto en escuelas públicas como en entornos clínicos. Además, ha trabajado con comunidades rurales, apoyando a los sobrevivientes del conflicto armado de Colombia. También se ha desempeñado como consultora para instituciones gubernamentales y privadas en el diseño de programas de bienestar.

Melisa Natalia Sagarnaga es Licenciada en Psicología egresada en la Universidad de Buenos Aires (UBA), Argentina. Doctorando en Psicología en la Universidad de Flores (UFLO), Argentina. Estudió la Carrera de Especialización en Psicología clínica cognitiva conductual en la Universidad de Buenos Aires (UBA) Cursó Especialización en Terapia de Aceptación y Compromiso (ACT) y Psicoterapia Analítico Conductual (FAP) en Clínica Conductual Contextual CIPCO. Estudió en AATA (Asociación Argentina de Trastornos de Ansiedad). Directora de la Asociación Latinoamericana del Trastorno Obsesivo Compulsivo ALTOC sede Argentina. Colaboradora de LATINO OCD Genomics.

Robert R. Selles, Ph.D. es una psicóloga registrada con sede en Columbia Británica, Canadá. Recibió su doctorado de la Universidad del Sur de Florida, completó una residencia clínica en la Universidad de Brown y una beca postdoctoral con el Programa Provincial de TOC en la Universidad de Columbia Británica (UBC) y BC Children's Hospital.

Miguel Serrano-Illan, M.D., Ph.D. es residente de psiquiatría en el Instituto Semel de Neurociencia y Comportamiento Humano de UCLA. Completó su título de médico y doctorado en filosofía en la Universidad de Loma Linda, después de estudios universitarios en la Universidad Adventista del Suroeste.

Eric A. Storch, Ph.D. es profesor y presidente presidencial de McIngvale en el Departamento de Psiquiatría y Ciencias del Comportamiento de Baylor College of Medicine (BCM). Se desempeña como Vicepresidente y Jefe de Psicología y codirige el programa de trastornos obsesivo-compulsivos y relacionados en BCM. El Dr. Storch se especializa en la naturaleza y el tratamiento del trastorno obsesivo-compulsivo infantil y adulto, los trastornos de ansiedad, la misofonía, el trastorno de estrés postraumático y la ansiedad entre los jóvenes con autismo. Además de más de 850 artículos y capítulos publicados y 22 libros, ha recibido múltiples subvenciones federales para investigar la eficacia del tratamiento, los mecanismos de acción, la genética, la bioética, los enfoques innovadores para el fenotipado y cómo mejorar los resultados para aquellos que luchan con el TOC y afecciones relacionadas.

Michael L. Sulkowski, Ph.D., NCSP es un P rofessor asociado A y Coordinador del Programa en el Programa de Psicología Escolar de la Universidad de Alabama. Es coautor de *Leadership for Safe Schools: The Three-Pillar Approach to Supporting the Mental Health of Students, Creating Safe Schools and Fostering Students' Mental Health,* y *Cognitive*

13

Behavioral Therapy in K-12 Schools: A Practitioner's Workbook, First and Second Editions. Dr. Sulkowski también es autor o coautor de más de 50 publicaciones revisadas por pares.

Shayon Tayebi, B.S. es un estudiante graduado en el programa de psicología clínica en la Universidad Estatal Sam Houston. Se graduó con una licenciatura en psicología de la Universidad Estatal de Louisiana. Sus intereses de investigación incluyen ansiedad, depresión, uso de sustancias, racismo y su impacto en los comportamientos de salud, tutoría crítica y discriminación contra la comunidad LGBTQ+.

Sary Torres-Rioseco, Psic. es Psicóloga Clínica con enfoque cognitivo conductual y formación en TOC. Diplomada en Tratamiento y Rehabilitación en adicciones. Formación en Psicología del Bienestar, talleres y charlas. Tratamiento del Trastorno de la Excreción en niños. Miembro Colegio psicólogos de Chile. Universidad Santo Tomás.

Natalia Urdinola es una psicóloga clínica oriunda de Cali, Colombia, y actualmente se desempeña como clínica en The Anxiety Center, Bogotá, Colombia. Obtuvo su título de la Universidad Pontificia Javeriana y una Maestría Internacional de Coaching de Vida y Ejecutivo de Fundares en Barcelona, España. Natalia ha trabajado extensamente con pacientes de diversas edades y diagnósticos psiquiátricos, centrándose particularmente en la ansiedad y los trastornos del espectro OC.

Monnica T. Williams, Ph.D. es psicóloga clínica certificada por la junta y Cátedra de Investigación de Canadá en Disparidades de Salud Mental en la Universidad de Ottawa. Su trabajo se centra en la salud mental en las comunidades de color, la investigación psicopatológica y las intervenciones para reducir el racismo. El Dr. Williams ha publicado más de 200 artículos científicos, principalmente sobre el trastorno obsesivo-compulsivo, el trauma y los problemas culturales. Es miembro del Consejo Asesor Científico y Clínico de la Fundación Internacional del TOC (IOCDF) y del Comité de Equidad y Acceso Racial del Instituto Chacruna. Es miembro de la Asociación de Terapias Cognitivas y Conductuales (ABCT), donde es editora asociada de la revista *Behavior Therapy*. Su trabajo ha sido presentado en los principales medios de comunicación, incluyendo CTV, CNN, and *the New York Times*.

Heather Yardley, Ph.D. es profesora clínica asociada y psicóloga pediátrica en el Nationwide Children's Hospital. Sus intereses clínicos incluyen la adherencia y el ajuste a enfermedades crónicas y trastornos relacionados con la ansiedad. Ella brinda atención clínica a las Divisiones de Endocrinología y Medicina del Adolescente. El Dr. Yardley está muy involucrado en el programa de capacitación en múltiples niveles y actualmente es el Director Asociado de Asuntos Regulatorios para el Programa de Pasantías Doctorales.

Prefacio

Jonathan Abramowitz

¡Estoy muy entusiasmado de ver un libro de este alcance y calidad imprimirlo! Tanto los médicos como los investigadores se beneficiarán enormemente del trabajo editorial de mi atento amigo y colega, Caleb Lack, quien imaginó este trabajo y lo ha reunido tan bien. Los autores del capítulo han aceptado el desafío del Dr. Lack de presentar la información más actualizada sobre los diversos aspectos del trastorno obsesivo-compulsivo (TOC) cubiertos en este volumen. Las preguntas sobre las causas y la fenomenología esencial de las muchas manifestaciones del TOC han fascinado a los estudiosos desde el comienzo de los esfuerzos para formular tratamientos empíricamente apoyados, sin embargo, solo estamos empezando a comprender la influencia de la cultura y las variables interpersonales en la etiología, la fenomenología y el tratamiento de esta afección. Aquí, bajo una cubierta, podemos explorar estos (y otros) temas en gran profundidad con astutas ideas clínicas y conceptuales.

Por supuesto, soy parcial. He dedicado mi carrera como psicólogo clínico y científico psicológico a aprender y tratar el TOC, un problema que encuentro realmente fascinante. Para mí, los aspectos más estimulantes de ser un médico incluyen evaluar y conceptualizar cómo se desarrolla el proceso de TOC para cada individuo con el que trabajo, y luego pensar en cómo aplicar intervenciones basadas en la evidencia. Cada persona con TOC presenta su propia variación única sobre uno o más temas, como la contaminación, la moralidad, la escrupulosidad, la responsabilidad por el daño o la violencia, y la necesidad de integridad o certeza. El desafío es comprender cómo operan estos miedos obsesivos para que quede más claro lo que la persona necesita aprender para interrumpir el círculo vicioso del TOC impulsado por rituales, evitación y otras estrategias de reducción de la ansiedad. El hecho de que el TOC sea tan heterogéneo, y que las obsesiones y rituales de cada persona típicamente se refieran a lo que más valora en la vida, apuntan claramente al papel del aprendizaje y la cognición en el desarrollo y mantenimiento de este problema. El hecho de que las intervenciones psicológicas basadas en el aprendizaje y las conceptualizaciones cognitivas brindan la mejor oportunidad para ayudar a las personas a superar el TOC solo refuerza esta noción.

Como la mayoría de los médicos entrenados dentro de un marco de ciencia psicológica, siempre he confiado en la base conceptual bien investigada y las intervenciones a mi disposición. El tándem de técnicas que ahora llamamos prevención de exposición y respuesta (ERP) fue desarrollado hace casi un siglo por investigadores del comportamiento que intentaban comprender y aliviar la evitación fóbica. Inicialmente con animales, y luego con humanos, personas como Richard Solomon, Joseph Wolpe, Victor Meyer, Jack Rachman y Edna Foa derivaron cuidadosamente estas técnicas ERP de la teoría del aprendizaje. Aunque han sido sometidos a revisiones a lo largo de los años, siguen siendo el núcleo de cualquier tratamiento eficaz para el TOC. De hecho, para superar el miedo obsesivo y los impulsos compulsivos, uno debe tener experiencias en las que se aprenda nueva información sobre el riesgo, la probabilidad y la capacidad de manejar niveles razonables de angustia emocional e incertidumbre y se incorpore al sistema de creencias.

Sin embargo, aunque los primeros terapeutas conductuales entendieron el papel de los rituales compulsivos y la evitación en el mantenimiento del miedo obsesivo, tenían un modelo insuficiente para el desarrollo de obsesiones. Reconociendo esta brecha, investigadores como Paul Salkovskis, Gail Steketee, Randy Frost, Mark Freeston y otros desarrollaron modelos cognitivos e intervenciones para el TOC en las décadas de 1980 y 1990 basándose en estudios que muestran que los pensamientos no deseados son una experiencia universal (por ejemplo, Rachman y Hodgson, 1978), y aplicando el modelo cognitivo de Beck (Beck, 1976) para explicar cómo la mala interpretación de tales pensamientos como amenazas conduce a la preocupación obsesiva. Sin duda, este enfoque ha agregado herramientas útiles al arsenal clínico (por ejemplo, Wilhelm y Steketee, 2006), al igual que la aplicación de la terapia basada en la aceptación (ACT) durante los años 2000 y 2010 (Twohig et al., 2015). Específicamente, ambos enfoques han cambiado el enfoque hacia la comprensión del TOC como un problema con la forma en que uno responde o "trata" los pensamientos no deseados. Sin embargo, por mucho que estos nuevos modelos hayan avanzado el enfoque conceptual y el lenguaje que usamos en el tratamiento del TOC, todavía no es posible "disuadir a alguien del TOC" en la terapia sin proporcionar oportunidades para el aprendizaje experiencial (es decir, con la exposición y la prevención de respuesta de una forma u otra). Experience es realmente el mejor maestro.

Pero, ¿qué pasa con los factores biológicos? ¿No sería bueno si pudiéramos simplemente fijar el TOC en un área enferma del cerebro o un desequilibrio químico dictado por la genética y, por lo tanto, más allá del control ambiental? Tal vez, pero a pesar de casi 50 años de investigación (y muchos millones de dólares de investigación) gastados tratando de descubrir los factores biológicos en el TOC, hay asombrosamente poca evidencia para apoyar una explicación neurobiológica, neurotransmisora o genética específica. Para empezar, no hay pruebas biológicas para el TOC, y muy pocos hallazgos consistentes de la miríada de estudios sobre la estructura y función del cerebro (por ejemplo, Bandelow et al., 2016, 2017). De hecho, los hallazgos de los estudios biológicos no se han fusionado en una teoría coherente que pueda explicar el diverso cuadro clínico del TOC.

Los únicos datos biológicos altamente consistentes son los muchos estudios controlados que muestran que ciertos medicamentos, los inhibidores de la recaptación de serotonina, tienen eficacia para reducir los síntomas del TOC en algunos pacientes. Pero incluso estos datos vienen con advertencias importantes, incluyendo que (a) la tasa promedio de mejora con medicamentos es modesta, y muchas personas no responden en absoluto, (b) no hay evidencia de que las personas con TOC tengan un sistema de serotonina "roto" que requiera "reparación", por lo que no se entiende el mecanismo por el cual los medicamentos podrían funcionar. y (c) no se puede razonar hacia atrás a partir de un tratamiento farmacológico exitoso para asumir una causa. La tendencia a dar este salto lógico es muy atractiva, y algo que observamos con frecuencia en la literatura psiquiátrica; Pero también es una falacia lógica con el nombre formal de *post hoc, ergo propter hoc* ("después de esto, por lo tanto debido a esto"). Nunca tomaríamos el éxito de la crema esteroide en el tratamiento de erupciones cutáneas para implicar que las erupciones son causadas por un desequilibrio de los niveles de esteroides en el cuerpo. En consecuencia, no es posible utilizar el éxito modesto de la medicación serotonina en la reducción de los síntomas del TOC (para algunos individuos) como evidencia de que el TOC es causado por desequilibrios de serotonina.

Por estas razones, puede que no le sorprenda que siga siendo escéptico de que las teorías biológicas y el tratamiento tengan las claves para comprender y reducir las obsesiones y compulsiones. Aún así, está claro que todavía tenemos mucho que aprender cuando se trata de TOC y sus manifestaciones. En consecuencia, me complace ver capítulos en este volumen que abordan los enfoques biológicos, ya que los métodos psicológicos existentes a menudo son insuficientes para resolver completamente los síntomas del TOC. En ese sentido, ¡este libro es un buen comienzo para avanzar en nuestra comprensión y mejorar la vida de nuestros pacientes!

Jonathan Abramowitz, Ph.D., ABPP es profesor de Psicología y Neurociencia en la Universidad de Carolina del Norte en Chapel Hill. Es autor o editor de 19 libros y más de 200 artículos de investigación revisados por pares en las áreas de TOC y trastornos de ansiedad, así como uno de los investigadores de TOC más citados en el mundo. El Dr. Abramowitz fue presidente de la Asociación de Terapias Conductuales y Cognitivas, y miembro del Consejo Asesor Científico y Clínico de la Fundación Internacional del Trastorno Obsesivo-Compulsivo.

References

Bandelow, B., Baldwin, D., Abelli, M., Altamura, C., Dell'Osso, B., Domschke, K., ... & Riederer, P. (2016). Biological markers for anxiety disorders, OCD and PTSD–a consensus statement. Part I: neuroimaging and genetics. *The World Journal of Biological Psychiatry*, *17*(5), 321-365.

Bandelow, B., Baldwin, D., Abelli, M., Bolea-Alamanac, B., Bourin, M., Chamberlain, S. R., ... & Riederer, P. (2017). Biological markers for anxiety disorders, OCD and PTSD: A consensus statement. Part II: Neurochemistry, neurophysiology, and neurocognition. *The World Journal of Biological Psychiatry*, *18*(3), 162-214.

Beck, A. T. (1967). *Cognitive therapy and the emotional disorders*. New York: International Universities Press.

Rachman, S., & de Silva, P. (1978). Abnormal and normal obsessions. *Behaviour research and therapy*, *16*(4), 233-248.

Twohig, M. P., Abramowitz, J. S., Bluett, E. J., Fabricant, L. E., Jacoby, R. J., Morrison, K. L., ... & Smith, B. M. (2015). Exposure therapy for OCD from an acceptance and commitment therapy (ACT) framework. *Journal of obsessive-compulsive and Related Disorders*, *6*, 167-173.

Wilhelm, S., & Steketee, G. S. (2006). *Cognitive therapy for obsessive compulsive disorder: A guide for professionals*. Oakland: New Harbinger Publications.

Capítulo Uno

¿Qué es el trastorno obsesivo compulsivo?

Caleb W. Lack[1], Sean McMillan, Guillermo Dager, Matias Jensen, Alvaro Flores, y Tania Barbieri

El trastorno obsesivo-compulsivo (TOC) es un trastorno mental que se diagnostica principalmente en función de la presencia de obsesiones y/o compulsiones (American Psychiatric Association, 2022; Organización Mundial de la Salud, 2019). La quinta edición del Manual diagnóstico y estadístico de la APA (DSM-5-TR) define las obsesiones como "pensamientos, urgencias o imágenes recurrentes y persistentes que se experimentan como intrusivos y no deseados. Quienes las padecen, intentan de manera infructuosa ignorar, suprimir o neutralizar estos pensamientos, impulsos o imágenes. Las compulsiones, por otro lado, se definen como "comportamientos o actos mentales repetitivos que un individuo se siente impulsado a realizar en respuesta a una obsesión o de acuerdo a reglas que deben ser aplicadas con rigidez. El objetivo de los comportamientos o actos mentales es el de prevenir o disminuir la ansiedad o malestar, o evitar algún suceso o situación temida" (APA, 2022, p. 237).

Lejos de ser experiencias extrañas o inusuales, la mayoría de las personas han experimentado niveles no clínicos de obsesiones y compulsiones en algún momento de sus vidas (Abramowitz et al., 2014). Obsesionarse con un evento estresante próximo (p. ej., un examen), preocuparse porque olvidó cerrar con llave la puerta principal o apagar la estufa antes de salir de viaje, tener siempre su escritorio organizado de una manera específica y realizar comportamientos supersticiosos (p. ej., siempre usar una camiseta deportiva en particular los días que juega su equipo deportivo favorito) son ejemplos de algunas obsesiones y compulsiones menores (subclínicas). Las obsesiones y compulsiones insignificantes son inofensivas y, de hecho, pueden resultar beneficiosas para las personas. Los comportamientos rituales (es decir, las compulsiones), como tomarse el tiempo para organizar el escritorio al

---

[1] La correspondencia relativa a este artículo debe dirigirse a Álvaro Flores de ALTOC. Email: alvaromfloresgarcia@gmail.com

comienzo o al final de un día de trabajo, pueden crear una sensación de alivio y reducir la ansiedad. Esta puede ser la razón por la cual las rutinas y los rituales son extremadamente comunes en la población, desde dormir en la misma posición todas las noches hasta abotonarse la camisa de una manera particular (Kanner, 2005). Al igual que muchos otros tipos de pensamientos y comportamientos, las obsesiones y las compulsiones solo se vuelven problemáticas cuando se llevan a cabo de manera excesiva, irracional, por cantidades de tiempo irrazonables, a un nivel que causa una angustia significativa a la persona, o cuando dificultan la vida diaria (Lack, 2013).

Este capítulo se centrará en definir las obsesiones y las compulsiones, el trastorno que surge de su presencia, cómo ese trastorno ha cambiado a lo largo del tiempo en las nosologías diagnósticas, las controversias sobre su clasificación, la epidemiología y una breve descripción de los problemas que puede causar a los individuos.

Una breve historia del TOC

Aunque lo que ahora llamamos trastorno obsesivo-compulsivo probablemente ha sido parte de la experiencia humana desde que existen los humanos (consulte Lack & Crowley, 2023 para conocer las razones), nuestras referencias históricas a los síntomas del TOC solo se remontan a cientos de años. (Krochmalik y Menzies, 2003). De acuerdo con el hecho de que la mayoría de la población antes del siglo XX era analfabeta funcional, la mayoría de nuestros primeros informes históricos provienen de escribas religiosos. Como tal, la mayoría de los síntomas descritos son obsesiones y compulsiones religiosas, lo que ahora describiríamos como escrupulosidad. Estos incluyen informes que van desde los pensamientos intrusivos blasfemos de San Ignacio de Loyola, hasta la confesión compulsiva de pecados por parte de Martín Lutero. Otros estudios de casos e informes de la historia dejan claro que el TOC ha estado presente en la especie humana durante mucho tiempo (Alvarenga et al., 2007). Los intentos de investigación sistemática sobre el TOC comenzaron a principios del siglo XIX, cuando a menudo se consideraba una forma de locura, aunque esto se convirtió gradualmente en "locura con discernimiento", ya que se reconoció que las personas que sufrían TOC no tenían la desconexión de la realidad que se ve en aquellos que sufren de psicosis (Salzman & Thaler, 1981).

Una comprensión más contemporánea comenzó a principios del siglo XX, con el desarrollo de varios marcos psicológicos que buscaban comprender por qué las personas tenían TOC compitiendo por la atención del público informado. Las hipótesis de Sigmund Freud sobre los pensamientos obsesivos lucharon mano a mano con las opiniones de Pierre Janet, y su teoría sobre la personalidad anormal, por posesionarse en la mente de los Clínicos (Boileau, 2003). Aunque influyeron en las concepciones posteriores, estos planteamientos se han ido quedando en el camino a medida que se fueron desarrollando nuevas perspectivas sobre el TOC especialmente durante la segunda mitad del siglo pasado, en particular los criterios ahora *ateóricos*, tal como se describen en dos manuales de diagnóstico distintos.

Clasificación del TOC en el DSM

A medida que se desarrollaron las nosologías de diagnóstico para los trastornos mentales en el siglo XX, dos sistemas cobraron importancia. El Manual diagnóstico y estadístico de los trastornos mentales (DSM por sus siglas en inglés), publicado por la Asociación Estadounidense de Psiquiatría, es actualmente el manual más utilizado por los médicos de salud mental para definir los síntomas de lo que se denominan trastornos mentales, enfermedades mentales o psicopatología, incluido el TOC, en los Estados Unidos. Actualmente se encuentra en su quinta revisión, que contiene algunos cambios importantes en la forma en que se conceptualiza el TOC en comparación con las versiones anteriores.

En el DSM-IV-TR (APA, 2000), el TOC se clasificó como un trastorno de ansiedad (al igual que en todas las versiones anteriores). En el DSM-5 (publicado por primera vez en 2013 y revisado en 2022), el TOC se eliminó de los trastornos de ansiedad y se colocó junto al trastorno dismórfico corporal, la tricotilomanía (arrancarse el cabello), Trastorno de acumulación y Trastorno de excoriación (pellizcarse la piel) en una nueva sección titulada Trastorno obsesivo-compulsivo y trastornos relacionados. El DSM-5 señala, sin embargo, que la sección de Trastornos obsesivo-compulsivos y relacionados se colocó a propósito justo después de la sección de Trastornos de ansiedad porque "existen relaciones estrechas entre los trastornos de ansiedad y algunos de los trastornos obsesivo-compulsivos y relacionados (p. ej., TOC)" (Asociación Americana de Psiquiatría, 2013). Incluso con eso en consideración, fue y sigue siendo una decisión controvertida eliminar el TOC de los trastornos de ansiedad y crear una nueva categoría que aparentemente ejemplifica.

Para ilustrar la controversia, se realizó una encuesta internacional que involucró a 187 autores de artículos de investigación sobre el TOC para determinar cómo se sentían los autores acerca de que el TOC fuera reubicado de la sección de Trastornos de ansiedad a una sección diferente (Mataix-Cols et al., 2007). Aproximadamente el 60 % de los que respondieron la encuesta respaldaron que el TOC se trasladara en el DSM-5. Los encuestados que componen el 60 % informaron con mayor frecuencia basar su decisión en el hallazgo de que las obsesiones y las compulsiones, en lugar de la ansiedad, constituyen los rasgos centrales del TOC. Los encuestados que se opusieron a la medida afirmaron con frecuencia que llegaron a su opinión basándose en la evidencia de que el TOC y los otros trastornos de ansiedad se benefician de métodos de tratamiento comparables y son altamente comórbidos. Curiosamente, hubo una diferencia significativa de opinión entre los psiquiatras (donde el 75 % apoyó el cambio) y otros profesionales de la salud (donde solo el 40-45 % apoyó el cambio). Aunque cubrir la controversia completa y los problemas relacionados con la clasificación del TOC está fuera del alcance de este capítulo, los lectores interesados pueden consultar Leckman et al. (2010), Stein et al. (2010) y Storch et al. (2008) para diferentes perspectivas sobre este tema y una revisión de la literatura.

Un cambio de sección no fue el único cambio relacionado con el TOC que se consideró cuando se estaba desarrollando el DSM-5. También se debatió el cambio de redacción en los criterios de diagnóstico para TOC y, de hecho, el DSM-5 tiene una redacción diferente para los criterios de diagnóstico de TOC que el DSM-IV-TR. Por ejemplo, en el ítem 1 bajo Obsesiones se cambió la palabra "impulsos" (DSM-IV-TR) por "urgencias" (DSM-5). Aunque "impulso" y "urgencia" representan efectivamente el impulso aparentemente incontrolable asociado con las obsesiones, "impulso" indirectamente hace referencia a los trastornos del control de los impulsos, lo que puede confundir o influir en los médicos y llevarlos a hacer un diagnóstico inexacto (Leckman et al., 2010). También se realizaron otros cambios de redacción, pero no tienen un impacto significativo en el diagnóstico. Las diferencias en la redacción se pueden ver en las dos tablas siguientes, que contienen los criterios diagnósticos del DSM-IV-TR y el DSM-5. La versión más reciente de los criterios del DSM también incluye más especificaciones de diagnóstico, tanto para el nivel de percepción como para si el paciente tiene antecedentes de haber sido diagnosticado con un trastorno de tics, como el trastorno de Tourette o los tics motores crónicos.

Criterios diagnósticos del DSM-IV-TR para el trastorno obsesivo-compulsivo

A. Obsesiones o compulsiones:
   Obsesiones definidas por (1), (2), (3) y (4):
   1) pensamientos, impulsos o imágenes recurrentes y persistentes que se experimentan, en algún momento durante la perturbación, como intrusivos e inapropiados y que causan ansiedad o angustia marcadas
   2) los pensamientos, impulsos o imágenes no son simplemente preocupaciones excesivas sobre problemas de la vida real
   3) la persona intenta ignorar o suprimir dichos pensamientos, impulsos o imágenes, o neutralizarlos con algún otro pensamiento o acción
   4) la persona reconoce que los pensamientos, impulsos o imágenes obsesivos son producto de su propia mente (no impuestos desde fuera como en la inserción del pensamiento)

   Compulsiones definidas por (1) y (2):
   1) comportamientos repetitivos (p. ej., lavarse las manos, ordenar, revisar) o actos mentales (p. ej., rezar, contar, repetir palabras en silencio) que la persona se siente impulsada a realizar en respuesta a una obsesión, o de acuerdo con reglas que deben aplicarse rígidamente
   2) los comportamientos o actos mentales están dirigidos a prevenir o reducir la angustia o prevenir algún evento o situación temida; sin embargo, estos comportamientos o actos mentales no están conectados de manera realista con lo que están diseñados para neutralizar o prevenir o son claramente excesivos.

B. En algún momento durante el curso del trastorno, la persona ha reconocido que las obsesiones o compulsiones son excesivas o irrazonables. Nota: Esto no se aplica a los niños.

C. Las obsesiones o compulsiones causan angustia marcada, consumen mucho tiempo (más de 1 hora al día) o interfieren significativamente con la rutina normal, el funcionamiento ocupacional (o académico) o las actividades o relaciones sociales habituales de la persona.

D. Si está presente otro trastorno del Eje I, el contenido de las obsesiones o compulsiones no se restringe a él (p. ej., preocupación por la comida en presencia de un trastorno alimentario; tirones del cabello en presencia de tricotilomanía; preocupación por la apariencia en presencia de de Trastorno Dismórfico

Corporal; preocupación por las drogas en presencia de un Trastorno por Abuso de Sustancias; preocupación por tener una enfermedad grave en presencia de Hipocondría; preocupación por impulsos o fantasías sexuales en presencia de Parafilia; o rumiaciones culpables en presencia de Mayor Desorden depresivo).

E. La alteración no se debe a los efectos fisiológicos directos de una sustancia (p. ej., una droga de abuso, un medicamento) o una condición médica general.

Especificar si:

Con mal insight: si, durante la mayor parte del tiempo durante el episodio actual, la persona no reconoce que las obsesiones y compulsiones son excesivas o irrazonables

---

Criterios diagnósticos del DSM-5-TR para el trastorno obsesivo-compulsivo

A. Presencia de obsesiones, compulsiones o ambas:

Las obsesiones se definen por (1) y (2):

1) Pensamientos, sensaciones impulsivas o imágenes recurrentes y persistentes que se experimentan, en algún momento durante la perturbación, como intrusivos y no deseados, y que en la mayoría de los individuos causan ansiedad o angustia marcadas.

2) El individuo intenta ignorar o suprimir dichos pensamientos, sensaciones impulsivas o imágenes, o neutralizarlos con algún otro pensamiento o acción (es decir, realizando una compulsión).

Las compulsiones se definen por (1) y (2):

1) Comportamientos repetitivos (p. ej., lavarse las manos, ordenar, verificar) o actos mentales (p. ej., orar, contar, repetir palabras en silencio) que el individuo se siente impulsado a realizar en respuesta a una obsesión o de acuerdo con reglas que deben aplicarse con rigidez.

2) Las conductas o actos mentales están dirigidos a prevenir o reducir la ansiedad o angustia, o prevenir algún evento o situación temida; sin embargo, estos comportamientos o actos mentales no están conectados de manera realista con lo que están diseñados para neutralizar o prevenir, o son claramente excesivos.

Nota: Es posible que los niños pequeños no puedan articular los objetivos de estos comportamientos o actos mentales.

28

B. Las obsesiones o compulsiones consumen mucho tiempo (p. ej., toman más de 1 hora por día) o causan malestar clínicamente significativo o deterioro social, laboral u otras áreas importantes del funcionamiento.

C. Los síntomas obsesivo-compulsivos no son atribuibles a los efectos fisiológicos de una sustancia (p. ej., una droga de abuso, un medicamento) u otra condición médica.

D. El trastorno no se explica mejor por los síntomas de otro trastorno mental (p. ej., preocupaciones excesivas, como en el trastorno de ansiedad generalizada; preocupación por la apariencia, como en el trastorno dismórfico corporal; dificultad para desechar o separarse de las posesiones, como en el trastorno por acaparamiento; arrancar el cabello, como en la tricotilomanía [trastorno de arrancarse el pelo]; rascarse la piel, como en el trastorno de excoriación [rascarse la piel]; estereotipias, como en el trastorno del movimiento estereotípico; conducta alimentaria ritualizada, como en los trastornos alimentarios; preocupación por sustancias o juegos de azar, como en trastornos adictivos y relacionados con sustancias; preocupación por tener una enfermedad, como en el trastorno de ansiedad por enfermedad; impulsos o fantasías sexuales, como en los trastornos parafílicos; impulsos, como en los trastornos disruptivos, del control de los impulsos y de la conducta; cavilaciones culpables, como en el trastorno depresivo mayor; inserción del pensamiento o preocupaciones delirantes, como en el espectro de la esquizofrenia y otros trastornos psicóticos; o patrones repetitivos de comportamiento, como sería el caso del trastorno del espectro autista).

Especificar si:
   Con introspección buena o regular: el individuo reconoce que las creencias sobre el trastorno obsesivo-compulsivo definitivamente o probablemente no son verdaderas o que pueden o no serlo.
   Con poca introspección: el individuo piensa que las creencias sobre el trastorno obsesivo-compulsivo probablemente sean ciertas.
   Con introspección ausente / creencias delirantes: el individuo está completamente convencido de que las creencias del trastorno obsesivo-compulsivo son verdaderas.
Especificar si:
   Relacionado con tics: el individuo tiene antecedentes actuales o pasados de un trastorno de tics.

Clasificación del TOC en la CIE

El siguiente manual de diagnóstico más popular que utilizan los médicos, tanto fuera como dentro de los EE. UU., es la Clasificación Estadística Internacional de Enfermedades y Problemas de Salud Relacionados (ICD), actualmente en su undécima revisión. En la CIE-10, el TOC se ubicó en la sección Trastornos neuróticos, relacionados con el estrés y somatomorfos, que es también donde se encuentran los trastornos de ansiedad. En ese momento, el TOC en realidad se separó de los trastornos de ansiedad y se le dio su propio subtítulo (Organización Mundial de la Salud, 2010), diferente al DSM-IV pero consistente con su separación en el DSM-5. En la CIE-11, publicada en 2019 y actualizada en 2021, se agregó la nueva categoría de diagnóstico de "trastornos obsesivo-compulsivos o relacionados", que abarca el TOC y varios otros trastornos, algunos de los cuales coincidían con la categoría OCRD del DSM-5 y otros que no. De particular interés es la adición de dos trastornos en la categoría ICD-11, trastorno de referencia olfativo (preocupación por la creencia de que está emitiendo un olor corporal desagradable y ofensivo) e hipocondriasis (creencia de que tiene una o más enfermedades graves sin antecedentes médicos). evidencia para apoyar eso), y la combinación de tricotilomanía y excoriación en un solo diagnóstico de trastornos de comportamiento repetitivo centrado en el cuerpo.

Hubo cambios significativos en la redacción de los criterios de diagnóstico de ICD-10 a ICD-11. En ICD-10, las obsesiones se describen como "ideas, imágenes o impulsos que entran en la mente del paciente una y otra vez en forma estereotipada. Son casi invariablemente angustiosos y el paciente a menudo trata, sin éxito, de resistirlos. Sin embargo, son reconocidos como sus propios pensamientos, aunque sean involuntarios y muchas veces repugnantes" (OMS, 2010). En ICD-11, el manual establece que las obsesiones "son pensamientos repetitivos y persistentes (p. ej., de contaminación), imágenes (p. ej., de escenas violentas) o impulsos/urgencias (p. ej., apuñalar a alguien) que se experimentan como intrusivos y no deseados, y se asocian comúnmente con la ansiedad. El individuo típicamente intenta ignorar o suprimir las obsesiones o neutralizarlas realizando compulsiones" (OMS, 2021).

En ICD-10, las compulsiones se describen como "comportamientos estereotipados que se repiten una y otra vez. No son inherentemente placenteros, ni dan como resultado la realización de tareas inherentemente útiles. Su función es prevenir algún evento objetivamente improbable, que a menudo implica daño para el paciente o es causado por él, y que él o ella teme que de otro modo podría ocurrir. Por lo general, el paciente reconoce este comportamiento como inútil o ineficaz y se hacen repetidos intentos de resistencia. La ansiedad está casi invariablemente presente. Si se resisten los actos compulsivos, la ansiedad empeora" (OMS, 2010). La definición de compulsiones cambió significativamente en la CIE-11, a "comportamientos o rituales repetitivos, incluidos actos mentales repetitivos, que el individuo se siente impulsado a realizar en respuesta a una obsesión, de acuerdo con reglas rígidas, o para lograr una sensación de 'integridad'. '. Los ejemplos de comportamientos manifiestos incluyen lavar, revisar y ordenar objetos repetitivamente.... Las compulsiones no están conectadas de manera realista con el evento temido (p. ej., colocar los elementos simétricamente para evitar dañar a un ser querido) o son claramente excesivas (p. ej., ducharse diariamente durante horas para prevenir enfermedades)" (OMS, 2021).

Estos cambios en las definiciones de la CIE-11 en realidad la acercaron mucho más a la definición del DSM de lo que se vio anteriormente. De particular interés es que el ICD ahora hace referencia explícita a la relación de interacción entre obsesiones y compulsiones, similar al DSM-IV y DSM-5.

Por ejemplo, el DSM-5 declara directamente que existe una relación causal específica, con obsesiones que provocan ansiedad y compulsiones que se realizan para disminuir el estrés y evitar un resultado desagradable imaginado (p. ej., la casa se quema por dejar la estufa encendida) (Leckman et al. al., 2010). Aunque el alivio suele ser breve en duración, el individuo se involucra en una o más compulsiones para aliviar su ansiedad. La CIE-10 establece que "Subyacente al comportamiento manifiesto hay un miedo, generalmente de peligro para el paciente o causado por él, y el ritual es un intento ineficaz o simbólico de evitar ese peligro" (OMS, 2010). Si bien esto hace referencia a las obsesiones, no se refiere a ellas por su nombre, lo que contrasta con el DSM-5 y ahora con el ICD-11, como se vio anteriormente.

Diferencias entre los diagnósticos de trastornos obsesivo-compulsivos y relacionados del DSM y del CIE

DSM-5-TR	CIE-11
Trastorno obsesivo compulsivo	Trastorno obsesivo compulsivo
Trastorno dismórfico corporal	Trastorno dismórfico corporal
Trastorno de acumulación	Trastorno de acumulación
Tricotilomanía (Trastorno de tirar del cabello)	Trastornos del comportamiento repetitivo centrado en el cuerpo
Trastorno de excoriación (picadura de la piel)	Trastorno de la referencia olfativa
TOCR inducida por sustancias/medicamentos	Hipocondriasis
TOCR debido a otra condición médica	Trastornos obsesivo-compulsivos o relacionados inducidos por sustancias
Otro TOCR especificado	Otros trastornos obsesivo-compulsivos o relacionados especificados
TOCR no especificado	Trastornos obsesivo-compulsivos o relacionados, no especificados

Tipos comunes de obsesiones y compulsiones

Contrariamente a lo que algunos puedan pensar, tanto el contenido como la finalidad de las obsesiones y compulsiones (OC) parece diferir poco entre muestras clínicas y no clínicas (Garcia-Soriano et al., 2011). La investigación ha encontrado que, si bien es poco probable que las compulsiones se manifiesten en poblaciones no clínicas, las personas sin TOC, no obstante, realizan comportamientos que reducen o neutralizan la ansiedad (es decir, compulsiones) cuando tienen pensamientos obsesivos) (Berman et al., 2010). Incluso las obsesiones y compulsiones informadas con mayor frecuencia, que se describen a continuación, son similares entre aquellos con y sin TOC (Abramowitz et al., 2014).

Las obsesiones pueden ser impulsos (p. ej., deseo de maldecir en voz alta durante un funeral), deseos (p. ej., desear que alguien muera), imágenes (p. ej., imaginar que su casa se incendia porque el horno se quedó encendido) o dudas (p. ej., pensar que se olvidó de cerrar una puerta) que repetidamente vienen a la mente a un nivel más allá de lo que se consideraría una preocupación típica sobre los problemas reales de la vida (Challis, Pelling y Lack, 2008). Muy a menudo, las personas con obsesiones saben que los pensamientos intrusivos son anormales, lo que solo aumenta su ansiedad. Las obsesiones pueden centrarse en una variedad de temas, incluida la contaminación (es decir, gérmenes y enfermedades), la agresión y la violencia (ya sea hacia otros o autolesionarse), la sexualidad, el orden, la religiosidad y la incertidumbre extrema (p. ej., miedo a olvidar cerrar la puerta con llave o asegurarse de que el horno esté apagado antes de salir de casa). Es importante señalar que una característica clave de los pensamientos obsesivos en el TOC es su naturaleza egodistónica. Es decir, el contenido de las obsesiones se percibe como angustioso, inaceptable y no acorde con el autoconcepto de la persona (Clark & Inozu, 2014).

Obsesiones más comunes que se ven en el TOC

Tipo de obsesión	Ejemplos
Contaminación	Fluidos corporales, enfermedades, gérmenes, suciedad, productos químicos, contaminantes ambientales
Obsesiones Religiosas	Blasfemia u ofensa a Dios, gran preocupación por la moralidad y lo que está bien y lo que está mal.
Ideas supersticiosas	Números de la suerte, colores, palabras.
Perfeccionismo	Uniformidad y exactitud, "necesidad" de saber o recordar, miedo a olvidar o perder algo
Daño	Miedo de lastimar a otros por descuido, miedo de ser responsable de que suceda algo terrible
Perder el control	Miedo a actuar por un impulso de dañarse a sí mismo o a los demás, miedo o imágenes mentales desagradables, miedo a decir cosas ofensivas a los demás
Pensamientos sexuales no deseados	Pensamientos, imágenes o impulsos sexuales prohibidos o "perversos"; pensamientos obsesivos sobre la homosexualidad; obsesiones con niños o incesto; obsesiones sobre el comportamiento sexual agresivo

Las compulsiones, por otro lado, son acciones repetidas que a menudo se realizan como un medio para reducir la ansiedad y la angustia causadas por una obsesión o para evitar que ocurra algún evento temido (Challis, Pelling, & Lack, 2008). Las obsesiones casi siempre hacen que las personas con TOC se sientan muy ansiosas o angustiadas. Realizar compulsiones puede servir para reducir la ansiedad causada por las obsesiones o, a veces, para prevenir la ansiedad antes de que ocurra; sin embargo, la reducción de la ansiedad no suele durar mucho tiempo y, en cambio, hace que aumente la probabilidad de que las obsesiones vuelvan a ocurrir (para una explicación más detallada, consulte Lack & Crowley, 2023 sobre la etiología del TOC). Si bien las compulsiones son voluntarias, a menudo las personas con TOC no lo sienten de esa forma. En cambio, creen que algo malo sucederá si no se realiza la compulsión (por ejemplo, un ser querido morirá o contraerá una enfermedad terrible). Los comportamientos compulsivos se pueden realizar desde unas pocas veces al día hasta varios cientos de veces al día, según la gravedad del TOC (Abramowitz, Taylor y McKay, 2009).

Las compulsiones más comunes que se observan en el TOC

Tipo de compulsión	Ejemplos
Comprobación	Asegurarse de que no se hizo daño (o no lo hará) a sí mismo o a los demás, o que no cometió un error, o que no pasó nada "terrible"
Repeticion.	Repetir cosas en múltiplos o un cierto número de veces, ciertos movimientos corporales, releer o reescribir
Lavado / Limpieza	Lavarse las manos en exceso, ducharse o bañarse en exceso, limpiar fuera de lo normal
Compulsiones mentales	Cancelar malos pensamientos con buenos, contar mientras se camina o se realiza alguna tarea, oración para evitar que suceda algo terrible
Acomulacion	Recolectar objetos de forma compulsiva.
ordenar y organizar	Poner las cosas en el orden "adecuado" o hasta que "se sienta bien"

Aspectos epidemiológicos y evolución del TOC

En los EE.UU., la tasa de prevalencia del TOC a lo largo de la vida se estima en 1-2 % en adultos (Fawcett et al., 2020; Kessler et al., 2005) y alrededor del 1 % en niños y adolescentes menores de 18 años (Zohar, 1999). También hay un número considerable de casos "subclínicos" de TOC, alrededor del 5 % de la población (Ruscio et al., 2010), en los que los síntomas no son molestos o no son lo suficientemente perturbadores como para cumplir con todos los criterios, pero siguen siendo perjudiciales hasta cierto grado. Existe una fuerte evidencia de que las diferencias culturales no juegan un papel destacado en la presencia de TOC, con investigaciones que muestran pocas diferencias epidemiológicas entre diferentes países (Fontenelle et al., 2004), incluso entre poblaciones europeas y asiáticas (Matsunga, 2008). Sin embargo, existen fuertes influencias culturales en la expresión de los síntomas (consulte Williams et al., 2023 para obtener una descripción general).

El desarrollo típico y el curso natural del TOC se han estudiado ampliamente. La gran mayoría (quizás hasta el 65 %) de quienes desarrollan TOC lo hacen antes de los 25 años, y muy pocos casos comienzan después de los 30 (Ruscio et al., 2010). Aunque a menudo es de naturaleza gradual y se vuelve cada vez más sintomático con el tiempo, algunas personas experimentan un inicio agudo de los síntomas (Sharma & Bada Math, 2019). Estos síntomas a menudo no remiten espontáneamente, aunque un estudio longitudinal mostró que el 20 % de los pacientes con TOC experimentaron ese resultado durante un período de 40 años (Skoog & Skoog, 1999). También es común que los síntomas del TOC aumenten y disminuyan con el tiempo, incluso lo que lleva a períodos de remisión completa (Sharma & Bada Math, 2019). Aun así, un curso crónico es típico del TOC, ya sea que comience en la niñez o en la edad adulta.

Existen diferencias significativas de género en quién tiene TOC y cómo se presenta. Si bien el TOC es predominantemente masculino en pacientes pediátricos (Schuyler & Geller, 2023), en la edad adulta, más mujeres que hombres califican para un diagnóstico. Un metaanálisis reciente mostró tasas de por vida del 1,5 % en mujeres en comparación con el 1 % en hombres (Fawcett et al., 2020). También se han encontrado diferencias significativas en la expresión de los síntomas, con más del doble de probabilidades en las mujeres de tener síntomas de agresividad, limpieza y lavado y acumulación (Benatti et al., 2020) y más probabilidades en los hombres de tener obsesiones sexuales y religiosas (Torresan et al., 2013).

También hay algunas diferencias en la comorbilidad. En general, las mujeres tienen más probabilidades de tener diagnósticos comórbidos (73 % frente a 57 %), y las mujeres tienen más del doble de casos de diagnósticos psiquiátricos comórbidos múltiples que los hombres (Benatti et al., 2020). Las mujeres son más propensas a tener fobias comórbidas, trastornos alimentarios y conductas repetitivas centradas en el cuerpo (Torresan et al., 2013). Los hombres, en múltiples estudios, tenían más probabilidades de calificar para trastornos de tics, ansiedad social y uso de sustancias (Bogetto et al., 1999). Entre los hombres, los síntomas de acumulación se asocian con mayor frecuencia con el TAG y los trastornos de tics, pero en las mujeres se observan con mayor frecuencia ansiedad social, TEPT, trastorno dismórfico corporal, morderse las uñas y pellizcar la piel (Kessler et al., 2005; Torres et al. 2006). A pesar de estas diferencias en la presentación y el curso, no se han encontrado diferencias de género en la gravedad de los síntomas (Benatti et al., 2022).

La presentación de los síntomas del TOC es generalmente la misma en niños y adultos (Stewart et al., 2008). Sin embargo, a diferencia de muchos adultos, los niños más pequeños no podrán reconocer que sus obsesiones y compulsiones son tanto innecesarias (p. ej., no es necesario lavarse las manos) como extremas (p. ej., lavarse las manos durante 20-30 segundos está bien, pero 5 minutos en agua hirviendo es demasiado) por naturaleza. En los niños pequeños, las compulsiones a menudo ocurren sin que el paciente pueda informar sus obsesiones, mientras que los adolescentes a menudo pueden informar múltiples obsesiones y compulsiones. Los niños y adolescentes también son más propensos a incluir a miembros de la familia en sus rituales y pueden ser muy exigentes con el cumplimiento de los rituales y las reglas, lo que lleva a un comportamiento disruptivo y de oposición. Como tal, los jóvenes con TOC generalmente están más afectados que los adultos con el mismo tipo de síntomas (Piacentini et al., 2007).

Hasta el 75 % de las personas con TOC también presentan trastornos comórbidos (Kessler et al., 2005; ver Russell et al., 2023 para una revisión). Los más comunes en los casos pediátricos son el TDAH, los trastornos de conducta disruptiva, la depresión mayor y otros trastornos de ansiedad (Geller et al., 1996). En adultos, las comorbilidades más prevalentes son la ansiedad social, la depresión mayor y el abuso de alcohol (Torres et al., 2006). Curiosamente, la presencia de diagnósticos comórbidos predice la calidad de vida (CdV) más que la propia gravedad del TOC tanto en niños (Lack et al., 2009) como en adultos (Fontenelle et al., 2010). Diferentes síntomas primarios de OC también se asocian con ciertos patrones de comorbilidad, tanto en adultos como en jóvenes (De Mathis et al., 2006). Los síntomas primarios de simetría/ordenamiento a menudo se observan con tics comórbidos, trastorno bipolar, trastorno obsesivo-compulsivo de la personalidad, trastorno de pánico y agorafobia, mientras que aquellos con síntomas de contaminación/limpieza tienen más probabilidades de ser diagnosticados con un trastorno alimentario. Aquellos con síntomas del grupo de acumulación, por otro lado, son especialmente propensos a ser diagnosticados con trastornos de personalidad, particularmente trastornos del Grupo C.

Deterioro debido al TOC

A nivel mundial, el TOC se considera una de las condiciones de salud mental más onerosas, tanto en términos de resultados de salud física como mental (Eaton et al., 2008). Revisiones a gran escala han encontrado que el TOC está asociado con la presencia de trastornos autoinmunes, cardiovasculares y metabólicos (Fernández de la Cruz et al., 2022). Los problemas de sueño, que pueden agravar dichos problemas de salud, también son muy comunes tanto en niños (Segal & Carmona, 2022) como en adultos (Cox et al., 2020) con TOC. Las tasas de suicidio de las personas con TOC son alarmantes, con grandes estudios basados en la población que muestran un aumento de 4 a 10 veces en comparación con la población general (Fernández de la Cruz et al., 2017). Debido a estos problemas, los pacientes con TOC tienen aproximadamente el doble de riesgo de muerte en comparación con la población general (Meier et al., 2016).

Aunque los criterios en el DSM-5-TR y el ICD-11 permiten un diagnóstico de TOC con obsesiones o compulsiones únicamente, la mayoría de las personas con TOC experimentan ambas (American Psychiatric Association, 2013). Las personas con TOC generalmente pasan una gran cantidad de tiempo (a menudo más de una hora) cada día realizando sus comportamientos ritualizados y teniendo obsesiones intrusivas (Challis, Pelling y Lack, 2008). Las obsesiones y las compulsiones pueden hacer que incluso las tareas o actividades diarias más sencillas consuman mucho tiempo y sean estresantes. Las personas con TOC pasan mucho tiempo llevando a cabo sus compulsiones. Por ejemplo, una persona a la que los autores vieron para recibir tratamiento había evitado ducharse o bañarse durante varios meses antes de buscar tratamiento, ya que la última vez que se duchó tardó siete horas en completarse debido a las compulsiones.

Casi todos los adultos y niños con TOC informan que sus obsesiones les causan angustia y ansiedad significativas, a diferencia de pensamientos intrusivos similares en personas sin TOC (Subramaniam et al., 2013). En términos de calidad de vida (CdV), las personas con TOC informan una disminución generalizada en comparación con los controles (Coluccia et al., 2016). Los jóvenes muestran relaciones problemáticas con sus compañeros, dificultades académicas y participan en menos actividades recreativas que sus compañeros (Lack et al., 2009). En general, hay una calidad de vida más baja en mujeres pediátricas que en hombres, pero en adultos se informan alteraciones similares. El deterioro funcional es muy alto en el TOC, tanto para los individuos como para sus familias (Futh et al., 2012). En comparación con otros trastornos de ansiedad y trastornos del estado de ánimo unipolares, es menos probable que una persona con TOC esté casada, más probable que esté desempleada y más probable que informe un funcionamiento social y ocupacional deteriorado (Macy et al., 2013).

Diariamente, hay una serie de problemas que enfrentan las personas con TOC. Un ejemplo es la evitación de situaciones en las que están presentes los objetos de las obsesiones. Por ejemplo, una persona puede evitar usar los baños públicos o dar la mano a las personas porque hacerlo desencadenará su obsesión por la contaminación, lo que la llevará a tener una compulsión por la limpieza. Algunas personas no saldrán de sus casas porque esa es la única forma de evitar objetos y situaciones que desencadenarán sus obsesiones. Las visitas frecuentes al médico también pueden ocurrir porque temen que algo esté mal con ellos físicamente. Los sentimientos de culpa también pueden estar presentes, junto con patrones de sueño interrumpidos y sentimientos extremos de responsabilidad. La automedicación también puede estar presente en adultos, siendo el alcohol y los sedantes las sustancias de abuso más frecuentes (Fals-Stewart & Angarano, 1994).

Evaluación psicológica del TOC

Dada la baja tasa de prevalencia y preocupante falta de conocimiento general entre el personal del área de la salud sobre el TOC, es crucial que los médicos utilicen las mejores prácticas tanto en la detección del TOC como en la evaluación completa. Dada la presencia de medidas de evaluación cortas y fáciles de usar tanto para niños (los cinco ítems OCI-CV-5; Abramovitch et al., 2022) como para adultos (los cuatro ítems OCI-4; Abramovitch et al., 2021), no hay razón para no evaluar a todas las personas que se presentan para tratamientos de salud mental por la presencia de obsesiones y compulsiones. Si una prueba de detección es positiva, entonces un médico puede proceder a profundizar en el diagnóstico. Existen múltiples medidas disponibles para ayudar a los médicos a diagnosticar la sintomatología del TOC en adultos y niños. Algunas medidas para adultos que se usan con frecuencia son la Escala Obsesivo Compulsivo de Yale-Brown (Y-BOCS), el Inventario de Padua Revisado (PI-R) y el Inventario Obsesivo Compulsivo Revisado (OCI-R). Algunas medidas comúnmente utilizadas que se dan a los niños son la Escala obsesivo-compulsiva de Yale-Brown para niños (CY-BOCS) y el Inventario obsesivo-compulsivo de Florida para niños (C-FOCI) (consulte, Storch, Benito y Goodman, 2011 para una revisión).

Estas medidas informan a los médicos sobre la característica de los síntomas, el nivel de severidad del TOC y cuánta angustia le causan a un cliente diariamente. Las evaluaciones psicológicas antes mencionadas pueden ayudar a un médico a determinar qué tipo de tratamiento(s) es el más indicado para un cliente y con qué frecuencia el cliente debe recibir psicoterapia y/o medicación. Muchas de estas medidas también se han traducido a varios idiomas, lo que permite una evaluación basada en la evidencia en todo el mundo.

Conclusiones

El TOC es una condición psiquiátrica altamente incapacitante que puede presentarse en una gran variedad de formas. El 1-2 % de la población a la que se le puede diagnosticar TOC a menudo enfrenta un deterioro funcional significativo y una disminución en la calidad de vida debido a sus síntomas. Afortunadamente, así como nuestro conocimiento general de cómo se presenta el TOC y en quién se presenta ha aumentado drásticamente en las últimas décadas, también lo ha hecho nuestra comprensión de cómo ayudar a quienes lo padecen. La perspectiva actual sobre el TOC es mucho más optimista que en el pasado, cuando el pronóstico del TOC era sombrío y la comprensión del mismo era pobre (Franklin & Foa, 2008). Hace tres décadas, el TOC se consideraba un trastorno mental permanente e intratable, ya que en ese momento no existían medicamentos o métodos terapéuticos efectivos para este trastorno. Hoy en día, nuestra comprensión de los aspectos básicos del TOC y los métodos de tratamiento ha progresado y ahora el TOC se considera una afección tratable. Hay disponibles una variedad de métodos terapéuticos respaldados empíricamente para las personas que sufren de TOC, medicamentos e incluso tratamientos de estimulación cerebral directa. Con el tratamiento adecuado debido a nuestra mayor comprensión, las personas pueden reducir sus síntomas del TOC y retomar sus vidas.

Referencias

Abramovitch, A., Abramowitz, J. S., & McKay, D. (2021). The OCI-4: An ultra-brief screening scale for obsessive-compulsive disorder. *Journal of anxiety disorders, 78*, 102354. https://doi.org/10.1016/j.janxdis.2021.102354

Abramovitch, A., Abramowitz, J. S., McKay, D., Cham, H., Anderson, K. S., Farrell, L. J., Geller, D. A., Hanna, G. L., Mathieu, S., McGuire, J. F., Rosenberg, D. R., Stewart, S. E., Storch, E. A., & Wilhelm, S. (2022). An ultra-brief screening scale for pediatric obsessive-compulsive disorder: The OCI-CV-5. *Journal of affective disorders, 312*, 208–216. https://doi.org/10.1016/j.jad.2022.06.009

Abramowitz, J. S., Fabricant, L. E., Taylor, S., Deacon, B. J., McKay, D., & Storch, E. A. (2014). The relevance of analogue studies for understanding obsessions and compulsions. *Clinical psychology review, 34*(3), 206-217.

Abramowitz, J. S., Taylor, S., & McKay, D. (2009). Obsessive-compulsive disorder. *The Lancet, 374*, 491-499.

American Psychiatric Association (2000). *Diagnostic and statistical manual of mental disorders* (4th ed., text revision).Washington DC: Author.

Alvarenga, P. G., Hounie, A. G., Mercadante, M. T., Miguel, E. C., & Conceição, M. (2007). Obsessive-compulsive disorder: A historical overview. In E. A. Storch, G. R. Geffken (Eds.) & T. K. Murphy, *Handbook of child and adolescent obsessive-compulsive disorder* (pp. 1–15). Lawrence Erlbaum Associates Publishers.

American Psychiatric Association. (2022). *Diagnostic and statistical manual of mental disorders* (5th ed., text rev.). Arlington, VA: American Psychiatric Publishing.

Benatti, B., Celebre, L., Girone, N., Priori, A., Bruno, A., Viganò, C., Hollander, E., & Dell'Osso, B. (2020). Clinical characteristics and comorbidity associated with female gender in obsessive-compulsive disorder. *Journal of psychiatric research, 131*, 209–214. https://doi.org/10.1016/j.jpsychires.2020.09.019

Benatti, B. et al. (2022) The role of gender in a large international OCD sample: A Report from the International College of Obsessive-Compulsive Spectrum Disorders (ICOCS) Network. *Comprehensive Psychiatry.116*, 152315.

Berman, N. C., Abramowitz, J. S., Pardue, C. M., & Wheaton, M. G. (2010). The relationship between religion and thought –action fusion: Use of an in vivo paradigm. *Behaviour Research and Therapy, 48*, 670–674

Boileau, B. (2003). A review of obsessive-compulsive disorder in children and adolescents. *Dialogues in Clinical Neuroscience, 13, 401*-11.

Challis, C., Pelling, N., & Lack, C. W. (2008). The bio-psycho-social aspects and treatment of obsessive compulsive disorder: A primer for practitioners. *Australian Counseling Association Journal, 8*(1), 3-13.

Clark, D. A., & Inozu, M. (2014). Unwanted intrusive thoughts: Cultural, contextual, covariational, and characterological determinants of diversity. *Journal of Obsessive-Compulsive and Related Disorders, 3(*2), 195-204.

Coluccia, A., Fagiolini, A., Ferretti, F., Pozza, A., Costoloni, G., Bolognesi, S., & Goracci, A. (2016). Adult obsessive–compulsive disorder and quality of life outcomes: a systematic review and meta-analysis. *Asian Journal of Psychiatry, 22*, 41-52.

Cox, R. C., Parmar, A. M., & Olatunji, B. O. (2020). Sleep in obsessive-compulsive and related disorders: a selective review and synthesis. *Current Opinion in Psychology, 34*, 23-26.

Fernández de la Cruz, L., Isomura, K., Lichtenstein, P., Rück, C., & Mataix-Cols, D. (2022). Morbidity and mortality in obsessive-compulsive disorder: A narrative review. *Neuroscience and biobehavioral reviews, 136*, 104602. https://doi.org/10.1016/j.neubiorev.2022.104602

de Mathis, M.A., Diniz, J.B., do Rosário, M.C., Torres, A.R., Hoexter, M., Hasler, G., Miguel, E.C. (2006). What is the optimal way to subdivide obsessive-compulsive disorder? *CNS Spectrum, 11(10)*, 762-8, 771-4, 776-9.

Eaton, W. W., Martins, S. S., Nestadt, G., Bienvenu, O. J., Clarke, D., & Alexandre, P. (2008). The burden of mental disorders. *Epidemiologic reviews, 30*, 1–14. https://doi.org/10.1093/epirev/mxn011

Falls-Stewart, W., & Angarano, K. (1994). Obsessive-Compulsive Disorder among patients entering substance abuse treatment: Prevalence and accuracy of diagnosis. *Journal of Nervous and Mental Disease, 182*(12), 715-719.

Fawcett, E. J., Power, H., & Fawcett, J. M. (2020). Women are at greater risk of OCD than men. *The Journal of Clinical Psychiatry, 81*(4). https://doi.org/10.4088/jcp.19r13085

Fernández de la Cruz, L., Isomura, K., Lichtenstein, P., Rück, C., & Mataix-Cols, D. (2022). Morbidity and mortality in obsessive-compulsive disorder: A narrative review. *Neuroscience and biobehavioral reviews, 136*, 104602. https://doi.org/10.1016/j.neubiorev.2022.104602

Fernández de la Cruz, L., Rydell, M., Runeson, B., D'Onofrio, B. M., Brander, G., Rück, C., ... & Mataix-Cols, D. (2017). Suicide in obsessive–compulsive disorder: a population-based study of 36 788 Swedish patients. *Molecular psychiatry, 22*(11), 1626-1632.

Fontenelle I.S., Fontenelle, L.F., Borges, M.C., Prazeres, A.M., Rangé, B.P., Mendlowicz, M.V., Versiani M. (2010). Quality of life and symptom dimensions of patients with obsessive-compulsive disorder. *Psychiatry Research, 179*(2), 198-203.

Fontenelle, L.F., Mendlowicz, M.V., Marques, C., & Versiani, M. (2004). Trans-cultural aspects of obsessive-compulsive disorder: a description of a Brazilian sample and a systematic review of international clinical studies. *Journal of Psychiatric Research, 38*, 403–411.

Franklin, M.E. &, Foa, E.B. (2008). Obsessive-compulsive disorder. In D. Barlow (Ed.), *Clinical Handbook of Psychological Disorders* (4th Edition). Guilford.

Futh, A., Simonds, L. M., & Micali, N. (2012). Obsessive-compulsive disorder in children and adolescents: parental understanding, accommodation, coping and distress. *Journal of Anxiety Disorders, 26*(5), 624-632.

Garcia-Soriano, G., Belloch, A., Morillo, C., & Clark, D. A. (2011). Symptom dimensions in obsessive–compulsive disorder: From normal cognitive intrusions to clinical obsessions. *Journal of Anxiety Disorders, 25*, 474–482.

Geller, D.A., Biederman, J., Griffin, S., et al (1996) Comorbidity of juvenile obsessive-compulsive disorder with disruptive behavior disorders. *Journal of the American Academy of Child & Adolescent Psychiatry, 3*, 1637–1646.

Greenberg, D. (1994). Cultural aspects of obsessive compulsive disorder. In E. Hollander (Ed.), *Current insights in obsessive compulsive disorder* (pp. 11–21). New York: Wiley.

Lack, C. W. (2013). *Anxiety disorders: An introduction*. United Kingdom: Onus Books.

Lack, C. W. (2012). Obsessive-compulsive disorder: Evidence-based treatments and future directions for research. *World Journal of Psychiatry, 2*(6), 86-90.

Lack, C.W., & Crowley, J.A. (2023). Etiology of obsessive-compulsive disorder. In C.W. Lack (Ed.), *Obsessive-Compulsive Disorder: Etiology, Phenomenology, and Treatment (Second Edition)*, pp. 41-63. Onus Books.

Lack, C. W., Storch, E. A., Keeley, M. L., Geffken, G. R., Ricketts, E. D., Murphy, T. K., & Goodman, W. K. (2009). Quality of life in children and adolescents with obsessive-compulsive disorder: Base rates, parent-child agreement, and clinical correlates. *Social Psychiatry and Psychiatric Epidemiology, 44*(11), 935-942.

Lack, C.W., Storch, E.A., & Murphy, T.K. (2006). More than just monsters under the bed: Assessing and treating pediatric OCD. *Psychiatric Times, 23*(3), 54-57.

Leckman, J. F., Denys, D., Simpson, H. B., Mataix-Cols, D., Hollander, E., Saxena, S., Miguel, E. C., Rauch, S. L., Goodman, W. K., Phillips, K. A., & Stein, D. J. (2010). Obsessive-compulsive disorder: A review of the diagnostic criteria and possible subtypes and dimensional specifiers for DSM-5. *Depression and Anxiety, 27*, 507-527.

Lemelson, R. (2003), Obsessive-Compulsive Disorder in Bali: The cultural shaping of a neuropsychiatric disorder. *Transcultural Psychiatry, 40*, 377-408.

Kessler R., Berglund, P., Demler, O., Jin, R., Walters, E. (2005). Lifetime prevalence and age-of-onset distributions of DSM-IV disorders in the National Comorbidity Survey Replication. *Archives of General Psychiatry, 62*, 593–602.

Krochmalik A, Menzies R. (2003). The classification and diagnosis of obsessive–compulsive disorder. In R. G. Menzies, & P. de Silva (Eds.), *Obsessive–compulsive disorder: Theory, research, and treatment* (pp. 3–20). New York: Wiley.

Macy, A.S., Theo, J.N. Kaufmann, S.C., Chazzaoui, R.B., Pawlowski, P.A. et al. (2013). Quality of life in obsessive compulsive disorder. *CNS Spectrum, 18*(1), 21-33.

Matsunaga, H., Maebayashi, K., Hayashida, K., Okino, K., Matsui, T., Iketani, T., Kiriike, N., & Stein, D.J. (2008). Symptom structure in Japanese patients with Obsessive-Compulsive Disorder. *American Journal of Psychiatry, 165*, 251-253.

McCoy, C., Napier, D., Craig, L., & Lack, C. W. (2013) Controversies in pediatric obsessive-compulsive disorder. *Minerva Psichiatrica, 54*(2), 115-128.

Meier, S. M., Mattheisen, M., Mors, O., Schendel, D. E., Mortensen, P. B., & Plessen, K. J. (2016). Mortality among persons with obsessive-compulsive disorder in Denmark. *JAMA psychiatry, 73*(3), 268-274.

Piacentini J, Peris TS, Bergman RL, Chang S, Jaffer M (2007). Functional impairment in childhood OCD: development and psychometrics properties of the child obsessive-compulsive impact scale-revised (COIS-R). *Journal of Clinical Child and Adolescent Psychology, 36*, 645–653.

Ruscio, A.M., Stein, D.J., Chiu, W.T., Kessler, R.C. (2010). The epidemiology of obsessive-compulsive disorder in the National Comorbidity Survey Replication. *Molecular Psychiatry, 15*, 53-63.

Russell, T., Johnson, T., Callahan, A., Benemann, H., McCartin, H., Concannon, A., Tayebi, S., & Cash, D. (2023). Comorbidity in obsessive-compulsive disorder. In C.W. Lack (Ed.), *Obsessive-Compulsive Disorder: Etiology, Phenomenology, and Treatment (Second Edition)*, pp. 88-109. Onus Books.

Salzman L, Thaler F. (1981). Obsessive-compulsive disorders: A review of the literature. *American Journal of Psychiaty, 138*, 286-296.

Schuyler, M., & Geller, D.A. (2023). Childhood obsessive-compulsive disorder. *Psychiatric Clinics*. https://doi.org/10.1016/j.psc.2022.10.002

Segal, S. C., & Carmona, N. E. (2022). A Systematic Review of Sleep Problems in Children and Adolescents with Obsessive Compulsive Disorder. *Journal of Anxiety Disorders*, 102591.

Sharma, E., & Math, S. B. (2019). Course and outcome of obsessive-compulsive disorder. *Indian journal of psychiatry, 61*(Suppl 1), S43–S50. https://doi.org/10.4103/psychiatry.IndianJPsychiatry_521_18

Sidorchuk, A., Kuja-Halkola, R., Runeson, B., Lichtenstein, P., Larsson, H., Rück, C., ... & Fernández de la Cruz, L. (2021). Genetic and environmental sources of familial coaggregation of obsessive− compulsive disorder and suicidal behavior: a population-based birth cohort and family study. *Molecular psychiatry, 26*(3), 974-985.

Stein, D. J., Fineberg, N. A., Bienvenu, O. J., Denys, D., Lochner, C., Nestadt, G., Leckman, J. F., Rauch, S. L., & Phillips, K. A. (2010). Should OCD be classified as an anxiety disorder in *DSM-5? Depression and Anxiety, 27*, 495-506.

Stewart SE, Rosario MC, Baer L, et al. (2008). Four-factor structure of obsessive-compulsive disorder symptoms in children, adolescents, and adults. *Journal of the American Academy of Child & Adolescent Psychiatry, 47*, 763–72.

Storch, E.A., Abramowitz, J., & Goodman, W.K. (2008). Where does obsessive-compulsive disorder belong in the DSM-V? *Depression and Anxiety, 25* (4), 336-347.

Storch, E. A., Benito, K., & Goodman, W. (2011). Assessment scales for obsessive-compulsive disorder. *Neuropsychiatry, 1*(3), 243-250.

Subramaniam, M., Soh, P., Vaingankar, J.A., Picco, L., & Chong, S.A. (2013). Quality of life in Obsessive-Compulsive Disorder: Impact of the Disorder and of Treatment. *CNS Drugs, 27* (5), 367-383.

Torres, A., Prince, M., Bebbington, P., et al. (2006). Obsessive-compulsive disorder: prevalence, comorbidity, impact, and help-seeking in the British National Psychiatric Comorbidity Survey of 2000. *The American Journal of Psychiatry, 163*, 1978–85.

Torresan, R. C., Ramos-Cerqueira, A. T. A., Shavitt, R. G., do Rosário, M. C., de Mathis, M. A., Miguel, E. C., & Torres, A. R. (2013). Symptom dimensions, clinical course and comorbidity in men and women with obsessive-compulsive disorder. *Psychiatry research, 209*(2), 186-195.

Williams, M.A, La Torre, J.T., & MacIntyre, M.M. (2023). Culture, race, religion and obsessive-compulsive disorder. In C.W. Lack (Ed.), *Obsessive-Compulsive Disorder: Etiology, Phenomenology, and Treatment (Second Edition)*, pp. 110-139. Onus Books.

World Health Organization (2010). *International statistical classification of diseases and related health problems tenth revision* (4th ed.).

World Health Organization (2019/2021). *International Statistical Classification of Diseases and Related Health Problems (11th ed.)*. https://icd.who.int/

Zohar, A.H. (1999). The epidemiology of obsessive-compulsive disorder in children and adolescents. *Child and Adolescent Psychiatric Clinics of North America, 8*, 445-460.

Capítulo Dos

La etiología del trastorno obsesivo compulsivo

Caleb W. Lack[1], James J. Crowley, Andres Gonzalez, Itzel Marin, Álvaro Flores, y Tania Barbieri.

El trastorno obsesivo compulsivo (TOC) se define como obsesiones excesivas o irracionales o compulsiones que causan angustia marcada en el individuo que las experimenta (DSM-IV, 2000). Las obsesiones son pensamientos, impulsos o imágenes recurrentes o persistentes que la persona reconoce como generados internamente y que no son sólo preocupaciones excesivas sobre problemas de la vida que la persona intenta ignorar o neutralizar. Las compulsiones son conductas o actos mentales repetitivos intentan prevenir o reducir la angustia como respuesta a una obsesión, pero que son claramente excesivos y, por lo general, no están conectados de manera realista con el evento que deberían prevenir.

El propósito de este artículo es proporcionar una visión general de la investigación actual sobre las causas y etiología del TOC. Para ello, examinaremos el estado del campo desde perspectivas psicológicas, biológicas y evolutivas, e intentaremos sintetizar la literatura en una imagen coherente de dónde estamos como campo a nuestro entendimiento de por qué el 1-3 % de la población califica para un diagnóstico de TOC (Abramowitz, Taylor, McKay, 2009). Comenzaremos examinando teorías e investigaciones sobre causas psicológicas, pasaremos a examinar causas biológicas, discutiremos los modelos evolutivos y finalmente examinaremos cómo pueden unirse en un modelo etiológico más completo a través de un estudio de caso ilustrativo.

---

[1] La correspondencia relativa a este artículo debe dirigirse a Tania Barbieri de ALTOC. Email: tania.barbieri96@gmail.com

Perspectivas psicológicas

Las teorías sobre los comportamientos que se definen en los tiempos modernos como obsesiones y las compulsiones han existido durante muchos siglos, se puede observar desde las explicaciones religiosas en los siglos XVII y XVIII (p. ej., posesión de demonios o espíritus), a las teorías de la duda y la "locura dudosa" en el siglo XIX, a múltiples explicaciones psicoanalíticas a principios del siglo XX (Himle et al., 2011; Goodman, 2006). Dada la falta de evidencia empírica para apoyar tales teorías, no serán revisadas aquí. En el último siglo, las teorías sobre la(s) causa(s) del TOC se han ampliado aún más para incluir explicaciones biológicas (revisadas a continuación) y puntos de vista evolutivos (también revisados a continuación) de los mecanismos involucrados en la formación de obsesiones y compulsiones (Mineka, Zinbarg, 2006). Actualmente las teorías de la etiología psicológica del TOC, fuertemente basadas en la evidencia, se han desarrollado en gran medida a partir de la cantidad de evidencia empírica que muestra la efectividad del uso del tratamiento cognitivo-conductual para el trastorno (Rector y et al., 2001). Históricamente, estas causas se han descrito bajo tres iteraciones separadas: conductuales, cognitivas y cognitivo-conductuales.

Conductual

Basada en la teoría bifactorial de Mowrer sobre el miedo y su mantenimiento, la teoría conductual del TOC establece que las personas aprenden primero la ansiedad o la incomodidad por asociación entre estos sentimientos y un estímulo originalmente neutro (Mowrer, 1960). A través del condicionamiento, el estímulo originalmente neutro se convierte en un estímulo condicionado de ansiedad ante el cual la persona desarrolla respuestas de evitación y escape. Estas respuestas, a través de su eficacia para reducir la ansiedad original, se fortalecen y mantienen en el tiempo (Franklin, Foa, 2008). En otras palabras, un estímulo neutro se convierte en un estímulo condicionado de miedo a través procesos de condicionamiento clásico, y este miedo se mantiene después a través del reforzamiento negativo.

Para ilustrar mejor este modelo, veremos el caso de "Mark". Un niño pequeño que inicialmente no estaba preocupado, asustado o angustiado por ver el símbolo de una cruz invertida (el estímulo neutro). En algún momento, después de que Mark dibujó este símbolo, uno de sus padres le gritó (estímulo de miedo incondicionado) porque estaba haciendo un símbolo "blasfemo" o "malvado". Este estímulo previamente neutro (la cruz invertida) luego pasó a servir como una señal de que algo aterrador estaba ocurriendo, lo que hace que se convierta en un estímulo de miedo condicionado. Mark, a través de la educación religiosa, aprendió a orar y pedir perdón cuando ha actuado de manera "pecaminosa". La siguiente vez que Mark vio o dibujó accidentalmente este símbolo (estímulo de miedo condicionado), oró para pedir perdón, lo que alivió su angustia a través del reforzamiento negativo (la eliminación de un estímulo aversivo – en este caso, el miedo – que aumenta la posibilidad de que la conducta vuelva a ocurrir). Así, el miedo y la conducta compulsiva se refuerzan cada vez más, provocando comportamientos de TOC típicamente observados.

Este ciclo de condicionamiento y respuestas proporciona una amplia explicación para la formación de conductas ritualistas asociadas con el aspecto compulsivo del TOC. Sin embargo, fue insuficiente para explicar completamente todos los aspectos del trastorno, particularmente la naturaleza de las obsesiones, y esta ineficiencia conceptual, combinada con el alejamiento general del neoconductismo en la década de 1970, significó que surgiría una nueva explicación para el TOC.

Cognitivo
Siguiendo el espíritu de la época de la década de 1970 y el surgimiento del cognitivismo, los investigadores desarrollaron un nuevo enfoque a la cuestión de las causas psicológicas del TOC. La investigación temprana en esta área encontró que los pensamientos intrusivos – incluso los desagradables – son en realidad una experiencia común para los humanos, incluso en las personas que no tienen un diagnóstico de TOC (Rachman y de Silva, 1978). Las obsesiones ocurren cuando estos pensamientos intrusivos normales son vistos por el individuo como inapropiados, peligrosos para uno mismo, amenazantes para otros o importantes. Estas preocupaciones exageradas sobre acontecimientos normales y una expectativa inusualmente alta por las consecuencias negativas de estos acontecimientos, que de otro modo serían normales, generarían altos niveles de ansiedad y angustia (Carr, 1974). Esta ansiedad se combina con un mayor sentido de responsabilidad y culpabilidad, por lo que las personas con TOC naturalmente intentan deshacerse de la angustia de diversas maneras a través de compulsiones o de evitación (Salkovskis, 1985).

Para ilustrar esta teoría, usaremos el mismo caso anterior. Todo el mundo tiene pensamientos intrusivos que aparecen en su cabeza en algún momento, la mayoría de nosotros a diario. Mientras que la mayoría de la gente simplemente descarta este pensamiento intrusivo y no le presta atención, algunas personas con un sistema de creencias en particular no lo hacen. Por ejemplo, Mark se crió en un ambiente cristiano fundamentalista y creía que los pensamientos negativos e intrusivos no ocurren naturalmente, sino que son puestos allí por Satán. Entonces, cuando el pensamiento de "Debería dibujar una cruz invertida en esta Biblia" aparece en su cabeza, Mark no solo lo descarta con un "contrapensamiento" de "Eh, eso es raro", sino que se enfoca en eso, pone especial énfasis en ello (p. ej., "Tuve este pensamiento, así que debe ser algo que realmente quiero hacer"), y se preocupa por las implicaciones del pensamiento (p. ej., "Me iré al infierno por pensar esto, porque realmente soy una mala persona y un pecador"). Esta ansiedad por los pensamientos da como resultado una gran cantidad de angustia y preocupación que se observa en las personas con TOC en respuesta a sus obsesiones.

Mientras ganaban apoyo y poder de explicación a lo largo de las siguientes décadas, las explicaciones cognitivas, al igual que las explicaciones conductuales anteriores a ellas, no lograron explicar realmente el TOC en su conjunto. Aún así, fue el desarrollo de esta teoría lo que condujo al siguiente paso en las teorías de la etiología psicológica del TOC.

Cognitivo-Conductual

La teoría cognitivo-conductual del desarrollo del TOC es, como su nombre lo indica, una combinación de las teorías conductuales y cognitivas del TOC. Surge, como todas estas teorías, a partir de una comprensión del papel que juegan las cogniciones en nuestro comportamiento, y el impacto posterior que tienen los comportamientos sobre las cogniciones. Ampliamente aclarada por primera vez por la teoría del aprendizaje cognitivo social de Bandura (Bandura, 1977), esta visión de la emoción, el comportamiento y las cogniciones ofrece un marco mucho más completo para comprender el desarrollo y el mantenimiento del TOC. Esta teoría combinada ha recibido, hasta ahora, el mayor apoyo empírico de cualquier teoría psicológica, tanto en términos de evidencia experimental directa como mediante el uso de la práctica terapéutica que comparte el mismo nombre, terapia cognitivo-conductual (TCC).

El modelo cognitivo-conductual propone que las obsesiones y compulsiones surgen de creencias disfuncionales que uno tiene: cuanto mayor es la fuerza de las creencias, mayor es la posibilidad que una persona desarrollará TOC. Uno de los principales hallazgos de la investigación que respalda esta idea es que la mayoría de las personas experimentan intrusiones cognitivas no deseadas, con contenidos similares a las obsesiones clínicas, pero no le toman importancia y, de esta forma, causan poca o ninguna angustia. Por el contrario, en las personas con TOC, estos pensamientos intrusivos pueden convertirse en obsesiones si la persona tiene tipos específicos de creencias sobre sí misma y sobre los pensamientos en general (Frost y Steketee, 2002). Específicamente, estas creencias disfuncionales son: tener una baja intolerancia a la incertidumbre, sentir la necesidad de controlar los propios pensamientos, creer que los pensamientos son más importantes de lo que son, tendencias hacia el perfeccionismo, exceso de responsabilidad y sobreestimación de la probabilidad de resultados negativos.

Este tipo de evaluaciones generan una gran cantidad de angustia, que luego se intentará aliviar mediante compulsiones. Estas compulsiones dan como resultado una reducción de la ansiedad y, por tanto, se refuerzan negativamente. Desafortunadamente, este alivio es sólo temporal y en realidad refuerza las creencias desadaptativas que llevaron a la evaluación negativa en primer lugar, ya que no tienen la oportunidad de probar si esas creencias son realmente ciertas o no. Las investigaciones (Peng et al., 2022) incluso han demostrado que las personas con TOC experimentan una mayor dificultad a la hora de utilizar la información contextual para alterar sus propias conductas aprendidas previamente (es decir, lo que les dice el entorno recibe menos influencia que lo que les dice su mente). Estos factores, a su vez, conducen a tasas más altas de pensamientos intrusivos y mayores cantidades de angustia derivadas de esos pensamientos, lo que hace que uno sea más propenso a realizar compulsiones y perpetuar el ciclo de obsesiones y compulsiones, como ilustra el siguiente caso.

Mark se crio en un hogar religioso fundamentalista y evangélico. Debido a esta crianza, desarrolló un sistema de creencias según el cual Satanás podía poner pensamientos en la cabeza de uno para tratar de hacerlos cometer pecados o cosas malas. Un día, estaba garabateando en una hoja de papel y por casualidad sucedió que dibujó el símbolo de una "t" minúscula invertida. Esto no significaba nada para él (es decir, fue un estímulo neutro), hasta que su madre pasó, vio lo que había dibujado, le quitó el papel, y le gritó sobre la blasfemia que había dibujado. Esta respuesta, naturalmente, asustó a Mark (es decir, la reacción de su madre fue un estímulo de miedo incondicionado) porque no quería a) decepcionar a su madre y b) ir al infierno por hacer actividades blasfemas. Como resultado de este incidente, Mark ahora asocia este símbolo en particular con una respuesta de miedo (es decir, se ha convertido en un estímulo de miedo condicionado). Su madre entonces procede a decirle que debe orar pidiendo perdón, para que no vaya al infierno. Después de orar por el perdón, se siente mucho menos angustiado (es decir, este acto fue reforzado negativamente). Más tarde, él tiene un pensamiento intrusivo, no deseado (pero normal) sobre dibujar una cruz invertida. Este pensamiento activa su sistema de creencias (es decir, "Satanás me está enviando este pensamiento para engañarme y apartarme de la rectitud."), y lo angustia emocionalmente. En lugar de esperar naturalmente para que esta ansiedad se disipe, Mark usa en su lugar el comportamiento previamente reforzado de orar por perdón para disminuir su ansiedad (es decir, convertirlo en una compulsión), reforzando así aún más el comportamiento. Sin embargo, paradójicamente, este comportamiento continuado también refuerza su sistema de creencias negativas, lo que a su vez hace que los pensamientos intrusivos no deseados (es decir, las obsesiones) sean más propensos a aparecer de nuevo, momento en el que la compulsión se repetirá hasta el infinito.

La TCC se centra en el uso de exposición con prevención de respuesta (EPR), que se desarrolló por primera vez utilizando la teoría de Mowrer sobre la adquisición y el mantenimiento del miedo y sigue el procedimiento básico de exponer a la persona al estímulo condicionado que genera miedo y prevenir que responda con el patrón normal de conducta que sirve para reducir la ansiedad y al mismo tiempo mantiene el miedo (Mowrer, 1960).

En combinación con esta técnica, que aborda el aspecto conductual del TOC, se utiliza la terapia cognitiva, que se centra en descubrir cómo la persona con TOC interpreta sus obsesiones y trabaja para reevaluar esas interpretaciones de modo que situaciones o estímulos previos que se consideran de alta ansiedad pueden ser cambiados para ser vistos como situaciones que no provocan una cantidad de ansiedad irracional (Rector et al., 2001). Se ha demostrado que los programas de tratamiento para personas con TOC que utilizan una combinación de EPR y terapia cognitiva son altamente efectivos en múltiples ocasiones en las décadas desde que se desarrolló la práctica por primera vez (ver Franklin & Foa, 2007 para una descripción detallada de los procedimientos y metaanálisis de la investigación pertinente). Si bien un gran número de investigadores que escriben sobre el TOC y sus orígenes todavía afirman que se desconocen las causas exactas del TOC, la evidencia respalda firmemente una relación causal entre las teorías mencionadas anteriormente y las raíces psicológicas del TOC.

Perspectivas biológicas

Si bien las teorías psicológicas revisadas anteriormente tienen un excelente poder explicativo y han conducido al desarrollo de tratamientos altamente efectivos, ciertamente no explican completamente por qué un individuo tiene TOC. Por ejemplo, ¿por qué sería más fácil condicionar a un segmento particular de la población a convertir un estímulo neutral en un estímulo condicionado? ¿Por qué algunas personas son más propensas a prestar especial atención a los pensamientos como vemos en las personas con TOC? Para ayudar a responder este tipo de preguntas, los investigadores han dedicado enormes esfuerzos a intentar explorar factores hereditarios y otros factores biológicos en el desarrollo y mantenimiento del TOC.

Aunque en las últimas dos décadas se han realizado muchas investigaciones para ayudar a descifrar los mecanismos biológicos subyacentes detrás del TOC, todavía es un área plagada de controversia (McCoy et al., 2013). Sin embargo, a pesar de esta incertidumbre, los investigadores han descubierto una gran cantidad de conocimientos sobre la genética y la neurobiología, así como sobre la clasificación entre subtipos de TOC. Por ejemplo, los estudios sobre gemelos y familias muestran consistentemente que el TOC es hereditario aproximadamente en un 50 % (Bolton et al., 2007; Iervolino et al., 2011; Mataix-Cols et al., 2013; Pauls, 2010; van Grootheest et al., 2005). Los primeros estudios de gemelos con TOC (resumidos por van Grootheest et al (van Grootheest et al., 2005)) revelaron una mayor concordancia en los diagnósticos de TOC entre pares de gemelos monocigóticos que dicigóticos, lo que indica un papel de la genética en el riesgo de TOC. Estudios de gemelos más contemporáneos se han centrado en los síntomas obsesivo-compulsivos, en lugar del

TOC clínico, en grandes cohortes de gemelos. Por ejemplo, Mataix-Cols et al (Mataix-Cols et al., 2013) examinaron 16.383 pares de gemelos de Suecia y encontraron que los factores genéticos aditivos representaban el 47 % (IC del 95 %, 42 %-52 %) de la variación en el riesgo de síntomas obsesivo-compulsivos. En el mismo artículo de Suecia, Mataix-Cols et al (Mataix-Cols et al., 2013) examinaron el riesgo de TOC entre los familiares de 24,768 personas con TOC y encontraron que el riesgo de TOC aumentaba proporcionalmente a la relación genética. Por ejemplo, los familiares de primer grado de personas diagnosticadas con TOC mostraron un riesgo entre 4 y 8 veces mayor de padecer TOC. En resumen, estos estudios de gemelos y familias han proporcionado evidencia inequívoca de que la genética explica aproximadamente la mitad del riesgo de TOC, lo que ha motivado cientos de estudios de genética molecular del TOC durante los últimos 30 años.

Hasta hace aproximadamente 10 años, los estudios de genética molecular del TOC padecían las mismas limitaciones que los de otros rasgos complejos, incluida la dependencia de una aproximación no probada y de tamaños de muestra pequeños. Por ejemplo, los estudios de ligamiento del TOC (revisados por Pauls et al. (Pauls et al., 2014)) y >100 estudios de "genes candidatos" (metaanalizados por Taylor et al. (Taylor, 2013)) produjeron resultados inconsistentes. La genómica del TOC dio un gran paso adelante en 2013 cuando Stewart et al (Stewart et al., 2013) publicaron el primer estudio de asociación del genoma completo (GWAS, por sus siglas en inglés) del TOC. Los GWAS son un enfoque moderno en el que los genomas de muchas personas diferentes se escanean para encontrar marcadores genéticos asociados con un rasgo o enfermedad. En Stewart et al, los autores recolectaron ADN de 1.465 casos de TOC, 5.557 controles y 400 familias y genotipificaron en todos ellos aproximadamente 1 millón de polimorfismos de un solo nucleótido (SNP por sus siglas en inglés) repartidos por todo el genoma. Al igual que con otros rasgos complejos, esta muestra resultó tener poco poder estadístico ya que no se identificaron loci significativos en todo el genoma. Sin embargo, el análisis de riesgo poligénico reveló que la variación genética común efectivamente contribuía al riesgo de TOC y que un mayor tamaño de la muestra conduciría al descubrimiento de loci significativos. Se publicaron dos GWAS de TOC posteriores (International Obsessive Compulsive Disorder Foundation Genetics Collaborative (IOCDF-GC) y OCD Collaborative Genetics Association Studies (OCGAS), 2018; Mattheisen et al., 2015) que avanzaron en el campo, pero aún no tenían suficiente potencia.

El primer GWAS de TOC con mayor potencia fue elaborado por el Grupo de Trabajo sobre TOC del Psychiatric Genomics Consortium (PGC) y publicado como manuscrito preimpreso en octubre de 2021 (Strom et al., 2021). Este estudio se limitó a individuos de ascendencia europea (N = 14.140 casos de TOC y N = 562.117 controles), pero identificó el primer locus significativo para el TOC en todo el genoma y reforzó la literatura previa que sugiere correlaciones genéticas con trastornos a menudo comórbidos con el TOC (p. ej., Síndrome de Tourette y anorexia nerviosa). El Grupo de Trabajo sobre TOC de PGC está trabajando actualmente en la publicación de un GWAS para TOC mucho más grande, con >50 000 casos y >1 millón de controles. Este marcado aumento en el tamaño de la muestra ha llevado a un tremendo paso adelante en la genómica del TOC, en forma de 30 loci significativos en todo el genoma donde variaciones comunes se asocian con el TOC. Este estudio es un avance importante y ha facilitado muchos análisis informativos "post-GWAS", como el análisis de puntuación de riesgo poligénico (PRS por sus siglas en inglés). El PRS estima el riesgo genético de un individuo de sufrir una enfermedad o rasgo (calculado al sumar el efecto de muchas variantes comunes) y tiene el potencial de ser clínicamente útil.

No hay duda de que el GWAS es un método poderoso para asociar variaciones genéticas comunes con el TOC, pero no detecta variaciones raras. De forma aislada, las variantes de riesgo genético comunes (SNP con una frecuencia del alelo menos común >1 % en una población determinada) generalmente tienen un efecto modesto sobre el riesgo (p. ej., un riesgo relativo ~1,1), pero pueden tener grandes efectos en conjunto. Por otro lado, las variantes de riesgo poco comunes (frecuencia del alelo menos común <1 %), generalmente tienen un efecto mayor sobre el riesgo (p. ej., riesgos relativos de 2 a >20) y, a menudo, son más clínicamente accionables. El primer método genómico moderno utilizado para investigar variaciones raras en el riesgo de TOC fue el análisis de variación en el número de copias (CNV por sus siglas en inglés), que implica la identificación de tramos de ADN donde el número de copias difiere de lo que se esperaría de dos (una copia materna y una copia paterna). Las deleciones CNV se refieren a la pérdida de una copia y las duplicaciones CNV se refieren a la ganancia de una copia. Hasta ahora se han publicado dos grandes estudios sobre CNV del TOC. McGrath et al (McGrath et al., 2014) examinaron 1.613 casos de TOC y 1.789 controles y no encontraron una carga global de CNV en los casos, pero sí observaron una tendencia hacia una mayor carga de grandes deleciones de trastorno del neurodesarrollo, particularmente deleciones ubicadas en el cromosoma 16p13.11 (5 en casos, 0 en controles). Mahjani et al (Mahjani et al., 2022) publicaron recientemente un análisis de CNV de 993 casos de TOC y, al igual que McGrath et al, también encontraron que la región 16p13.11 alberga las CNV más potencialmente dañinas (una deleción y dos duplicaciones en los casos). Por tanto, los genes dentro de la región 16p13.11 son genes potenciales de riesgo de TOC.

Otro método poderoso que se ha utilizado para identificar factores de riesgo genéticos raros para el TOC es la secuenciación del exoma completo (WES por sus siglas en inglés). La WES implica la secuenciación de las regiones codificantes de proteínas (exones) de todos los genes (el "exoma") en el genoma de un individuo. El exoma representa sólo ~1 % del genoma, pero se sabe que está muy enriquecido en variantes raras relevantes para la enfermedad. Una aplicación particularmente poderosa de WES es secuenciar a un probando afectado y a sus padres. Esto se denomina análisis de "trío" y tiene la ventaja de poder asignar variantes como de novo en origen (una mutación nueva que no se encuentra en ninguno de los genomas parentales). Hasta el momento, se han publicado dos estudios de WES en TOC. El primero, de Cappi et al (Cappi et al., 2020), incluyó datos de WES de 222 tríos de TOC y encontró que las mutaciones de novo que se predice que dañan la función genética están enriquecidas en los probandos de TOC (relación de tasas, 1,52; P = 0,0005). Además, identificaron dos genes de riesgo de alta confianza, cada uno de los cuales contenía dos mutaciones dañinas en probandos no relacionados: CHD8 y SCUBE1. El segundo estudio, de Halvorsen et al (Halvorsen et al., 2021), informó resultados de WES de la cohorte de TOC más grande hasta la fecha. Este estudio incluyó datos de WES de un total de 1313 casos de TOC, que constan de 587 tríos, 644 "solos" (probandos sin datos de los padres) y 41 cuartetos (dos hermanos con TOC y los datos de sus padres). En general, en comparación con los controles sanos, los casos de TOC portaban un exceso de variantes raras que se espera que dañen la función genética (variantes de "pérdida de función") en genes que generalmente son intolerantes a dicha variación (genes "intolerantes a la pérdida de función"). Esto también se aplica a las variantes de novo encontradas en tríos. En los análisis de casos y controles, el resultado más significativo de un gen único fue SLITRK5 (razón de probabilidades = 8,8, P = 2,3 × 10-6). En conjunto, estos datos respaldan la contribución de variantes de codificación raras al riesgo genético del TOC. Está claro que, al igual que otros trastornos psiquiátricos, la secuenciación de cohortes más grandes de TOC impulsará el descubrimiento de nuevos genes de riesgo y proporcionará una mayor comprensión de la biología de la enfermedad.

Pasando del nivel molecular al estructural, se ha realizado una gran cantidad de investigaciones sobre otros aspectos biológicos del TOC. Por ejemplo, se sabe que el daño cerebral, incluido el causado por un traumatismo de nacimiento, encefalitis o traumatismo craneoencefálico, puede provocar el desarrollo de TOC (Berthier et al., 1996; Hollander et al., 2008). El daño a los ganglios basales, la circunvolución cingulada y la corteza prefrontal parecen tener una influencia causal en el desarrollo del TOC (Giedd et al., 1995; Robinson et al., 1995). El daño a los ganglios basales posiblemente produce síntomas de TOC debido al aumento de tamaño y la inflamación en esta área del cerebro (Giedd et al., 2000). La presencia de convulsiones, especialmente epilepsia del lóbulo temporal, también se ha asociado con la aparición del TOC en la niñez.

Gran parte de la investigación de las últimas décadas se ha centrado en el papel de una disfunción en el sistema córtico-estriado-talámico-cortical (Haber, 2016), que ha estado implicada no solo en el TOC sino en muchos otros problemas de salud mental. Parece haber una mayor actividad en el núcleo caudado y la corteza orbitofrontal en individuos con TOC (Guehl et al., 2008; Saxena et al., 1998; Whiteside et al., 2004). El núcleo caudado recibe información, junto con el putamen, de la corteza cerebral. Luego, esta información es procesada por los ganglios basales, que luego pasan por dos vías, la vía directa y la vía indirecta, a través del tálamo y de regreso a la corteza. La vía directa es excitatoria mientras que la vía indirecta es inhibitoria. El TOC puede ser el resultado de una hiperactividad de la vía directa. La corteza orbitofrontal puede activar las dos vías, lo que resulta en un desequilibrio de las vías que resultan en conductas de TOC (Saxena et al., 1998). La corteza orbitofrontal y los ganglios basales reciben información de terminales serotoninérgicas (el Mansari y Blier, 1997; Lavoie y Parent, 1990). Muchos estudios de tomografía por emisión de positrones (PET) del TOC han encontrado un aumento del metabolismo o del flujo sanguíneo en la corteza orbitofrontal y cingulada anterior, así como en la cabeza del núcleo caudado (Sanz et al., 2001). Los estudios de imágenes por resonancia magnética funcional (fMRI) proporcionan una correlación significativa entre las cortezas orbitofrontal y cingulada anterior y la mediación de los síntomas del TOC (Rotge et al., 2008). En un estudio de Jung et. al, se utilizó fMRI para observar la percepción del movimiento biológico en individuos con TOC (Jung et al.,2009). Los resultados indicaron un aumento en la actividad en la circunvolución temporal superior y media, que están asociadas con el procesamiento del movimiento biológico. En un estudio realizado por Choi et. al, se encontró que una reducción de volumen de la parte anterior de la circunvolución temporal superior, específicamente el plano polar, se relaciona significativamente con la fisiopatología del TOC (Choi et al., 2006).

Volvamos al caso ficticio de Mark, como comenzamos anteriormente, y examinemos qué papel pudo haber jugado la biología en su diagnóstico de TOC. Desde una perspectiva familiar, sus padres han luchado contra la ansiedad excesiva, lo que ha causado problemas tanto en el hogar como en su trabajo. Mark, de esta forma, heredó una predisposición genética general a mostrar y experimentar ansiedad. Cuando se activan, estos genes impactan la transmisión neuroquímica de neurotransmisores específicos en su cerebro, principalmente serotonina y glutamato, lo que a su vez conduce a patrones disruptivos de activación en diferentes áreas del cerebro. Este patrón es más evidente en aquellas regiones del cerebro, como la corteza orbitofrontal y el sistema córtico-estriado-tálamo-cortical, que desempeña un papel importante en la inhibición de la respuesta adecuada, la flexibilidad cognitiva, la planificación (y el comportamiento dirigido a objetivos), la memoria de trabajo y el monitoreo de errores. La disfunción en estas áreas es responsable de dos comportamientos problemáticos clave que se observan en el TOC: dudas repetidas y conductas repetitivas. En Mark, esta activación biológica se manifestó conductualmente al pedir perdón repetidamente después de tener pensamientos o acciones "blasfemas" y cuestionar la validez de quienes le dicen que los pensamientos obsesivos no son exactos ni congruentes con la realidad.

Perspectivas evolutivas

Los componentes y contribuyentes del TOC revisados anteriormente, tanto psicológicos como biológicos, parecen tener un rol importante en el funcionamiento normal, lo que sugiere que están involucrados de cierta forma en la adaptabilidad evolutiva (Fiske y Haslam, 1997; Leckman, Bloch, 2008). Las combinaciones obsesivas compulsivas más comúnmente observadas incluyen la preocupación por la contaminación y limpieza excesiva, dudas, comprobación u oración, preocupación por la simetría y organización o acumulación (Rasmussen y Eisen, 1992). Los comportamientos normales, como la conciencia de las amenazas presentes y futuras en el entorno, permiten planificar y evitar dichas amenazas (Leckman, Mataix-Cols y Rosario-Campos, 2005). Curiosamente, el TOC puede ser una versión exacerbada de estos comportamientos de evitación normales y evolutivamente adaptativos. Como se vio anteriormente, las vulnerabilidades genéticas y el daño cerebral pueden causar déficits que conducen al desarrollo de TOC (Brüne, 2006). Pero puede ser que, en lugar de simplemente causar TOC, estos problemas neurológicos o genéticos interfieran con el desarrollo normal de reguladores adaptativos que inhiben las conductas de miedo y evitación. En las personas que padecen patología, la respuesta a las "amenazas" excede enormemente la amenaza real involucrada, sobrecargando así los patrones cognitivos y de comportamiento diarios de un individuo como resultado de un mecanismo previamente adaptativo que se sale de control (Leckman y Bloch, 2008).

Describir el TOC como una adaptación evolutiva puede parecer contradictorio, considerando los déficits mentales y funcionales que el trastorno puede tener en las personas afectadas; sin embargo, al igual que muchos trastornos de ansiedad, los investigadores sugieren que los componentes del TOC se originan como rasgos de supervivencia adaptativos que se volvieron desregulados (Brune, 2006; Feygin, Swain y Leckman, 2006). Cuatro características proporcionan un marco para determinar si los rasgos son adaptativos. Para ser considerado adaptativo, un rasgo a) debe carecer de variación heredable, b) evidencia de un buen diseño, c) ser evocado por desencadenantes apropiados, y d) el rendimiento debe reducirse cuando está ausente (Nettle, 2004).

Se teoriza que los rasgos adaptativos se desarrollan en función de orígenes tanto últimos como próximos. Las teorías proximales del TOC sugieren que la patología se desarrolla cuando los rasgos adaptativos se vuelven disfuncionales debido a déficits genéticos o biológicos en el cerebro (Abed y de Pauw, 1998). Esta teoría en particular también respalda la teoría del cerebro modular, que sugiere que áreas específicas del cerebro están asociadas con características del TOC, y la deficiencia o daño en una parte específica del cerebro produce TOC. Como se indicó anteriormente, el daño a los ganglios basales puede producir sintomatología de TOC (Carlson, 2010). Se teoriza que los ganglios basales desempeñan funciones inhibidoras en las funciones motoras voluntarias y participan en el aprendizaje de procedimientos, particularmente en el de las conductas habituales (Brooks y Dunnett, 2013). En consecuencia, el daño puede resultar en una falta de inhibición conductual al disminuir el funcionamiento ejecutivo sobre el comportamiento habitual. El comportamiento repetitivo o las actividades mentales no controladas se ajustan a los criterios compulsivos (conductuales) del TOC.

Las perspectivas evolucionistas argumentan que las obsesiones y las compulsiones se desarrollan como adaptaciones finales. Las tasas de prevalencia consistentemente altas (tasas de prevalencia de 1 a 3 % dentro de la población general; Leckman, Mataix-Cols y Rosario-Campos, 2005) de TOC en todas las culturas (Fiske y Haslam, 1997) sugieren que los aspectos de TOC han sido seleccionados, y por lo tanto continúan ocurriendo (Abed y De Pauw, 1999). Una hipótesis sostiene que las obsesiones se desarrollan a partir de un mecanismo inhibitorio natural (Sistema de generación de escenarios de riesgo involuntario; IRSGS por sus siglas en inglés) que produce cognitivamente escenarios y resultados virtuales, de modo que un individuo puede conceptualizar las consecuencias de los comportamientos de riesgo sin tener que participar realmente en las actividades (Abed , De Pauw, 1999). En respuesta a esto, se desarrollan prácticas semi voluntarias de evitación de daños: compulsiones. Se sugiere que este sistema neurobiológico se conservó genéticamente debido a su capacidad para prevenir daños potenciales en organismos que tenían un IRSGS activo (Abed & De Pauw, 1999). Tal mecanismo proporciona evidencia de un buen diseño y podría resultar en un rendimiento reducido si no existe, dos características de un rasgo adaptativo.

Los investigadores sugieren que una perspectiva evolucionista que utilice el comportamiento de los mamíferos como modelo puede ayudar a explicar las combinaciones más comunes de obsesiones compulsiones, así como la prevalencia del TOC entre culturas (Evans y Leckman, 2006; Fiske, Haslam, 1997). Se sugiere que ciertos comportamientos animales, como hibernar y organizar y recolectar alimentos, son los orígenes del comportamiento obsesivo-compulsivo observado en los humanos (Brüne, 2006). En un estudio revisado por Evans y Leckman, se observaron patrones de acción fija (PAF) "desplazados" en una gran cantidad de especies. Los PAF son prácticas de comportamiento innatas que contribuyen a la adaptabilidad de las especies y son desencadenadas por circunstancias externas particulares. El "desplazamiento" ocurre cuando se desencadenan estas conductas fuera de contexto; es decir, cuando el entorno no es propicio para la realización de la conducta (Evans & Leckman, 2006). El cuidado, la alimentación, la limpieza y la construcción de nidos (componentes de los PAF típicos) fueron los comportamientos de desplazamiento más comúnmente observados en los animales estudiados (Dodman, 1998). Los autores hacen una comparación entre las conductas de desplazamiento y aspectos del TOC, sugiriendo que ambos son reacciones a un mal funcionamiento biológico o ambiental en las conductas adaptativas normales. De hecho, se ha observado sistemáticamente un comportamiento similar al TOC en algunos animales (Stein, 2002). Además, las conductas de desplazamiento se parecen mucho a los subtipos más comunes de TOC (Rasmussen y Eisen, 1992). Las altas tasas de prevalencia entre culturas y las similitudes entre los comportamientos rituales de los animales y los subtipos de TOC pueden ser evidencia de una falta de variación hereditaria, otro sello distintivo de los rasgos adaptativos.

Aunque brinda explicaciones para el componente conductual del TOC, Brüne argumenta que la hipótesis del comportamiento animal no explica el componente cognitivo-obsesivo del trastorno (Brüne, 2006). Sugiere que la cognición y la contemplación son el catalizador evolutivo que proporcionó el potencial para que el comportamiento normal de los animales, en particular, los comportamientos ritualistas/habituales, se convierta en sintomatología TOC (Brüne, 2006). Específicamente, la capacidad cognitiva para construir representaciones mentales de posibles eventos futuros, como ocurre con el IRSGS, brinda la oportunidad de exagerar dichos eventos y responder en consecuencia.

Las representaciones mentales de posibles eventos futuros requieren metacognición, una capacidad que se observa casi exclusivamente en humanos. Se ha producido una gran cantidad de crecimiento cerebral en primates durante la historia evolutiva relativamente reciente, particularmente en los últimos 100.000 años. Específicamente, la neocorteza, el tálamo y las estructuras límbicas, áreas del cerebro asociadas con la planificación futura y la memoria episódica, han aumentado de manera más significativa en comparación con otras partes del cerebro. La corteza cingulada anterior, una parte del sistema límbico implicada en la regulación cognitiva y emocional, ha aumentado significativamente de tamaño (Bush, Luu y Posner, 2000; Flinn, Geary y Ward, 2005). Las hipótesis evolutivas sugieren que estos aumentos de tamaño, aunque costosos en energía, fueron necesarios debido al aumento de la actividad social entre los humanos (Isler y Van Schaik, 2006). La capacidad de leer las emociones e intenciones de los demás e imaginar eventos futuros habrían sido rasgos muy valiosos, seleccionando así un mayor desarrollo en áreas del cerebro que son capaces de tales cogniciones. Además, Brüne sugiere que esta capacidad metacognitiva es en gran medida el mecanismo responsable de los aspectos obsesivos del TOC (Brüne, 2006).

Modelo comprensivo etiológico

Como con la mayoría de los fenómenos en los campos de la psicología y la psiquiatría, tratar de responder "¿Por qué las personas desarrollan TOC?" solo confiando en un único nivel de explicación (por ejemplo, solo biológico, psicológico o evolucionista) no proporciona una respuesta satisfactoria. En cambio, intentar comprender el TOC a partir de un modelo etiológico más completo requiere examinar múltiples niveles de explicación, así como su posible interacción.

Por ejemplo, considerar los comportamientos normativos y adaptativos y cómo podrían verse cuando se alteran desde una visión evolucionista puede ayudar a comprender las raíces fundamentales de la construcción social que nuestra especie ahora llama TOC. En conjunto, considerar los posibles aspectos moleculares, bioquímicos y estructurales del cerebro relacionados con el TOC brinda a los profesionales una comprensión más profunda de la vulnerabilidad general de un paciente en particular hacia el desarrollo de TOC, así como algunos métodos potenciales de intervención centrados en corregir anomalías bioquímicas. Finalmente, los fundamentos psicológicos detrás del TOC, particularmente los aspectos cognitivos y conductuales, proporcionan tanto un poder explicativo próximo como una teoría excelente para desarrollar intervenciones. Si bien es posible que tales intervenciones no aborden directamente la historia evolutiva ni cambien el genotipo, sí parecen tener un impacto masivo en la función del cerebro mismo (Porto et al., 2009; Saxena et al., 1998). Los cambios se han observado principalmente en la corteza pregenual cingulada anterior y en la corteza cingulada media anterior (O'Neill et al., 2012, 2013). El hecho de que una intervención terapéutica particular pueda cambiar las cogniciones, las conductas y el funcionamiento biológico refuerza aún más la necesidad de considerar una explicación de múltiples niveles para la etiología del TOC. Regresar, por última vez, al estudio del caso ficticio de Mark puede ayudar a mostrar cómo estos niveles de explicación pueden usarse juntos para lograr un poder explicativo muy poderoso de por qué un individuo en particular experimenta los efectos debilitantes del TOC.

Los ancestros lejanos de Mark, quizás hace 100 millones de años, hasta los últimos ancestros comunes entre aves y mamíferos, sufrieron presiones evolutivas que ayudaron a moldear predisposiciones para ciertos tipos de comportamientos rituales y habituales que ayudaron a la supervivencia. Esto coincide con el desarrollo de ganglios basales más sofisticados, un área del cerebro muy implicada en estos comportamientos actuales. Con el desarrollo gradual del género Homo (incluidos erectus, antecessor y rhodesiensis) y el surgimiento del Homo sapiens anatómicamente moderno hace 200.000 años, nuestra especie se volvió cada vez más sofisticada cognitivamente gracias al rápido crecimiento del cerebro, particularmente en la neocorteza, el tálamo y el sistema límbico. Esta sofisticación explotó en los últimos 60.000 años aproximadamente, a medida que los humanos desarrollaron nuevas funciones cerebrales para aumentar las posibilidades de supervivencia en un entorno cada vez más social, incluidas capacidades avanzadas de comunicación y planificación. Simultáneamente con este desarrollo del cerebro, los humanos comenzaron a desarrollar la capacidad de conceptualizar posibles resultados adversos de acciones futuras, y tales funciones metacognitivas fueron muy útiles para la especie en su conjunto. Desafortunadamente, debido a una variedad de problemas, estas funciones adaptativas (metacognición y conductas rituales) pueden ser secuestradas y volverse desadaptativas, como se ilustrará a continuación.

Los cambios en la frecuencia de los alelos que en última instancia dieron lugar a estas nuevas estructuras cerebrales adaptativas y los cambios funcionales posteriores se transmitieron de generación en generación y, en última instancia, se generalizaron mucho entre la población de Homo sapiens que finalmente se extendió desde África en varias oleadas durante los últimos 60.000 años. y, a diferencia de características morfológicas como el color de la piel y el cabello, permaneció relativamente intacta a medida que los humanos se extendieron por los continentes. Los antepasados de Mark portaban estos genes, al igual que él. En Mark, sin embargo, el funcionamiento adaptativo al que contribuyen estos genes se ha visto alterado.

Los padres de Mark son personas muy ansiosas, por lo que posteriormente heredó una vulnerabilidad genética general a experimentar ansiedad. En particular, la desregulación de su sistema serotoninérgico ha provocado patrones de activación cerebral distintos de los observados en la mayoría de las personas. Estas alteraciones han tenido efectos en todo su cerebro, pero los aspectos más problemáticos se han observado en las áreas del cerebro mencionadas anteriormente: los ganglios basales, el tálamo y la neocorteza. Esta interrupción del circuito del sistema cortico-estriado-tálamo-cortical significa que Mark tiene más probabilidades que la mayoría de las personas de experimentar dificultades con dudas excesivas y comportamientos repetitivos, pero necesitará algún tipo de eventos activadores en su entorno para que estos se vuelvan prominentes y problemáticos. Desafortunadamente para Mark, su entorno estaba plagado de oportunidades de este tipo.

Además de ser muy ansiosos, los padres de Mark también eran cristianos evangélicos fundamentalistas. Debido a esto, Mark estuvo expuesto a la creencia de que Satanás podía poner pensamientos en la cabeza de uno para intentar obligarlo a hacer cosas pecaminosas o malvadas. Un día, cuando era joven, Mark estaba garabateando en una hoja de papel y, por casualidad, dibujó el símbolo de una "t" minúscula al revés. Esto no significó nada para él (es decir, era un estímulo neutro) hasta que su madre vino, vio lo que había dibujado, le quitó el papel y le gritó acerca de la cosa "blasfema" que había dibujado. Esta respuesta, naturalmente, asustó a Mark (es decir, la reacción de su madre fue un estímulo de miedo incondicionado) porque no quería decepcionar a su madre y luego ir al infierno por ser blasfemo. Ahora bien, para la mayoría de las personas, asustarse levemente habría sido el final de la historia y no habría pasado nada más. Pero Mark, como resultado de que sus habilidades de adaptación evolutiva anteriores hayan sido secuestradas por alteraciones biológicas, asocia más fácilmente este símbolo en particular con una respuesta temerosa. Las oraciones que su madre le indica que haga como resultado de su comportamiento pecaminoso alivian en gran medida su angustia, reforzando que debe orar cuando se encuentre con una actividad tan blasfema.

Más tarde, Mark tiene un pensamiento intrusivo, no deseado (pero normal) sobre dibujar una cruz al revés. Esta cognición activa su sistema de creencias (es decir, "Satanás me está enviando este pensamiento para engañarme y apartarme de la justicia") y lo angustia mucho emocionalmente. En lugar de esperar naturalmente a que esta ansiedad se disipe, Mark utiliza el comportamiento previamente reforzado de orar pidiendo perdón para disminuir su ansiedad, reforzando así aún más el comportamiento y provocando una compulsión. Desafortunadamente, este comportamiento solo refuerza su sistema de creencias negativo, lo que a su vez hace que las obsesiones sean más propensas a reaparecer, momento en el cual la compulsión se repetirá. De esta manera, un conjunto de adaptaciones cognitivas y conductuales que en la mayoría de las poblaciones son útiles se vuelven altamente desadaptativas, afectando tanto su biología como su funcionamiento psicosocial.

Afortunadamente para Mark, en lugar de sufrir con estos pensamientos intrusivos, conductas compulsivas y disminuciones en la calidad de vida, como se habría visto a lo largo de la historia, muchas intervenciones pueden ayudarlo a recuperar su vida. Los tratamientos eficaces actuales se dirigen a niveles específicos de este modelo explicativo psicosocial evo-bio y, aunque no funcionan para todos, una gran mayoría de personas con TOC mostrarán una disminución de los síntomas y un aumento del funcionamiento a partir de uno o una combinación de ellos. Por ejemplo, el tratamiento de primera línea recomendado para jóvenes y adultos, la terapia cognitivo-conductual que utiliza la exposición con prevención de respuesta, se dirige a los mecanismos psicosociales de reforzamiento negativo de las compulsiones, la evitación, la acomodación familiar y los consiguientes cambios cognitivos en la forma en que uno ve los pensamientos intrusivos. Otros tratamientos se dirigen a los cambios biológicos observados o que se supone que existen en el cerebro de alguien que padece TOC. Estos pueden incluir atacar la neuroquímica directamente a través de inhibidores selectivos de la recaptación de serotonina, una clase de medicamento que se dirige a la actividad neuronal para ayudar en el tratamiento de una amplia variedad de problemas de salud mental, o atacar los circuitos neuronales directamente a través de estimulación magnética transcraneal.

Conclusiones

La gente, naturalmente, quiere tener explicaciones simples y sencillas para los fenómenos. Desafortunadamente, la vida real rara vez coopera con lo que deseamos. Como tal, confiar en un solo nivel de explicación al tratar de entender por qué nosotros, como especie, tenemos una vulnerabilidad hacia desarrollar TOC (y otros trastornos mentales), así como por qué un individuo en particular puede tener tales síntomas, puede ser un proceso frustrante. En su lugar, nosotros, como profesionales, debemos adoptar una explicación que incluya varios niveles de análisis de los trastornos mentales. En este capítulo, hemos esbozado un caso para la consideración de un modelo evo-bio-psicosocial para la etiología del TOC que puede ayudar a guiar una mayor investigación etiológica que tenga en cuenta una explicación que abarque múltiples niveles de causas y factores en las interacciones entre ellos. Este tipo de explicación más profunda y de múltiples niveles puede conducir a opciones de tratamiento más efectivas dirigidas a razones específicas por las que el TOC de un individuo se ha manifestado y mantenido, así como a una mayor comprensión de por qué los tratamientos que actualmente apoyamos podrían funcionar para ciertas personas, pero no otros.

Reconocimiento: Los autores desean agradecer a Stephanie Crowley por su ayuda con las referencias del capítulo.

Referencias

Abed, R. T., & de Pauw, K. W. (1998). An evolutionary hypothesis for obsessive compulsive disorder: a~psychological immune system? *Behavioural Neurology*, *11*(4), 245–250.

Abramowitz, J. S., Taylor, S., & McKay, D. (2009). Obsessive-compulsive disorder. *The Lancet*, *374*(9688), 491–499.

American Psychiatric Association. (2022). *Diagnostic and Statistical Manual of Mental Disorders: DSM-5-TR*. American Psychiatric Association Publishing.

Bandura, A. (1977). *Social Learning Theory*. Prentice Hall.

Berthier, M. L., Kulisevsky, J., Gironell, A., & Heras, J. A. (1996). Obsessive-compulsive disorder associated with brain lesions: clinical phenomenology, cognitive function, and anatomic correlates. *Neurology*, *47*(2), 353–361.

Bolton, D., Rijsdijk, F., O'Connor, T. G., Perrin, S., & Eley, T. C. (2007). Obsessive-compulsive disorder, tics and anxiety in 6-year-old twins. *Psychological Medicine*, *37*(1), 39–48.

Brooks, S. P., & Dunnett, S. B. (2013). Cognitive deficits in animal models of basal ganglia disorders. *Brain Research Bulletin*, *92*, 29–40.

Brüne, M. (2006). The evolutionary psychology of obsessive-compulsive disorder: the role of cognitive metarepresentation. *Perspectives in Biology and Medicine*, *49*(3), 317–329.

Bush, G., Luu, P., & Posner, M. I. (2000). Cognitive and emotional influences in anterior cingulate cortex. *Trends in Cognitive Sciences*, *4*(6), 215–222.

Cappi, C., Oliphant, M. E., Péter, Z., Zai, G., Conceição do Rosário, M., Sullivan, C. A. W., Gupta, A. R., Hoffman, E. J., Virdee, M., Olfson, E., Abdallah, S. B., Willsey, A. J., Shavitt, R. G., Miguel, E. C., Kennedy, J. L., Richter, M. A., & Fernandez, T. V. (2020). De Novo Damaging DNA Coding Mutations Are Associated With Obsessive-Compulsive Disorder and Overlap With Tourette's Disorder and Autism. *Biological Psychiatry*, *87*(12), 1035–1044.

Carlson, N. R. (2010). Anxiety disorders, autistic disorder, attention-deficit/hyperactivity disorder, and stress disorders: Obsessive-compulsive disorder. In *Physiology of Behavior* (10th ed., pp. 589–592). Allyn & Bacon.

Carr, A. T. (1974). Compulsive neurosis: a review of the literature. *Psychological Bulletin*, *81*(5), 311–318.

Choi, J.-S., Kim, H.-S., Yoo, S. Y., Ha, T.-H., Chang, J.-H., Kim, Y. Y., Shin, Y.-W., & Kwon, J. S. (2006). Morphometric alterations of anterior superior temporal cortex in obsessive-compulsive disorder. *Depression and Anxiety*, *23*(5), 290–296.

Dodman, N. H. (1998). Veterinary models of obsessive-compulsive disorder. In M. A. Jenike, L. Baer, & W. E. Minichiello (Eds.), *Obsessive-compulsive disorders: Practical management* (pp. 318–334). Mosby.

el Mansari, M., & Blier, P. (1997). In vivo electrophysiological characterization of 5-HT receptors in the guinea pig head of caudate nucleus and orbitofrontal cortex. *Neuropharmacology, 36*(4-5), 577–588.

Evans, D. W., & Leckman, J. F. (2006). Origins of obsessive-compulsive disorder: Developmental and evolutionary perspectives. In D. Cicchetti & D. J. Cohen (Eds.), *Developmental Psychopathology* (2nd ed.). Wiley.

Feygin, D. L., Swain, J. E., & Leckman, J. F. (2006). The normalcy of neurosis: evolutionary origins of obsessive-compulsive disorder and related behaviors. *Progress in Neuro-Psychopharmacology & Biological Psychiatry, 30*(5), 854–864.

Fiske, A. P., & Haslam, N. (1997). Is obsessive-compulsive disorder a pathology of the human disposition to perform socially meaningful rituals? Evidence of similar content. *The Journal of Nervous and Mental Disease, 185*(4), 211–222.

Flinn, M. V., Geary, D. C., & Ward, C. V. (2005). Ecological dominance, social competition, and coalitionary arms races. *Evolution and Human Behavior: Official Journal of the Human Behavior and Evolution Society, 26*(1), 10–46.

Franklin, M. E., & Foa, E. B. (2007). Obsessive-compulsive disorder. In D. H. Barlow (Ed.), *Clinical handbook of psychological disorders* (4th ed., pp. 164–215). Guilford Press.

Frost, R. O., & Steketee, G. (2002). *Cognitive Approaches to Obsessions and Compulsions: Theory, Assessment, and Treatment.* Elsevier.

Giedd, J. N., Rapoport, J. L., Garvey, M. A., Perlmutter, S., & Swedo, S. E. (2000). MRI assessment of children with obsessive-compulsive disorder or tics associated with streptococcal infection. *The American Journal of Psychiatry, 157*(2), 281–283.

Giedd, J. N., Rapoport, J. L., Kruesi, M. J., Parker, C., Schapiro, M. B., Allen, A. J., Leonard, H. L., Kaysen, D., Dickstein, D. P., & Marsh, W. L. (1995). Sydenham's chorea: magnetic resonance imaging of the basal ganglia. *Neurology, 45*(12), 2199–2202.

Goodman, W. (2006). *What causes Obsessive-Compulsive Disorder (OCD)?* Psych Central. Psych Central publication 000506

Guehl, D., Benazzouz, A., Aouizerate, B., Cuny, E., Rotgé, J.-Y., Rougier, A., Tignol, J., Bioulac, B., & Burbaud, P. (2008). Neuronal correlates of obsessions in the caudate nucleus. *Biological Psychiatry, 63*(6), 557–562.

Haber. S.N. (2016) Corticostriatal circuitry. *Dialogues in Clinical Neuroscience, 18*(1), 7-21.

Halvorsen, M., Samuels, J., Wang, Y., Greenberg, B. D., Fyer, A. J., McCracken, J. T., Geller, D. A., Knowles, J. A., Zoghbi, A. W., Pottinger, T. D., Grados, M. A., Riddle, M. A., Bienvenu, O. J., Nestadt, P. S., Krasnow, J., Goes, F. S., Maher, B., Nestadt, G., & Goldstein, D. B. (2021). Exome sequencing in obsessive-compulsive disorder reveals a burden of rare damaging coding variants. *Nature Neuroscience, 24*(8), 1071–1076.

Himle, J. A., Chatters, L. M., Taylor, R. J., & Nguyen, A. (2011). The relationship between obsessive-compulsive disorder and religious faith: Clinical characteristics and implications for treatment. *Psychology of Religion and Spirituality*, *3*(4), 241–258.

Hollander, E., Braun, A., & Simeon, D. (2008). Should OCD leave the anxiety disorders in DSM-V? The case for obsessive compulsive-related disorders. *Depression and Anxiety*, *25*(4), 317–329.

Iervolino, A. C., Rijsdijk, F. V., Cherkas, L., Fullana, M. A., & Mataix-Cols, D. (2011). A multivariate twin study of obsessive-compulsive symptom dimensions. *Archives of General Psychiatry*, *68*(6), 637–644.

International Obsessive Compulsive Disorder Foundation Genetics Collaborative (IOCDF-GC) and OCD Collaborative Genetics Association Studies (OCGAS). (2018). Revealing the complex genetic architecture of obsessive-compulsive disorder using meta-analysis. *Molecular Psychiatry*, *23*(5), 1181–1188.

Isler, K., & van Schaik, C. P. (2006). Metabolic costs of brain size evolution. *Biology Letters*, *2*(4), 557–560.

Jung, W. H., Gu, B.-M., Kang, D.-H., Park, J.-Y., Yoo, S. Y., Choi, C.-H., Lee, J.-M., & Kwon, J. S. (2009). BOLD response during visual perception of biological motion in obsessive-compulsive disorder : an fMRI study using the dynamic point-light animation paradigm. *European Archives of Psychiatry and Clinical Neuroscience*, *259*(1), 46–54.

Lavoie, B., & Parent, A. (1990). Immunohistochemical study of the serotoninergic innervation of the basal ganglia in the squirrel monkey. *The Journal of Comparative Neurology*, *299*(1), 1–16.

Leckman, J. F., & Bloch, M. H. (2008). A developmental and evolutionary perspective on obsessive-compulsive disorder: whence and whither compulsive hoarding? [Review of *A developmental and evolutionary perspective on obsessive-compulsive disorder: whence and whither compulsive hoarding?*]. *The American Journal of Psychiatry*, *165*(10), 1229–1233.

Mahjani, B., Birnbaum, R., Buxbaum Grice, A., Cappi, C., Jung, S., Avila, M. N., Reichenberg, A., Sandin, S., Hultman, C. M., Buxbaum, J. D., & Grice, D. E. (2022). Phenotypic Impact of Rare Potentially Damaging Copy Number Variation in Obsessive-Compulsive Disorder and Chronic Tic Disorders. *Genes*, *13*(10). https://doi.org/10.3390/genes13101796

Mataix-Cols, D., Boman, M., Monzani, B., Rück, C., Serlachius, E., Långström, N., & Lichtenstein, P. (2013). Population-based, multigenerational family clustering study of obsessive-compulsive disorder. *JAMA Psychiatry* , *70*(7), 709–717.

Mataix-Cols, D., Rosario-Campos, M. C., & Leckman, J. F. (2005). A multidimensional model of obsessive-compulsive disorder. *The American Journal of Psychiatry*, *162*(2), 228–238.

Mattheisen, M., Samuels, J. F., Wang, Y., Greenberg, B. D., Fyer, A. J., McCracken, J. T., Geller, D. A., Murphy, D. L., Knowles, J. A., Grados, M. A., Riddle, M. A., Rasmussen, S. A., McLaughlin, N. C., Nurmi, E. L., Askland, K. D., Qin, H.-D., Cullen, B. A., Piacentini, J., Pauls, D. L., … Nestadt, G. (2015). Genome-wide association study in obsessive-compulsive disorder: results from the OCGAS. *Molecular Psychiatry, 20*(3), 337–344.

McCoy, C., Napier, D., Craig, L., & Lack, C. W. (2013). Controversies in pediatric obsessive-compulsive disorder. *Minerva Psichiatrica, 54*(2), 115–128.

McGrath, L. M., Yu, D., Marshall, C., Davis, L. K., Thiruvahindrapuram, B., Li, B., Cappi, C., Gerber, G., Wolf, A., Schroeder, F. A., Osiecki, L., O'Dushlaine, C., Kirby, A., Illmann, C., Haddad, S., Gallagher, P., Fagerness, J. A., Barr, C. L., Bellodi, L., … Scharf, J. M. (2014). Copy number variation in obsessive-compulsive disorder and tourette syndrome: a cross-disorder study. *Journal of the American Academy of Child and Adolescent Psychiatry, 53*(8), 910–919.

Mineka, S., & Zinbarg, R. (2006). A contemporary learning theory perspective on the etiology of anxiety disorders: it's not what you thought it was. *The American Psychologist, 61*(1), 10–26.

Mowrer, O. H. (1960). *Learning theory and behavior.* John Wiley & Sons Inc.

Nettle, D. (2004). Evolutionary origins of depression: a review and reformulation. *Journal of Affective Disorders, 81*(2), 91–102.

O'Neill, J., Gorbis, E., Feusner, J. D., Yip, J. C., Chang, S., Maidment, K. M., Levitt, J. G., Salamon, N., Ringman, J. M., & Saxena, S. (2013). Effects of intensive cognitive-behavioral therapy on cingulate neurochemistry in obsessive-compulsive disorder. *Journal of Psychiatric Research, 47*(4), 494–504.

O'Neill, J., Piacentini, J. C., Chang, S., Levitt, J. G., Rozenman, M., Bergman, L., Salamon, N., Alger, J. R., & McCracken, J. T. (2012). MRSI correlates of cognitive-behavioral therapy in pediatric obsessive-compulsive disorder. *Progress in Neuro-Psychopharmacology & Biological Psychiatry, 36*(1), 161–168.

Pauls, D. L. (2010). The genetics of obsessive-compulsive disorder: a review. *Dialogues in Clinical Neuroscience, 12*(2), 149–163.

Pauls, D. L., Abramovitch, A., Rauch, S. L., & Geller, D. A. (2014). Obsessive-compulsive disorder: an integrative genetic and neurobiological perspective. *Nature Reviews. Neuroscience, 15*(6), 410–424.

Porto, P. R., Oliveira, L., Mari, J., Volchan, E., Figueira, I., & Ventura, P. (2009). Does cognitive behavioral therapy change the brain? A systematic review of neuroimaging in anxiety disorders. *The Journal of Neuropsychiatry and Clinical Neurosciences, 21*(2), 114–125.

Rachman, S., & de Silva, P. (1978). Abnormal and normal obsessions. *Behaviour Research and Therapy, 16*(4), 233–248.

Rasmussen, S. A., & Eisen, J. L. (1992). The epidemiology and clinical features of obsessive compulsive disorder. *The Psychiatric Clinics of North America, 15*(4), 743–758.

Rector, N. A., Bartha, C., Kitchen, K., Katzman, M., & Richter, M. (2001). *Obsessive compulsive disorder: An information guide.* Centre for Addiction and Mental Health.

Robinson, D., Wu, H., Munne, R. A., Ashtari, M., Alvir, J. M., Lerner, G., Koreen, A., Cole, K., & Bogerts, B. (1995). Reduced caudate nucleus volume in obsessive-compulsive disorder. *Archives of General Psychiatry, 52*(5), 393–398.

Rotge, J.-Y., Guehl, D., Dilharreguy, B., Cuny, E., Tignol, J., Bioulac, B., Allard, M., Burbaud, P., & Aouizerate, B. (2008). Provocation of obsessive-compulsive symptoms: a quantitative voxel-based meta-analysis of functional neuroimaging studies. *Journal of Psychiatry & Neuroscience: JPN, 33*(5), 405–412.

Salkovskis, P. M. (1985). Obsessional-compulsive problems: a cognitive-behavioural analysis. *Behaviour Research and Therapy, 23*(5), 571–583.

Sanz, M., Molina, V., Calcedo, A., Martin-Loeches, M., & Rubia, F. J. (2001). The Wisconsin Card Sorting Test and the assessment of frontal function in obsessive-compulsive patients: An event-related potential study. *Cognitive Neuropsychiatry, 6*(2), 109–129.

Saxena, S., Brody, A. L., Schwartz, J. M., & Baxter, L. R. (1998). Neuroimaging and frontal-subcortical circuitry in obsessive-compulsive disorder. *The British Journal of Psychiatry. Supplement, 35,* 26–37.

Stein, D. J. (2002). Obsessive-compulsive disorder. *The Lancet, 360*(9330), 397–405.

Stewart, S. E., Yu, D., Scharf, J. M., Neale, B. M., Fagerness, J. A., Mathews, C. A., Arnold, P. D., Evans, P. D., Gamazon, E. R., Davis, L. K., Osiecki, L., McGrath, L., Haddad, S., Crane, J., Hezel, D., Illman, C., Mayerfeld, C., Konkashbaev, A., Liu, C., … Pauls, D. L. (2013). Genome-wide association study of obsessive-compulsive disorder. *Molecular Psychiatry, 18*(7), 788–798.

Strom, N. I., Yu, D., Gerring, Z. F., Halvorsen, M. W., Abdellaoui, A., Rodriguez-Fontenla, C., Sealock, J. M., Bigdeli, T., Coleman, J. R. I., Mahjani, B., Thorp, J. G., Bey, K., Burton, C. L., Luykx, J. J., Zai, G., Askland, K. D., Barlassina, C., Nissen, J. B., Bellodi, L., … Mattheisen, M. (2021). Genome-wide association study identifies new locus associated with OCD. In *medRxiv* (p. 2021.10.13.21261078). https://doi.org/10.1101/2021.10.13.21261078

Taylor, S. (2013). Molecular genetics of obsessive-compulsive disorder: a comprehensive meta-analysis of genetic association studies. *Molecular Psychiatry, 18*(7), 799–805.

van Grootheest, D. S., Cath, D. C., Beekman, A. T., & Boomsma, D. I. (2005). Twin studies on obsessive-compulsive disorder: a review. *Twin Research and Human Genetics: The Official Journal of the International Society for Twin Studies, 8*(5), 450–458.

Whiteside, S. P., Port, J. D., & Abramowitz, J. S. (2004). A meta-analysis of functional neuroimaging in obsessive-compulsive disorder. *Psychiatry Research, 132*(1), 69–79.

Capítulo Tres

Dimensiones de los síntomas del trastorno obsesivo-compulsivo

Adam B. Lewin[1], Cassidy Bolton, y Belinda Nunez

El *Manual diagnóstico y estadístico de los trastornos mentales, quinta edición (DSM-5;* (APA, 2013) clasifica el trastorno obsesivo-compulsivo (TOC) como un trastorno nosológico único que abarca las diversas presentaciones de síntomas. Las características centrales del TOC incluyen obsesiones (intrusivas o pensamientos que provocan ansiedad) y compulsiones (rituales o comportamientos repetitivos que sirven para disminuir o prevenir la ansiedad) (Lewin, Park, et al., 2013). A pesar de estos requisitos distintivos del TOC, existe una heterogeneidad considerable en la presentación de los síntomas, que puede variar ampliamente de un individuo a otro. La posible conexión entre la variación de los síntomas del TOC y la fenomenología ha despertado un interés de investigación considerable. Por ejemplo, ¿se presenta un fenotipo específico de TOC, con un deterioro clínico diferencial, curso del trastorno y resultado del tratamiento? En consecuencia, el siguiente análisis proporciona una descripción general de la literatura existente sobre las dimensiones de los síntomas del TOC con respecto al tratamiento, neurobiología, genética, características clínicas, y comorbilidad. Es necesario tener en cuenta que, en la literatura del TOC, las dimensiones de los síntomas son grupos de síntomas, pensamientos y comportamientos que supuestamente se superponen y están funcionalmente relacionados (p. ej., contaminación y limpieza).

---

[1] La correspondencia relativa a este artículo debe dirigirse a Belinda Nuñez de ALTOC. E-mail: psicologabelindanunezsintoc@gmail.com

Categorización de las dimensiones de los síntomas del TOC

Metodologías de categorización

Las dimensiones de los síntomas obsesivo-compulsivos generalmente se conceptualizan y miden mediante un enfoque categórico o dimensional (Leckman et al., 2007). En el enfoque categórico, la dimensión de un síntoma se considera presente o ausente. En el abordaje dimensional también se considera la magnitud de los síntomas; es decir, las dimensiones están en una escala continua. Dentro del enfoque dimensional, los síntomas de cada dimensión se suman y el resultado representa la magnitud de la gravedad.

El enfoque dimensional utilizado para cuantificar las dimensiones de los síntomas del TOC explica la presencia de dimensiones superpuestas de los síntomas en los individuos y permite que los pacientes "encajen" en múltiples categorías (Mataix-Cols et al., 2005). Dada la presentación heterogénea de los síntomas del TOC, resulta útil poder calificarlos en múltiples categorías que proporciona el enfoque dimensional. Por ejemplo, el enfoque dimensional permite la posible superposición de las dimensiones de los síntomas del TOC en los pacientes (p. ej., un individuo con síntomas principalmente agresivos/de control también presenta algunos síntomas de contaminación/lavado). Sin embargo, existen advertencias sobre el uso del enfoque dimensional. En primer lugar, la simple suma de los síntomas puede tergiversar la gravedad, ya que más síntomas implican automáticamente una mayor gravedad. Sin embargo, varios síntomas leves en una categoría determinada pueden ser menos perjudiciales que un síntoma extremadamente grave en esa misma categoría. En segundo lugar, para comparar adecuadamente las dimensiones, los investigadores deben controlar la cantidad de síntomas en cada categoría para garantizar que las dimensiones con menos síntomas se comparen adecuadamente con las dimensiones con más síntomas. En general, tanto el enfoque categórico como el dimensional tienen mérito. El enfoque dimensional permite una mayor flexibilidad, con ciertas limitaciones establecidas, mientras que el enfoque categórico es claro y directo. Además, los estudios difieren en cómo se reportan las dimensiones de los síntomas; algunos estudios identifican la dimensión de interés principal, mientras que otros estudios no lo hacen.

Las conceptualizaciones originales de las dimensiones de los síntomas se basaron racionalmente en relatos clínicos (Summerfeldt et al., 1999). Por ejemplo, se agruparon pensamientos o comportamientos con presentaciones similares o dominios supuestamente relacionados (p. ej., "personas con compulsiones de limpieza" frente a "personas con compulsiones de verificación" Horesh et al., 1997; Khanna y Mukherjee, 1992). Sin embargo, en las últimas dos décadas, los investigadores han comenzado a derivar empíricamente las dimensiones de los síntomas utilizando técnicas estadísticas que determinan estructuras de covarianza comunes, como análisis factoriales confirmatorios y exploratorios tales como ítem y nivel de categoría, análisis de grupos y modelos de clases latentes. Olatunji y los colegas (2019) utilizaron el análisis de redes para identificar los síntomas más importantes que separan a los adultos con TOC de aquellos con otros diagnósticos primarios, o una muestra de control. Este enfoque ofrece un modelo potencial para la evaluación analítica novedosa de las asociaciones entre los síntomas y otras variables clínicas (gravedad, deterioro) y demográficas.

Las dimensiones de los síntomas se han evaluado principalmente a través del análisis factorial o de grupos de la lista de verificación de la Escala Obsesivo-Compulsiva de Yale-Brown (Y-BOCS; Goodman et al., 1989), una entrevista semiestructurada para adultos que evalúa la presencia de obsesiones y compulsiones comunes. Mientras que los estudios iniciales identificaron un modelo de tres factores con obsesiones puras, contaminación/limpieza y factores de simetría/acumulación basados en la lista de verificación de síntomas Y-BOCS (Baer, 1994; Hantouche & Lancrenon, 1996), estudios analíticos de factores posteriores identificaron cuatro o cinco estructuras factoriales (p. ej., Leckman et al., 1997; Summerfeldt et al., 1999). De hecho, los análisis factoriales confirmatorios posteriores encontraron que la solución de cuatro factores (que consiste en obsesiones y verificación, limpieza/lavado, acumulación y simetría/orden; Leckman et al., 1997) era el único modelo con un ajuste adecuado en comparación con modelos con un solo factor (es decir, el TOC como una dimensión única homogénea), dos factores (es decir, obsesiones y compulsiones) y los tres factores discutidos anteriormente (Summerfeldt et al., 1999). Más recientemente, Cameron et al. (2019) compararon los análisis de factores y de de grupos para encontrar modelos de las dimensiones de los síntomas en 355 adultos utilizando la lista de verificación de síntomas Y-BOCS. Los autores reportaron una solución de tres factores (obsesiones de simetría/compulsiones de ordenar, obsesiones de contaminación/rituales de limpieza y obsesiones agresivas/verificar) y una solución de cuatro grupos (simetría/ordenar, contaminación/limpiar, agresión/somático/religioso/verificar, y una agrupación "mixta"). Los autores notaron el valor agregado de la solución de clúster al capturar la ocurrencia de cada síntoma encapsulado en las agrupaciones.

Un estudio meta-analítico que investigó las dimensiones de los síntomas en más de 5000 adultos y niños con TOC encontró respaldo para cuatro factores en la Y-BOCS y la Escala Obsesivo-Compulsiva de Yale-Brown para niños (CY-BOCS; Scahill et al., 1997): contaminación /limpieza, simetría/ordenar, acumulación y pensamientos prohibidos (Bloch et al., 2008). El último factor consistió en obsesiones agresivas, sexuales, religiosas, somáticas y de daño junto con compulsiones de control. Este modelo de cuatro factores de las dimensiones de los síntomas del TOC fue respaldado nuevamente como el mejor ajuste para un estudio de pacientes con TOC a lo largo de la vida (Stewart et al., 2008). Sin embargo, más recientemente, Schulze et al. (2018) utilizaron un proceso analítico factorial confirmatorio de varios pasos, seguido de pruebas en una segunda muestra para la validación cruzada con el Modelo de Ecuaciones Estructurales Bayesiano. Los hallazgos de este estudio sugieren cuatro dimensiones: incompletitud, pensamientos tabúes, responsabilidad y contaminación.

Un estudio con un modelo de cuatro factores (contaminación/limpieza, simetría/ordenar, obsesión pura y acumulación/verificación) representó un apoyo adicional para estructuras de dimensiones de síntomas similares entre niños y adultos, que representó el 55 % de la varianza total en una muestra. de niños y adolescentes con TOC (Mataix-Cols et al., 2008). Es de destacar que las compulsiones de verificación se cargaron en el mismo factor que el acaparamiento, lo que es inconsistente con la literatura para adultos y los hallazgos de Stewart et al. (2008). En general, sin embargo, se encontró que la mayoría de las dimensiones de los síntomas se superponen para niños y adultos (Mataix-Cols et al., 2008). Además, tanto los estudios prospectivos como los informes retrospectivos de pacientes proporcionan evidencia de la estabilidad de las dimensiones del TOC a lo largo del tiempo (Mataix-Cols, Rauch, et al., 2002; Pinto et al., 2006; Rufer et al., 2005). Quizás no sea sorprendente entonces que el mayor predictor de los síntomas actuales del TOC sea la aprobación de los mismos síntomas en el pasado (Mataix-Cols, Rauch, et al., 2002). No obstante, se necesitan estudios longitudinales para determinar completamente la estabilidad de las dimensiones de los síntomas a lo largo de la vida (Mataix-Cols et al., 2008). Un estudio longitudinal que siguió a 76 niños con TOC durante 2 a 7 años, encontró que ningún síntoma permanecía igual (Rettew et al., 1992). Aunque no se probó en ese estudio, es probable que los cambios ocurrieran *dentro* de las dimensiones de los síntomas, en lugar de *entre* ellas, dados los hallazgos posteriores.

Diversos síntomas obsesivos o compulsivos.
Los síntomas misceláneos (que incluyen obsesiones supersticiosas, temor de perder cosas, necesidad compulsiva de preguntar, decir o confesar o miradas o parpadeos ritualistas) a menudo se pasan por alto en las discusiones sobre las dimensiones del TOC. Si bien los adultos y los niños comúnmente respaldan síntomas diversos, estos síntomas a menudo se han omitido en los estudios analíticos de factores porque los síntomas no encajan dentro de las categorías de síntomas estándares enumeradas en las listas de verificación Y-BOCS (o CY-BOCS), porque los estudios no tuvieron un adecuado poder estadístico para el análisis a nivel de ítem, o simplemente, debido a la convención de investigaciones previas.

Dimensiones de los síntomas como predictores del tratamiento

Comprender cómo la presentación diferencial de los síntomas del TOC se relaciona con la capacidad de respuesta al tratamiento, ha sido el foco de numerosos estudios (Abramowitz et al., 2003; Alonso et al., 2001; Mataix-Cols et al., 1999; Saxena et al., 2002). Aunque la terapia cognitivo-conductual (TCC) y los inhibidores de la recaptación de serotonina (ISRS) se consideran tratamientos eficaces para el TOC (Franklin & Foa, 2011; Geller & March, 2012; Lewin & Piacentini, 2017), varios estudios han demostrado que el tipo de dimensión del síntoma modera el resultado del tratamiento (por ejemplo, Abramowitz et al., 2003; Alonso et al., 2001; Mataix-Cols et al., 1999; Saxena et al., 2002). La mayoría de estos estudios utilizaron el enfoque categórico para examinar las asociaciones entre las dimensiones del TOC y el resultado del tratamiento (Abramowitz et al., 2003; Alonso et al., 2001; Saxena et al., 2002). Las obsesiones sexuales/religiosas predijeron un peor resultado del tratamiento a largo plazo en 60 pacientes adultos con TOC con farmacoterapia SRI prolongada que habían completado la terapia conductual (Alonso et al., 2001). En un ensayo de TCC de 15 semanas con 132 adultos con TOC, los clasificados como

77

acumuladores tenían una mayor gravedad del TOC después del tratamiento en relación con las otras dimensiones de los síntomas (Abramowitz et al., 2003). De manera similar, en un enfoque de tratamiento multimodal de 6 semanas (es decir, TCC intensiva, medicación y asesoramiento psicosocial), los acumuladores respondieron peor al tratamiento que aquellos que no eran acumuladores (Saxena et al., 2002).

Algunos estudios han utilizado el enfoque dimensional respecto a las dimensiones de los síntomas al examinar el resultado del tratamiento (Mataix-Cols, Marks, et al., 2002; Mataix-Cols et al., 1999; Rufer et al., 2006;). En 153 pacientes adultos con TOC, el aumento de los síntomas de acumulación predijo significativamente la terminación prematura del tratamiento y tendió a un resultado más desfavorable del tratamiento en relación con aquellos con menos síntomas de acumulación (Mataix-Cols, Marks, et al., 2002). Se encontraron resultados similares en una muestra de 104 adultos hospitalizados con TOC; después de 9 semanas de TCC intensiva y asesoramiento grupal auxiliar, aquellos con una mayor magnitud de síntomas de acumulación tenían menos probabilidades de responder al tratamiento que aquellos sin síntomas de acumulación (Rufer et al., 2006). Mataix-Cols et al. (1999) examinaron retrospectivamente los resultados diferenciales del tratamiento en 354 pacientes adultos ambulatorios con TOC a partir de varios ensayos controlados y aleatorios de tratamiento con SRI (clomipramina, fluvoxamina, fluoxetina, sertralina y paroxetina). Dentro de esta muestra, una mayor extensión de los síntomas de acumulación predijo significativamente un resultado más desfavorable del tratamiento con SRI. Las puntuaciones más altas en obsesiones sexuales/religiosas también predijeron significativamente un resultado más desfavorable posterior al tratamiento en comparación con aquellos con puntuaciones más bajas en esta dimensión de síntomas (Mataix-Cols et al., 1999).

Pocos estudios han examinado la relación entre las dimensiones del TOC y el resultado del tratamiento entre los jóvenes. Sin embargo, en línea con la literatura para adultos, los niños con síntomas de acumulación tuvieron una peor respuesta al tratamiento con SRI (N = 7, 14,3 % de respuesta) en comparación con los niños con obsesiones de simetría y compulsiones de ordenar, contar y repetir (N = 30, 76,7 % respuesta), obsesiones agresivas, sexuales, religiosas y somáticas y compulsiones de control (N = 21, 57,1 % de respuesta), y obsesiones de contaminación y

78

compulsiones de limpieza y lavado (N = 23, 78,3 % de respuesta) en un estudio naturalista (Masi et al. ., 2005). Por el contrario, Højgaard et al (2018) encontraron que los jóvenes con niveles más altos de síntomas de simetría/acumulación mostraron una mejor respuesta a la terapia cognitiva conductual (TCC). McGuire (2019) informó que los síntomas agresivos/de verificación en el pretratamiento predijeron una mayor respuesta de la TCC en 71 jóvenes que buscaban tratamiento, y los síntomas de simetría/ordenar predijeron una tasa de mejora más lenta en comparación con otras dimensiones de los síntomas del TOC. Es importante destacar que el número limitado de estudios y la falta de replicación impiden sacar conclusiones definitivas sobre la respuesta al tratamiento según la dimensión de los síntomas en la población pediátrica.

A partir de los estudios que han investigado el resultado diferencial del tratamiento según la dimensión de los síntomas del TOC en adultos, los hallazgos sugieren que la acumulación es indicativa de tasas de respuesta más bajas en relación con las otras dimensiones de los síntomas (Abramowitz et al., 2003). Este hallazgo puede deberse a rasgos específicos asociados con la acumulación que pueden dificultar el proceso terapéutico, como poca percepción, bajo cumplimiento, síntomas de trastornos de la personalidad y deficiencias cognitivas (p. ej., habilidades de funcionamiento ejecutivo deficientes) (Frost, Steketee, Williams y Warren , 2000; Grisham et al., 2007; Lawrence et al., 2006; Mataix-Cols, Marks, et al., 2002; Steketee & Frost, 2003). De hecho, cada vez más investigaciones sugieren que la acumulación compulsiva puede ser un síndrome distinto del TOC, como lo demuestran las diferentes características fenomenológicas y las tasas de respuesta al tratamiento (p. ej., Pertusa et al., 2008). En consecuencia, en la edición más reciente del DSM-5 (APA, 2013), se agregó el trastorno de acumulación como un nuevo diagnóstico en la categoría más amplia de trastornos obsesivo-compulsivos y los relacionados a él. Además, la mayoría de los hallazgos existentes provienen de análisis secundarios con diversas limitaciones metodológicas y, por lo tanto, deben interpretarse con cautela (es decir, las asociaciones entre las dimensiones de los síntomas y las diferencias en los resultados del tratamiento no deben considerarse definitivas).

Correlatos neuronales

Los modelos etiológicos propuestos para el desarrollo del TOC se derivaron de estudios de neuroimagen funcional y estructural, que implican anomalías dentro del circuito frontal-estriado-talámico en la patogenia del TOC (Greisberg & McKay, 2003; Rosenberg & Keshavan, 1998; Saxena et al., 1998). Dado que la preponderancia de estos estudios de neuroimagen no tuvo en cuenta las manifestaciones heterogéneas de los síntomas del TOC, existen relativamente pocos estudios sobre los correlatos neurobiológicos de las dimensiones específicas de los síntomas. Un estudio de imágenes de resonancia magnética funcional (fMRI) examinó las respuestas neuronales de ocho personas con obsesiones de lavado y ocho con obsesiones del control de su salud cuando se les mostraron imágenes que inducían el asco. En relación con los controles de la salud, las personas con tendencia a limpiar/desinfectar, habían aumentado significativamente la activación en la ínsula derecha (Shapira et al., 2003), un área implicada en la percepción y respuesta de disgusto (Royet et al., 2003; Small et al., 2003; Zald & Pardo , 2000). De manera similar, en otro estudio de fMRI, se compararon las respuestas neuronales entre pacientes con TOC que tienen principalmente síntomas de desinfectar y verificar (Phillips et al., 2000). Cuando se les mostraron fotos que inducían al asco a quienes tienen síntoma de limpiar, ellos demostraron mayores activaciones en las regiones visuales (áreas asociadas con la percepción de estímulos temerosos/aversivos; Taylor et al., 2000) y en la ínsula anterior, mientras que personas con obsesiones de lavado mostraron mayores activaciones en el tálamo y las regiones estriatales frontales.

También se han encontrado marcadas diferencias entre individuos con acumulación compulsiva en contraste con aquellos que presentan otras dimensiones de síntomas de TOC. Saxena et al. (2004) utilizaron la tomografía por emisión de positrones (PET) para examinar el metabolismo de la glucosa cerebral en 12 sujetos con obsesiones de acumulación, 33 pacientes con otros síntomas de TOC (pero no de acumulación) y 17 controles sanos. En relación con los pacientes con TOC pero sin acumulación, aquellos con acumulación demostraron una disminución significativa del metabolismo de la glucosa en la circunvolución cingulada anterior dorsal, un área implicada en la motivación, la toma de decisiones y el control ejecutivo (Awh & Gehring, 1999; Devinsky et al., 1995); Krawczyk, 2002).

Utilizando el enfoque dimensional para examinar las activaciones neuronales dentro de los mismos pacientes, Mataix-Cols et al. (2004) implementaron un paradigma de provocación de síntomas en el que a 16 pacientes con TOC que tenían síntomas mixtos se les administraron imágenes de resonancia magnética funcional mientras veían imágenes e imaginaban experiencias sobre acumulación, lavado y control. En comparación con los controles sanos, los pacientes con TOC experimentaron (a) mayor activación en la circunvolución precentral izquierda y el córtex orbitofrontal derecho durante la condición de acumulación, (b) áreas corticales dorsales, y el putamen/globus pallidus durante la condición de verificación, y (c) mayor activación en las regiones prefrontales ventromediales bilaterales y en el núcleo caudado derecho durante la condición de lavado. Además, los niveles subjetivos de ansiedad también se correlacionaron con diferentes dimensiones de los síntomas del TOC, así como con diferentes patrones de activación neuronal en pacientes con TOC. A partir de estos hallazgos, los autores del estudio sugirieron que las distintas dimensiones de los síntomas del TOC estaban mediadas por sistemas neuronales distintos, pero parcialmente superpuestos.

Dentro de los estudios de imágenes estructurales, los hallazgos de los estudios que examinaron grupos mixtos de TOC han sido en gran medida inconsistentes, y algunos sugirieron una reducción y aumento de volumen entre los pacientes con TOC, mientras que otros no informaron diferencias entre los grupos de pacientes y de control (p. ej., Aylward et al., 1996; Rosenberg et al. al., 1997; Scarone et al., 1992). De estos estudios, solo unos pocos han analizado las diferencias estructurales por dimensión del síntoma. Pujol et al. (2004) encontraron materia gris reducida en la amígdala derecha de 30 pacientes con TOC y síntomas agresión/verificación "prominentes", en relación con pacientes con TOC sin estos síntomas. Utilizando el enfoque dimensional para examinar más a fondo las diferencias neuroestructurales según las dimensiones de los síntomas del TOC, Van den Heuvel et al. (2009) administraron morfometría basada en voxel (VBM) de todo el cerebro a 50 pacientes con TOC. Los investigadores encontraron que el aumento de los síntomas de contaminación/lavado se asoció con la disminución de los volúmenes en el núcleo caudado dorsal, mientras que el aumento de los síntomas de daño/verificación se asoció con la disminución de los volúmenes de materia gris y blanca en los lóbulos temporales anteriores. Finalmente, los síntomas de simetría/orden se correlacionaron negativamente con el volumen global de materia gris y blanca.

Los estudios sobre la neurobiología de las dimensiones de los síntomas del TOC en niños y adolescentes son escasos. En un estudio de imagen funcional, Gilbert et al. (2009) utilizaron el enfoque dimensional para examinar los correlatos neuronales de las dimensiones de los síntomas del TOC en 18 niños y adolescentes. Un paradigma de provocación de síntomas similar utilizado en adultos en Mataix-Cols et al. (2004) se utilizó en este estudio; las imágenes de provocación de síntomas utilizadas en este estudio se asociaron con contaminación/verificación y simetría/orden (en lugar de contaminación/lavado, agresión/verificación y acumulación). La condición de simetría/ordenamiento se asoció con una activación reducida en la ínsula y el tálamo, mientras que la condición de contaminación/lavado se asoció con una activación reducida en el tálamo, la corteza prefrontal dorsolateral, el putamen y las regiones prefrontal ventral e insular.

Estos hallazgos sugieren posibles diferencias neuro-endofenotípicas dentro de los circuitos frontales-estriatal-talámicos entre las diferentes dimensiones de los síntomas del TOC. Aun así, aunque los estudios de neuroimagen han proporcionado información importante sobre posibles correlatos neurales de las diferentes dimensiones de los síntomas del TOC, los resultados inconsistentes han resaltado la necesidad de una mayor investigación en estas áreas. La mayoría de estos estudios se caracterizaron por un reducido tamaño muestral, lo que limita el poder estadístico y prohíbe una evaluación extensa de los correlatos neurobiológicos de dimensiones específicas del TOC. Las diferencias en la metodología (p. ej., categorización de las dimensiones de los síntomas, técnicas de neuroimagen, medidas de resultado) también pueden haber contribuido a los hallazgos inconsistentes. Aunque estos estudios contribuyen a la base de conocimientos existente, sin compararlos con poblaciones de control más grandes, no está claro cómo estos hallazgos difieren de las variantes normales.

Correlatos neuropsicológicos

Debido a que los estudios neurobiológicos brindan evidencia de anomalías en la activación cerebral en pacientes con TOC, estos hallazgos se han reflejado aún más a través de estudios neuropsicológicos, que han mostrado fuertes asociaciones entre el TOC y los déficits del funcionamiento cognitivo y ejecutivo (p. ej., Abbruzzese et al., 1995; Christensen et al., 1992; Lawrence et al., 2006; Nedeljkovic et al., 2009; Tallis et al., 1999). Sin embargo, sólo unos pocos estudios han examinado la relación entre el funcionamiento neuropsicológico y las dimensiones de los síntomas del TOC. El aumento de los déficits en distintas áreas del funcionamiento ejecutivo, como la toma de decisiones, el tiempo de reacción y la impulsividad, se ha asociado consistentemente con la dimensión de acumulación (Grisham et al., 2007; Hartl et al., 2004; Lawrence et al., 2006). Por el contrario, los hallazgos con respecto a otras dimensiones de los síntomas del TOC han producido resultados inconsistentes. Algunos estudios vinculan a los déficits con la inhibición y el cambio de configuración con las dimensiones de *simetría/ordenamiento*, mientras que otros estudios sugieren que no hay relación entre las dimensiones de los síntomas y los déficits del funcionamiento ejecutivo (Abbruzzese et al., 1995; Hashimoto et al., 2011; Lawrence et al., 2006; Omori et al., 2007).

Los estudios previos que investigaron el rendimiento de la memoria funcional y las dimensiones de los síntomas del TOC, se han centrado principalmente en las personas con obsesiones de verificación en comparación con las que no lo hacen (Nakao et al., 2009; Nedeljkovic et al., 2009; Tallis et al., 1999). Si bien varios estudios han observado una relación significativa entre los síntomas de verificación y el aumento de los déficits en la memoria funcional espacial en relación con otras dimensiones de los síntomas (Nakao et al., 2009; Nedeljkovic et al., 2009), otros estudios encontraron que la gravedad (del síntoma) de verificación no estaba relacionada con ningún déficit de memoria observado (Tallis et al., 1999). Cuando se utilizó el enfoque dimensional para examinar a 63 pacientes con TOC, el aumento de los síntomas de contaminación/limpieza se asoció con un mejor rendimiento en las tareas de memoria e inhibición, mientras que aquellos con aumento de los síntomas de simetría/ordenamiento demostraron un peor rendimiento en las tareas de memoria (Hashimoto et al., 2011).

Si bien los resultados han sido inconsistentes, en general la investigación sugiere que las dimensiones específicas de los síntomas del TOC probablemente estén asociadas con diferencias en el desempeño neuropsicológico. Las discrepancias en los hallazgos de los estudios antes mencionados pueden deberse a una serie de variables, incluidos los diferentes enfoques metodológicos (categóricos versus dimensionales) utilizados para examinar las dimensiones de los síntomas, las variaciones en las baterías neuropsicológicas administradas y/o los diferentes objetivos del estudio.

Genética

Los estudios de gemelos y familias sugieren que la presentación de las dimensiones de los síntomas del TOC estaría parcialmente relacionada con la familia. (Alsobrook et al., 1999; Leckman et al., 2003). Por ejemplo, en 418 familias con TOC, el Estudio Genético Colaborativo OCD encontró fuertes correlaciones entre parejas de hermanos con obsesiones religiosas/agresivas (Hasler et al., 2007). Dentro de la misma muestra, también se encontraron distintas asociaciones familiares para individuos con acumulación. Los síntomas de acumulación estaban altamente correlacionados en pares de hermanos (Samuels, Bienvenu, et al., 2007). Además, los síntomas de acumulación estaban presentes en el 12 % de los parientes de primer grado de los pacientes con dicho síntoma (frente al 3 % de los no acumuladores). En un estudio de 128 familias, se encontró que las dimensiones de los síntomas obsesiones/verificación y simetría/ordenamiento tenían fuertes asociaciones entre hermanos en aquellos pacientes con síndrome de Tourette comórbido (Leckman et al., 2003). Alsobrook et al. (2003) encontraron que dentro de las familias con TOC, aquellos con puntajes más altos en los factores de obsesiones/verificación y simetría/ordenamiento tenían más probabilidades de tener un pariente con TOC que aquellos que obtuvieron puntajes más bajos en esos dominios.

Los estudios también han buscado marcadores genéticos para las dimensiones de los síntomas del TOC (Cavallini et al., 2002; Zhang et al., 2002). El estudio de genética colaborativa del TOC vinculó a la acumulación compulsiva con un marcador en el cromosoma 14q en familias con TOC; el vínculo se fortaleció cuando se volvieron a examinar los datos para incluir solo familias con múltiples acumuladores compulsivos (Hasler et al., 2007; Samuels, Bienvenu, et al., 2007; Samuels, Shugart, et al., 2007). En un estudio separado, se utilizaron exploraciones genómicas en pares de hermanos con síndrome de Tourette para identificar un alelo compartido significativo en los cromosomas 4q, 5q y 17q para el fenotipo de acumulación (Zhang et al., 2002). También se han identificado asociaciones entre marcadores específicos en el cromosoma 17q y la dimensión de síntomas de repetición/conteo (Cavallini et al.,

2002). A pesar de los impresionantes hallazgos preliminares de los estudios antes mencionados, la replicación es esencial para inferir conclusiones.

Características Clínicas

Existen datos contradictorios sobre si la edad de inicio del TOC está relacionada con las dimensiones de los síntomas. Algunos han encontrado que aquellos con TOC de inicio temprano tenían más probabilidades de reportar obsesiones agresivas y religiosas y compulsiones misceláneas y repetitivas que aquellos con TOC de inicio tardío (Pinto et al., 2006). Nakatani et al. (2011) encontraron tasas más altas de compulsiones de *ordenar/repetir* en jóvenes con inicio de TOC antes de los 10 años (en contraste con jóvenes de 10 a 18 años). Por el contrario, otros no han encontrado diferencias estadísticamente significativas entre los grupos de TOC de inicio temprano y tardío en cuanto a las dimensiones de los síntomas (Rosario-Campos et al., 2001).

Mientras que algunos consideran que el inicio temprano es la presentación de los síntomas del TOC antes de la pubertad (Kalra & Swedo, 2009), otros consideran que el inicio temprano ocurre a una edad específica o antes, por ejemplo a los 10 años (Carter et al., 2004; Rosario- Campos et al., 2001), 15 años (Hemmings et al., 2004), o incluso 18 años (Pinto et al., 2006). Dado esto, la demarcación de la edad de inicio temprano versus tardío podría explicar los hallazgos inconsistentes que examinan las variaciones entre la edad de inicio del TOC y las dimensiones de los síntomas.

El género también se ha investigado en relación con las dimensiones de los síntomas. Generalmente, los síntomas sexuales y religiosos tienden a manifestarse más en hombres, y los síntomas de contaminación y limpieza tienden a manifestarse más en mujeres (e.g., Bogetto et al., 1999; Lochner et al., 2004; Sobin et al., 1999; Stein et al. al., 2007; Torresan et al., 2013). Los resultados para la dimensión de *simetría/ordenamiento* y la dimensión de *acumulación* son menos consistentes y algunos no encuentran evidencia de diferencias de género (Bogetto et al., 1999; Torresan et al., 2013; Tukel et al., 2004; Wheaton et al., 2008), mientras que otros encuentran una mayor frecuencia entre los hombres (Hantouche & Lancrenon, 1996; Leckman et al., 1997; Samuels et al., 2002). Los resultados también son equívocos con relación a la gravedad de las dimensiones de los síntomas por género. Mientras que algunos han encontrado que las mujeres muestran síntomas más severos en todas las dimensiones (Fischer et al., 1996; Torresan et al., 2013), otros no (Bogetto et al., 1999; Tukel et al., 2004; Labad et al., 2008). Curiosamente, Raines et al. (2018) encontraron covarianzas de factores más fuertes (p. ej., entre un factor de contaminación y un factor de pensamientos inaceptables, así como entre el factor de responsabilidad por el daño y un factor de simetría) en hombres en comparación con las mujeres (basado en una muestra en línea de 297 adultos que reportaron por voluntad propia tener síntomas de TOC "elevados" sin un diagnóstico clínico confirmado. Sin embargo, se necesita mucha más evidencia para postular que el TOC en los hombres puede presentarse de manera más homogénea que en las mujeres.

Las dimensiones de los síntomas también están asociadas con diferentes niveles de percepción. Los estudios han informado constantemente una percepción más deficiente en aquellos con síntomas de acumulación en comparación con aquellos con síntomas de TOC sin acumulación (Frost, Steketee y Williams, 2000; Kim et al., 2001; Samuels, Shugart, et al., 2007; Tolin et al.., 2010). Por ejemplo, en una encuesta de 558 familiares de pacientes con síntoma de acumulación, más de la mitad describió que el miembro de la familia con dicho síntoma carecía de perspicacia o deliraba acerca de sus síntomas de acumulación (Tolin et al., 2010). Fuera del (síntoma) de acumulación, la percepción deficiente también se ha asociado con la dimensión de contaminación, mientras que aquellos con obsesiones agresivas se describieron como de buena percepción (Cherian et al., 2012). Dado que la percepción deficiente se asocia con un mayor deterioro (Lewin et al., 2010), así como con una respuesta atenuada al tratamiento, la dimensión de los síntomas y el nivel de percepción deben examinarse más a fondo.

Un artículo del año 2020 de Cevrin y sus colegas encontró que las emociones específicas pueden vincularse con los síntomas del TOC en la juventud. Específicamente, en una muestra de 124 jóvenes con TOC, encontraron que el miedo se asociaba más estrechamente con los síntomas agresivos del TOC, mientras que la experiencia de incompletitud se relacionaba con los síntomas de simetría. Además, se encontró que la experiencia de disgusto estaba asociada con los síntomas del TOC de contaminación. Schreck et al. (2021) utilizaron modelos de ecuaciones estructurales para examinar las asociaciones entre la función (o propósito) y las dimensiones de los síntomas del TOC en una muestra de 170 jóvenes. Los autores informaron que el TOC de dudar/verificar y neutralizar, se asociaron tanto con la evitación del daño como con la incompletitud; obsesionarse se asoció sólo con la primera función. Hunt (2020) revisó datos de 51 estudios de presentaciones de trastornos obsesivo-compulsivos utilizando las listas de verificación de síntomas de la Escala obsesivo-compulsiva de Yale-Brown (Y-BOCS) o la Escala Obsesivo-Compulsiva de Yale-Brown para niños (CY-BOCS), incluido un total de 9,404 Y-BOCS/CY-BOCS únicos de 6,886 adultos y 2,518 niños menores de 18 años. Los resultados primarios con respecto a las diferencias entre los participantes agrupados según la edad, mostraron un aumento de las obsesiones religiosas y las obsesiones y compulsiones de acumular en el grupo de niños, mientras que los adultos mostraron un aumento de las compulsiones de verificar y ordenar. Hunt también encontró diferencias proporcionales significativas para todas las categorías de Y-BOCS, al observar las diferencias entre regiones culturales. Además, las muestras que incluían más participantes masculinos tenían tasas más altas de obsesiones sexuales. Sin embargo, cuando se controlaron las presentaciones totales de TOC, las proporciones de los síntomas de las principales clasificaciones de subtipos de TOC fueron en su mayoría similares en todas las edades, regiones culturales o géneros.

Comorbilidades

Los trastornos concurrentes del Eje I *(Axis I)* son comunes en pacientes con TOC (LaSalle et al., 2004; Pinto et al., 2006) y están asociados con las diferentes dimensiones de los síntomas. Las obsesiones agresivas, sexuales, religiosas y somáticas, y las compulsiones de control, se asocian con trastornos de ansiedad y depresión, mientras que las obsesiones de contaminación y las compulsiones de limpieza se asocian más comúnmente con trastornos alimentarios (Hasler et al., 2005; Lewin, Menzel, et al., 2013). Las obsesiones de simetría y las compulsiones relacionadas con la repetición, el conteo y la organización, también se asocian con diagnósticos comórbidos de trastornos bipolares, trastornos de pánico y agorafobia. Además, la comorbilidad de tics se asocia con obsesiones relacionadas con la simetría, la agresión y la religión, así como con compulsiones relacionadas con limpiar, ordenar y arreglar, repetir y acumular (Jaisoorya et al., 2008). La frecuencia de simetría, orden y disposición también es mayor para las personas con síndrome de Tourette (Kano et al., 2010). Entre los niños y adolescentes con trastorno del espectro autista

87

comórbido, hay tasas reducidas de compulsiones de verificación, lavado y repetición (Lewin et al., 2011).

En particular, no se han identificado asociaciones entre la dimensión de acumulación y otros trastornos psiquiátricos del Eje I *(Axis I)* (Hasler et al., 2005). Esto contrasta con los hallazgos que sugieren que, cuando se analiza por género, la acumulación se asocia con el trastorno dismórfico corporal, el trastorno de estrés postraumático, la fobia social y las conductas repetitivas centradas en el cuerpo para las mujeres, y el trastorno de ansiedad generalizada y los trastornos de tics, para los hombres. (Wheaton et al., 2008). Los estudios han relacionado la dimensión de acumulación con varios trastornos de personalidad del Eje II *(Axis II)* en adultos (Frost, Steketee, Williams, et al., 2000; Mataix-Cols et al., 2000). En comparación con otras dimensiones, la acumulación se asoció con la presencia de cualquier diagnóstico del Eje II *(Axis II)* y se correlacionó más altamente con los trastornos del Grupo C (Mataix-Cols et al., 2000). La acumulación también se asocia con síntomas de trastornos de personalidad subclínicos, especialmente con características de personalidad dependiente (Frost, Steketee, Williams, et al., 2000). La asociación con las características de personalidad dependiente es consistente con la investigación que sugiere que las personas con acumulación tienen dificultades para tomar decisiones y trabajar solos (Frost & Gross, 1993; Frost, Steketee, Williams, et al., 2000). En particular, los hallazgos no son consistentes entre los estudios. Un estudio reciente de 90 adultos con TOC no encontró asociación entre las dimensiones de los síntomas y las comorbilidades del espectro obsesivo-compulsivo (Ocal et al., 2019).

Conclusión

El trastorno obsesivo-compulsivo tiene una presentación de síntomas heterogénea donde la fenomenología del trastorno puede variar sustancialmente entre los individuos. Aunque la investigación anterior no tuvo en cuenta la heterogeneidad del trastorno y examinó el TOC como una sola entidad, la investigación actual ha comenzado a conceptualizar el TOC como un trastorno compuesto por varias dimensiones de síntomas. Sin embargo, los enfoques para la conceptualización de las dimensiones de los síntomas del TOC varían, lo que limita las comparaciones entre estudios. Además, la replicación es mínima y muchos hallazgos se basan en el análisis de datos secundarios o terciarios en lugar de estudios prospectivos bien controlados. Sin embargo, dentro del contexto de estas limitaciones metodológicas, han surgido algunos hallazgos interesantes, aunque preliminares. De manera bastante consistente, la investigación ha identificado la acumulación como una dimensión distintiva con respecto a las características clínicas, los biomarcadores y el resultado del tratamiento, lo que llevó a su clasificación reciente como un síndrome distinto en el DSM-5. En la actualidad, conectar las dimensiones de los síntomas del TOC con los neuro sustratos subyacentes, la trayectoria de la enfermedad y las recomendaciones de tratamiento sigue siendo un área para un examen más detenido antes de llegar a conclusiones definitivas.

Referencias

Abbruzzese, M., Ferri, S., & Scarone, S. (1995). Wisconsin Card Sorting Test performance in obsessive-compulsive disorder: no evidence for involvement of dorsolateral prefrontal cortex. *Psychiatry Res, 58*(1), 37-43.

Abramowitz, J. S., Franklin, M. E., Schwartz, S. A., & Furr, J. M. (2003). Symptom presentation and outcome of cognitive-behavioral therapy for obsessive-compulsive disorder. *J.Consult Clin.Psychol., 71*(6), 1049-1057.

Alonso, P., Menchon, J. M., Pifarre, J., Mataix-Cols, D., Torres, L., Salgado, P., et al. (2001). Long-term follow-up and predictors of clinical outcome in obsessive-compulsive patients treated with serotonin reuptake inhibitors and behavioral therapy. *J Clin Psychiatry, 62*(7), 535-540.

Alsobrook, J. P., Leckman, J. F., Goodman, W. K., Rasmussen, S. A., & Pauls, D. (1999). Segregation analysis of obsessive-compulsive disorder using symptom-based factor scores. *American Journal of Medical Genetics, 88*, 669-675.

American Psychiatric Association. (2013). *Diagnostic and statistical manual of mental disorders: DSM-5 (5th Edition)*. Washington, DC: American Psychiatric Association.

Awh, E., & Gehring, W. J. (1999). The anterior cingulate cortex lends a hand in response selection. *Nat Neurosci, 2*(10), 853-854. doi: 10.1038/13145

Aylward, E. H., Harris, G. J., Hoehn-Saric, R., Barta, P. E., Machlin, S. R., & Pearlson, G. D. (1996). Normal caudate nucleus in obsessive-compulsive disorder assessed by quantitative neuroimaging. *Arch Gen Psychiatry, 53*(7), 577-584.

Baer, L. (1994). Factor analysis of symptom subtypes of obsessive compulsive disorder and their relation to personality and tic disorders. *J Clin Psychiatry, 55 Suppl*, 18-23.

Bloch, M. H., Landeros-Weisenberger, A., Rosario, M. C., Pittenger, C., & Leckman, J. F. (2008). Meta-analysis of the symptom structure of obsessive-compulsive disorder. *Am J Psychiatry, 165*(12), 1532-1542. doi: 10.1176/appi.ajp.2008.08020320

Bogetto, F., Venturello, S., Albert, U., Maina, G., & Ravizza, L. (1999). Gender-related clinical differences in obsessive-compulsive disorder. *Eur Psychiatry, 14*(8), 434-441.

Cameron, D.H., Streiner, D.L., Summerfeldt, L.J., Rowa, K., McKinnon, M.C., & McCabe, R.E. (2019). A comparison of cluster and factor analytic techniques for identifying sumptom-based dimensions of obsessive-compulsive disorder. *Psychiatry Research, 278*, 86-96. https://doi.org/10.1016/j.psychres.2019.05.040

90

Carter, A. S., Pollock, R. A., Suvak, M. K., & Pauls, D. L. (2004). Anxiety and major depression comorbidity in a family study of obsessive-compulsive disorder. *Depress Anxiety, 20*(4), 165-174. doi: 10.1002/da.20042

Cavallini, M. C., Di Bella, D., Siliprandi, F., Malchiodi, F., & Bellodi, L. (2002). Exploratory factor analysis of obsessive-compulsive patients and association with 5-HTTLPR polymorphism. *Am J Med Genet, 114*(3), 347-353. doi: 10.1002/ajmg.1700 [pii]

Cervin, M., Perrin, S., Olsson, E., Claeskotter-Knutsson, E., & Lindvall, M. (2020). Involvement of fear, incompleteness, and disgust during symptoms of pediatric obsessive-compulsive disorder. *European Child & Adolescent Psychiatry, 30*, 271-281. https://doi.org/10.1007/s00787-020-01514-7

Cherian, A. V., Narayanaswamy, J. C., Srinivasaraju, R., Viswanath, B., Math, S. B., Kandavel, T., et al. (2012). Does insight have specific correlation with symptom dimensions in OCD? *J Affect Disord, 138*(3), 352-359. doi: 10.1016/j.jad.2012.01.017

Christensen, K. J., Kim, S. W., Dysken, M. W., & Hoover, K. M. (1992). Neuropsychological performance in obsessive-compulsive disorder. *Biol Psychiatry, 31*(1), 4-18.

Devinsky, O., Morrell, M. J., & Vogt, B. A. (1995). Contributions of anterior cingulate cortex to behaviour. *Brain, 118 (Pt 1)*, 279-306.

Fischer, D. J., Himle, J. A., & Hanna, G. L. (1996). Age and gender effects on obsessive-compulsive symptoms in children and adults. [Research Support, U.S. Gov't, P.H.S.]. *Depress Anxiety, 4*(5), 237-239. doi: 10.1002/(SICI)1520-6394(1996)4:5<237::AID-DA5>3.0.CO;2-A

Franklin, M. E., & Foa, E. B. (2011). Treatment of obsessive compulsive disorder. [Review]. *Annu Rev Clin Psychol, 7*, 229-243. doi: 10.1146/annurev-clinpsy-032210-104533

Frost, R. O., & Gross, R. C. (1993). The hoarding of possessions. *Behav Res Ther, 31*(4), 367-381.

Frost, R. O., Steketee, G., & Williams, L. (2000). Hoarding: A community health problem. *Health Soc Care Community, 8*(4), 229-234.

Frost, R. O., Steketee, G., Williams, L. F., & Warren, R. (2000). Mood, personality disorder symptoms and disability in obsessive compulsive hoarders: a comparison with clinical and nonclinical controls. *Behav Res Ther, 38*(11), 1071-1081.

Geller, D. A., & March, J. (2012). Practice parameter for the assessment and treatment of children and adolescents with obsessive compulsive disorder. *J Am Acad Child Adolesc Psychiatry, 51*(1), 98-113. doi: 10.1016/j.jaac.2011.09.019

Goodman, W. K., Price, L. H., Rasmussen, S. A., Mazure, C., Fleischmann, R. L., Hill, C. L., et al. (1989). The Yale-Brown Obsessive Compulsive Scale. I. Development, use, and reliability. *Arch.Gen.Psychiatry, 46*(11), 1006-1011.

Greisberg, S., & McKay, D. (2003). Neuropsychology of obsessive-compulsive disorder: A review and treatment implications. *Clinical Psychology Review, 23*(1), 95-117. doi: S0272735802002325 [pii]

Grisham, J. R., Brown, T. A., Savage, C. R., Steketee, G., & Barlow, D. H. (2007). Neuropsychological impairment associated with compulsive hoarding. *Behav Res Ther, 45*(7), 1471-1483. doi: 10.1016/j.brat.2006.12.008

Hantouche, E. G., & Lancrenon, S. (1996). Modern typology of symptoms and obsessive-compulsive syndromes: Results of a large French study of 615 patients. *Encephale, 22 Spec No 1*, 9-21.

Hartl, T. L., Frost, R. O., Allen, G. J., Deckersbach, T., Steketee, G., Duffany, S. R., et al. (2004). Actual and perceived memory deficits in individuals with compulsive hoarding. *Depress Anxiety, 20*(2), 59-69. doi: 10.1002/da.20010

Hashimoto, N., Nakaaki, S., Omori, I. M., Fujioi, J., Noguchi, Y., Murata, Y., et al. (2011). Distinct neuropsychological profiles of three major symptom dimensions in obsessive-compulsive disorder. *Psychiatry Res, 187*(1-2), 166-173. doi: 10.1016/j.psychres.2010.08.001

Hasler, G., LaSalle-Ricci, V. H., Ronquillo, J. G., Crawley, S. A., Cochran, L. W., Kazuba, D., et al. (2005). Obsessive-compulsive disorder symptom dimensions show specific relationships to psychiatric comorbidity. *Psychiatry Res, 135*(2), 121-132. doi: 10.1016/j.psychres.2005.03.003

Hasler, G., Pinto, A., Greenberg, B. D., Samuels, J., Fyer, A. J., Pauls, D., et al. (2007). Familiality of factor analysis-derived YBOCS dimensions in OCD-affected sibling pairs from the OCD Collaborative Genetics Study. *Biol Psychiatry, 61*(5), 617-625.

Hemmings, S. M., Kinnear, C. J., Lochner, C., Niehaus, D. J., Knowles, J. A., Moolman-Smook, J. C., et al. (2004). Early- versus late-onset obsessive-compulsive disorder: investigating genetic and clinical correlates. [Research Support, Non-U.S. Gov't]. *Psychiatry Res, 128*(2), 175-182. doi: 10.1016/j.psychres.2004.05.007

Højgaard, D.R.M.A., Hybel, K.A., Mortensen, E.L., Ivarsson, T., Nissen, J.B., Weidle, B., Melin, K., Torp, N.C., Dahl, K., Balderhaug, R., Skarphedinsson, G., Storch, E.A., & Thomsen, P.H. (2018). Obsessive-compulsive symptom dimensions: Associations with comorbidity profiles and cognitive-behavioral therapy outcome in pediatric obsessive-comoulsive disorder. *Psychiatry Research, 270*, 317-323. https://doi.org/10.1016/j.psychres.2018.09.054

Horesh, N., Dolberg, O. T., Kirschenbaum-Aviner, N., & Kotler, M. (1997). Personality differences between obsessive-compulsive disorder subtypes: Washers versus checkers. *Psychiatry Res, 71*(3), 197-200.

Hunt, C. (2020). Differences in OCD symptom presentations across age, culture, and gender: A quantitative review of studies using the Y-BOCS symptom

checklist. *Journal of Obsessive-Compulsive and Related Disorders, 26.*
https://doi.org/10.1016/j.jocrd.2020.100533

Jaisoorya, T. S., Reddy, Y. C., Srinath, S., & Thennarasu, K. (2008). Obsessive-compulsive disorder with and without tic disorder: a comparative study from India. [Comparative Study]. *CNS Spectr, 13*(8), 705-711.

Kalra, S. K., & Swedo, S. E. (2009). Children with obsessive-compulsive disorder: are they just "little adults"? [Review]. *J Clin Invest, 119*(4), 737-746. doi: 10.1172/JCI37563

Kano, Y., Kono, T., Shishikura, K., Konno, C., Kuwabara, H., Ohta, M., et al. (2010). Obsessive-compulsive symptom dimensions in Japanese tourette syndrome subjects. *CNS Spectr, 15*(5), 296-303.

Khanna, S., & Mukherjee, D. (1992). Checkers and washers: Valid subtypes of obsessive compulsive disorder. *Psychopathology, 25*(5), 283-288.

Kim, H. J., Steketee, G., & Frost, R. O. (2001). Hoarding by elderly people. *Health Soc Work, 26*(3), 176-184.

Krawczyk, D. C. (2002). Contributions of the prefrontal cortex to the neural basis of human decision making. [Review]. *Neurosci Biobehav Rev, 26*(6), 631-664.

Labad, J., Menchon, J. M., Alonso, P., Segalas, C., Jimenez, S., Jaurrieta, N., Leckman, J. F., & Vallejo, J. (2008). Gender differences in obsessive-compulsive symptom dimensions, *Depression and Anxiety, 25,* 832-838.

LaSalle, V. H., Cromer, K. R., Nelson, K. N., Kazuba, D., Justement, L., & Murphy, D. L. (2004). Diagnostic interview assessed neuropsychiatric disorder comorbidity in 334 individuals with obsessive-compulsive disorder. *Depress Anxiety, 19*(3), 163-173. doi: 10.1002/da.20009

Lawrence, N. S., Wooderson, S., Mataix-Cols, D., David, R., Speckens, A., & Phillips, M. L. (2006). Decision making and set shifting impairments are associated with distinct symptom dimensions in obsessive-compulsive disorder. *Neuropsychology, 20*(4), 409-419. doi: 10.1037/0894-4105.20.4.409

Leckman, J. F., Grice, D. E., Boardman, J., Zhang, H., Vitale, A., Bondi, C., et al. (1997). Symptoms of obsessive-compulsive disorder. [Research Support, U.S. Gov't, P.H.S.]. *Am J Psychiatry, 154*(7), 911-917.

Leckman, J. F., Pauls, D. L., Zhang, H., Rosario-Campos, M. C., Katsovich, L., Kidd, K. K., et al. (2003). Obsessive-compulsive symptom dimensions in affected sibling pairs diagnosed with Gilles de la Tourette syndrome. *Am J Med Genet B Neuropsychiatr Genet, 116B*(1), 60-68. doi: 10.1002/ajmg.b.10001

Leckman, J. F., Rauch, S. L., & Mataix-Cols, D. (2007). Symptom dimensions in obsessive-compulsive disorder: implications for the DSM-5. *CNS Spectr, 12*(5), 376-387, 400.

Lewin, A. B., Caporino, N., Murphy, T. K., Geffken, G. R., & Storch, E. A. (2010). Understudied clinical dimensions in pediatric obsessive compulsive disorder. *Child Psychiatry Hum Dev, 41*(6), 675-691. doi: 10.1007/s10578-010-0196-z

93

Lewin, A.B., Menzel, J. & Strober M. (2013). Assessment and treatment of comorbid anorexia nervosa and obsessive compulsive disorder. In E.A. Storch & D. McKay (eds.) *Handbook of Treating Variants and Complications in Anxiety Disorders*. New York, NY: Springer, 337-348.

Lewin, A. B., Park, J. M., & Storch, E. A. (2013). Obsessive Compulsive Disorder in Children and Adolescents. In R. A. Vasa and A. K. Roy (eds.) *Pediatric Anxiety Disorders – A clinical guide*. New York, NY: Humana Press, 157-175.

Lewin, A. B., & Piacentini, J. (2017). Obsessive-compulsive disorder in children. In B. Sadock & V. Sadock (Eds.), *Kaplan and Sadock's Comprehensive Textbook of Psychiatry, 10th ed.* (Vol. 2, pp. 1270-1274). Philadelphia: Lippincott Williams and Wilkins.

Lewin, A. B., Wood, J. J., Gunderson, S., Murphy, T. K., & Storch, E. A. (2011). Obsessive compulsive symptoms in youth with high functioning autism spectrum disorders. *Journal of Developmental and Physical Disabilities, 23*, 543-553.

Lochner, C., Hemmings, S. M., Kinnear, C. J., Moolman-Smook, J. C., Corfield, V. A., Knowles, J. A., et al. (2004). Gender in obsessive-compulsive disorder: Clinical and genetic findings. *Eur Neuropsychopharmacol, 14*(2), 105-113. doi: 10.1016/S0924-977X(03)00063-4

Masi, G., Millepiedi, S., Mucci, M., Bertini, N., Milantoni, L., & Arcangeli, F. (2005). A naturalistic study of referred children and adolescents with obsessive-compulsive disorder. *J Am Acad Child Adolesc Psychiatry, 44*(7), 673-681. doi: 10.1097/01.chi.0000161648.82775.ee

Mataix-Cols, D., Baer, L., Rauch, S. L., & Jenike, M. A. (2000). Relation of factor-analyzed symptom dimensions of obsessive-compulsive disorder to personality disorders. [Research Support, Non-U.S. Gov't]. *Acta Psychiatr Scand, 102*(3), 199-202.

Mataix-Cols, D., Frost, R. O., Pertusa, A., Clark, L. A., Saxena, S., Leckman, J. F., et al. (2010). Hoarding disorder: a new diagnosis for DSM-5? *Depress Anxiety, 27*(6), 556-572. doi: 10.1002/da.20693

Mataix-Cols, D., Marks, I. M., Greist, J. H., Kobak, K. A., & Baer, L. (2002). Obsessive-compulsive symptom dimensions as predictors of compliance with and response to behaviour therapy: results from a controlled trial. *Psychother Psychosom, 71*(5), 255-262. doi: pps71255

Mataix-Cols, D., Nakatani, E., Micali, N., & Heyman, I. (2008). Structure of obsessive-compulsive symptoms in pediatric OCD. *J Am Acad Child Adolesc Psychiatry, 47*(7), 773-778. doi: 10.1097/CHI.0b013e31816b73c0

Mataix-Cols, D., Rauch, S. L., Baer, L., Eisen, J. L., Shera, D. M., Goodman, W. K., et al. (2002). Symptom stability in adult obsessive-compulsive disorder: data from a naturalistic two-year follow-up study. *Am J Psychiatry, 159*(2), 263-268.

Mataix-Cols, D., Rauch, S. L., Manzo, P. A., Jenike, M. A., & Baer, L. (1999). Use of factor-analyzed symptom dimensions to predict outcome with serotonin reuptake inhibitors and placebo in the treatment of obsessive-compulsive disorder. *Am J Psychiatry, 156*(9), 1409-1416.

Mataix-Cols, D., Rosario-Campos, M. C., & Leckman, J. F. (2005). A multidimensional model of obsessive-compulsive disorder. *Am J Psychiatry, 162*(2), 228-238. doi: 10.1176/appi.ajp.162.2.228

McGuire, J., Tan, P.Z., & Piacentini, J. (2018). Symptom dimension response in pediatric OCD [Abstract]. *Journal of the American Academy of Child & Adolescent Psychiatry, 57*(10S), 281. https://doi.org/10.1016/j.jaac.2018.07.660

Nakao, T., Nakagawa, A., Nakatani, E., Nabeyama, M., Sanematsu, H., Yoshiura, T., et al. (2009). Working memory dysfunction in obsessive-compulsive disorder: a neuropsychological and functional MRI study. *J Psychiatr Res, 43*(8), 784-791. doi: 10.1016/j.jpsychires.2008.10.013

Nakatani, E., Krebs, G., Micali, N., Turner, C., Heyman, I., & Mataix-Cols, D. (2011). Children with very early onset obsessivecompulsive disorder: clinical features and treatment outcome. *Journal of Child Psychology and Psychiatry, 52(12)*, 1261-1268.

Nedeljkovic, M., Kyrios, M., Moulding, R., Doron, G., Wainwright, K., Pantelis, C., et al. (2009). Differences in neuropsychological performance between subtypes of obsessive-compulsive disorder. *Aust N Z J Psychiatry, 43*(3), 216-226. doi: 10.1080/00048670802653273

Ocal, D.S., Ozdel, K., Safak, Y., Karnaz, Y.K., & Kisa, C. (2019). A comparison of symptom dimensions for obsessive compulsive disorder and obsessive compulsive-related disorders. *PLoS ONE, 14*(7). https://doi.org/10.1371/journal.pone.0218955

Olatunji, B.O., Christian, C., Brosof, L., Tolin, D.F., & Levinson, C.A. (2019). What is at the core of OCD? A network analysis of selected obsessive-compulsive symptoms and beliefs. *Journal of Affective Disorders, 257*, 45-54. https://doi.org/10.1016/j.jad.2019.06.064

Omori, I. M., Murata, Y., Yamanishi, T., Nakaaki, S., Akechi, T., Mikuni, M., et al. (2007). The differential impact of executive attention dysfunction on episodic memory in obsessive-compulsive disorder patients with checking symptoms vs. those with washing symptoms. *J Psychiatr Res, 41*(9), 776-784. doi: 10.1016/j.jpsychires.2006.05.005

Phillips, M. L., Marks, I. M., Senior, C., Lythgoe, D., O'Dwyer, A. M., Meehan, O., et al. (2000). A differential neural response in obsessive-compulsive disorder patients with washing compared with checking symptoms to disgust. *Psychol Med, 30*(5), 1037-1050.

Pinto, A., Mancebo, M. C., Eisen, J. L., Pagano, M. E., & Rasmussen, S. A. (2006). The Brown Longitudinal Obsessive Compulsive Study: Clinical features and symptoms of the sample at intake. *J Clin Psychiatry, 67*(5), 703-711.

Pujol, J., Soriano-Mas, C., Alonso, P., Cardoner, N., Menchon, J. M., Deus, J., et al. (2004). Mapping structural brain alterations in obsessive-compulsive disorder. *Arch Gen Psychiatry, 61*(7), 720-730. doi: 10.1001/archpsyc.61.7.720

Raines, A.M., Oglesby, M.E., Allan, N.P., Mathes, B.M., Sutton, C.A., & Schmidt, N.B. (2018). Examining the role of sex differences in obsessive-compulsive symptom dimensions. *Psychiatry Research, 259*, 265-269. http://dx.doi.org/10.1016/j.psychres.2017.10.038

Rettew, D. C., Swedo, S. E., Leonard, H. L., Lenane, M. C., & Rapoport, J. L. (1992). Obsessions and compulsions across time in 79 children and adolescents with obsessive-compulsive disorder. *J Am Acad Child Adolesc Psychiatry, 31*(6), 1050-1056. doi: 10.1097/00004583-199211000-00009

Rosario-Campos, M. C., Leckman, J. F., Mercadante, M. T., Shavitt, R. G., Prado, H. S., Sada, P., et al. (2001). Adults with early-onset obsessive-compulsive disorder. *Am J Psychiatry, 158*(11), 1899-1903.

Rosenberg, D. R., & Keshavan, M. S. (1998). Toward a neurodevelopmental model of of obsessive--compulsive disorder. *Biol Psychiatry, 43*(9), 623-640.

Rosenberg, D. R., Keshavan, M. S., O'Hearn, K. M., Dick, E. L., Bagwell, W. W., Seymour, A. B., et al. (1997). Frontostriatal measurement in treatment-naive children with obsessive-compulsive disorder. *Arch Gen Psychiatry, 54*(9), 824-830.

Royet, J. P., Plailly, J., Delon-Martin, C., Kareken, D. A., & Segebarth, C. (2003). fMRI of emotional responses to odors: influence of hedonic valence and judgment, handedness, and gender. *Neuroimage, 20*(2), 713-728. doi: 10.1016/S1053-8119(03)00388-4

Rufer, M., Fricke, S., Moritz, S., Kloss, M., & Hand, I. (2006). Symptom dimensions in obsessive-compulsive disorder: Prediction of cognitive-behavior therapy outcome. *Acta Psychiatr Scand, 113*(5), 440-446. doi: 10.1111/j.1600-0447.2005.00682.x

Rufer, M., Grothusen, A., Mass, R., Peter, H., & Hand, I. (2005). Temporal stability of symptom dimensions in adult patients with obsessive-compulsive disorder. *J Affect Disord, 88*(1), 99-102. doi: 10.1016/j.jad.2005.06.003

Samuels, J. F., Bienvenu, O. J., 3rd, Pinto, A., Fyer, A. J., McCracken, J. T., Rauch, S. L., et al. (2007). Hoarding in obsessive-compulsive disorder: results from the OCD Collaborative Genetics Study. *Behav Res Ther, 45*(4), 673-686. doi: S0005-7967(06)00118-5

Samuels, J. F., Bienvenu, O. J., Riddle, M. A., Cullen, B. A., Grados, M. A., Liang, K. Y., et al. (2002). Hoarding in obsessive compulsive disorder: Results from a case-control study. *Behav Res Ther, 40*(5), 517-528.

Samuels, J. F., Shugart, Y. Y., Grados, M. A., Willour, V. L., Bienvenu, O. J., Greenberg, B. D., et al. (2007). Significant linkage to compulsive hoarding on chromosome 14 in families with obsessive-compulsive disorder: results from the OCD Collaborative Genetics Study. *Am J Psychiatry, 164*(3), 493-499.

Saxena, S., Brody, A. L., Schwartz, J. M., & Baxter, L. R. (1998). Neuroimaging and frontal-subcortical circuitry in obsessive-compulsive disorder. *Br J Psychiatry Suppl*(35), 26-37.

Saxena, S., Maidment, K. M., Vapnik, T., Golden, G., Rishwain, T., Rosen, R. M., et al. (2002). Obsessive-compulsive hoarding: symptom severity and response to multimodal treatment. *J Clin Psychiatry, 63*(1), 21-27.

Scahill, L., Riddle, M. A., McSwiggin-Hardin, M., Ort, S. I., King, R. A., Goodman, W. K., et al. (1997). Children's Yale-Brown Obsessive Compulsive Scale: reliability and validity. *J.Am.Acad.Child Adolesc.Psychiatry, 36*(6), 844-852.

Scarone, S., Colombo, C., Livian, S., Abbruzzese, M., Ronchi, P., Locatelli, M., et al. (1992). Increased right caudate nucleus size in obsessive-compulsive disorder: detection with magnetic resonance imaging. [Comparative Study]. *Psychiatry Res, 45*(2), 115-121.

Shapira, N. A., Liu, Y., He, A. G., Bradley, M. M., Lessig, M. C., James, G. A., et al. (2003). Brain activation by disgust-inducing pictures in obsessive-compulsive disorder. *Biol Psychiatry, 54*(7), 751-756.

Schreck, M., Georgiadis, C., Garcia, A., Benito, K., Case, B., Herren, J., Walther, M., & Freeman, J. (2021). Core motivations of childhood obsessive-compulsive disorder: The role of harm avoidance and incompleteness. *Child Psychiatry & Human Development, 52*, 957-965. https://doi.org/10.1007/s10578-020-01075-5

Schulze, D., Kathmann, N., & Reuter, B. (2018). Getting it just right: A reevaluation of OCD symptom dimensions integrating traditional and Bayesian approaches. *Journal of Anxiety Disorders, 56*, 63-73. https://doi.org/10.1016/j.janxdis.2018.04.003

Small, D. M., Gregory, M. D., Mak, Y. E., Gitelman, D., Mesulam, M. M., & Parrish, T. (2003). Dissociation of neural representation of intensity and affective valuation in human gustation. *Neuron, 39*(4), 701-711.

Sobin, C., Blundell, M., Weiller, F., Gavigan, C., Haiman, C., & Karayiorgou, M. (1999). Phenotypic characteristics of obsessive-compulsive disorder ascertained in adulthood. *J Psychiatr Res, 33*(3), 265-273.

Stein, D. J., Andersen, E. W., & Overo, K. F. (2007). Response of symptom dimensions in obsessive-compulsive disorder to treatment with citalopram or placebo. *Rev Bras Psiquiatr, 29*(4), 303-307.

Steketee, G., & Frost, R. (2003). Compulsive hoarding: current status of the research. *Clin Psychol Rev, 23*(7), 905-927.

Stewart, S. E., Rosario, M. C., Baer, L., Carter, A. S., Brown, T. A., Scharf, J. M., et al. (2008). Four-factor structure of obsessive-compulsive disorder symptoms in children, adolescents, and adults. *J Am Acad Child Adolesc Psychiatry, 47*(7), 763-772. doi: 10.1097/CHI.0b013e318172ef1e

Summerfeldt, L. J., Richter, M. A., Antony, M. M., & Swinson, R. P. (1999). Symptom structure in obsessive-compulsive disorder: A confirmatory factor-analytic study. [Research Support, Non-U.S. Gov't]. *Behav Res Ther, 37*(4), 297-311.

Tallis, F., Pratt, P., & Jamani, N. (1999). Obsessive compulsive disorder, checking, and non-verbal memory: a neuropsychological investigation. *Behav Res Ther, 37*(2), 161-166.

Taylor, S. F., Liberzon, I., & Koeppe, R. A. (2000). The effect of graded aversive stimuli on limbic and visual activation. *Neuropsychologia, 38*(10), 1415-1425.

Tolin, D. F., Fitch, K. E., Frost, R., & Steketee, G. (2010). Family informants' perceptions of insight in compulsive hoarding. *Cogn Ther Res, 34*, 69-81.

Torresan, R. C., Ramos-Cerqueira, A. T., Shavitt, R. G., do Rosario, M. C., de Mathis, M. A., Miguel, E. C., et al. (2013). Symptom dimensions, clinical course and comorbidity in men and women with obsessive-compulsive disorder. *Psychiatry Res*. doi: 10.1016/j.psychres.2012.12.006

Tukel, R., Polat, A., Genc, A., Bozkurt, O., & Atli, H. (2004). Gender-related differences among Turkish patients with obsessive-compulsive disorder. *Compr Psychiatry, 45*(5), 362-366. doi: 10.1016/j.comppsych.2004.06.006

van den Heuvel, O. A., Remijnse, P. L., Mataix-Cols, D., Vrenken, H., Groenewegen, H. J., Uylings, H. B., et al. (2009). The major symptom dimensions of obsessive-compulsive disorder are mediated by partially distinct neural systems. *Brain, 132*(Pt 4), 853-868. doi: 10.1093/brain/awn267

Wheaton, M., Timpano, K. R., Lasalle-Ricci, V. H., & Murphy, D. (2008). Characterizing the hoarding phenotype in individuals with OCD: associations with comorbidity, severity and gender. *J Anxiety Disord, 22*(2), 243-252. doi: 10.1016/j.janxdis.2007.01.015

Zald, D. H., & Pardo, J. V. (2000). Functional neuroimaging of the olfactory system in humans. *Int J Psychophysiol, 36*(2), 165-181.

Zhang, H., Leckman, J. F., Tsai, C. P., Kidd, K. K., & Rosaio-Campos, M. C. (2002). Genome wide scan of hoarding in sibling pairs both diagnosed with Gilles de la Tourette syndrome. *American Jouranl of Human Genetics, 70*, 896-904

Capítulo Cuatro

Comorbilidades en el trastorno obsesivo compulsivo

Tiffany D. Russell[1], Taylor Johnson, Alexa Callahan, Hannah Benemann, Hadley McCartin, Alison Concannon, Shayon Tayebi, Daniella Cash, y Melisa Sagarnaga

El trastorno obsesivo-compulsivo (TOC) es una condición psiquiátrica grave que a menudo coexiste con otros diagnósticos de salud mental. En muestras estadounidenses e internacionales, el TOC es más comúnmente comórbido con trastornos de ansiedad (p. ej., trastorno de ansiedad generalizada, trastorno de ansiedad social), trastorno depresivo mayor, trastornos del control de los impulsos (p. ej., excoriación / rascarse la piel, tricotilomanía) y trastornos por uso de sustancias. Los trastornos bipolares, el trastorno obsesivo-compulsivo de la personalidad (TOCP) y los trastornos psicóticos también son comorbilidades frecuentes del TOC (American Psychiatric Association [APA], 2022; Brakoulias et al., 2017). La ideación suicida y los intentos de acabar con la propia vida ocurren con mayor frecuencia en pacientes con TOC en comparación con la población general, la presencia de una comorbilidad eleva considerablemente el riesgo suicida en personas con TOC. (Angelakis et al., 2015). Diagnosticar y tratar las condiciones de salud mental comórbidas también es crucial para el éxito del tratamiento. La presencia de un trastorno comórbido complica el tratamiento y, a menudo, es una razón por la que los pacientes no mejoran notablemente con las intervenciones psicoterapéuticas basadas en evidencia (Pallanti et al., 2011; Pallanti y Quercioli, 2006).

---

[1] La correspondencia relativa a este artículo debe dirigirse a Melisa Sagarnaga de ALTOC. E-mail: melisa.sagarnaga@gmail.com

Trastornos de ansiedad

El TOC y los trastornos de ansiedad comparten muchos puntos en común. El TOC fue categorizado como un trastorno de ansiedad hasta la publicación de la quinta edición del *Manual Diagnóstico y Estadístico de los Trastornos Mentales* (*DSM-5*; American Psychiatric Association [APA], 2013). Los trastornos de ansiedad representan una de las comorbilidades más prevalentes del TOC, hasta un 76 % de los adultos con TOC tienen al menos un diagnóstico de trastorno de ansiedad a lo largo de su vida (APA, 2022). Aún existe debate en cuanto a la diferenciación entre los trastornos de ansiedad y el TOC. Algunas pruebas empíricas sugieren que el TOC y los trastornos de ansiedad comparten una patología internalizadora subyacente (Snorrason et al., 2021), y la diferenciación entre el TOC y los trastornos de ansiedad radica en la gravedad de los síntomas más que en la categoría diagnóstica (Vigne et al., 2019).

Algunos enfoques transdiagnósticos resaltan las distinciones entre los trastornos de ansiedad, el TOC y los trastornos traumáticos, diferenciando el foco o el contexto dónde está puesto el malestar (por ejemplo, recordatorios del trauma, situaciones sociales) y las conductas de afrontamiento desadaptativas, que utiliza la persona para evitar el contacto con esa fuente de ansiedad (Norton y Paulus, 2017).

Los trastornos de ansiedad más frecuentemente comórbidos con TOC incluyen el trastorno de ansiedad generalizada (TAG), la fobia específica, el trastorno de ansiedad social (TAS), el trastorno de pánico y la agorafobia (Brakoulias et al., 2017). Las comorbilidades del TOC y los trastornos de ansiedad son en gran medida unidireccionales, ya que es mucho más común que los pacientes con un diagnóstico primario de TOC tengan un trastorno de ansiedad secundario que, los pacientes con ansiedad primaria tengan TOC secundario. Esta unidireccionalidad puede deberse a las menores tasas de prevalencia y a la mayor gravedad de los síntomas en el TOC en relación con los trastornos de ansiedad (Goodwin, 2015).

Trastorno de ansiedad generalizada
El TAG se caracteriza por ansiedad y preocupación persistente en varios ámbitos, incluidos el trabajo, el hogar y las actividades sociales. Los síntomas relacionados con el TAG incluyen tensión muscular, inquietud, fatiga excesiva, trastornos del sueño y

falta de concentración (APA, 2022). La probabilidad de que una persona desarrolle TAG a lo largo de su vida es del 6-9 % (Murphy & Leighton, 2009).

De los trastornos de ansiedad, el TAG es una de las comorbilidades más presentes del TOC. Las tasas de prevalencia de comorbilidad a lo largo de la vida oscilan entre el 16 y el 34 % en muestras clínicas y epidemiológicas estadounidenses e internacionales (Brakoulias et al., 2017; Osland et al., 2018; Pallanti et al., 2011; P. Sharma et al., 2021; Torres et al., 2016). Puede que las preocupaciones relacionadas con el TAG y las obsesiones del TOC sean difíciles de distinguir, ya que ambas comparten altos niveles de malestar, pensamiento probabilístico distorsionado y sobrevaloración del riesgo (Comer et al., 2004). Sin embargo, las preocupaciones relacionadas con el TAG tienden a centrarse en preocupaciones excesivas sobre situaciones realistas, mientras que las obsesiones relacionadas con el TOC suelen ser improbables, extrañas y egodistónicas (Barlow, 2002; Pallanti et al., 2011). La psicoterapia con apoyo empírico para el TAG y el TOC comórbidos incluye la Exposición y Prevención de Respuesta (EPR) dentro del tratamiento de la Terapia Cognitivo-Conductual (TCC). Nótese, sin embargo, que las personas con esta presentación comórbida pueden ser más propensas a involucrarse en la evitación experiencial, esto puede suponer un obstáculo para el tratamiento y la recuperación del paciente si el profesional a cargo no lo psicoeduca al respecto. (P. Sharma et al., 2021).

Fobia específica
La fobia específica se caracteriza por un miedo o ansiedad excesiva en torno a un objeto o situación en particular (por ejemplo, volar, alturas, sangre). La persona evita activamente el estímulo u objeto fóbico o le pone mucha resistencia sintiendo miedo o ansiedad intensa al estar cerca. Una persona con fobia específica puede presentar activación fisiológica (aumento de la frecuencia cardiaca, sudoración) cuando piensa en el estímulo fóbico o se expone a él; otras personas con fobia a la sangre o a inyecciones podrán presentar respuestas vasovagales, como desmayos. (APA, 2022). En EE.UU., hasta el 12,5 % de los adultos experimentan una fobia específica en algún momento de su vida (Kessler et al., 2005).

Las tasas de prevalencia de comorbilidad del TOC y fobia específica a lo largo de la vida oscilan entre el 4 % y el 31 % en muestras clínicas y epidemiológicas de estudios estadounidenses e internacionales (Brakoulias et al., 2017; Goodwin, 2015; Pallanti et al., 2011; Torres et al., 2016). La fobia específica es uno de los diagnósticos más comunes que precede a un diagnóstico de TOC y tiene aproximadamente la misma probabilidad de desarrollarse después de la aparición del TOC (Menzies et al., 2021). La fobia específica también está estrechamente asociada con la dimensión de acaparamiento del TOC (Torres et al., 2016). Con respecto al tratamiento, este tipo de fobia es un factor de riesgo en la interrupción temprana de la TCC (Diniz et al., 2011), se deben hacer grandes esfuerzos al comienzo del tratamiento para lograr una buena alianza terapéutica.

Trastorno de ansiedad social

El trastorno de ansiedad social (TAS), también conocido como fobia social, se caracteriza por el miedo a la evaluación negativa por parte de los demás, provocando esfuerzos por evitar las situaciones sociales. Las personas con TAS suelen evitar conocer a gente nueva, comer o beber en lugares públicos y/o hacer presentaciones o actuaciones en público por miedo a sentirse avergonzadas o rechazadas. La tasa de prevalencia del TAS en 12 meses en EE.UU. es del 7 %, siendo muy inferior en otros países (0,5-2 %; APA, 2022). Alrededor del 12 % de los adultos estadounidenses desarrollan TAS en algún momento de su vida (Kessler et al., 2005).

Las tasas de comorbilidad del TAS y el TOC oscilan entre el 9 y el 34 % en muestras clínicas y epidemiológicas en Estados Unidos y a nivel internacional (Brakoulias et al., 2017; Torres et al., 2016; Vigne et al., 2019). Tanto el TOC como el TAS pueden presentarse con inhibición social relacionada con mecanismos de evitación. Hallazgos recientes sugieren que ambos trastornos están marcados por elevados errores en el manejo del procesamiento cognitivo (Endrass et al., 2014). La comorbilidad entre estos trastornos parece amplificar los errores de procesamiento ya que, los pacientes pueden intentar sobrellevar su condición por cuenta propia, sin ayuda de un profesional. Cuando se presentan para recibir tratamiento formal, los consultantes pueden ser muy sintomáticos y correr un mayor riesgo de terminar la psicoterapia antes de tiempo. Los tratamientos psicológicos recomendados para el TAS y el TOC comórbidos suelen consistir en TCC, EPR y medicación serotoninérgica (Pozza, 2022).

Trastorno obsesivo-compulsivo y trastornos relacionados

El DSM-5-TR contiene un capítulo titulado "Trastornos obsesivo-compulsivos y trastornos relacionados". Este capítulo incluye trastornos que comparten características similares con el TOC, en particular, pensamientos intrusivos no deseados, que causan malestar y, conductas repetitivas con el fin de reducir la ansiedad y angustia. Entre ellos, se incluyen el trastorno dismórfico corporal, el trastorno de acaparamiento, la tricotilomanía (arrancarse el pelo) y el trastorno de excoriación (rascarse la piel) (APA, 2022).

Trastorno dismórfico corporal
El trastorno dismórfico corporal se caracteriza por la preocupación centrada en los defectos percibidos en el propio aspecto físico y en realizar conductas repetitivas, como pueden ser mirarse en los espejos, lastimarse la piel y el arreglo personal excesivo. Los pacientes con dismorfia corporal pueden creer que son poco atractivos, anormales o deformes. Los observadores independientes, como amigos o familiares, pueden no coincidir en que estas características sean "defectos" o, a su vez, estos detalles pueden ser incluso apenas observables. La prevalencia de la dismorfia corporal es de alrededor del 2 % en la población general adulta y adolescente, entre el 6-7 % en pacientes psiquiátricos, y del 13-20 % en poblaciones que buscan cirugía estética (Veale et al., 2016). Las personas que sufren dismorfia corporal rara vez buscan ayuda de profesionales de la salud mental, lo que puede hacer que se subestimen las tasas de prevalencia (Minty y Minty, 2021).

La comorbilidad entre TOC y dismorfia corporal oscila entre el 4 % y el 28 % (Brakoulias et al., 2011; Frías et al., 2015). Las personas con un diagnóstico primario de dismorfia corporal tienen tres veces más probabilidades de tener un TOC secundario, en comparación con las personas con TOC primario que tienen también dismorfia corporal (28 % vs 10 %, respectivamente; (Frías et al., 2015). Ambos trastornos comparten características similares como obsesiones y compulsiones, gravedad de los síntomas, factores etiológicos y elevado miedo a la evaluación negativa (Eisen et al., 2004; Malcolm et al., 2018; Phillips et al., 2007). A pesar de estas similitudes, los pacientes con dismorfia corporal suelen tener un peor insight de los síntomas y son más propensos a los delirios (Frías et al., 2015; Phillips et al., 2007). La investigación sobre el tratamiento del TOC y la dismorfia corporal es variada y está poco estudiada. Un estudio prospectivo de tres años, encontró que los avances en el tratamiento del TOC predijeron la remisión de la dismorfia corporal; sin embargo, la remisión de la dismorfia corporal no predijo la remisión del TOC (Phillips y Stout, 2006).

Tricotilomanía

La tricotilomanía es un trastorno caracterizado por tirones recurrentes del pelo que provocan luego su caída. Los pacientes pueden arrancarse el pelo de cualquier zona del cuerpo, aunque, lo más frecuente es que se centren en las partes alrededor del cuero cabelludo y las cejas. A menudo, existe un ritual en los comportamientos relacionados con la tricotilomanía que incluye la búsqueda de pelos de una textura específica o intentos de arrancar pelos con las raíces intactas y la manipulación oral del pelo después de haberlo arrancado. La tricotilomanía tiene una tasa de prevalencia en 12 meses de entre el 1-2 % (APA, 2022).

Casi el 80 % de las personas diagnosticadas con tricotilomanía tienen un trastorno comórbido, y el 29 % tienen un TOC comórbido (Grant et al., 2020). El TOC y la tricotilomanía tienen algunas características similares, incluida la fuerte sensación de urgencia por completar un comportamiento o ritual (Lochner et al., 2005; Stein et al., 1995). Aunque la investigación sobre el tratamiento del TOC y la tricotilomanía comórbida es limitada, ambos trastornos responden bien a la TCC (Franklin et al., 2012) y a la terapia de reversión de hábitos (Grant y Chamberlain, 2019). Los ISRS y la clomipramina parecen ser intervenciones psicofarmacológicas eficaces también para ambos trastornos (Sani et al., 2019).

Trastorno de excoriación

El trastorno por excoriación, también conocido como el rascado crónico de la piel o dermatilomanía, se caracteriza por el hurgamiento recurrente de la piel provocando lesiones cutáneas. Las personas que padecen este trastorno suelen rascarse la piel de la cara, los brazos y las manos, pero también, lo pueden hacer en cualquier otra parte del cuerpo. Muchos pacientes con excoriación utilizan sus uñas para arrancarse alguna partecita de la piel sana o algún tipo de piel lesionada (por ejemplo, callos, granos), pequeñas irregularidades (lunares, cicatrices) o piel hecha cascarita de zonas anteriores que ya se han arrancado en otra oportunidad. A menudo, los pacientes se esfuerzan por ocultar las lesiones cutáneas con maquillaje o prendas de vestir. La tasa de prevalencia a lo largo de la vida del trastorno por excoriación es de aproximadamente el 3 % (APA, 2022).

La prevalencia de comorbilidad entre el TOC y el trastorno de excoriación oscila entre el 26 % y el 52 % (Grant & Chamberlain, 2020; Wilhelm et al., 1999). Estos dos trastornos comparten un número considerable de síntomas y, algunos investigadores, han sugerido que el trastorno de excoriación es un fenotipo del TOC (Oliveira et al., 2019).

Sin embargo, el trastorno de excoriación tiene algunos síntomas que son únicos y no se encuentran en el TOC. Específicamente, la excoriación puede ocurrir sin obsesiones y puede tener un componente adictivo que no se encuentra en el TOC (Oliveira et al., 2015). Se recomienda la TCC, el entrenamiento en reversión de hábitos y las intervenciones psicofarmacológicas para estas condiciones comórbidas (Stargell et al., 2016).

Trastornos del estado de ánimo

Trastorno depresivo mayor
El trastorno depresivo mayor (TDM) es una condición comórbida frecuente del TOC. El TDM implica un estado de ánimo deprimido (triste, desesperanzado), pérdida de placer en las actividades cotidianas, trastornos del sueño y del apetito, pereza, pérdida de concentración, intentos de suicidio y sentimientos de inutilidad (APA, 2022). La tasa de prevalencia de 12 meses de TDM en los Estados Unidos es del 10,4 %, con una tasa de prevalencia a lo largo de la vida del 20,6 % (Hasin et al., 2018).

Las tasas de consultantes diagnosticados con TOC y TDM comórbidos, oscilan entre el 13 % y el 78 % (Viswanath et al., 2012), con hallazgos más recientes que estiman la prevalencia de aproximadamente el 50 % (Labad et al., 2018). La presencia de TDM con un diagnóstico primario de TOC a menudo conduce a una mayor gravedad de los síntomas de TOC (Abramowitz et al., 2007; Abramowitz & Foa, 2000; Quarantini et al., 2011; Tükel et al., 2006), a menudo dando lugar a diagnósticos comórbidos adicionales (por ejemplo, TAG, fobia específica; Tükel et al., 2006). Las personas con

TOC y TDM comórbidos presentan un deterioro funcional más grave y tienden a malinterpretar los pensamientos intrusivos inocuos o ambiguos como significativos y preocupantes (Abramowitz et al., 2007). Es importante destacar que los individuos con TOC y TDM tienen un mayor riesgo de suicidalidad y deben ser controlados adecuadamente (Thaipisuttikul et al., 2014; Viswanath et al., 2012). El tratamiento recomendado para la comorbilidad de TOC y TDM incluye ERP, TCC y terapias conductuales (Abramowitz, 2004; Abramowitz & Foa, 2000).

Trastorno bipolar
El trastorno bipolar se caracteriza por períodos de estado de ánimo extremadamente altos y/o bajos, con cambios marcados en los pensamientos y comportamientos. Hay dos tipos de trastorno bipolar. El primero es el Trastorno bipolar I, que requiere al menos un episodio de manía a lo largo de la vida. La manía implica una menor sensación de necesidad de dormir, grandiosidad, impulsividad, pensamientos acelerados y una mayor actividad dirigida a objetivos. Los episodios depresivos pueden ser evidentes en el trastorno bipolar I, aunque la depresión no es necesaria para este diagnóstico.

Por otra parte, el trastorno bipolar de tipo II requiere tanto un episodio hipomaníaco como episodios depresivos mayores. La hipomanía, es menos grave y de menor duración que un episodio maníaco. Los episodios depresivos mayores en el trastorno bipolar de tipo II tienen las mismas características diagnósticas que el trastorno depresivo mayor y, la presencia de hipomanía es lo que diferencia al TDM del trastorno bipolar II (APA, 2022).

La tasa de prevalencia a lo largo de la vida de ambos tipos de trastorno bipolar es de aproximadamente el 1 % (Merikangas et al., 2007), con una tasa de prevalencia en 12 meses de aproximadamente el 1,5 % para el trastorno bipolar I y del 0,8 % para el trastorno bipolar II (APA, 2022).

La prevalencia del trastorno bipolar comórbido con TOC oscila entre el 17 y el 25 % (Amerio et al., 2015; Chen y Dilsaver, 1995; Merikangas et al., 2007). Los individuos con estas comorbilidades pueden tener una edad más temprana de inicio de los síntomas (Masi et al., 2005; Ozdemiroglu et al., 2015), un elevado número de episodios depresivos mayores y un curso más crónico tanto del trastorno bipolar

106

(Perugi et al., 2002; Zutshi et al., 2006) como del TOC (Amerio et al., 2014a; Magalhães et al., 2010; Ozdemiroglu et al., 2015).

El TOC y el trastorno bipolar I y II comórbidos confieren un riesgo específico de ideación suicida e intentos de suicidio (Angst et al., 2005; Chen y Dilsaver, 1995; Freeman et al., 2002; Hantouche et al., 2003; Ozdemiroglu et al., 2015), los pacientes deben ser observados periódicamente con el fin de evaluar posibles tendencias suicidas. La estabilización del estado de ánimo, la planificación de la prevención de recaídas y el cumplimiento de la medicación deben ser los objetivos primarios del tratamiento para los pacientes con trastorno bipolar y TOC comórbidos. La respuesta a la medicación debe ser monitoreada de cerca, ya que, muchos de los medicamentos de primera línea para el TOC (por ejemplo, ISRS) pueden exacerbar los síntomas bipolares y viceversa (Alevizos et al., 2004; Amerio et al., 2014b; Lykouras et al., 2003). Aunque las intervenciones psicoterapéuticas para esta comorbilidad están muy poco estudiadas, la TCC, la EPR y la terapia cognitiva parecen ser beneficiosas una vez que se estabilizan los síntomas del estado de ánimo (Amerio et al., 2014a).

Trastornos psicóticos

Los trastornos psicóticos se refieren a una condición psiquiátrica con períodos de delirio, alucinaciones, procesos de pensamiento y habla desorganizados, comportamiento psicomotor anormal y síntomas negativos (por ejemplo, expresión emotiva disminuida). Los diagnósticos *del DSM-5-TR* dentro de esta categoría incluyen la esquizofrenia, el trastorno delirante y el trastorno psicótico breve. Aproximadamente entre el 0,3 % y el 0,7 % de la población desarrolla un trastorno psicótico como la esquizofrenia a lo largo de su vida (APA, 2022).

El TOC y los trastornos psicóticos son altamente comórbidos (Buckley et al., 2009; Mawn et al., 2020). Las personas diagnosticadas de psicosis tienen aproximadamente un 12 % de probabilidades de recibir un diagnóstico simultáneo de TOC (Mawn et al., 2020) ya que, la comorbilidad entre estos diagnósticos es bidireccional. En otras palabras, las personas diagnosticadas con psicosis primaria tienen un mayor riesgo de desarrollar TOC secundario (De Haan et al., 2013) y, las personas diagnosticadas con TOC primario tienen la misma probabilidad de desarrollar un trastorno psicótico secundario (Devi et al., 2015). En general, los consultantes con TOC y psicosis comórbidos, experimentan resultados únicos que parecen más graves y complejos que los síntomas encontrados en personas con solo uno de estos trastornos (De Haan et al., 2013; van Oudheusden et al., 2020). A menudo los pacientes tienen déficits funcionales que les causan deterioro en su calidad de vida (Bener et al., 2018), pueden experimentar altas tasas de síntomas depresivos (Bener et al., 2018; Hagen et al., 2013) y pueden también, demostrar elevados niveles de disfunción social que afectan su capacidad para vivir de forma independiente y autónoma (De Haan et al., 2013).

Aunque está claro que el TOC y los trastornos relacionados con la psicosis son altamente comórbidos, la razón de esta relación es compleja y multicausal. Algunos pacientes con psicosis desarrollan TOC después de comenzar a tomar antipsicóticos atípicos de segunda generación (por ejemplo, clozapina, olanzapina; Fonseka et al., 2014), esto sugiere que parte de la comorbilidad del TOC puede ser inducida por la medicación. La genética también parece desempeñar un papel importante y los niños que tienen padres con TOC tienen más probabilidades de desarrollar TOC con un trastorno psicótico comórbido (Meier et al., 2014). Las alteraciones en el funcionamiento de la dopamina, la serotonina y el glutamato se han relacionado con ambos trastornos de forma independiente y, esto también puede ser un factor común en la comorbilidad del TOC y la psicosis (Bottas et al., 2005; Faragian et al., 2009). Algunos científicos sugieren que la psicosis es un fenotipo del TOC y recomiendan que este subgrupo reciba sus propios criterios de diagnóstico e investigación científica (por ejemplo, Bottas et al., 2005).

La investigación en intervenciones psicoterapéuticas para el TOC y las psicosis comórbidas ha sido limitada. La mayoría de las intervenciones incluyen medicación psicotrópica para estabilizar al paciente, conociendo que, los síntomas del TOC pueden empeorar con ciertos fármacos como la olanzapina (Fonseka et al., 2014). Por el contrario, medicamentos como la sertralina y la fluoxetina pueden mejorar los síntomas del TOC pero pueden empeorar los síntomas psicóticos (De Haan et al., 2013; Koran et al., 2007). Por lo tanto, el plan de medicación debe ser supervisado de cerca por una médica especialista en psiquiatría. La TCC combinada con la intervención farmacológica cuenta con cierto apoyo en esta población, pero la investigación empírica es limitada más allá de los estudios de casos y las muestras pequeñas. Se necesitan más ensayos clínicos aleatorizados para confirmar la eficacia y la efectividad en este grupo (Schirmbeck y Zink, 2013; Tundo y Necci, 2016).

Trastorno obsesivo-compulsivo de la personalidad

El trastorno obsesivo-compulsivo de la personalidad (TOCP) es un Trastorno del clúster C caracterizado por el perfeccionismo, el orden, el comportamiento sujeto a reglas y la cautela (Craighead et al., 2017; Gordon et al., 2013). Las encuestas epidemiológicas estiman la prevalencia del TOCP entre el 2,4-7,9 % (APA, 2022; Grant et al., 2012). Aunque el TOC y el TOCP pueden causar confusión por tener nombres similares, en realidad, son trastornos distintos que pueden coexistir entre sí o presentarse como diagnósticos individuales separados.

El TOC y el TOCP comparten algunos fenotipos conductuales, como la elaboración excesiva de listas, la escrupulosidad y la preocupación por organizar el entorno (Craighead et al., 2017). Ambos trastornos también pueden tensar significativamente las relaciones interpersonales (APA, 2022; Craighead et al., 2017). Existen importantes factores distintivos entre el TOC y el TOCP. El TOC se caracteriza por la presencia de obsesiones y compulsiones que inducen ansiedad, mientras que el TOCP se refiere a una inclinación de la personalidad al perfeccionismo, al orden y a una necesidad abrumadora de control mental e interpersonal, a menudo, a expensas de la flexibilidad psicológica, la eficiencia y las relaciones interpersonales (APA, 2022; Craighead et al., 2017; Gordon et al., 2013). Es importante destacar que las personas con TOC generalmente se dan cuenta de que sus obsesiones y compulsiones son desadaptativas (es decir, los síntomas son egodistónicos), mientras que, las personas con TOCP a menudo ven sus comportamientos como virtuosos y beneficiosos para ellos (es decir, no notan algo malo en ésto, viven los síntomas como egosintónicos,).

Aunque el TOC y el TOCP son trastornos diferentes, a menudo coexisten. Las tasas de comorbilidad del TOC y TOCP oscilan entre el 16 y el 27 % (Coles et al., 2008; E. Sharma et al., 2021), y entre el 23 y el 32 % de los pacientes con TOC primario presentan uno o más síntomas de TOCP (Craighead et al., 2017; Gordon et al., 2013). Los individuos con TOC y TOCP comórbidos informan de una edad más temprana en el inicio de las obsesiones y compulsiones que los individuos con TOC solo (Coles et al., 2008; Garyfallos et al., 2010; Starcevic et al., 2013), los síntomas de TOC son más graves cuando ambos trastornos están presentes (Eisen et al., 2006; Garyfallos et al., 2010; Gordon et al., 2013; Lochner et al., 2011). Los individuos con TOC y TOCP comórbidos también pueden mostrar una mayor gravedad en los síntomas de depresión y un mayor consumo de alcohol en relación a las personas que sólo tienen TOC (Gordon et al., 2013). Cuando el TOC y el TOCP se presentan juntos, la presentación mixta de síntomas egosintónicos y distónicos desadaptativos puede complicar el curso del tratamiento (Craighead et al., 2017; Thamby y Khanna, 2019). Por ejemplo, las intervenciones con ERP a menudo se ven afectadas negativamente por la escasa motivación que tiene el paciente para cambiar los rasgos maladaptativos del TOCP (Pinto et al., 2014). Por el contrario, el componente de perfeccionismo del TOCP puede ser beneficioso en el sentido de que los consultantes están más motivados para completar las tareas en la Terapia Cognitiva Conductual (Gordon et al., 2016). Las habilidades de reestructuración cognitiva de la TCC pueden utilizarse para hacer que los aspectos desadaptativos del TOCP sean más prominentes y disminuyan sus efectos negativos en las intervenciones conductuales.

Trastornos de tics

Los trastornos por tics (por ejemplo, el trastorno de Tourette) se caracterizan por tener movimientos motores y/o ruidos vocales inesperados y recurrentes. Los síntomas deben durar un año o más para ser diagnosticados formalmente. Los tics pueden incluir cualquier tipo de vocalización y/o afectar a la mayoría de los grupos musculares, el parpadeo y el carraspeo suelen ser los más frecuentes. Los pacientes con un trastorno de tic informan regularmente de una sensación premonitoria localizada justo antes de que se produzca un tic y, a menudo, hay un impulso de hacer un tic. Así, aunque los tics se consideran involuntarios, algunos pueden suprimirse durante un tiempo. Los tics pueden clasificarse como "simples" e implicar un número limitado de grupos musculares (por ejemplo, mueca facial, encogimiento de hombros, olfateo, gruñido) o, pueden ser "complejos" e implicar una combinación de grupos musculares (giro de cabeza y encogimiento de hombros, vocalización de una palabra o palabras completas). Los tics aparecen entre los 4 y los 6 años. La aparición en la edad adulta es rara y suele estar relacionada con una afección neurológica o con la exposición a sustancias ilícitas (APA, 2022).

El TOC y los trastornos por tics comparten varias características como el inicio en la infancia, los impulsos y las acciones repetitivas (de Mathis et al., 2008; Lewin et al., 2010), y en el DSM-5-TR se incluye un especificador de trastorno por tics para los diagnósticos de TOC. Entre el 20 % y el 50 % de los niños con Tourette y otros trastornos por tics tienen TOC comórbido, más común en varones que en mujeres (Carmi et al., 2022; Conelea et al., 2014; Ivarsson et al., 2008; Stewart et al., 2015). El TOC relacionado con tics parece ser bastante hereditario y, los gemelos, hermanos y hermanastros maternos de individuos con TOC relacionado con tics tienen el doble de probabilidades de desarrollar TOC relacionado con tics en comparación con los familiares del mismo grado que solo tienen TOC (Brander et al., 2021). El TOC con un trastorno de tics tiende a tener una edad de aparición más temprana que el TOC solo. En la infancia, la mayoría de las obsesiones del TOC relacionado con tics tienden a centrarse en la simetría y/o en pensamientos intrusivos tabú (obsesiones sexuales, religiosas o agresivas; (Franklin et al., 2012). Las personas con TOC relacionado con tics suelen presentar comorbilidades adicionales, como trastorno por déficit de atención con hiperactividad, epilepsia y discapacidad intelectual (Brander et al., 2021; Diniz et al., 2006). El tratamiento de referencia para el TOC relacionado con tics es la TCC con EPR (Conelea et al., 2014).

Trastornos por uso de sustancias

Los trastornos por uso de sustancias (TUS), o adicciones, implican el consumo de una sustancia que activa los sistemas de recompensa del cerebro (por ejemplo, el dopaminérgico) y refuerza conductas desadaptativas en el uso de sustancias psicoactivas. La versión actual del DSM incluye 10 clases de TUS, que van desde el alcohol y los ansiolíticos hasta el tabaco y la cafeína. El juego también figura como conducta adictiva en el *DSM-5-TR*. Una característica diagnóstica clave de los TUS es el consumo continuado de una sustancia a pesar de los importantes problemas psicosociales relacionados con su consumo. El trastorno por abuso de alcohol tiende a ser el más prevalente, y alrededor del 29 % de los adultos (36 % de los hombres, 23 % de las mujeres) desarrollan un trastorno por consumo de alcohol a lo largo de su vida (APA, 2022).

Muestras epidemiológicas y clínicas informan que entre el 10 % y el 24 % de las personas con TOC presentan un TUS comórbido. Algunas sustancias (p. ej., estimulantes) parecen exacerbar los síntomas del TOC, mientras que otras (p. ej., alcohol, opiáceos) parecen aliviar los síntomas (Koran et al., 2007; Mancebo et al., 2009). El trastorno por consumo de alcohol es el TUS más prominente (Gentil et al., 2009; Karno et al., 1988; Mancebo et al., 2009), la edad temprana de inicio y el trastorno límite de la personalidad comórbido aumentan el riesgo de desarrollar un trastorno por abuso de alcohol secundario al TOC. El trastorno límite de la personalidad comórbido con el TOC aumenta el riesgo de desarrollar trastornos por consumo de drogas, como el trastorno por consumo de cocaína o el trastorno por consumo de opiáceos (Mancebo et al., 2009). Cuando el TOC y los TUS coexisten, están relacionados con un mayor deterioro de la persona, síntomas de TOC más graves y niveles reducidos de funcionamiento psicosocial (Ecker et al., 2019; Gentil et al., 2009; Mancebo et al., 2009). La comorbilidad de TUS y TOC también predice una mayor ideación suicida y un aumento en la frecuencia de intentos de suicidio (Mancebo et al., 2009). El tratamiento con apoyo empírico para esta comorbilidad es limitado. Aunque los tratamientos de referencia para cada trastorno parecen estar relacionados y ser complementarios (es decir, los tratamientos conductuales y las intervenciones psicofarmacológicas similares funcionan bien para ambos trastornos), hay pocas investigaciones empíricas que demuestren que son eficaces con esta presentación.

Resumen

En este capítulo, hemos revisado varias comorbilidades comunes del TOC, incluyendo trastornos de ansiedad, trastornos depresivos, bipolares, tics, trastornos psicóticos y por uso de sustancias. Cabe destacar que éstas no son las únicas comorbilidades que pueden presentarse en el tratamiento cuando un paciente presenta TOC. Por ejemplo, los trastornos relacionados con la comida y la alimentación, los déficits de atención y los trastornos psiquiátricos infantiles sólo se han mencionado aquí de forma superficial, pero todos influyen y confieren un riesgo considerable y una especial atención cuando un paciente presenta un TOC comórbido. Los profesionales de salud mental deben evaluar cuidadosamente a los pacientes que presentan TOC y diferenciarlo de otros diagnósticos concurrentes, ya que, la coexistencia de varios trastornos puede complejizar el tratamiento y la recuperación del paciente con TOC.

Referencias

Abramowitz, J. S. (2004). Treatment of obsessive-compulsive disorder in patients who have comorbid major depression. *Journal of Clinical Psychology, 60*(11), 1133–1141. https://doi.org/10.1002/jclp.20078

Abramowitz, J. S., & Foa, E. B. (2000). Does comorbid major depressive disorder influence outcome of exposure and response prevention for OCD? *Behavior Therapy, 31*(4), 795–800. https://doi.org/10.1016/S0005-7894(00)80045-3

Abramowitz, J. S., Storch, E. A., Keeley, M., & Cordell, E. (2007). Obsessive-compulsive disorder with comorbid major depression: What is the role of cognitive factors? *Behaviour Research and Therapy, 45*(10), 2257–2267. https://doi.org/10.1016/j.brat.2007.04.003

Alevizos, B., Papageorgiou, C., & Christodoulou, G. N. (2004). Obsessive-compulsive symptoms with olanzapine. *International Journal of Neuropsychopharmacology, 7*(3), 375–377. https://doi.org/10.1017/S1461145704004456

American Psychiatric Association. (2013). *Diagnostic and Statistical Manual of Mental Disorders.* https://doi.org/10.1176/APPI.BOOKS.9780890425596

American Psychiatric Association. (2022). *Diagnostic and Statistical Manual of Mental Disorders* (5th Edition). American Psychiatric Association Publishing. https://doi.org/10.1176/appi.books.9780890425787

Amerio, A., Odone, A., Marchesi, C., & Ghaemi, S. N. (2014a). Treatment of comorbid bipolar disorder and obsessive-compulsive disorder: A systematic review. *Journal of Affective Disorders, 166*, 258–263. https://doi.org/10.1016/j.jad.2014.05.026

Amerio, A., Odone, A., Marchesi, C., & Ghaemi, S. N. (2014b). Do antidepressant-induced manic episodes in obsessive-compulsive disorder patients represent the clinical expression of an underlying bipolarity? *Australian and New Zealand Journal of Psychiatry, 48*(10), 957. https://doi.org/10.1177/0004867414530006

Amerio, A., Stubbs, B., Odone, A., Tonna, M., Marchesi, C., & Ghaemi, S. N. (2015). The prevalence and predictors of comorbid bipolar disorder and obsessive–compulsive disorder: A systematic review and meta-analysis. *Journal of Affective Disorders, 186*, 99–109. https://doi.org/10.1016/J.JAD.2015.06.005

Angelakis, I., Gooding, P., Tarrier, N., & Panagioti, M. (2015). Suicidality in obsessive compulsive disorder (OCD): A systematic review and meta-analysis. *Clinical Psychology Review, 39*, 1–15. https://doi.org/10.1016/J.CPR.2015.03.002

Angst, J., Gamma, A., Endrass, J., Hantouche, E., Goodwin, R., Ajdacic, V., Eich, D., & Rössler, W. (2005). Obsessive-compulsive syndromes and disorders: Significance of comorbidity with bipolar and anxiety syndromes. *European Archives of Psychiatry and Clinical Neuroscience, 255*(1), 65–71. https://doi.org/10.1007/S00406-005-0576-8

Barlow, D. H. (2002). *Anxiety and its disorders: The nature and treatment of anxiety and panic* (2nd ed.). Guilford Press.

Bener, A., Dafeeah, E. E., Abou-Saleh, M. T., Bhugra, D., & Ventriglio, A. (2018). Schizophrenia and co-morbid obsessive - compulsive disorder: Clinical characteristics. *Asian Journal of Psychiatry, 37*, 80–84. https://doi.org/10.1016/j.ajp.2018.08.016

Bottas, A., Cooke, R. G., & Richter, M. A. (2005). Comorbidity and pathophysiology of obsessive-compulsive disorder in schizophrenia: Is there evidence for a schizo-obsessive subtype of schizophrenia? *Journal of Psychiatry and Neuroscience, 30*(3), 187–193.

Brakoulias, V., Starcevic, V., Belloch, A., Brown, C., Ferrao, Y. A., Fontenelle, L. F., Lochner, C., Marazziti, D., Matsunaga, H., Miguel, E. C., Reddy, Y. C. J., do Rosario, M. C., Shavitt, R. G., Shyam Sundar, A., Stein, D. J., Torres, A. R., & Viswasam, K. (2017). Comorbidity, age of onset and suicidality in obsessive–compulsive disorder (OCD): An international collaboration. *Comprehensive Psychiatry, 76*(2017), 79–86. https://doi.org/10.1016/j.comppsych.2017.04.002

Brakoulias, V., Starcevic, V., Sammut, P., Berle, D., Milicevic, D., Moses, K., & Hannan, A. (2011). Obsessive-compulsive spectrum disorders: A comorbidity and family history perspective. *Australasian Psychiatry, 19*(2), 151–155. https://doi.org/10.3109/10398562.2010.526718

Brander, G., Kuja-Halkola, R., Rosenqvist, M. A., Rück, C., Serlachius, E., Fernández de la Cruz, L., Lichtenstein, P., Crowley, J. J., Larsson, H., & Mataix-Cols, D. (2021). A population-based family clustering study of tic-related obsessive-compulsive disorder. *Molecular Psychiatry, 26*(4), 1224–1233. https://doi.org/10.1038/s41380-019-0532-z

Buckley, P. F., Miller, B. J., Lehrer, D. S., & Castle, D. J. (2009). Psychiatric comorbidities and schizophrenia. *Schizophrenia Bulletin, 35*(2), 383–402. https://doi.org/10.1093/schbul/sbn135

Carmi, L., Brakoulias, V., Arush, O. Ben, Cohen, H., & Zohar, J. (2022). A prospective clinical cohort-based study of the prevalence of OCD, obsessive compulsive and related disorders, and tics in families of patients with OCD. *BMC Psychiatry, 22*(1), 1–8. https://doi.org/10.1186/s12888-022-03807-4

Chen, Y. W., & Dilsaver, S. C. (1995). Comorbidity for obsessive-compulsive disorder in bipolar and unipolar disorders. *Psychiatry Research, 59*(1–2), 57–64. https://doi.org/10.1016/0165-1781(95)02752-1

Coles, M. E., Pinto, A., Mancebo, M. C., Rasmussen, S. A., & Eisen, J. L. (2008). OCD with comorbid OCPD: A subtype of OCD? *Journal of Psychiatric Research, 42*(4), 289–296. https://doi.org/10.1016/j.jpsychires.2006.12.009

Comer, J. S., Kendall, P. C., Franklin, M. E., Hudson, J. L., & Pimentel, S. S. (2004). Obsessing/worrying about the overlap between obsessive-compulsive disorder and generalized anxiety disorder in youth. *Clinical Psychology Review, 24*(6), 663–683. https://doi.org/10.1016/J.CPR.2004.04.004

Conelea, C. A., Walther, M. R., Freeman, J. B., Garcia, A. M., Sapyta, J., Khanna, M., & Franklin, M. (2014). Tic-related obsessive-compulsive disorder (OCD): Phenomenology and treatment outcome in the Pediatric OCD Treatment Study II. *Journal of the American Academy of Child and Adolescent Psychiatry*, *53*(12), 1308–1316. https://doi.org/10.1016/j.jaac.2014.09.014

Craighead, W. E., Miklowitz, D. J., & Craighead, L. W. (2017). *Psychopathology: History, diagnosis, and empirical foundations. - PsycNET.* John Wiley & Sons, Inc.

De Haan, L., Sterk, B., Wouters, L., & Linszen, D. H. (2013). The 5-year course of obsessive-compulsive symptoms and obsessive-compulsive disorder in first-episode schizophrenia and related disorders. *Schizophrenia Bulletin*, *39*(1), 151–160. https://doi.org/10.1093/schbul/sbr077

de Mathis, M. A., do Rosario, M. C., Diniz, J. B., Torres, A. R., Shavitt, R. G., Ferrão, Y. A., Fossaluza, V., de Bragança Pereira, C. A., & Miguel, E. C. (2008). Obsessive-compulsive disorder: Influence of age at onset on comorbidity patterns. *European Psychiatry*, *23*(3), 187–194. https://doi.org/10.1016/j.eurpsy.2008.01.002

Devi, S., Rao, N. P., Badamath, S., Chandrashekhar, C. R., & Reddy, Y. C. J. (2015). Prevalence and clinical correlates of obsessive-compulsive disorder in schizophrenia. *Comprehensive Psychiatry*, *56*, 141–148. https://doi.org/10.1016/j.comppsych.2014.09.015

Diniz, J. B., Malavazzi, D. M., Fossaluza, V., Belotto-Silva, C., Borcato, S., Pimentel, I., Miguel, E. C., & Shavitt, R. G. (2011). Risk factors for early treatment discontinuation in patients with obsessive-compulsive disorder. *Clinics*, *66*(3), 387–393. https://doi.org/10.1590/S1807-59322011000300004

Diniz, J. B., Rosario-Campos, M. C., Hounie, A. G., Curi, M., Shavitt, R. G., Lopes, A. C., & Miguel, E. C. (2006). Chronic tics and Tourette syndrome in patients with obsessive-compulsive disorder. *Journal of Psychiatric Research*, *40*(6), 487–493. https://doi.org/10.1016/j.jpsychires.2005.09.002

Ecker, A. H., Stanley, M. A., Smith, T. L., Teng, E. J., Fletcher, T. L., Van Kirk, N., Amspoker, A. B., Walder, A., McIngvale, E., & Lindsay, J. A. (2019). Co-occurrence of obsessive-compulsive disorder and substance use disorders among U.S. veterans: Prevalence and mental health utilization. *Journal of Cognitive Psychotherapy*, *33*(1), 23–32. https://doi.org/10.1891/0889-8391.33.1.23

Eisen, J. L., Coles, M. E., Shea, M. T., Pagano, M. E., Stout, R. L., Yen, S., Grilo, C. M., & Rasmussen, S. A. (2006). Clarifying the convergence between Obsessive Compulsive Personality Disorder criteria and Obsessive Compulsive Disorder. *Journal of Personality Disorders*, *20*(3), 294–305. https://doi.org/10.1521/PEDI.2006.20.3.294

Eisen, J. L., Phillips, K. A., Coles, M. E., & Rasmussen, S. A. (2004). Insight in obsessive compulsive disorder and body dysmorphic disorder. *Comprehensive Psychiatry*, *45*(1), 10–15. https://doi.org/10.1016/j.comppsych.2003.09.010

Endrass, T., Riesel, A., Kathmann, N., & Buhlmann, U. (2014). Performance monitoring in obsessive-compulsive disorder and social anxiety disorder. *Journal of Abnormal Psychology, 123*(4), 705–714. https://doi.org/10.1037/abn0000012

Faragian, S., Pashinian, A., Fuchs, C., & Poyurovsky, M. (2009). Obsessive-compulsive symptom dimensions in schizophrenia patients with comorbid obsessive-compulsive disorder. *Progress in Neuro-Psychopharmacology and Biological Psychiatry, 33*(6), 1009–1012. https://doi.org/10.1016/J.PNPBP.2009.05.008

Fonseka, T. M., Richter, M. A., & Müller, D. J. (2014). Second generation antipsychotic-induced obsessive-compulsive symptoms in schizophrenia: A review of the experimental literature topical collection on genetic disorders. *Current Psychiatry Reports, 16*(11). https://doi.org/10.1007/s11920-014-0510-8

Franklin, M. E., Harrison, J. P., & Benavides, K. L. (2012). Obsessive-compulsive and tic-related disorders. *Child and Adolescent Psychiatric Clinics of North America, 21*(3), 555–571. https://doi.org/10.1016/j.chc.2012.05.008

Freeman, M. P., Freeman, S. A., & McElroy, S. L. (2002). The comorbidity of bipolar and anxiety disorders: Prevalence, psychobiology, and treatment issues. *Journal of Affective Disorders, 68*(1), 1–23. https://doi.org/10.1016/S0165-0327(00)00299-8

Frías, Á., Palma, C., Farriols, N., & González, L. (2015). Comorbidity between obsessive-compulsive disorder and body dysmorphic disorder: Prevalence, explanatory theories, and clinical characterization. *Neuropsychiatric Disease and Treatment, 11*, 2233–2244. https://doi.org/10.2147/NDT.S67636

Garyfallos, G., Katsigiannopoulos, K., Adamopoulou, A., Papazisis, G., Karastergiou, A., & Bozikas, V. P. (2010). Comorbidity of obsessive-compulsive disorder with obsessive-compulsive personality disorder: Does it imply a specific subtype of obsessive-compulsive disorder? *Psychiatry Research, 177*(1–2), 156–160. https://doi.org/10.1016/j.psychres.2010.01.006

Gentil, A. F., Mathis, M. A. de, Torresan, R. C., Diniz, J. B., Alvarenga, P., do Rosário, M. C., Cordioli, A. V., Torres, A. R., & Miguel, E. C. (2009). Alcohol use disorders in patients with obsessive-compulsive disorder: The importance of appropriate dual-diagnosis. *Drug and Alcohol Dependence, 100*(1–2), 173–177. https://doi.org/10.1016/j.drugalcdep.2008.09.010

Goodwin, G. M. (2015). The overlap between anxiety, depression, and obsessive-compulsive disorder. *Dialogues in Clinical Neuroscience, 17*(3), 249–260. https://doi.org/10.31887/dcns.2015.17.3/ggoodwin

Gordon, O. M., Salkovskis, P. M., & Bream, V. (2016). The Impact of Obsessive Compulsive Personality Disorder on Cognitive Behaviour Therapy for Obsessive Compulsive Disorder. *Behavioural and Cognitive Psychotherapy, 44*(4), 444–459. https://doi.org/10.1017/S1352465815000582

Gordon, O. M., Salkovskis, P. M., Oldfield, V. B., & Carter, N. (2013). The association between obsessive compulsive disorder and obsessive compulsive personality disorder: Prevalence and clinical presentation. *British Journal of Clinical Psychology, 52*(3), 300–315. https://doi.org/10.1111/bjc.12016

Grant, J. E., & Chamberlain, S. R. (2019). Obsessive compulsive personality traits: Understanding the chain of pathogenesis from health to disease. *Journal of Psychiatric Research, 116*, 69–73. https://doi.org/10.1016/j.jpsychires.2019.06.003

Grant, J. E., & Chamberlain, S. R. (2020). Prevalence of skin picking (excoriation) disorder. *Journal of Psychiatric Research, 130*, 57–60. https://doi.org/https://doi.org/10.1016/j.jpsychires.2020.06.033

Grant, J. E., Dougherty, D. D., & Chamberlain, S. R. (2020). Prevalence, gender correlates, and co-morbidity of trichotillomania. *Psychiatry Research, 288*. https://doi.org/https://doi.org/10.1016/j.psychres.2020.112948

Grant J.E., Mooney M.E., & Kushner M.G. (2012). Prevalence, correlates, and comorbidity of DSM-IV obsessive-compulsive personality disorder: Results from the National Epidemiologic Survey on Alcohol and Related Conditions. *Journal of Psychiatric Research, 46*(4), 469-75. doi: 10.1016/j.jpsychires.2012.01.009.

Hagen, K., Hansen, B., Joa, I., & Larsen, T. K. (2013). Prevalence and clinical characteristics of patients with obsessive-compulsive disorder in first-episode psychosis. *BMC Psychiatry, 13*, 2–7. https://doi.org/10.1186/1471-244X-13-156

Hantouche, E. G., Angst, J., Demonfaucon, C., Perugi, G., Lancrenon, S., & Akiskal, H. S. (2003). Cyclothymic OCD: A distinct form? *Journal of Affective Disorders, 75*(1), 1–10. https://doi.org/10.1016/S0165-0327(02)00461-5

Hasin, D. S., Sarvet, A. L., Meyers, J. L., Saha, T. D., Ruan, W. J., Stohl, M., & Grant, B. F. (2018). Epidemiology of adult DSM-5 major depressive disorder and its specifiers in the United States. *JAMA Psychiatry, 75*(4), 336–346. https://doi.org/10.1001/jamapsychiatry.2017.4602

Ivarsson, T., Melin, K., & Wallin, L. (2008). Categorical and dimensional aspects of co-morbidity in obsessive-compulsive disorder (OCD). *European Child and Adolescent Psychiatry, 17*(1), 20–31. https://doi.org/10.1007/S00787-007-0626-Z

Karno, M., Golding, J. M., Sorenson, S. B., & Burnam, M. A. (1988). The epidemiology of Obsessive-Compulsive Disorder in five US communities. *Archives of General Psychiatry, 45*(12), 1094–1099. https://doi.org/10.1001/ARCHPSYC.1988.01800360042006

Kessler, R. C., Berglund, P., Demler, O., Jin, R., Merikangas, K. R., & Walters, E. E. (2005). Lifetime prevalence and age-of-onset distributions of DSM-IV disorders in the National Comorbidity Survey Replication. *Archives of General Psychiatry, 62*(6), 593–602. https://doi.org/10.1001/ARCHPSYC.62.6.593

Koran, L. M., Hollander, E., Nestadt, G., Simpson, H. B., & Ph, D. (2007). *Treatment of Patients With Obsessive-Compulsive Disorder.*

Labad, J., Soria, V., Salvat-Pujol, N., Segalàs, C., Real, E., Urretavizcaya, M., de Arriba-Arnau, A., Ferrer, A., Crespo, J. M., Jiménez-Murcia, S., Soriano-Mas, C., Alonso, P., & Menchón, J. M. (2018). Hypothalamic-pituitary-adrenal axis activity in the comorbidity between obsessive-compulsive disorder and major depression. *Psychoneuroendocrinology*, *93*, 20–28. https://doi.org/10.1016/j.psyneuen.2018.04.008

Lewin, A. B., Chang, S., McCracken, J., McQueen, M., & Piacentini, J. (2010). Comparison of clinical features among youth with tic disorders, obsessive-compulsive disorder (OCD), and both conditions. *Psychiatry Research*, *178*(2), 317–322. https://doi.org/10.1016/j.psychres.2009.11.013

Lochner, C., Seedat, S., du Toit, P. L., Nel, D. G., Niehaus, D. J. H., Sandler, R., & Stein, D. J. (2005). Obsessive-compulsive disorder and trichotillomania: A phenomenological comparison. *BMC Psychiatry*, *5*(1). https://doi.org/https://doi.org/10.1186/1471-244x-5-2

Lochner, C., Serebro, P., der Merwe, L. van, Hemmings, S., Kinnear, C., Seedat, S., & Stein, D. J. (2011). Comorbid obsessive-compulsive personality disorder in obsessive-compulsive disorder (OCD): A marker of severity. *Progress in Neuro-Psychopharmacology and Biological Psychiatry*, *35*(4), 1087–1092. https://doi.org/10.1016/j.pnpbp.2011.03.006

Lykouras, L., Alevizos, B., Michalopoulou, P., & Rabavilas, A. (2003). Obsessive-compulsive symptoms induced by atypical antipsychotics. A review of the reported cases. *Progress in Neuro-Psychopharmacology and Biological Psychiatry*, *27*(3), 333–346. https://doi.org/10.1016/S0278-5846(03)00039-3

Magalhães, P. V. S., Kapczinski, N. S., & Kapczinski, F. (2010). Correlates and impact of obsessive-compulsive comorbidity in bipolar disorder. *Comprehensive Psychiatry*, *51*(4), 353–356. https://doi.org/10.1016/j.comppsych.2009.11.001

Malcolm, A., Labuschagne, I., Castle, D., Terrett, G., Rendell, P. G., & Rossell, S. L. (2018). The relationship between body dysmorphic disorder and obsessive-compulsive disorder: A systematic review of direct comparative studies. *Australian & New Zealand Journal of Psychiatry*, *52*(11), 1030–1049. https://doi.org/10.1177/0004867418799925

Mancebo, M. C., Grant, J. E., Pinto, A., Eisen, J. L., & Rasmussen, S. A. (2009). Substance use disorders in an obsessive compulsive disorder clinical sample. *Journal of Anxiety Disorders*, *23*(4), 429–435. https://doi.org/10.1016/J.JANXDIS.2008.08.008

Masi, G., Millepiedi, S., Mucci, M., Bertini, N., Milantoni, L., & Arcangeli, F. (2005). A naturalistic study of referred children and adolescents with obsessive-compulsive disorder. *Journal of the American Academy of Child and Adolescent Psychiatry*, *44*(7), 673–681. https://doi.org/10.1097/01.chi.0000161648.82775.ee

Mawn, L., Campbell, T., Aynsworth, C., Beckwith, H., Luce, A., Barclay, N., Dodgson, G., & Freeston, M. H. (2020). Comorbidity of obsessive-compulsive and psychotic experiences: A systematic review and meta-analysis. *Journal of Obsessive-Compulsive and Related Disorders, 26.* https://doi.org/10.1016/j.jocrd.2020.100539

Meier, S. M., Petersen, L., Pedersen, M. G., Arendt, M. C. B., Nielsen, P. R., Mattheisen, M., Mors, O., & Mortensen, P. B. (2014). Obsessive-compulsive disorder as a risk factor for schizophrenia: A nationwide study. *JAMA Psychiatry, 71*(11), 1215–1221. https://doi.org/10.1001/jamapsychiatry.2014.1011

Menzies, R. E., Zuccala, M., Sharpe, L., & Dar-Nimrod, I. (2021). Are anxiety disorders a pathway to obsessive-compulsive disorder? Different trajectories of OCD and the role of death anxiety. *Nordic Journal of Psychiatry, 75*(3), 170–175. https://doi.org/10.1080/08039488.2020.1817554

Merikangas, K. R., Akiskal, H. S., Angst, J., Greenberg, P. E., Hirschfeld, R. M. A., Petukhova, M., & Kessler, R. C. (2007). Lifetime and 12-month prevalence of bipolar spectrum disorder in the National Comorbidity Survey replication. *Archives of General Psychiatry, 64*(5), 543–552. https://doi.org/10.1001/ARCHPSYC.64.5.543

Minty, A., & Minty, G. (2021). The prevalence of body dysmorphic disorder in the community: a systematic review. *Global Psychiatry Archives, 4*(2), 130–154. https://doi.org/10.52095/gp.2021.8113

Murphy, J. M., & Leighton, A. H. (2009). Anxiety: Its role in the history of psychiatric epidemiology. *Psychological Medicine, 39*(7), 1055–1064. https://doi.org/10.1017/S0033291708004625

Norton, P. J., & Paulus, D. J. (2017). Transdiagnostic models of anxiety disorder: Theoretical and empirical underpinnings. *Clinical Psychology Review, 56*, 122–137. https://doi.org/10.1016/j.cpr.2017.03.004

Oliveira, E. C., Fitzpatrick, C. L., Kim, H. S., Gulassa, D. C., Amaral, R. S., Cristiana, N. de, Hayashiuchi, A. Y., McGrath, D. S., & Tavares, H. (2019). Obsessive–compulsive or addiction? Categorical diagnostic analysis of excoriation disorder compared to obsessive-compulsive disorder and gambling disorder. *Psychiatry Research, 281.* https://doi.org/https://doi.org/10.1016/j.psychres.2019.112518

Oliveira, E. C., Leppink, E. W., Derbyshire, K. L., & Grant, J. E. (2015). Excoriation disorder: Impulsivity and its clinical associations. *Journal of Anxiety Disorders, 30*, 19–22. https://doi.org/https://doi.org/10.1016/j.janxdis.2014.12.010

Osland, S., Arnold, P. D., & Pringsheim, T. (2018). The prevalence of diagnosed obsessive compulsive disorder and associated comorbidities: A population-based Canadian study. *Psychiatry Research, 268*(July), 137–142. https://doi.org/10.1016/j.psychres.2018.07.018

Ozdemiroglu, F., Sevincok, L., Sen, G., Mersin, S., Kocabas, O., Karakus, K., & Vahapoglu, F. (2015). Comorbid obsessive–compulsive disorder with bipolar disorder: A distinct form? *Psychiatry Research, 230*(3), 800–805. 77https://doi.org/10.1016/J.PSYCHRES.2015.11.002

Pallanti, S., Grassi, G., Sarrecchia, E. D., Cantisani, A., & Pellegrini, M. (2011). Obsessive-compulsive disorder comorbidity: Clinical assessment and therapeutic implications. *Frontiers in Psychiatry, 2*, 1–11. https://doi.org/10.3389/fpsyt.2011.00070

Pallanti, S., & Quercioli, L. (2006). Treatment-refractory obsessive-compulsive disorder: Methodological issues, operational definitions and therapeutic lines. *Progress in Neuro-Psychopharmacology and Biological Psychiatry, 30*(3), 400–412. https://doi.org/10.1016/J.PNPBP.2005.11.028

Perugi, G., Toni, C., Frare, F., Travierso, M. C., Hantouche, E., & Akiskal, H. S. (2002). Obsessive-compulsive-bipolar comorbidity: A systematic exploration of clinical features and treatment outcome. *Journal of Clinical Psychiatry, 63*(12), 1129–1134. https://doi.org/10.4088/JCP.V63N1207

Phillips, K. A., Pinto, A., Menard, W., Eisen, J. L., Mancebo, M., & Rasmussen, S. A. (2007). Obsessive-compulsive disorder versus body dysmorphic disorder: A comparison study of two possibly related disorders. *Depression and Anxiety, 24*(6), 399–409. https://doi.org/10.1002/DA.20232

Phillips, K. A., & Stout, R. L. (2006). Associations in the longitudinal course of body dysmorphic disorder with major depression, obsessive-compulsive disorder, and social phobia. *Journal of Psychiatric Research, 40*(4), 360–369.

Pinto, A., Steinglass, J. E., Greene, A. L., Weber, E. U., & Simpson, H. B. (2014). Capacity to delay reward differentiates obsessive-compulsive disorder and obsessive-compulsive personality disorder. *Biological Psychiatry, 75*(8), 653–659. https://doi.org/10.1016/j.biopsych.2013.09.007

Pozza, A. (2022). Editorial: Efficacy of Psychological and Psychiatric Treatments and Potential Predictors in Social Anxiety Disorder and Obsessive-Compulsive Disorder. *Frontiers in Psychiatry, 12*, 2021–2023. https://doi.org/10.3389/fpsyt.2021.833131

Quarantini, L. C., Torres, A. R., Sampaio, A. S., Fossaluza, V., Mathis, M. A. De, Do Rosário, M. C., Fontenelle, L. F., Ferrão, Y. A., Cordioli, A. V., Petribu, K., Hounie, A. G., Miguel, E. C., Shavitt, R. G., & Koenen, K. C. (2011). Comorbid major depression in obsessive-compulsive disorder patients. *Comprehensive Psychiatry, 52*(4), 386–393. https://doi.org/10.1016/j.comppsych.2010.09.006

Sani, G., Gualtieri, I., Paolini, M., Bonanni, L., Spinazzola, E., Maggiora, M., Pinzone, V., Brugnoli, R., Angeletti, G., Girardi, P., Rapinesi, C., & Kotzalidis, G. D. (2019). Drug treatment of trichotillomania (hair-pulling disorder), excoriation (skin-picking) disorder, and nail-biting (Onychophagia). *Current Neuropharmacology, 17*(8), 775–786. https://doi.org/https://doi.org/10.2174/1570159x17666190320164223

Schirmbeck, F., & Zink, M. (2013). Comorbid obsessive-compulsive symptoms in schizophrenia: Contributions of pharmacological and genetic factors. *Frontiers in Pharmacology*, *4*, 1–14. https://doi.org/10.3389/fphar.2013.00099

Sharma, E., Sharma, L. P., Balachander, S., Lin, B., Manohar, H., Khanna, P., Lu, C., Garg, K., Thomas, T. L., Au, A. C. L., Selles, R. R., Højgaard, D. R. M. A., Skarphedinsson, G., & Stewart, S. E. (2021). Comorbidities in Obsessive-Compulsive Disorder Across the Lifespan: A Systematic Review and Meta-Analysis. *Frontiers in Psychiatry*, *12*, 2020. https://doi.org/10.3389/FPSYT.2021.703701/BIBTEX

Sharma, P., Rosário, M. C., Ferrão, Y. A., Albertella, L., Miguel, E. C., & Fontenelle, L. F. (2021). The impact of generalized anxiety disorder in obsessive-compulsive disorder patients. *Psychiatry Research*, *300*. https://doi.org/10.1016/j.psychres.2021.113898

Snorrason, I., Conway, C. C., Beard, C., & Björgvinsson, T. (2021). The comorbidity structure of fear, distress and compulsive disorders in an acute psychiatric sample. *Journal of Anxiety Disorders*, *79*. https://doi.org/10.1016/j.janxdis.2021.102370

Starcevic, V., Berle, D., Brakoulias, V., Sammut, P., Moses, K., Milicevic, D., & Hannan, A. (2013). Obsessive-compulsive personality disorder co-occurring with obsessive-compulsive disorder: Conceptual and clinical implications. *Australian and New Zealand Journal of Psychiatry*, *47*(1), 65–73. https://doi.org/10.1177/0004867412450645

Stargell, N. A., Kress, V. E., Paylo, M. J., & Zins, A. (2016). Excoriation disorder: Assessment, diagnosis and treatment. *The Professional Counselor*, *6*(1), 50–60. https://doi.org/https://doi.org/10.15241/nas.6.1.50

Stein, D. J., Simeon, D., Cohen, L. J., & Hollander, E. (1995). Trichotillomania and obsessive-compulsive disorder. *Journal of Clinical Psychiatry*, *56*(4), 28–34.

Stewart, S. B., Greene, D. J., Lessov-Schlaggar, C. N., Church, J. A., & Schlaggar, B. L. (2015). Clinical correlates of parenting stress in children with tourette syndrome and in typically developing children. *Journal of Pediatrics*, *166*(5), 1297-1302.e3. https://doi.org/10.1016/j.jpeds.2015.01.041

Thaipisuttikul, P., Ittasakul, P., Waleeprakhon, P., Wisajun, P., & Jullagate, S. (2014). Psychiatric comorbidities in patients with major depressive disorder. *Neuropsychiatric Disease and Treatment*, *10*, 2097–2103. https://doi.org/10.2147/NDT.S72026

Thamby, A., & Khanna, S. (2019). The role of personality disorders in obsessive-compulsive disorder. *Indian Journal of Psychiatry*, *61*(7), S114–S118. https://doi.org/10.4103/PSYCHIATRY.INDIANJPSYCHIATRY_526_18

Torres, A. R., Fontenelle, L. F., Shavitt, R. G., Ferrão, Y. A., Do Rosário, M. C., Storch, E. A., & Miguel, E. C. (2016). Comorbidity variation in patients with obsessive-compulsive disorder according to symptom dimensions: Results from a large multicentre clinical sample. *Journal of Affective Disorders, 190*, 508–516. https://doi.org/10.1016/j.jad.2015.10.051

Tükel, R., Meteris, H., Koyuncu, A., Tecer, A., & Yazıcı, O. (2006). The clinical impact of mood disorder comorbidity on obsessive-compulsive disorder. *European Archives of Psychiatry and Clinical Neuroscience, 256*(4), 240–245. https://doi.org/10.1007/s00406-006-0632-z

Tundo, A., & Necci, R. (2016). Cognitive-behavioural therapy for obsessive-compulsive disorder co-occurring with psychosis: Systematic review of evidence. *World Journal of Psychiatry, 6*(4), 449. https://doi.org/10.5498/wjp.v6.i4.449

van Oudheusden, L. J. B., van de Schoot, R., Hoogendoorn, A., van Oppen, P., Kaarsemaker, M., Meynen, G., & van Balkom, A. J. L. M. (2020). Classification of comorbidity in obsessive–compulsive disorder: A latent class analysis. *Brain and Behavior, 10*(7), 1–10. https://doi.org/10.1002/brb3.1641

Veale, D., Gledhill, L. J., Christodoulou, P., & Hodsoll, J. (2016). Body dysmorphic disorder in different settings: A systematic review and estimated weighted prevalence. *Body Image, 18*, 168–186. https://doi.org/10.1016/J.BODYIM.2016.07.003

Vigne, P., Simões, B. F. T., de Menezes, G. B., Fortes, P. P., Dias, R. V., Laurito, L. D., Loureiro, C. P., Moreira-de-Oliveira, M. E., Albertella, L., Lee, R. S. C., Stangier, U., & Fontenelle, L. F. (2019). The relationship between obsessive-compulsive disorder and anxiety disorders: A question of diagnostic boundaries or simply severity of symptoms? *Comprehensive Psychiatry, 94*, 152116. https://doi.org/10.1016/j.comppsych.2019.152116

Viswanath, B., Narayanaswamy, J. C., Rajkumar, R. P., Cherian, A. V., Kandavel, T., Math, S. B., & Reddy, Y. C. J. (2012). Impact of depressive and anxiety disorder comorbidity on the clinical expression of obsessive-compulsive disorder. *Comprehensive Psychiatry, 53*(6), 775–782. https://doi.org/10.1016/j.comppsych.2011.10.008

Wilhelm, S., Keuthen, N. J., Deckersbach, T., Engelhard, I. M., Forker, A. E., Baer, L., O'Sullivan, R. L., & Jenike, M. A. (1999). Self-injurious skin picking. *The Journal of Clinical Psychiatry, 60*(7), 454–459. https://doi.org/https://doi.org/10.4088/jcp.v60n0707

Zutshi, A., Reddy, Y. C. J., Thennarasu, K., & Chandrashekhar, C. R. (2006). Comorbidity of anxiety disorders in patients with remitted bipolar disorder. *European Archives of Psychiatry and Clinical Neuroscience, 256*(7), 428–436. https://doi.org/10.1007/S00406-006-0658-2

Capítulo Cinco

Cultura, raza, religión y trastorno obsesivo-compulsivo

Monnica T. Williams[1], Joseph T. La Torre,
M. Myriah MacIntyre, y Karen Martinez

El trastorno obsesivo-compulsivo (TOC) es un trastorno mental grave que presenta obsesiones angustiantes y compulsiones repetitivas. Las obsesiones son pensamientos, imágenes o impulsos intrusivos y no deseados que aumentan la ansiedad, mientras que las compulsiones son comportamientos repetitivos o actos mentales utilizados para disminuir la ansiedad a corto plazo, pero que perpetúan el TOC a largo plazo. El TOC es altamente incapacitante, con casi dos tercios de los afectados que informan deterioro funcional grave (Ruscio et al., 2010). En general, la tasa de prevalencia global de TOC a lo largo de la vida se estima en 1.3 %, que es aproximadamente 102 millones de miembros de la población mundial (Oficina del Censo de los Estados Unidos, 2023). Las mujeres tienen un mayor riesgo de tener TOC que los hombres en todo el mundo, con una tasa de prevalencia que es 1.6 mayor (Fawcett et al., 2020).

Aunque muchos con TOC se preocupan por la limpieza, la simetría, la organización y el perfeccionismo, el TOC es un trastorno complejo que puede manifestarse de varias maneras y contiene dentro de él una gama de diferentes presentaciones de síntomas y dimensiones, incluidos pensamientos inaceptables y reflexiones sobre la moralidad (por ejemplo, Williams et al., 2014). Otros temas de TOC menos comúnmente investigados incluyen el TOC de orientación sexual (SO-OCD), el TOC de temática pedófila (P-OCD) y el TOC de relación (R-OCD; Williams y Wetterneck, 2019). Es importante que se tengan en cuenta las diferencias culturales al realizar investigaciones psicopatológicas, dado que la cultura puede tener efectos

[1] La correspondencia relativa a este artículo debe dirigirse a Karen Martinez de la Universidad de Puerto Rico y ALTOC. E-mail: karen.martinez4@upr.edu

profundos en la manifestación de la psicopatología, particularmente en un trastorno tan multifacético y complejo como el TOC. La cultura se puede definir como el conjunto de actitudes, valores, metas y prácticas compartidas que caracterizan a una institución, grupo o sociedad. Incluye patrones de comportamiento, lenguaje, actitudes y símbolos.

Una faceta importante de la cultura es la tradición religiosa y las creencias espirituales que también pueden dar forma a las presentaciones de TOC (Buchholz et al., 2019). Cuando las obsesiones y las compulsiones están relacionadas a temas específicos de importancia religiosa o moralidad, esto se conoce como TOC de escrupulosidad (Kaviani et al., 2015). Las obsesiones y compulsiones religiosas difieren entre los grupos culturales, ya que las conceptualizaciones de Dios / lo Divino, el castigo, el karma, etc., varían (Leins y Williams, 2018). Por ejemplo, un budista con escrupulosidad puede tener temores obsesivos sobre obtener un mal renacimiento, mientras que una persona musulmana puede tener obsesiones y compulsiones sobre la realización adecuada de la oración (Lam et al., 2010). La tradición religiosa también puede dar forma a temas específicos de pensamientos intrusivos no deseados (UIT, por sus siglas en inglés), como imaginarse incontrolablemente teniendo relaciones sexuales con Jesús para los cristianos o Krishna para los hindúes. Otras obsesiones y compulsiones que caen en algún lugar entre la religión y la cultura pueden incluir temas que giran en torno a la religión popular, como el miedo obsesivo a ser hechizado – o golpear a otros – con el mal de ojo (Spiro, 2005).

El objetivo de la presente revisión es presentar una encuesta de las diversas manifestaciones culturales, raciales y religiosas del TOC en todo el mundo, basada en una revisión exhaustiva de la literatura psicológica. Incluimos un examen de las diferencias encontradas en función de factores como la raza, el origen étnico, la nacionalidad y la religión. En los Estados Unidos y Canadá, el TOC tiende a ser considerado por los laicos como una tendencia peculiar a ser demasiado ordenado, excesivamente limpio y revisar y organizar las cosas de manera simétrica. Las nociones preconcebidas sobre el TOC pueden afectar los perfiles de síntomas de las muestras que buscan tratamiento (Sussman, 2003). Por lo tanto, se presentan los hallazgos de los estudios epidemiológicos siempre que sea posible, seguidos de los hallazgos de grandes estudios nacionales multicéntricos y metanálisis. Cuando tales estudios no están disponibles para una población determinada, los resultados se presentan a partir de estudios de un solo sitio.

TOC en los europeos americanos y las culturas occidentales

Una investigación del TOC en los Estados Unidos realizada por la National Comorbidity Survey Replication (NCS-R; Ruscio et al., 2010), encontraron una amplia gama de síntomas, que se ilustra en la Tabla 1. Se trata de una muestra epidemiológica que fue evaluada para psicopatología mediante entrevista estructurada guiada por computadora. Ruscio y sus colegas utilizaron la Entrevista Diagnóstica Internacional Compuesta de la Organización Mundial de la Salud (CIDI 3.0; Kessler & Üsütun, 2004), que está destinado a ser administrado por personas laicas. Cabe señalar, sin embargo, que las categorías de síntomas utilizadas en el NCS-R no se derivan empíricamente; más bien, representan síntomas comúnmente reportados por individuos diagnosticados con TOC. Estos hallazgos están sujetos a una serie de limitaciones del estudio, incluido un tamaño de muestra pequeño (N = 73), problemas con los procedimientos computarizados de recolección de datos y la falta de una distinción categórica clara entre síntomas obsesivos y compulsivos.

Cuadro 1

Distribución de los síntomas del TOC en el NCS-R

	% de casos de TOC que informan cada síntoma
Comprobación	79.3
Acaparamiento	62.3
Ordenamiento	57.0
Moral	43.0
Sexual/religioso	30.2
Contaminación	25.7
Daño	24.2
Enfermedad	14.3
Otro	19.0

Nota. Los totales superan el 100 % dado que a cada participante se le permitió elegir múltiples obsesiones y compulsiones.

La mayoría de los estudios de dimensiones de los síntomas en muestras estadounidenses utilizan la Yale-Brown Obsessive Compulsive Symptom Checklist (YBOCS-SC), ya que incluye una lista completa de obsesiones y compulsiones que representan la mayoría de los síntomas obsesivos y compulsivos (OC) observados clínicamente en muestras occidentales, aunque actualmente existe una segunda versión (Goodman et al., 1989; Storch et al., 2010). Desde su desarrollo, ha habido varios intentos de establecer un sistema de clasificación empírico que corresponda a los síntomas enumerados en él. Baer (1994) fue el primero en realizar un análisis de componentes principales de las 13 principales categorías de síntomas Y-BOCS-SC. Se identificaron tres factores: Simetría/Acaparamiento, Contaminación/Limpieza y Obsesiones Puras. Las obsesiones puras correspondían a individuos con obsesiones religiosas, agresivas y/o sexuales, para quienes no se identificaron compulsiones. En un metaanálisis de 21 estudios clínicos con 5.124 participantes, Bloch y colegas (2008) encontraron pocas diferencias con respecto a las dimensiones de los síntomas transculturales, especialmente entre las tres cuartas partes de los estudios (76 %) de las naciones occidentales. Aun así, aunque la mayoría de esos estudios encontraron un modelo de cuatro factores, los estudios más recientes que han incluido otros tipos de compulsiones, como las compulsiones mentales y la tranquilidad, tienden a encontrar cinco dimensiones específicas: contaminación / limpieza, acaparamiento, simetría / orden, pensamientos tabú / compulsiones mentales y duda / verificación (Williams et al., 2014). El acaparamiento ya no se considera una dimensión de los síntomas del TOC y desde entonces se ha identificado como un trastorno separado (Eilersten et al., 2017), pero el acaparamiento aún puede presentarse y puede ser un síntoma de TOC. Se encontró que el acaparamiento era altamente comórbido en una muestra de afroamericanos con TOC (Williams, Brown y Sawyer, 2017).

En las culturas occidentales, se cree ampliamente que el TOC es un trastorno mental causado por factores biológicos (Coles & Coleman, 2010), aunque el impacto de la cultura y la religión en la manifestación de los síntomas sugiere una fuerte influencia del medio ambiente en la presentación del trastorno. Las dimensiones relacionadas con el lavado, la verificación y la simetría se reconocen más rápidamente como síntomas de TOC que los síntomas agresivos, religiosos o sexuales. Las obsesiones tabúes están significativamente más estigmatizadas que otras obsesiones, lo que puede llevar a retrasos en el tratamiento u ocultar síntomas debido al aumento de los temores de estigma, culpa y vergüenza (Simonds y Thorpe, 2003). Por lo tanto, es posible que esta presentación de síntomas esté subrepresentada entre la población que busca tratamiento. Por ejemplo, una encuesta sobre la búsqueda de ayuda para el TOC en el Reino Unido encontró que, en comparación con las poblaciones británicas indias y blancas, los africanos negros y los caribeños negros no estaban de acuerdo con la opción de tratamiento (por ejemplo, medicamentos); específicamente, los africanos negros informaron la probabilidad de experimentar la estigmatización como una barrera de tratamiento (Fernández de la Cruz et al., 2015). Al mismo tiempo, es probable que las personas con estos síntomas necesitan más tratamiento debido a los altos niveles de angustia causados por tales pensamientos y compulsiones (Tellawi et al., 2011). Se necesita más trabajo para determinar el impacto de estos problemas en la búsqueda de ayuda.

TOC en afroamericanos y negros del Caribe

Hasta hace poco, no se sabía mucho sobre los afroamericanos con TOC, ya que las poblaciones negras han estado subrepresentadas en muchos tipos de estudios de TOC, incluidos los estudios analíticos de factores incluidos en metanálisis como los descritos anteriormente (Williams et al., 2010). Hatch, Friedman y Paradis (1996) estuvieron entre los primeros en reportar sus observaciones sobre el TOC en afroamericanos en un estudio naturalista de adultos que buscaban tratamiento en una clínica urbana. Los autores notaron que solo el 2 % de los pacientes negros de toda su clientela fueron diagnosticados con TOC. Esto podría atribuirse a la falta de búsqueda de tratamiento en los afroamericanos, que en cambio tendían a obtener ayuda de sus comunidades y redes sociales informales, como los miembros del clero (Williams et al., 2020). También es posible que el TOC pueda ser mal diagnosticado en afroamericanos, especialmente en los casos en que el contenido obsesivo es inusual. Debido al racismo, los afroamericanos son diagnosticados con trastornos psicóticos altamente estigmatizados como la esquizofrenia en comparación con los estadounidenses de origen europeo y tienen más probabilidades de ser hospitalizados, incluso después de controlar la gravedad de la enfermedad y el nivel socioeconómico (Faber et al., en prensa). Por lo tanto, los síntomas inusuales pueden considerarse síntomas de psicosis en lugar de TOC (Ninan y Shelton, 1993). De hecho, es importante que los médicos puedan diferenciar la psicosis del TOC. Algunas experiencias psicóticas que pueden parecerse superficialmente al TOC incluyen el pensamiento mágico, las creencias extrañas o extrañas, así como la fusión pensamiento-acción. Además, las consideraciones culturales deben tenerse en cuenta para evitar la patologización de las creencias o prácticas espirituales.

Nuevos conocimientos sobre la salud afroamericana han sido descubiertos a través de una serie de investigaciones patrocinadas por el Programa de Investigación sobre Afroamericanos. La Encuesta Nacional de la Vida Americana (NSAL, por sus siglas en inglés; Heeringa et al., 2004) es uno de los estudios más profundos sobre trastornos de salud mental en afroamericanos en los Estados Unidos jamás completado. El estudio se basó principalmente en tres muestras de adultos representativas a nivel nacional, incluidos afroamericanos (N = 3,570), caribeños negros (N = 1,623) y blancos no hispanos (N = 1,006). Al examinar el TOC específicamente en este grupo, Himle et al. (2008) encontraron que el 1,6 % cumplía con los criterios diagnósticos para el trastorno. La mayoría de los participantes con TOC también cumplieron con los criterios para al menos otro trastorno psiquiátrico de por vida, con el 93.2 % de los afroamericanos y el 95.6 % de los caribeños negros también experimentando síntomas de trastorno depresivo mayor, trastorno de ansiedad social y trastorno de ansiedad generalizada, entre otras afecciones. Esto no es inesperado dado que los diagnósticos de TOC a menudo se superponen con otros trastornos psicológicos y a menudo son comórbidos.

Williams, Proetto, Casiano y Franklin (2012c) realizaron el estudio más grande de afroamericanos diagnosticados clínicamente con TOC hasta la fecha (N = 75). Al estudiar las características de la muestra, se identificaron seis dimensiones discretas de los síntomas, que incluyeron (1) Contaminación / Lavado, (2) Acumulación, (3) Sexual/Reaseguración, (4) Agresión/Compulsiones Mentales, (5) Simetría/Perfeccionismo, y (6) Duda/Comprobación. Los factores identificados fueron similares a los de estudios previos en muestras principalmente blancas; sin embargo, los afroamericanos con TOC reportaron síntomas de contaminación al doble de la tasa de los estadounidenses de origen europeo y tenían el doble de probabilidades de reportar preocupaciones excesivas sobre los animales. Estos hallazgos se compararon con los datos de síntomas del estudio NSAL, que también observó un aumento de las preocupaciones de contaminación (Williams et al., 2012b).

El estudio encontró diferencias culturales con respecto a la limpieza y las preocupaciones de los animales, lo que es consistente con los hallazgos entre las muestras no clínicas (Williams, Abramowitz y Olatunji, 2012a; Williams y Turkheimer, 2007). Un mayor nivel de obsesiones y compulsiones relacionadas con la limpieza puede ser culturalmente relevante, ya que los afroamericanos históricamente experimentaron la segregación, donde se pensaba que los estadounidenses blancos se contaminarían a través del contacto cercano o compartiendo artículos (*es decir*, fuentes de agua potable, piscinas, etc.). Además, Williams y colegas (2012a) encontraron que los participantes con un nivel socioeconómico más bajo informaron una mayor preocupación por la contaminación, lo que es consistente con la hipótesis de que los ingresos más bajos podrían estar asociados con una mayor exposición a los contaminantes, lo que resulta en mayores preocupaciones de contaminación y comportamientos de limpieza en este grupo.

La investigación del TOC en poblaciones negras se ha centrado predominantemente en los afroamericanos y no en los caribeños negros. Un estudio reciente sirvió como uno de los primeros en examinar los correlatos sociodemográficos en la sintomatología del TOC entre los caribeños negros (Williams et al., 2021). Los investigadores examinaron las obsesiones (daño y contaminación) y las compulsiones (repetir, lavar, ordenar y contar) entre una muestra de 5.191 adultos negros caribeños y afroamericanos y no encontraron diferencias significativas entre estos grupos. El 10,8 % de los caribeños negros experimentaron obsesiones, mientras que el 17,5 % experimentaron compulsiones; uno de cada cincuenta caribeños negros cumplía con los criterios para un diagnóstico de TOC. No obstante, este estudio destacó el impacto de un nivel socioeconómico más bajo y mayores experiencias de discriminación racial en el aumento de las obsesiones por la contaminación y los matices de la expresión y percepción de los síntomas dentro de los grupos culturales caribeños. Por ejemplo, los estadounidenses haitianos experimentaron la menor cantidad de síntomas de TOC en comparación con los estadounidenses jamaiquinos y trinitarios, lo que se sugirió que era potencialmente atribuible a percepciones específicas de esa cultura (por ejemplo, espíritus o magia; Williams et al., 2020).

Además, dos estudios utilizaron datos de la Encuesta Nacional de Vida Americana (NSAL), que encuestó a poblaciones afroamericanas y negras del Caribe en los

Estados Unidos para obtener una mayor comprensión del pronóstico del TOC con respecto a la identidad cultural y étnica. Un estudio que se centró en las dimensiones de los síntomas en la muestra afroamericana de los datos de NSAL encontró que, si bien solo el 1.6 % cumplía con los criterios para un diagnóstico probable de TOC, aproximadamente el 8 % experimentó contaminación y pensamientos inaceptables, y el 8 % también experimentó obsesiones (Williams et al., 2017b). La discriminación racial y el aumento de las obsesiones se asociaron positivamente en dos categorías (contaminación y pensamientos inaceptables) y compulsiones en todas las categorías; otras formas de discriminación (por ejemplo, género, edad, peso) no estaban relacionadas con los síntomas del TOC y, por lo tanto, este estudio presentó el impacto único de la discriminación racial en los síntomas del TOC (Williams et al., 2017b). Del mismo modo, Himle y sus colegas (2017) utilizaron las muestras NSAL afroamericanas y negras del Caribe para examinar el apoyo social con respecto a la prevalencia del TOC. Si bien las interacciones negativas con la familia tuvieron una correlación significativa con la prevalencia del TOC, las interacciones similares con amigos no lo fueron. Por el contrario, la cercanía percibida y la frecuencia de las interacciones con amigos y familiares no se identificaron como factores protectores del TOC. Estos hallazgos sugieren que puede valer la pena examinar más a fondo la dinámica de comunicación dentro de las familias para investigar la presencia y el impacto de la emoción expresada, siendo el estilo de comunicación (por ejemplo, crítica, menosprecio, discusiones) hacia otro miembro de la familia, ya que esto se relaciona con el aumento de los síntomas del TOC (Himle et al., 2017). En general, estos estudios ejemplifican cómo el racismo es un determinante social de la salud y, por lo tanto, un problema de salud pública debido a su impacto psicológico, que se correlacionan con la presentación de los síntomas del TOC (Williams et al., 2017b).

Desconfianza cultural
La desconfianza cultural tiene un impacto significativo en la búsqueda de ayuda para el TOC y la correspondiente falta de atención para las poblaciones negras en toda América del Norte. En un estudio, seis afroamericanos (67 % mujeres) que residían en Virginia fueron entrevistados sobre su participación, o falta de ella, en estudios de investigación. El tema más destacado fue la desconfianza cultural, ya que los participantes estaban preocupados por la confidencialidad, la privacidad (por ejemplo, chismes), la falta de familiaridad con los investigadores del estudio y las repercusiones negativas después de la participación. Específicamente, los

participantes temían la hospitalización involuntaria como resultado de su divulgación de los síntomas del TOC y la posible participación policial posterior a esto. Tal miedo y aprensión es similar a los abusos de investigación bien conocidos contra las comunidades negras (Williams et al., 2013a). Williams y Jahn (2017) sugirieron que el estigma de la salud mental dentro de la comunidad afroamericana y las experiencias de racismo contribuyen a las barreras del tratamiento del TOC, ya que esta población no está segura de si el tratamiento equitativo y culturalmente sensible es accesible. Esto se confunde por los diagnósticos erróneos experimentados debido a la incapacidad de los profesionales de la salud mental para diferenciar con precisión entre las diferencias de síntomas debido a las variaciones culturales en la expresión de los síntomas del TOC. Los autores abogan por la investigación de la identidad étnica, especialmente entre los jóvenes afroamericanos, como un probable factor protector para los resultados del TOC (Williams y Jahn, 2017). Para concluir, una revisión sistemática reciente de la presentación y expresión de los síntomas del TOC en los estadounidenses negros atestiguó los hallazgos anteriores, ya que los temas de desconfianza cultural para el tratamiento del TOC debido a la inequidad en la representación en los ensayos de TOC y la accesibilidad al tratamiento surgieron en la literatura existente, a pesar del hallazgo de tasas de prevalencia de TOC similares a las de los estadounidenses blancos (Wilson & Thayer, 2020).

Aunque limitada, la investigación hasta la fecha ha proporcionado información para las poblaciones afroamericanas y negras del Caribe. Sin embargo, es imperativo tener en cuenta que las poblaciones negras en Canadá aún no han estado suficientemente representadas en esta investigación. Dromer y sus colegas (en prensa) han proporcionado hallazgos preliminares para los canadienses negros y sugieren que experimentar discriminación diaria contribuye al aumento de los síntomas obsesivos compulsivos en general. Además, el estrés basado en la raza predijo síntomas obsesivos compulsivos por encima de la frecuencia de discriminación racial, y el apoyo social se identificó como un factor protector con respecto a esta interacción, lo que es consistente con la literatura discutida a continuación (ver Williams & Jahn, 2017). Como señalaron los autores, si bien este estudio proporciona las primeras ideas sobre la interacción entre la discriminación racial y los síntomas obsesivos compulsivos entre los canadienses negros, aún se necesita una investigación específica para los criterios de diagnóstico del TOC.

TOC en muestras cristianas occidentales

Abramowitz y sus colegas (2004) realizaron un estudio de estudiantes universitarios para comprender mejor la relación entre la religiosidad protestante y una variedad de síntomas del TOC, como lavarse, verificar y la importancia de controlar los pensamientos. Los participantes recibieron cuestionarios de autoinforme para determinar su grado de religiosidad y la prevalencia de los síntomas del TOC. La retroalimentación resultante dividió a los estudiantes en tres grupos de religiosidad variable (ateo / agnóstico, moderadamente religioso y altamente religioso). Los estudiantes que reportaron altos niveles de religiosidad reportaron más síntomas obsesivos que los subgrupos moderadamente religiosos y ateos / agnósticos (Abramowitz et al., 2004). Los participantes altamente religiosos también informaron mayores niveles de ciertas cogniciones, como la importancia de sus pensamientos y la necesidad de controlarlos. Los autores hicieron referencia al Libro de Mateo en la Biblia con respecto al Sermón del Monte, en el que Jesucristo hace la afirmación de que el pensamiento de cometer un acto pecaminoso es igual a haberlo hecho ya. Esto podría ayudar a explicar la importancia que se le da al control del pensamiento para los participantes altamente religiosos. La mala interpretación de tales escrituras también puede sentar las bases para que algunos cristianos con TOC desarrollen la fusión pensamiento-acción (TAF, por sus siglas en inglés), donde las personas creen que ciertas obsesiones significan que son inmorales o que aumentan la probabilidad de eventos catastróficos.

En un estudio similar realizado por Sica y colegas (2002), el objetivo era comprender el papel de la religión en la fenomenología del TOC. Se encuestó a una muestra comunitaria de participantes italianos que se adscribían a la fe católica para determinar el grado de religiosidad y la prevalencia de ciertas cogniciones y obsesiones con el TOC. Aquellos participantes que reportaron un grado alto o medio de religiosidad también reportaron altos niveles de obsesiones, como la importancia del control del pensamiento, en comparación con aquellos con bajos niveles de religiosidad. Los autores citaron preceptos católicos como la igualdad de pensamientos y comportamientos (es decir, TAF), así como la enseñanza católica sobre la pureza y el perfeccionismo como la razón de estos hallazgos. En resumen, los hallazgos indican diferencias con respecto a la importancia del control del pensamiento y la idea de que los pensamientos y las acciones son intercambiables. La investigación sugiere que la terapia cognitivo-conductual cristiana (C-CBT), que es una forma de TCC que incorpora elementos del cristianismo, incluidas las escrituras, las enseñanzas teológicas y el simbolismo, puede ser una forma más efectiva de tratar a los cristianos con psicopatología relacionada con sus creencias religiosas en comparación con la TCC estandarizada y secular (Leins & Williams, 2018; Pearce y Koenig, 2013).

TOC en comunidades judías

La escrupulosidad es una forma de TOC en la que las obsesiones individuales se centran en cuestiones morales o religiosas como el pecado y la retribución divina (Huppert et al. 2007). Los temas comunes que surgen del TOC de escrupulosidad incluyen obsesiones sobre lo correcto / incorrecto, el bien / mal y lo malo / bueno. Las compulsiones pueden incluir confesar inapropiadamente, buscar consuelo y orar excesivamente. Como el judaísmo es una religión orientada en torno a las tradiciones y habitualmente se centra en rituales y leyes que son fundamentales para la vida judía, muchos enfermos judíos de TOC experimentan escrupulosidad y buscarán y confiarán en la ayuda rabínica con sus síntomas (Williams et al., 2020). Huppert y colegas (2007) encontraron que cuando se trata a pacientes judíos que sufren de escrupulosidad, pueden surgir dificultades para distinguir entre rituales religiosos y comportamientos compulsivos. Lo que normalmente es un ritual religioso, si se encuentra en extremo y fuera del contexto religioso, podría ser escrupulosidad en lugar de simplemente aumentar la devoción religiosa. Como tal, se recomienda encarecidamente que los médicos que no están familiarizados con el judaísmo ortodoxo colaboren con el clero durante el proceso de tratamiento (Williams et al., 2017a).

Rosmarin, Pirutinsky y Siev (2010) realizaron un estudio comunitario que examinó las actitudes hacia los síntomas del TOC en judíos ortodoxos y no ortodoxos en los Estados Unidos. Los participantes recibieron descripciones de síntomas de TOC religiosos (escrupulosidad) o no religiosos. Cuando se enfrentaron con los temas religiosos en las descripciones (como la oración excesiva, los cruces repetidos y la observación del cielo hacia Dios), los participantes ortodoxos reconocieron más a menudo la escrupulosidad como TOC y recomendaron tratamiento psicológico que los participantes no ortodoxos. Esto estaba en oposición directa a la hipótesis establecida en el estudio, que era que los judíos ortodoxos, debido al valor que le dan a la adhesión cuidadosa a las leyes religiosas, tendrían menos probabilidades de reconocer la escrupulosidad que los judíos no ortodoxos y menos propensos a recomendar algún tipo de tratamiento. Una razón podría haber sido que los participantes ortodoxos tenían una conciencia más estricta de las prácticas religiosas normales debido a una "adhesión más estricta a la ley religiosa" y, por lo tanto, pudieron identificar la escrupulosidad más fácilmente. Por el contrario, los participantes no ortodoxos pueden haber sido menos propensos a identificar la escrupulosidad como TOC o recomendar una evaluación psicológica debido a que no quieren ofender a otras personas religiosas o "faltar el respeto a los estándares religiosos de buena fe" (Rosmarin et al., 2010). Rosmarin y sus colegas (2019) encontraron que los pacientes judíos ortodoxos que malinterpretan las Escrituras hasta el punto de deterioro clínico pueden encontrar alivio de la TCC que centraliza la distinción entre creencias religiosas saludables y no saludables.

El TOC en las culturas islámicas de Oriente Medio

Varios estudios sobre los componentes culturales del TOC y su expresión de síntomas se han llevado a cabo en países de Oriente Medio donde hay una alta población islámica. Un estudio realizado por Yorulmaz y colegas (2009) encontró que los participantes musulmanes en Turquía, en comparación con los participantes cristianos en Canadá, obtuvieron una puntuación más alta en los síntomas del TOC a pesar de niveles similares de religiosidad en los dos grupos. Sin embargo, los análisis estadísticos revelaron que los participantes musulmanes estaban más preocupados por sus pensamientos y control del pensamiento, así como más preocupados por sus pensamientos intrusivos no deseados. Además, independientemente de la religión, las personas que respaldaron niveles más altos de religiosidad también indicaron mayores preocupaciones sobre sus pensamientos y la importancia de controlarlos, así como un aumento de TAF. Curiosamente, también se encontró que las personas con niveles más altos de religiosidad informaron más obsesiones y síntomas de control en general. Estas diferencias pueden explicarse por el hecho de que el Islam emplea más reglas y rituales en comparación con el cristianismo, como el lavado ritual, la oración y el ayuno rutinario.

En el primer estudio de este tipo originario de Arabia Saudita, Mahgoub y Abdel-Hafeiz (1991) encontraron fuertes temas religiosos en la sintomatología del TOC de una muestra clínica musulmana conservadora. Los síntomas reportados con mayor frecuencia fueron obsesiones con las oraciones y el lavado (50 %), contaminación (41 %) y fe (34 %). Las obsesiones con las oraciones y los lavamientos podrían haber surgido de prácticas religiosas que incluían orar y lavarse sistemáticamente en una práctica llamada Al-woodo, ya que el cuerpo debe estar limpio antes de que se puedan hacer oraciones. Aunque tales prácticas son estrictas, el impulso obsesivo de realizarlas perfectamente refleja la sintomatología obsesivo-compulsiva. Los autores citan la frecuencia de estas acciones y la necesidad de su ejecución adecuada como posiblemente causales de repetir, lavar y verificar compulsiones que se observaron en 50 %, 37 % y 31 %, respectivamente, en la muestra. De hecho, un estudio de Al-Solaim y Loewenthal (2011) encontró que en una muestra de mujeres musulmanas de Arabia Saudita, los síntomas religiosos del TOC a menudo estaban relacionados con Al-woodo.

Un estudio realizado por Okasha y colegas (1994) encontró que el contenido de las obsesiones en una muestra clínica egipcia era de naturaleza religiosa, con un 60 % que informaba obsesiones con temas religiosos. Para explicar esto, los investigadores citaron la tendencia de los participantes a sentir la necesidad de alejar a los espíritus malignos a través de varios rituales religiosos y dichos repetidos. Esto podría explicar la alta frecuencia de obsesiones religiosas, así como la repetición de compulsiones, que fueron reportadas por el 67,7 % de los participantes. La mayoría de los participantes en este estudio fueron calificados en el Y-BOCS como de presentación de síntomas moderados a graves, lo que se dice que indica una tolerancia especialmente alta en pacientes egipcios para la morbilidad psiquiátrica. El estudio también encontró que en la mayoría de los casos el profesional de la salud mental es un último recurso para obtener ayuda, y los participantes buscan ayuda en una red social informal de curanderos nativos, amigos, familiares ancianos y personas religiosas antes que un médico general. Estos mismos tipos de actitudes de búsqueda de ayuda se han observado en la comunidad afroamericana que busca tratamiento (Hatch et al., 1996) y sugieren una preferencia por la asistencia cultural y religiosamente relevante con cuestiones relacionadas con trastornos psicológicos, incluido el TOC. Como tal, los médicos que tratan a personas de color que utilizan enfoques tradicionales para la curación deben tener en cuenta que si los pacientes necesitan elegir entre su sanador tradicional y psicoterapeuta, la mayoría elegirá al sanador (Pouchly, 2012). Por lo tanto, se recomienda que los médicos validen los entendimientos alternativos de los pacientes y colaboren con los curanderos tradicionales en todo momento (Williams et al., 2020).

En un estudio no clínico similar realizado por Yorulmaz e Işık (2011), los resultados fueron los mismos. La mayoría de los participantes que eran de ascendencia turca informaron altos niveles de obsesiones relacionadas con el miedo a la contaminación y la limpieza. La religión dominante en Turquía es el Islam, que los investigadores describieron como "ritualista y basado en reglas", por lo que los participantes estaban sujetos a ciertas creencias específicas sobre la pureza y la limpieza. Los autores, en particular, señalaron un aspecto del Islam conocido como "waswas", que es la duda religiosa, y cómo este concepto podría afectar el contenido de las obsesiones reportadas. Esta discrepancia en cuanto a si el caso es patológico o no, ya que se relaciona con la búsqueda de ayuda, también se identificó en el estudio antes mencionado por Ghassemzadeh y colegas (2002).

Los participantes en el estudio también experimentaron TAF. Esto podría explicarse por la prevalencia de "similitudes superficiales" entre ciertas creencias en el Islam y las características del TOC. En Yorulmaz e Işik (2011), aunque todos los participantes informaron una afiliación islámica, las diferencias encontradas en la presentación de los síntomas aquí son culturalmente significativas porque existen entre los participantes de ascendencia étnica supuestamente equivalente. Los participantes que habían vivido en Turquía desde su nacimiento informaron niveles más altos de expresión de síntomas, particularmente con respecto a la contaminación / limpieza, en comparación con los participantes turcos nacidos en Bulgaria y los remigrantes turcos. Los autores citan la posibilidad de que la rigurosa institución islámica en Turquía sea explicativa de los niveles más altos de sintomatología para aquellos participantes que nacieron y crecieron allí.

Ghassemzadeh y colegas (2002) encontraron que los síntomas más comúnmente reportados en su muestra iraní son dudas obsesivas e indecisión, así como compulsiones de lavado. También hubo marcadas diferencias en los síntomas reportados entre hombres y mujeres, con hombres que informaron pensamientos blasfemos y compulsiones con respecto al orden y las mujeres informaron mayores preocupaciones con la impureza y la contaminación, así como pensamientos obsesivos centrados en la impureza personal y las compulsiones de lavado. Los autores notaron que el 70 % de las mujeres participantes eran amas de casa, lo que podría influir en el contenido de las obsesiones, ya que la limpieza sería parte de las tareas diarias asociadas con las tareas domésticas. Los autores también señalan la fuerte afiliación cultural a la religión en Irán y el simbolismo espiritual de la limpieza y la limpieza como una forma de prepararse para las oraciones diarias.

Al-Solaim y Loewenthal (2011) también encontraron temas religiosos en los síntomas de una muestra de 15 mujeres jóvenes que sufren de TOC en Arabia Saudita. Hubo tendencias en el comportamiento de búsqueda de ayuda, y todos los participantes informaron que primero buscaban ayuda de un líder religioso en la comunidad. Esto fue descrito como un hombre con una larga barba o una mujer que cubre su rostro y fue acompañado con el uso de la retórica religiosa (*por ejemplo*, citando el Corán o las enseñanzas del profeta Mahoma). Esto era preferible, ya que se consideraba que un profesional religioso era menos propenso a manipular o dañar erróneamente a un paciente. Una de las causas del TOC según lo informado por algunos de los participantes fue un "mal de ojo", descrito como causado por una persona que admira una de sus propias posesiones. Los autores también encontraron que los síntomas religiosos se informaron en la muestra como más perturbadores que otros síntomas de TOC y, en algunos casos, fueron la razón para buscar ayuda con el trastorno.

Saleem y Mahmood (2009) encontraron que la compulsión más frecuentemente reportada en una muestra clínica de participantes de Pakistán, un país donde la religión dominante también es el Islam, era el lavado de manos. Esta compulsión fue reportada por el 97 % de los participantes, y el 82 % experimentó miedo a los gérmenes. Esto es, de nuevo, una compulsión relacionada con la limpieza y la pureza. Los investigadores discutieron un aspecto de la cultura islámica llamado "Napak", que es un sentimiento de contaminación que incluye connotaciones religiosas de ser impuro o profano. Dos tercios (67 %) de los participantes en este estudio agregaron Napak al cuestionario como un elemento dentro de la categoría más amplia de contaminación. Cuando un musulmán está en el estado de Napak, no puede participar en rituales religiosos hasta que se haya limpiado sistemáticamente en la ablución.

El énfasis en la limpieza, la pureza y la religión parece ser normativo en las culturas con antecedentes religiosos islámicos. Es importante señalar, sin embargo, que cuando las acciones que rodean tales creencias se cometen en exceso, y las creencias se convierten en obsesiones, pueden convertirse en aspectos culturalmente significativos de la sintomatología del TOC.

TOC en India

Los estudios en la India han informado que las obsesiones típicas del TOC incluyen contaminación, agresión, simetría, duda sexual, religiosa y patológica. Girishchandra y Khanna (2001) encontraron que los síntomas más comúnmente reportados en una muestra clínica de 202 participantes indios eran dudas sobre haber realizado actividades diarias (64.9 %) y preocupaciones de contaminación sobre suciedad y gérmenes (50 %). En una revisión exhaustiva de la literatura india, Reddy y colegas (2005) también observaron que las preocupaciones de contaminación y la duda patológica eran altamente prevalentes. Girishchandra y Khanna (2001) también notaron un número desproporcionado de hombres en su estudio en comparación con las mujeres, en una proporción de más de dos a uno.

Jaisoorya y colegas (2009) encontraron diferencias en su estudio clínico con respecto a la presentación de síntomas entre hombres y mujeres de una muestra india. Los participantes masculinos tenían una tendencia a reportar obsesiones sexuales y de simetría junto con controles y compulsiones extrañas, mientras que los síntomas relacionados con la suciedad, la contaminación y la limpieza fueron reportados con mayor frecuencia por las mujeres, que es un hallazgo similar a las muestras occidentales (Labad et al., 2008). Los autores comentaron que las mujeres estaban más a menudo sometidas a condiciones insucias y, como tales, podrían estar más preocupadas por la contaminación que los hombres. En muestras occidentales, se ha sugerido que la composición biológica y la química cerebral, específicamente un mayor número de receptores de hormonas esteroides en el cerebro femenino, pueden estar causando un dimorfismo sexual (diferencia física), lo que posiblemente podría explicar el mayor nivel de problemas de limpieza y contaminación (Labad et al., 2008). Los autores también mencionaron que las diferencias ambientales podrían mediar las diferencias encontradas, como la socialización de las mujeres para hacer una mayor parte del trabajo doméstico, como la limpieza de la casa.

La mayoría de los participantes en el estudio de Jaisoorya y colegas (2009) eran hombres, un fenómeno también observado en Girishchandra y Khanna (2001). Históricamente, en muestras occidentales, no ha habido diferencia en la búsqueda de ayuda entre hombres y mujeres con TOC (Goodwin et al., 2002; Torres y otros, 2007). En la muestra india, los autores comentaron que esto posiblemente se debía a las diferencias en el estatus social masculino versus femenino y el consiguiente mayor acceso a la atención médica.

En un estudio realizado por Chowdhury y colegas (2003), los autores encontraron una asociación entre un trastorno ligado a la cultura denominado "embarazo de cachorro" y el TOC. Los casos en la India rural de Bengala Occidental describen temores de estar embarazada de un embrión canino después de haber sido mordido, y los síntomas son comparables a los encontrados en el TOC, a pesar del contenido inusual. El embarazo del cachorro incluye miedo a la contaminación interna (del feto del cachorro), discapacidad (impotencia debido al daño a los órganos sexuales internos) y muerte. Un caso informó un síntoma de verificación después de haber observado a un perro lamiendo latas de leche y siendo mordido por el mismo perro. A partir de entonces, el sujeto temía que estuviera siendo perseguido por un perro, y revisaría todas las latas de leche, preocupado de que hubieran sido lamidas por un perro. Los autores también notaron pensamientos obsesivos que involucran miedo a las mordeduras de perro y evitación.

En general, sin embargo, la investigación hasta la fecha ha encontrado pocas diferencias en las dimensiones de los síntomas en la India de las encontradas en los estudios realizados en las sociedades occidentales. Una excepción notable es Bloch y colegas (2008), quienes señalaron en estudios indios, el modelo de cinco factores de síntomas incluía uno descrito como una necesidad de tocar, tocar y frotar, lo que posiblemente podría estar asociado con tradiciones culturales que involucran tocar (*es decir*, tocar los pies de los ancianos como un signo de respeto).

Grover y colegas (2014) encontraron que un tercio de las personas con TOC que buscaban tratamiento en una clínica ambulatoria en la India también buscaban el consejo de los curanderos, y un poco más de la mitad de la muestra atribuyó la génesis de su TOC, al menos en parte, a fenómenos sobrenaturales y espirituales.

TOC en Indonesia

En Bali, que es principalmente hindú, Lemelson (2003) realizó un estudio de 19 pacientes que sufrían de TOC para comprender el grado en que la cultura balinesa afectaba la experiencia de la enfermedad. La obsesión más común era una obsesión por la necesidad de saber, que era literalmente la necesidad de conocer las identidades de los transeúntes. Lemelson también encontró obsesiones en torno a temas de magia, brujería y espíritus, que son todos temas religiosos entrelazados en la cultura balinesa. Estos hallazgos son diferentes de los observados en estudios occidentales donde los síntomas típicos incluyen preocupaciones sobre la contaminación, la moralidad y la duda / verificación (Samuel et al., 2012).

Como advertencia, es importante tener en cuenta que, aparte de en Bali, donde la religión practicada es hindú con énfasis en la magia, la brujería y el culto a los antepasados, la principal afiliación religiosa de Indonesia es el Islam. Por lo tanto, la fenomenología del TOC en otras partes de Indonesia puede ser más similar a los hallazgos en las culturas islámicas.

TOC en muestras latinoamericanas

Hasta la fecha, se han realizado pocos estudios que aborden el TOC con respecto a las poblaciones latinoamericanas. Los estudios que han comparado las tasas de prevalencia de TOC entre las poblaciones latinoamericanas y europeas americanas en los Estados Unidos han arrojado hallazgos inconsistentes. Por ejemplo, un estudio no demostró diferencias significativas en las tasas de prevalencia entre los estadounidenses blancos no hispanos y los mexicanos (Karno et al., 1989), mientras que otro encontró diferencias significativas entre los estadounidenses de origen europeo y los puertorriqueños (Weissman et al., 1994).

Aunque ha habido pocos estudios de dimensiones de los síntomas en latinoamericanos, un estudio notó mayores preocupaciones de contaminación en una muestra no clínica (Williams et al., 2008). En un estudio clínico realizado en Costa Rica, los participantes informaron niveles más bajos de gravedad de los síntomas, incluidos niveles más bajos de deterioro funcional y menores cantidades de angustia percibida, en comparación con sus contrapartes estadounidenses en el mismo estudio (Chavira et al., 2008). El estudio citó una serie de razones culturalmente relevantes para las diferencias, incluida una posible falta de factores de estrés psicosocial en la muestra costarricense, ya que los participantes provenían de una región principalmente agraria del país. Además, se encontró que los niveles más bajos de estrés percibido posiblemente reflejan la capacidad de los participantes para "acomodar" sus síntomas. Por ejemplo, un participante informó que evitaba conducir debido al temor de dañar a otros, y esto se evitó fácilmente debido a que podía caminar y recibir ayuda de la familia en la sociedad costarricense (Chavira, et al., 2008).

Un estudio realizado en una muestra clínica en Río de Janeiro describió diferencias con respecto al contenido de las obsesiones, ya que las obsesiones más comúnmente reportadas incluyeron el tema de la agresión (69,7 %), seguido de la contaminación (53,5 %) (Fontenelle et al., 2004). Esto es importante porque en muchas otras culturas los problemas de contaminación parecen eclipsar a otros en el espectro con respecto a la manifestación de los síntomas del TOC (es decir, Matsunaga et al., 2008). Los autores discutieron las posibles razones de los hallazgos de su estudio, citando las crecientes tasas de mortalidad y morbilidad resultantes de causas violentas y señalando que la población probablemente ha priorizado evitar la violencia. Es importante señalar, sin embargo, que este estudio es de un solo sitio y refleja el entorno y, en el caso de Brasil, la cultura metropolitana de los participantes.

En un estudio clínico realizado en México por Nicolini y colegas (1997), las obsesiones por la contaminación fueron reportadas por el 58 % de la muestra clínica, por lo que es la más común. Las obsesiones sexuales y agresivas siguieron, con un 31 % y un 13 %, respectivamente. La proporción de hombres a mujeres en el estudio fue desigual, con solo aproximadamente el 37 % de la muestra siendo hombres. Los autores, citando un estudio anterior, consideraron un fenómeno cultural en el que los hombres mexicanos tienen la tendencia a negar tener una enfermedad mental. Una obsesión interesante pero marginalmente reportada fue una relacionada con el "atesoramiento", reportada por el 3 % de la muestra. El atesoramiento se describe como guardar cosas (es decir, el cabello de un cepillo para el cabello), y puede entenderse que es similar al acaparamiento. Para una revisión exhaustiva del TOC en poblaciones hispanas, véase Wetterneck et al. (2012).

TOC en Asia Oriental

Matsunaga y colegas (2008) notaron que la obsesión más común en una muestra clínica japonesa era el miedo a la contaminación (48 %), seguido de las obsesiones con la simetría o exactitud (42 %) y la agresión (36 %). Los síntomas compulsivos más comunes reportados fueron revisar y lavar con un 47 %, seguido de repetir rituales con un 31 %. El enfoque de los autores fue más psicobiológico que cultural, y los autores describieron la "estabilidad transcultural" en la presentación de los síntomas del TOC. Sin embargo, los investigadores solo compararon sus resultados con estudios occidentales en lugar de resultados de otras culturas.

En el primer estudio de este tipo de Taiwán, Juang y Liu (2001) encontraron que las obsesiones más comúnmente reportadas en un grupo de 200 participantes taiwaneses ambulatorios eran temores de contaminación, duda patológica y necesidad de simetría, con 37 %, 34 % y 19 %, respectivamente. Las compulsiones más comúnmente reportadas consistieron en verificación, lavado y orden/precisión.

Kim, Lee y Kim (2005) determinaron las dimensiones de los síntomas, basándose en un análisis factorial de la lista de verificación Y-BOCS-SC en un estudio genético clínico de coreanos con TOC. El estudio describió los factores como acaparamiento / repetición, contaminación / limpieza, agresivo / sexual y religioso / somático. Las dos últimas dimensiones fueron descritas como "puramente obsesivas" debido a la falta de compulsiones correspondientes identificadas. La mayoría de los estudios occidentales agrupan estos dos en un solo componente denominado pensamientos inaceptables / tabú (Bloch et al, 2008). El estudio también agrupó la obsesión por acumular compulsiones junto con repetir y contar compulsiones, una combinación que no se ve en la mayoría de las muestras occidentales. Además, a diferencia de las muestras occidentales de Bloch et al. (2008), la muestra coreana no incluyó en ninguna dimensión una obsesión por la simetría, lo que también está en desacuerdo con otros estudios originarios de Asia que han demostrado que las obsesiones por la simetría se encuentran entre las más reportadas (Matsunaga et al., 2008; Li et al. 2009).

En el primer estudio de este tipo originado en China continental, Li y sus colegas (2009) evaluaron a 139 pacientes con TOC. El estudio buscó determinar si las cinco dimensiones de los síntomas documentadas en estudios anteriores (pensamientos inaceptables / tabú, simetría / orden, contaminación / limpieza y acaparamiento) eran aplicables en esta cultura en particular. Los síntomas más comunes reportados fueron obsesiones con la simetría y la contaminación con 67,6 % y 43,2 %, respectivamente, seguidos de agresión con 31,7 %. Los autores citaron una propensión cultural hacia relaciones interpersonales armoniosas debido a la presencia del confucianismo y sus preceptos en China como una posible explicación para menos informes de agresión en comparación con otras culturas. También notaron una proporción desproporcionada de hombres y mujeres en la demografía del estudio (casi 2: 1). No estaba claro si esto podría haber sido mediado por normas culturales con respecto al comportamiento de búsqueda de ayuda en las mujeres, ya que los autores señalaron que los hombres de la muestra parecían más dispuestos a participar que sus contrapartes femeninas. Esta misma tendencia se ha observado también en varias muestras indias (Jaisoorya et al., 2009; Girishchandra y Khanna, 2001).

En culturas orientales como China y Japón hay un énfasis cultural en la conformidad, el colectivismo y la armonía (Li et al., 2009). Un énfasis en la simetría puede reflejar estos principios hasta cierto punto, y las normas culturales que involucran la conformidad se inculcan desde una edad temprana en algunas culturas asiáticas. No obstante, hay algunas diferencias importantes en los síntomas entre los pueblos chino y japonés con TOC, según lo informado por Liu, Cui y Fang (2008). Después de estudiar dos grupos de pacientes hospitalizados con TOC, los autores concluyeron que las obsesiones agresivas y de contaminación eran más comunes en los japoneses que en los pacientes chinos con TOC, mientras que las obsesiones religiosas y de simetría / exactitud son más comunes entre los pacientes chinos. Del mismo modo, los pacientes japoneses con TOC tenían más probabilidades de tener compulsiones de limpieza / lavado y ordenar / organizar, mientras que las contrapartes chinas tenían más probabilidades de tener compulsiones de control. Tal vez estas diferencias reflejen el mayor énfasis en la simetría en la cultura china que en la cultura japonesa (Kim et al., 2005; Li et al., 2009).

Discusión

A través de esta revisión, se han descrito diferencias en la sintomatología del TOC que parecen estar asociadas con la cultura. El contenido obsesivo a menudo se deriva de lo que es culturalmente relevante, lo que resulta en un profundo efecto en la sintomatología que debe considerarse.

Diferencias religiosas

En muestras cristianas, los síntomas reportados con mayor frecuencia fueron obsesiones con la contaminación y control del pensamiento. También hubo un énfasis en el perfeccionismo en el subgrupo católico. Como se discutió anteriormente, la presencia de rituales religiosos en la sintomatología del TOC es generalmente una manifestación de ese ritual en exceso de las normas culturales. En el subgrupo judío, el contenido de las obsesiones también era de naturaleza religiosa (Huppert et al., 2007), e involucraba temas de moralidad y retribución divina. Hubo diferencias en el reconocimiento de los síntomas y, por lo tanto, en los comportamientos de búsqueda de ayuda entre los judíos ultraortodoxos y sus contrapartes menos observadoras. En las culturas de Oriente Medio, vemos una alta afiliación islámica y dimensiones de síntomas que reflejan obsesiones centradas en la pureza y temas religiosos (Abramowitz et al., 2004; Mahintorabi et al., 2015). La obsesión con la limpieza física en la sintomatología de las culturas altamente religiosas podría ser una manifestación del énfasis en la pureza espiritual dentro de la sociedad. El TOC en los países del sudeste también tiende a reflejar creencias religiosas, así como valores familiares y sociales (por ejemplo, besar los pies de ancianos respetados) que son una parte integral de la cultura. Jaisoorya y colegas (2009) citaron un posible vínculo entre el hinduismo, la religión dominante en la India, y la prevalencia de obsesiones con la limpieza y la contaminación encontrada en muchos otros estudios (Girishchandra & Khanna, 2011; Reddy y otros, 2005).

Diferencias regionales

Los estudios occidentales han mostrado dimensiones de los síntomas que generalmente se centran en un modelo de cuatro factores, con énfasis en la contaminación / limpieza, simetría / orden, pensamientos tabú / compulsiones mentales y duda / verificación (Williams, Mugno et al., 2013). En los grupos hispanos y latinoamericanos, los temas de contaminación y agresión fueron prominentes. Las muestras indias enfatizaron temas relacionados con la contaminación y la duda patológica, así como las diferencias en las dimensiones de los síntomas informadas por hombres y mujeres. En los grupos de Asia oriental, hubo una mayor preocupación por la contaminación y la simetría. Se observaron diferencias culturales entre Japón y China, con China reportando mayores necesidades de simetría, y Japón reportando mayores obsesiones con la contaminación y la agresión (Li et al., 2009). En general, parece haber elementos temáticos que se agrupan en ciertas regiones y grupos religiosos de todo el mundo.

Similitudes en los síntomas

La mayoría de los estudios presentados aquí exhiben algún tipo de similitud intercultural además de las diferencias observadas. Casi todos los estudios presentados y las culturas circundantes incluyen los temores de contaminación como una dimensión primaria (Mahintorabi et al., 2015; Nicolini y otros, 1997; Reddy y otros, 2005). El miedo a la contaminación se manifiesta como compulsiones de lavarse las manos, prevalentes en muchas culturas (Jaisoorya et al., 2009; Kim y otros, 2005; Mahintorabi et al., 2015). Cada uno de los 21 estudios incluidos en el metanálisis realizado por Bloch et al. (2008) contenía un factor sintomático que incluía compulsiones y obsesiones de acaparamiento, aunque el acaparamiento no se enfatizó en ningún estudio transcultural. Cada uno de estos síntomas también se encontró en el NCS-R; por lo tanto, no es sorprendente que algunos autores citen una "estabilidad transcultural" en la sintomatología del trastorno (Matsunaga et al., 2008). Matsunaga y sus colegas sugieren la biología como un factor determinante en la expresión de síntomas específicos del TOC y destacan las similitudes entre culturas. La presencia de dimensiones de síntomas como los temores de contaminación y el acaparamiento que son características sobresalientes en múltiples contextos culturales apoya esta hipótesis. Además, Kim y colegas (2005) encontraron diferencias entre los dos grupos genotípicos con respecto a las obsesiones religiosas

/ somáticas, que proporcionan evidencia adicional de una base biológica para las dimensiones de los síntomas.

Limitaciones de la revisión

Cabe señalar que los hallazgos en este documento están limitados por la literatura disponible. En algunos casos, los estudios presentados son estudios de un solo sitio y de tamaño de muestra limitado. Además, muchos de los estudios presentados son limitados en función del uso del Y-BOCS-SC para determinar las dimensiones de los síntomas. Los ítems individuales que componen la medida fueron seleccionados en base a observaciones clínicas en culturas occidentales. Además, *la estructura a priori* de la medida Y-BOCS-SC hace que se base en categorías fijas de síntomas en lugar de síntomas individuales tal como se presentan. Por lo tanto, el Y-BOCS-SC podría restringir potencialmente el reconocimiento de las diferencias interculturales en la sintomatología.

Direcciones futuras

La importancia del contexto cultural en el diagnóstico y tratamiento del TOC es innegable. La literatura existente limitada ha restringido este estudio hasta cierto punto, y se necesita más investigación para determinar hasta qué punto la cultura y las creencias pueden magnificar, disminuir o cambiar la presentación de los síntomas y la experiencia del TOC para los diagnosticados. También hay una escasez de investigación en ciertas regiones y culturas que deben abordarse. Por ejemplo, y desafortunadamente, la gran mayoría de la investigación sobre el TOC en África se ha llevado a cabo en la población colonizadora sudafricana afrikáner (blanca) y, por lo tanto, carece de diversidad etnoracial y regional. Destacamos esto como una brecha importante que debe abordarse en el mundo del TOC en el futuro. Un artículo publicado por Ovuga (2001) sugiere que la fenomenología del TOC en las poblaciones africanas negras es similar a otras poblaciones y que los síntomas pueden centrarse en una serie de presentaciones que incluyen contaminación, obsesiones de daño, así como presentar una variedad de comportamientos compulsivos. Sin embargo, es necesario llevar a cabo más investigaciones etnoculturales específicas en África entre los africanos negros en lugar de las poblaciones blancas que viven en Sudáfrica. Los temas que se estudiarán incluyen las tasas de prevalencia de TOC en diferentes grupos en África, la gravedad de los síntomas y las diversas formas de presentación, las puntuaciones de corte en los instrumentos clínicos y psicométricos,

148

las tasas de eficacia del tratamiento y más. Vale la pena señalar que esta puede ser el área más descuidada de la investigación del TOC hoy en día y que las búsquedas en múltiples bases de datos internacionales grandes producen resultados relevantes mínimos. Las implicaciones aquí son importantes para el diagnóstico y el desarrollo de tratamientos empíricamente apoyados para individuos de diferentes orígenes culturales, así como para determinar la aplicabilidad de la literatura contemporánea a diversos grupos culturales.

Referencias

Abramowitz, J. S., Deacon, B. J., Woods, C. M., & Tolin, D. F. (2004). Association between protestant religiosity and obsessive-compulsive symptoms and cognitions. *Depression and Anxiety, 20*(2), 70-76. https://doi.org/10.1002/da.20021

Al-Solaim, L., & Loewenthal, K. (2011). Religion and obsessive-compulsive disorder (OCD) among young Muslim women in Saudi Arabia. *Mental Health, Religion & Culture, 14*, 169–182. https://doi.org/10.1080/13674676.2010.544868

Baer, L. (1994). Factor analysis of symptom subtypes of obsessive compulsive disorder and their relation to personality and tic disorders. *The Journal of Clinical Psychiatry, 55* (3, Suppl), 18-23.

Bloch, M.H., Landeros-Weisenberger, A., Rosario, M.C., Pittenge, C., & Leckman, J.F. (2008). Meta-analysis of the symptom structure of obsessive-compulsive disorder. *American Journal of Psychiatry, 165*, 1532–1542. https://doi.org/10.1176/appi.ajp.2008.08020320

Buchholz, J. L., Abramowitz, J. S., Riemann, B. C., Reuman, L., Blakely, S. M., Leonard, R. C., & Thompson, K. A. (2019). Scrupulosity, religious affiliation and symptom presentation in obsessive compulsive disorder. *Behavioural and Cognitive Psychotherapy, 47*, 478-492. https://doi.org/10.1017/S1352465818000711

Chavira, D. A., Garrido, H., Bagnarello, M., Azzam, A., Reus, V. I., & Mathews, C. A. (2008). A comparative study of obsessive-compulsive disorder in Costa Rica and the United States. *Depression and Anxiety, 25*(7), 609-619.https://doi.org/10.1002/da.20357

Chowdhury, A. N., Mukherjee, H., Ghosh, K. K., & Chowdhury, S. (2003). Puppy pregnancy in humans: A culture-bound disorder in rural West Bengal, India. *International Journal of Social Psychiatry, 49*(1), 35–42. https://doi.org/10.1177/0020764003049001536

Coles, M. E. & Coleman, S.L. (2010). Barriers to treatment seeking for anxiety disorders: Initial data on the role of mental health literacy. *Depression and Anxiety, 27*, 63–71. https://doi.org/10.1002/da.20620

Dromer, E., Jacob, G, Williams, M. T., Kogan, C. S., & Cénat, J. M. (in press). Obsessive-compulsive symptoms and related risk and protective factors in Black individuals in Canada.

Eilertsen, T., Hansen, B., Kvale, G., Abramowitz, J. S., Holm, S. E., & Solem, S. (2017). The dimensional obsessive-compulsive scale: Development and validation of a short form (docs-SF). *Frontiers in Psychology, 8*. google.com https://doi.org/10.3389/fpsyg.2017.01503

Faber, S., Khanna Roy, A., Michaels, T. I., & Williams, M. T. (2023). The weaponization of medicine: Early psychosis in the Black community and the need for racially informed mental health care. *Frontiers in Psychiatry, 14.* https://doi.org/10.3389/fpsyt.2023.1098292

Fawcett, E. J., Power, H., & Fawcett, J. M. (2020). Women are at greater risk of OCD than men. *The Journal of Clinical Psychiatry, 81*(4). https://doi.org/10.4088/jcp.19r13085

Fernández de la Cruz, L., Kolvenbach, S., Vidal-Ribas, P., Jassi, A., Llorens, M., Patel, N., Weinman, J., Hatch, S. L., Bhugra, D., & Mataix-Cols, D. (2015). Illness perception, help-seeking attitudes, and knowledge related to obsessive–compulsive disorder across different ethnic groups: A community survey. *Social Psychiatry and Psychiatric Epidemiology, 51*(3), 455–464. https://doi.org/10.1007/s00127-015-1144-9

Fontenelle, L. F., Mendlowicz, M. V., Marques, C., & Versiani, M. (2004). Trans-cultural aspects of obsessive-compulsive disorder: A description of a Brazilian sample and a systematic review of international clinical studies. *Journal of Psychiatric Research*, 38(4), 403-411. doi:10.1016/j.jpsychires.2003.12.004

Ghassemzadeh, H., Moitabia, R., Khamseh, A., Ebrahimkhani, N., Issazadegan, A. -A., & Saif-Nobakht, Z. (2002). Symptoms of obsessive-compulsive disorder in a sample of Iranian patients. *Int J Soc Psychiatry, 48*(1), 20-28. https://doi.org/10.1177/002076402128783055

Goodman, W. K., Price, L. H., Rasmussen, S. A., Mazure, C., Fleischmann, R. L., Hill, C.L., Heninger, G. R., & Charney, D. S. (1989). The Yale-Brown Obsessive Compulsive Scale. I. Development, use, and reliability. *Archives of general psychiatry, 46*(11), 1006-1011. https://doi.org/10.1001/archpsyc.1989.01810110048007

Girishchandra, B.G., & Khanna, S. (2001). Phenomenology of obsessive-compulsive disorder: A factor analytic approach. *Indian Journal of Psychiatry, 43*(4), 306-316.

Goodwin, R., Koenen, K. C., Hellman, F., Guardino, M., & Struening, E. (2002). Helpseeking and access to mental health treatment for obsessive-compulsive disorder. *Acta Psychiatrica Scandinavica, 106*(2), 143–149. https://doi.org/10.1034/j.1600-0447.2002.01221.x

Grover, S., Patra, B. N., Aggarwal, M., Avasthi, A., Chakrabarti, S., & Malhotra, S. (2014). Relationship of supernatural beliefs and first treatment contact in patients with obsessive compulsive disorder: An exploratory study from India. *International Journal of Social Psychiatry, 60*, 818–827. https://doi.org/10.1177/0020764014527266

Hatch, M. L., Friedman, S., & Paradis, C. M. (1996). Behavioral treatment of obsessive-compulsive disorder in African Americans. *Cognitive and Behavioral Practice, 3*(2), 303-315. https://doi.org/10.1016/S1077-7229(96)80020-4

Heeringa, S. G., Wagner, J., Torres, M., Duan, N., Adams, T., & Berglund, P. (2004). Sample designs and sampling methods for the collaborative Psychiatric Epidemiology Studies (CPES). *International Journal of Methods in Psychiatric Research, 13*(4), 221–240. https://doi.org/10.1002/mpr.179

Himle, J. A., Muroff, J. R., Taylor, R. J., Baser, R. E., Abelson, J. M., Hanna, G. L., Jackson, J.S. (2008). Obsessive-compulsive disorder among African Americans and blacks of Caribbean descent: Results from the national survey of American life. *Depression and Anxiety, 25,* 993–1005. https://doi.org/10.1002/da.20434

Himle, J. A., Taylor, R. J., Nguyen, A. W., Williams, M. T., Lincoln, K. D., Taylor, H. O., & Chatters, L. M. (2017). Family and friendship networks and obsessive-compulsive disorder among African Americans and Black Caribbeans. *The Behavior therapist, 40*(3), 99–105.

Huppert, J. D., Siev, J., & Kushner, E. S. (2007). When religion and obsessive–compulsive disorder collide: Treating scrupulosity in ultra-orthodox Jews. *Journal of Clinical Psychology, 63*(10), 925–941. https://doi.org/10.1002/jclp.20404

Jaisoorya, T. S., Reddy, Y., Srinath, S. S., & Thennarasu, K. K. (2009). Sex differences in Indian patients with obsessive-compulsive disorder. *Comprehensive Psychiatry, 50*(1), 70-75. https://doi.org/10.1016/j.comppsych.2008.05.003

Juang, Y.-Y., & Liu, C.-Y. (2001). Phenomenology of obsessive-compulsive disorder in Taiwan. *Psychiatry and Clinical Neurosciences, 55*(6), 623–627. https://doi.org/10.1046/j.1440-1819.2001.00915.x

Karno, M., Golding, J. M., Burnam, M. A., Hough, R. L., Escobar, J. I., Wells, K. M., & Boyer, R. (1989). Anxiety disorders among Mexican Americans and non-Hispanic whites in Los Angeles. *The Journal of Nervous and Mental Disease, 177*(4), 202-209. https://doi.org/10.1097/00005053-198904000-00003

Kaviani, S., Eskandari, H., & Ebrahimi, G.S. (2015). The relationship between scrupulosity, obsessive-compulsive disorder and its related cognitive styles. *Practice in Clinical Psychology, 3(1),* 47-60.

Kessler, R. C., & Üsütun, T. B. (2004). The World Mental Health (WMH) Survey initiative version of the World Health Organization (WHO) Composite International Diagnostic Interview (CIDI). *International Journal of Methods in Psychiatric Research, 13,* 93-121. https://doi.org/doi:10.1002/mpr.168

Kim, S. J., Lee, H. S., & Kim, C. H. (2005). Obsessive-compulsive disorder, factor analyzed symptom dimensions and serotonin transporter polymorphism. *Neuropsychobiology, 52,* 176–182. https://doi.org/10.1159/000088860

Labad, J., Mencho, J., Alonso, P., Segalas, C., Jimenez, S., Jaurrieta, N., & Vallejo, J. (2008). Gender differences in obsessive-compulsive symptom dimensions. *Depression and Anxiety, 25*(10), 832-838. https://doi.org/10.1002/da.20332

Lam, C. S., Tsang, H. W. H., Corrigan, P. W., Lee, Y. T., Angell, B., Shi, K., Jin, S., & Larson, J. E. (2010). Chinese lay theory and mental illness stigma: Implications for research and practices. *Journal of Rehabilitation, 76*, 35-40.

Leins, C., & Williams, M. T. (2018). Using the Bible to facilitate treatment of religious obsessions in obsessive-compulsive disorder. *Journal of Psychology and Christianity, 37*, 112-124.

Lemelson, R. (2003). Obsessive-compulsive disorder in Bali: The cultural shaping of a neuropsychiatric disorder. *Transcultural Psychiatry, 40*(3), 377-408. https://doi.org/10.1177/13634615030403004

Li, Y., Marques, L., Hinton, D.E., Wang, Y., & Xiao, Z. (2009). Symptom dimensions in Chinese patients with obsessive-compulsive disorder. *CNS Neuroscience and Therapeutics, 15*(3), 276-282. https://doi.org/10.1111/j.1755-5949.2009.00099.x

Liu, J., Cui, Y., & Fang, M. (2008). Trans-cultural comparative research on symptoms of neuroses in China and Japan. *Chinese Mental Health Journal, 22*(1), 1–4.

Mahgoub, O. M., & Abdel-Hafeiz, H. B. (1991). Pattern of obsessive-compulsive disorder in eastern Saudi Arabia. *British Journal of Psychiatry, 158*(6), 840–842. https://doi.org/10.1192/bjp.158.6.840

Mahintorabi, S., Jones, M. K., Harris, L. M., & Zahiroddin, A. (2015). Religious observance and obsessive compulsive washing among Iranian women. *Journal of Obsessive-Compulsive and Related Disorders, 7*, 35–42. https://doi.org/10.1016/j.jocrd.2015.10.001

Matsunaga, H., Maebayashi, K., Hayashida, K., Okino, K., Matsui, T., Iketani, T., Kiriike, N., & Stein, D. J. (2008). Symptom structure in Japanese patients with obsessive-compulsive disorder. *American Journal of Psychiatry, 165*(2), 251–253. https://doi.org/10.1176/appi.ajp.2007.07020340

Nicolini, H., Benilde, O., Giuffra, L., Paez, F., Mejia, J., Sanchez de Carmona, M., Sidenberg, D., & Ramon de la Fuente, J. (1997). Age of onset, gender and severity in obsessive-compulsive disorder: A study on a Mexican population. *Salud Mental, 20*(3), 1-4.

Ninan, P. T. & Shelton, S. (1993). Managing psychotic symptoms when the diagnosis is unclear. *Hospital Community Psychiatry, 44*(2), 107–8.

Okasha, A., Saad, A., Khalil, A. H., El Dawla, A. S., & Yehia, N. (1994). Phenomenology of obsessive-compulsive disorder: A transcultural study. *Comprehensive Psychiatry, 35*(3), 191–197. https://doi.org/10.1016/0010-440x(94)90191-0

Ovuga, E. (2001). Obsessive-compulsive disorder: Report of six cases. *East African Medical Journal 78(5)* 269-271. https://doi.org/10.4314/eamj.v78i5.9053

Pearce, M. & Koenig, H. G. (2013). Cognitive behavioural therapy for the treatment of depression in Christian patients with medical illness. *Mental Health, Religion & Culture, 16*(7), 730–740.

https://doi.org/10.1080/13674676.2012.718752

Pouchly, C. A. (2012). A narrative review: Arguments for a collaborative approach in mental health between traditional healers and clinicians regarding spiritual beliefs. *Mental Health, Religion & Culture, 15*(1), 65–85. https://doi.org/10.1080/13674676.2011.553716

Reddy, Y. C., Janardhan, Jaideep, T., Khanna, S, & Srinath, S. (2005). Obsessive-Compulsive Disorder Research in India: A Review. In *Obsessive compulsive disorder research*. (pp. 93-120). ix, 284 pp. Ling, B. E [Ed]. Hauppauge, NY, US: Nova Biomedical Books; US.

Rosmarin, D.H., Bocanegra, E. S., Hoffnung, G., & Appel, M. (2019). Effectiveness of cognitive behavioral therapy for anxiety and depression among orthodox jews. *Cognitive and Behavioral Practice, 26*(4), 676–687. https://doi.org/10.1016/j.cbpra.2019.07.005

Rosmarin, D. H., Pirutinsky, S., & Siev, J. (2010). Recognition of scrupulosity and non-religious OCD by Orthodox and non-Orthodox Jews. *Journal of Social and Clinical Psychology, 29*(8), 930-944. https://doi.org/10.1521/jscp.2010.29.8.930

Ruscio, A. M., Stein, D. J., Chiu, W. T., & Kessler, R. C. (2010). The epidemiology of obsessive-compulsive disorder in the National Comorbidity Survey Replication. *Molecular Psychiatry, 15*(1), 53–63. https://doi.org/10.1038/mp.2008.94

Saleem, S., & Mahmood, Z. (2009). OCD in a cultural context: A phenomenological approach. *Pakistan Journal of Psychological Research, 24*(1-2), 27-42.

Samuel, D. B., Riddell, A. D., Lynam, D. R., Miller, J. D., & Widiger, T. A. (2012). A five-factor measure of obsessive–compulsive personality traits. *Journal of Personality Assessment, 94*(5), 456–465. https://doi.org/10.1080/00223891.2012.677885

Sica, C., Novara, C., & Sanavio, E. (2002). Religiousness and obsessive-compulsive cognitions and symptoms in an Italian population. *Behaviour Research and Therapy, 40*(7), 813-823. https://doi.org/10.1016/S0005-7967(01)00120-6

Simonds, L.M., & Thorpe, S.J. (2003). Attitudes toward obsessive-compulsive disorders: An experimental investigation. *Soc Psychiatry Psychiatr Epidemiol, 38(6)*, 331–336. https://doi.org/10.1007/s00127-003-0637-0

Spiro, A. M. (2005). Najar or Bhut-Evil eye or ghost affliction: Gujarati views about illness causation. *Anthropology & Medicine, 12*, 61-73. https://doi.org/10.1080/13648470500049867

Storch, E. A., Rasmussen, S. A., Price, L. H., Larson, M. J., Murphy, T. K., & Goodman, W. K. (2010). Development and psychometric evaluation of the Yale–Brown Obsessive-Compulsive Scale—Second Edition. *Psychological Assessment, 22*(2), 223–232. https://doi.org/10.1037/a0018492

Sussman, N. (2003). Obsessive-compulsive disorder: A commonly missed diagnosis in *primary care. Primary Psychiatry, 10*(12), 14.

Tellawi, G., Williams, M.T., & Wetterneck, C.T. (2011, July). *Distress related to sexual orientation obsessions in OCD.* International OCD Foundation Annual Conference, San Diego, CA.

Torres, A. R., Prince, M. J., Bebbington, P. E., Bhugra, D. K., Brugha, T. S., Farrell, M., Jenkins, R., Lewis, G., Meltzer, H., & Singleton, N. (2007). Treatment seeking by individuals with obsessive-compulsive disorder from the British psychiatric morbidity survey of 2000. *Psychiatric Services, 58*(7), 977–982. https://doi.org/10.1176/ps.2007.58.7.977

U.S. Census Bureau. (2023). Population Clock. Retrieved from https://www.census.gov/popclock/world

Weissman, M. M., Bland, R. C., Canino, G. J., Greenwald, S., Hwu, H. G., Lee, C. K., Newman, S. C., Oakley-Browne, M. A., Rubio-Stipec, M., & Wickramaratne, P. J. (1994). The cross national epidemiology of obsessive compulsive disorder: The Cross National Collaborative Group. *Journal of Clinical Psychiatry, 55*(3 Suppl.), 5–10.

Wetterneck, C., Little, T., Rinehart, K., Cervantes, M. E., Hyde, E., Williams, M. T. (2012). Latinos with obsessive-compulsive disorder: Mental healthcare utilization and inclusion in clinical trials. *Journal of Obsessive-Compulsive & Related Disorders, 1*(2), 85-97.

Williams, M. T., Abramowitz, J. S., & Olatunji, B. O. (2012a).The relationship between contamination cognitions, anxiety, and disgust in two ethnic groups. *Journal of Behavior Therapy and Experimental Psychiatry, 43*, 632-637. https://doi.org/doi: 10.1016/j.jbtep.2011.09.003

Williams, M. T., Beckmann-Mendez, D. A., & Turkheimer, E. (2013a). Cultural barriers to African American participation in anxiety disorders research. *Journal of the National Medical Association, 105*(1), 33–41. https://doi.org/10.1016/s0027-9684(15)30083-3

Williams, M.T., Elstein, J., Buckner, E., Abelson, J., Himle, J. (2012b). Symptom dimensions in two samples of African Americans with obsessive-compulsive disorder. *Journal of Obsessive-Compulsive & Related Disorders, 1*(3), 145–152. https://doi.org/10.1016/j.jocrd.2012.03.004. doi: 10.1016/j.jocrd.2012.03.004

Williams, M. T., Farris, S. G., Turkheimer, E., Franklin, M. E., Simpson, H. B., Liebowitz, M., & Foa, E. B. (2014). The impact of symptom dimensions on outcomes for exposure and ritual prevention therapy for obsessive-compulsive disorder. *Journal of Anxiety Disorders, 28* (6), 553-558. https://doi.org/10.1016/j.janxdis.2014.06.001

Williams, M. T., & Jahn, M. E. (2017). Obsessive–compulsive disorder in African American children and adolescents: Risks, resiliency, and barriers to treatment. *American Journal of Orthopsychiatry, 87*(3), 291–303. https://doi.org/10.1037/ort0000188

Williams, M. T., Mugno, B., Franklin, M. E., & Faber, S. (2013). Symptom Dimensions in Obsessive-Compulsive Disorder: Phenomenology and Treatment with Exposure and Ritual Prevention. *Psychopathology, 46*, 365-376. https://doi.org/10.1159/000348582

Williams, M., Powers, M., Yun, Y. G., & Foa, E. B. (2010). Minority representation in clinical trials for obsessive-compulsive disorder. *Journal of Anxiety Disorders, 24*, 171-177.

Williams, M. T., Proetto, D., Casiano, D., & Franklin, M. E. (2012c). Recruitment of a hidden population: African Americans with obsessive-compulsive disorder., *Contemporary Clinical Trials, 33*(1), 67-75. https://doi.org/doi:10.1016/j.cct.2011.09.001

Williams, M., Rouleau, T., La Torre, J., & Sharif, N. (2020). Cultural competency in the treatment of obsessive-compulsive disorder: Practitioner guidelines. *The Cognitive Behaviour Therapist, 13*, e48. https://doi.org/10.1017/S1754470X20000501

Williams, M., Sawyer, B., Ellsworth, M., Singh, S., & Tellawi, G. (2017a). Obsessive-compulsive and related disorders in ethnoracial minorities: Attitudes, stigma, and barriers to treatment. In J. S. Abramowitz, D. McKay, & E. A. Storch (Eds.), *The Wiley handbook of obsessive compulsive disorders* (pp. 847–872). Wiley Blackwell. https://doi.org/10.1002/9781118890233.ch48

Williams, M. T., Taylor, R. J., George, J. R., Schlaudt, V. A., Ifatunji, M. A., & Chatters, L. M. (2021). Correlates of obsessive-compulsive symptoms among Black Caribbean americans. *International Journal of Mental Health, 50*(1), 53–77. https://doi.org/10.1080/00207411.2020.1826261

Williams, M. T., Taylor, R. J., Mouzon, D. M., Oshin, L. A., Himle, J. A., & Chatters, L. M. (2017b). Discrimination and symptoms of obsessive–compulsive disorder among African Americans. *American Journal of Orthopsychiatry, 87*(6), 636–645. https://doi.org/10.1037/ort0000285

Williams, M. T., & Turkheimer, E. (2007). Identification and explanation of racial differences on contamination measures. *Behavior Research and Therapy, 45*(12), 3041-3050. https://doi.org/10.1016/j.brat.2007.08.013

Williams, M. T., Turkheimer, E, Magee, E., & Guterbock, T. (2008). The effects of race and racial priming on self-report of contamination anxiety. *Personality and Individual Differences, 44*(3), 744-755. https://doi.org/doi:10.1016/j.paid.2007.10.009

Williams, M. T. & Wetterneck, C. T. (2019). *Sexual obsessions in obsessive-compulsive disorder: A step-by-step, definitive guide to understanding, diagnosis, and treatment.* Oxford University Press. https://doi.org/10.1093/med-psych/9780190624798.001.0001

Wilson, A., & Thayer, K. (2020). Cross-cultural differences in the presentation and expression of OCD in Black individuals: A systematic review. *Journal of Obsessive-Compulsive and Related Disorders, 27*, 100592.

https://doi.org/10.1016/j.jocrd.2020.100592

Yorulmaz, O., & Işık, B. (2011). Cultural context, obsessive-compulsive disorder symptoms, and cognitions: A preliminary study of three Turkish samples living in different countries. *International Journal of Psychology, 46(2)*, 136–143. https://doi.org/10.1080/00207594.2010.528423

Yorulmaz, O., Gençöz, T., & Woody, S. (2009). OCD cognitions and symptoms in different religious contexts. *Journal of Anxiety Disorders, 23(3)*, 401–406. https://doi.org/10.1016/j.janxdis.2008.11.001

Una revisión de la terapia cognitivo conductual para el trastorno obsesivo compulsivo

Robert R. Selles, Zachary S. Appenzeller,
Michael L. Sulkowski, Eric A. Storch[1], Marcos E. Ochoa-Panaifo,
Tania Barbieri, y Alvaro Flores

El Trastorno Obsesivo Compulsivo (TOC) afecta aproximadamente al 2-3 % de los individuos en Estados Unidos (Kessler et al., 2005; Ruscio et al., 2010), y muchos otros experimentan síntomas obsesivo compulsivos subclínicos (Fullana et al., 2009). El trastorno se caracteriza por pensamientos intrusivos (es decir, obsesiones) que provocan ansiedad, que consumen tiempo y que perjudican al individuo; y compulsiones que reducen la ansiedad y el estrés (American Psychiatric Association, 2022). Si no se trata, el curso del TOC suele ser crónico y sin remisión después de la presentación de los síntomas; por lo tanto, requiere de un tratamiento temprano y agresivo (Eisen et al., 2013).

Dos enfoques de tratamiento para el TOC están empíricamente validados: la Terapia Cognitivo Conductual (TCC) con Exposición y Prevención de Respuesta (EPR) y la farmacoterapia que implica el uso de inhibidores de la recaptación de serotonina (ISRS). Aunque la monoterapia con ISRS ha demostrado su eficacia en ensayos aleatorizados controlados con placebo, la TCC ha surgido como el tratamiento de primera línea para el TOC debido a sus beneficios superiores en relación con los ISRS, entre ellos, un mayor alivio de los síntomas a largo plazo y un menor riesgo de efectos adversos del tratamiento (Abramowitz et al., 2005; Eddy et al., 2004; Mancuso et al., 2010). Además, los beneficios de la TCC pueden extenderse a afecciones comórbidas (por ejemplo, depresión) y se asocia con mejoras generales en la calidad de vida (Diefenbach et al., 2007; Rector et al., 2009; Storch et al., 2008a).

---

[1] La correspondencia relativa a este artículo debe dirigirse a Marcos Ochoa de ALTOC. E-mail: marcos.ochoa_03@hotmail.com

Terapia Cognitivo Conductual: Un enfoque de tratamiento integrador

El Grupo de Trabajo sobre Promoción y Difusión de Procedimientos Psicológicos (1995) otorgó a la TCC el estatus de "bien establecida" para el tratamiento del TOC dada su eficacia en ensayos controlados aleatorizados que sugieren que hasta el 85 % de los individuos responden al tratamiento y aproximadamente el 50 % experimentan una remisión del trastorno (Foa et al., 2005; Franklin et al., 2011; POTS, 2004; Simpson et al., 2006). Además, los estudios meta analíticos ilustran la eficacia de la TCC para tratar tanto a niños como a adultos (Eddy et al., 2004; McGuire et al., 2015; Öst et al., 2015; Reid et al., 2021) y destacan tamaños del efecto fuertes (ES> .80; Eddy et al., 2004).

La Terapia Cognitivo Conductual se basa en los principios del condicionamiento conductual y la teoría cognitiva (Foa, & Kozak, 1985; Salkovskis, 1985). Desde el punto de vista conductual, un estímulo previamente neutro se asocia con una respuesta condicionada (p. ej., miedo, asco), que contribuye a pensamientos obsesivos sobre el estímulo recién condicionado y a una evitación activa o comportamiento ritualizado cuando se enfrenta a él. La reacción emocional negativa o de miedo condicionada se refuerza aún más mediante la realización de rituales de reducción de la ansiedad y/o la evitación patológica de los estímulos que provocan ansiedad. Poco a poco, las compulsiones van consumiendo más tiempo e interfiriendo en la vida de la persona, a medida que los individuos con TOC dependen cada vez más de los rituales para hacer frente a la ansiedad obsesiva. Dado que las compulsiones impiden que los individuos se habitúen de forma natural a la ansiedad y sólo proporcionan un alivio temporal, la realización de estas conductas puede atrapar a los pacientes en un ciclo que desarrolla, amplifica y mantiene la presencia de pensamientos obsesivos y rituales asociados.

Con el objetivo de interrumpir este ciclo, la TCC pretende romper la asociación entre el pensamiento obsesivo y la necesidad de realizar compulsiones ansioso-reductoras. Hay dos teorías complementarias que subyacen al enfoque de la TCC para el tratamiento: la habituación y el aprendizaje inhibitorio. Al utilizar el modelo de habituación de la ansiedad, los pacientes se exponen sistemáticamente (es decir, pasando de los desencadenantes de ansiedad "más fáciles" a los más difíciles) a situaciones que provocan ansiedad sin hacer rituales, lo que les proporciona la oportunidad de habituarse, o de tener una respuesta emocional disminuida, a la ansiedad de forma natural. Mediante la exposición repetida a estímulos progresivamente más desafiantes y la reducción de la ansiedad a través de medios naturalistas en lugar de rituales, se debilita la asociación entre los estímulos neutros y la respuesta de miedo. Por el contrario, el modelo de aprendizaje inhibitorio sugiere que las asociaciones de miedo no se extinguen por EPR, sino que se inhiben gradualmente a medida que se produce un nuevo aprendizaje sobre el estímulo temido (es decir, que no dio lugar al resultado temido) durante las exposiciones (Craske et al., 2014). Como resultado, en lugar de un enfoque jerárquico, el modelo de aprendizaje inhibitorio pone énfasis en el progreso a través de tareas de EPR en condiciones naturalistas que promueven la violación de la expectativa, la motivación y la generalización (Abramowitz et al., 2019; Bjork y Bjork, 2020). Si bien estos enfoques conceptualizan diferentes mecanismos de cambio, ambos apoyan la reducción y el manejo de los síntomas a través de alentar a los individuos a tolerar los pensamientos obsesivos y la angustia, desafiar los patrones ritualistas y comprometerse con situaciones en las que se pueden poner a prueba las expectativas de miedo.

Estructura y curso del tratamiento

Independientemente de la edad del paciente o del tipo de protocolo de tratamiento (p. ej., individual, en grupo), la TCC para el TOC suele incluir los siguientes componentes: psicoeducación, desarrollo de un plan de exposición, exposiciones conductuales con prevención de respuesta, ejercicios cognitivos y prevención de recaídas. De estos componentes, la EPR en particular se asocia con resultados sólidos del tratamiento (Chu et al, 2015; Deacon & Abramowitz, 2004; Guzick et al, 2022; Rosa-Alcázar et al., 2008) y como tal debe enfatizarse durante el tratamiento.

La psicoeducación se proporciona al inicio del tratamiento y es una oportunidad para establecer una buena relación, normalizar las experiencias de los síntomas, mejorar la conciencia y la comprensión, evaluar la disposición y las barreras para el compromiso, y establecer las expectativas para el tratamiento. Los componentes básicos de la psicoeducación suelen incluir la enseñanza a los pacientes sobre el TOC, incluida su identificación como un trastorno neurobiológico causado y mantenido por una combinación de factores biológicos y ambientales. Además, se debe enseñar a los pacientes los componentes básicos de la TCC, el apoyo a su eficacia y los factores que se asocian a una mejor respuesta (p. ej., establecer expectativas adecuadas para el cumplimiento del tratamiento y la realización de las tareas).

Tras la psicoeducación, el paciente y el terapeuta desarrollan un plan personalizado contra el miedo. Con la ayuda de un terapeuta, el paciente crea una lista de situaciones o estímulos que se asocian con distintos niveles de angustia o deterioro. A continuación, se pueden clasificar u ordenar en función de la dificultad percibida (como es típico en el enfoque de habituación) o en función de la importancia o la motivación (como es típico en el enfoque de aprendizaje inhibitorio) para proporcionar una hoja de ruta general para la progresión de la EPR. Algunos ítems pueden tener el mismo estímulo básico (p. ej., gérmenes/contaminación) pero implicar niveles significativamente diferentes de contacto con ese estímulo, desde exposición en imaginación (p. ej., pensar en tocar un inodoro, guiones de desencadenantes temidos) hasta exposición en vivo (p. ej., estar cerca de un inodoro, tocar un inodoro).

Ejemplo de jerarquía del miedo: Habituación
USAs: Unidad Subjetiva de Ansiedad (SUDs por sus siglas en inglés)

Desencadenantes	USAs
Tocar el interior de un contenedor de basura	99
Tocar el interior de la taza del inodoro	90
Comer alimentos de la acera	85
Comer alimentos del suelo de un restaurante	80
Tocar el pomo de la puerta de un baño público	75
Dar la mano a un desconocido	70
Comer "comida comunal" (patatas fritas en un envase en una fiesta)	65
Usar el carrito de la compra en un supermercado	60

Abrir la puerta de un edificio de oficinas	55
Dar la mano a un amigo	50
Comer en la mesa de la casa donde comieron los miembros de la familia	40
Recoger el correo del buzón	30
Guión de tocar el interior de un contenedor de basura	25
Guión de tocar el interior de la taza del inodoro	20

Ejemplo de jerarquía del miedo: Aprendizaje inhibitorio

Desencadenantes	USAS
Tocar el interior de la taza del inodoro	90
Tocar el interior de un contenedor de basura	99
Comer "comida comunal" (patatas fritas en un envase en una fiesta)	65
Dar la mano a un desconocido	70
Comer alimentos de la acera	85
Comer alimentos del suelo de un restaurante	80
Tocar el pomo de la puerta de un baño público	75
Recoger el correo del buzón	30
Usar el carrito de la compra en un supermercado	60
Guión de tocar el interior de un contenedor de basura	25

Abrir la puerta de un edificio de oficinas	55
Comer en la mesa de la casa donde comieron los miembros de la familia	40
Dar la mano a un amigo	50
Guión de tocar el interior de la taza del inodoro	20

Tras desarrollar el plan de exposición, el paciente y el terapeuta colaboran para iniciar las exposiciones conductuales. Como se ha señalado anteriormente, la EPR implica proporcionar oportunidades en las que los pacientes se involucren en/con situaciones/estímulos que provoquen ansiedad mientras se resisten activamente a la realización de compulsiones. Independientemente del enfoque teórico, generalmente se recomienda iniciar el tratamiento con tareas de EPR que no sean excesivamente desafiantes para proporcionar experiencias de aprendizaje iniciales positivas y evitar la inundación, que puede abrumar la capacidad del paciente para resistirse a realizar compulsiones ansiolíticas. Al practicar desde una perspectiva de habituación, a medida que avanza el tratamiento, se intentan elementos progresivamente más difíciles en la jerarquía de exposición para permitir que el paciente se habitúe a la ansiedad sin realizar compulsiones. Al utilizar los principios del aprendizaje inhibitorio, las tareas de EPR dentro de un cierto rango de dificultad aceptable pueden aleatorizarse para permitir una mayor variabilidad de los estímulos provocadores de ansiedad con la esperanza de generalizar el aprendizaje más rápidamente (Craske et al., 2014). Además, como parte integral de la TCC, a los pacientes se les proporcionan tareas para casa y tareas de exposición entre sesiones para reforzar sus progresos durante la sesión. Como regla general, las exposiciones de tarea deben ser comparables a las exposiciones realizadas en la sesión y deben recapitular el progreso realizado en la terapia.

Aunque la EPR sigue siendo el componente central de la TCC, algunos profesionales de la TCC hacen hincapié en el uso de técnicas de terapia cognitiva para tratar el TOC, como identificar y cuestionar los pensamientos desadaptativos (para una revisión, véase Wilhelm y Steketee, 2006). Con este enfoque de tratamiento, el terapeuta ayuda al paciente a examinar y evaluar críticamente sus pensamientos mediante técnicas como el cuestionamiento socrático, la identificación de errores cognitivos, el uso de registros de pensamientos, la técnica de la flecha hacia abajo, la enumeración de ventajas e inconvenientes y la técnica del doble rasero (Wilhelm et al., 2009). Sin embargo, es necesario tener precaución cuando se utiliza la terapia cognitiva para tratar el TOC a fin de garantizar que las intervenciones cognitivas no se conviertan en conductas ritualizadas y aumenten la sintomatología obsesivo-compulsiva en lugar de disminuirla (van Oppen y Arntz, 1994). Por ejemplo, Wilhelm y Steketee (2006) describen un fenómeno en el que la reestructuración cognitiva puede convertirse en un nuevo ritual mental y advierten a los terapeutas que se aseguren de que los pacientes respondan a los pensamientos intrusivos directamente en lugar de cuestionar sus interpretaciones de estos pensamientos. Otros encuentran éxito en la utilización de intervenciones cognitivas de externalización del contenido obsesivo y los pensamientos intrusivos, identificando el TOC como algo fuera de uno mismo en un intento de promover la defusión cognitiva, trabajando en la construcción de la aceptación cognitiva (por ejemplo, permitir que los pensamientos estén presentes en lugar de centrarse en ellos), o aumentar las cogniciones útiles como las relacionadas con el autoaliento (p. ej., esto es duro, pero puedo superarlo), tolerar la incertidumbre (p. ej., no puedo controlar el futuro, así que no tiene sentido intentarlo), y mantener el compromiso de resistirse a los impulsos compulsivos (p. ej., estoy harto de que el TOC me controle, así que no voy a hacer mi ritual). Para aquellos que eligen no promover directamente las intervenciones cognitivas, es útil destacar el aprendizaje cognitivo que se genera necesariamente como producto de un enfoque conductual estricto de intervención en EPR. Específicamente, hacer referencia a la violación de la expectativa después de que las exposiciones se hayan completado con éxito (p. ej., ¿qué te dijo tu TOC que ocurriría? ¿Qué ocurrió realmente?) puede consolidar el cambio hacia cogniciones precisas.

La prevención de recaídas comienza cuando se alcanzan los objetivos del tratamiento y funciona para cesar gradualmente la terapia al tiempo que fomenta el éxito del paciente más allá del final del tratamiento formal. Por lo general, la prevención de recaídas es un proceso de colaboración entre el terapeuta y el paciente que implica una lluvia de ideas sobre situaciones futuras en las que pueden surgir/reaparecer obsesiones y desarrollar planes para hacer frente a esta ansiedad. La prevención de recaídas permite al terapeuta evaluar la comprensión del paciente de los conceptos del tratamiento, fomentar la generalización de los logros del tratamiento y preparar a los pacientes para posibles aumentos futuros de la ansiedad, a la vez que aumenta la probabilidad de mantenimiento del tratamiento (Hiss et al., 1994).

Si bien los protocolos de tratamiento de TCC estándar generalmente incluyen entre 12 y 16 sesiones una vez a la semana, es posible que se necesiten diferentes niveles de frecuencia de sesión, duración de la sesión y duración del tratamiento para que diferentes pacientes experimenten la remisión de los síntomas (Selles et al., 2021). Simpson y colegas (2021) proporcionaron a los pacientes diagnosticados con TOC 17 sesiones de EPR de 90 minutos, dos veces por semana, mientras mantenían a los pacientes en un regimiento estable de SRI. Aunque el 35,8 % de los participantes remitieron durante el curso de tratamiento estándar, un 33,6 % adicional de los participantes restantes lograron la remisión después de agregarle 8 sesiones más, lo que demuestra la importancia de la flexibilidad cuando se expande más allá del enfoque tradicional del tratamiento en EPR ambulatorio. Destacando aún más la importancia de un enfoque de tratamiento flexibles, los niños que experimentan síntomas moderados de TOC en ausencia de otras afecciones psiquiátricas importantes pueden experimentar una respuesta temprana al tratamiento, lo que indica que el tratamiento puede tener éxito incluso con un curso de tratamiento más breve que lo que suele sugerirse (Torp et al., 2019). Sin embargo, otros niños y adolescentes que no respondieron a un tratamiento inicial de EPR se asignaron al azar para continuar con EPR o sertralina (Skarphedinsson et al., 2015). Si bien los dos grupos que continuaron con el tratamiento tuvieron efectos significativos y grandes después del tratamiento, no hubo diferencias estadísticamente significativas entre los grupos, lo que indica que continuar con únicamente con EPR puede ayudar a algunos niños y adolescentes a lograr mayores ganancias.

Participación familiar

Es probable que los familiares de una persona con TOC participen en los síntomas de la persona, un comportamiento que se conoce como acomodación familiar. La acomodación familiar puede incluir participar directamente en compulsiones, facilitar la evitación de estímulos desencadenantes, modificar las rutinas familiares para disminuir el malestar del individuo y brindar tranquilidad (Lebowitz et al., 2016; Peris et al. 2008; Wu et al. 2019). A pesar de que a menudo se realiza con el objetivo previsto de mitigar la angustia y minimizar las discusiones familiares, la acomodación familiar sirve para reforzar los síntomas del TOC al evitar que el paciente se exponga a sus miedos y experimente nuevos aprendizajes. Por lo tanto, la acomodación familiar opera en conflicto directo con los objetivos de la EPR, lo que en última instancia produce el mantenimiento y la exacerbación de los síntomas del TOC (Storch et al., 2007b; Wu et al., 2019).

La acomodación familiar está directamente asociada con la gravedad de los síntomas del TOC y el deterioro funcional, independientemente de la edad del paciente (Wu et al., 2016; Wu et al. 2019). Además, la acomodación familiar influye en el tratamiento, de modo que una mayor acomodación se asocia con una respuesta atenuada al tratamiento (Lebowitz et al., 2016; Peris et al., 2008; Storch et al., 2007b). Por último, dada la mayor demanda de los miembros de la familia, la acomodación familiar se ha asociado con secuelas negativas para los miembros de la familia, incluida la fatiga del cuidador, tensión y estrés familiares y la psicopatología de los padres (es decir, depresión y ansiedad) (Lee et al., 2015; Murphy & Flessner , 2015; Peris et al., 2008; Torres et al., 2012; Wu et al., 2014; Wu et al., 2019). Teniendo en cuenta cómo este fenómeno influye y se ve influido por los síntomas obsesivo-compulsivos, la TCC para las personas con TOC debe incluir en gran medida a los miembros de la familia del paciente cuando la acomodación está presente (Banneyer et al., 2018).

Poblaciones pediátricas

La participación familiar es un componente importante del tratamiento para el TOC independientemente de la edad, pero es especialmente crítico para las poblaciones pediátricas dada la presencia prácticamente omnipresente de la acomodación familiar en estas poblaciones. (Lebowitz et al., 2016; Peris et al., 2008; Selles et al. al., 2020; Wu et al., 2019). Modelar la TCC para padres y cuidadores y capacitarlos mediante el uso de tareas de EPR puede acelerar el tratamiento y capacitar a los cuidadores para ayudar a sus hijos después de la finalización del tratamiento. Además, incluir a los cuidadores en el tratamiento le permite al terapeuta abordar y mejorar los factores familiares que pueden haber contribuido al desarrollo o mantenimiento del TOC del niño. Por ejemplo, los pacientes con familiares que expresan actitudes antagónicas al tratamiento o acomodaticias hacia el TOC muestran una peor respuesta al tratamiento y una mayor probabilidad de recaída (Renshaw et al., 2005). Además, la capacidad de los padres para tolerar la angustia de su hijo durante el tratamiento predice la mejora de los síntomas, de modo que una mayor tolerancia de los padres a la angustia del niño se asocia con mejores resultados en el niño (Selles et al., 2018c). Además, la presencia de un funcionamiento social o familiar deficiente y las interacciones domésticas calificadas por el paciente como negativas han sido predictoras de poco beneficio del tratamiento (Steketee y Van Noppen, 2003).

Eliminar dinámicas familiares problemáticas y enseñar a los padres cómo apoyar al tratamiento de sus hijos puede ayudar a crear un entorno que fomente la mejora a largo plazo y el mantenimiento de los logros del tratamiento (Lebowitz et al., 2016). Las estrategias específicas para conectar a los miembros de la familia con el tratamiento pueden incluir brindar psicoeducación dirigida a los miembros de la familia para disminuir las compulsiones de acomodación del TOC, emplear miembros de la familia que cooperen como asistentes de tratamiento y brindar apoyo a los miembros de la familia que se enfrentan a comportamientos frustrantes del paciente (Steketee & Van Noppen, 2003). Además, el tratamiento del TOC pediátrico debe hacer hincapié en abordar directamente los comportamientos coercitivos y disruptivos del niño que a menudo ocurren en el contexto de abordar la acomodación familiar (Schuberth et al., 2018). Se encontró que las reducciones en la acomodación familiar conducen a mejoras significativas en el funcionamiento del niño y la familia solo cuando también se reducen los comportamientos coercitivos y disruptivos. En última instancia, debido a la fuerte influencia que ejercen los padres en el comportamiento de los niños, el tratamiento del TOC pediátrico debe contextualizarse dentro del sistema familiar.

Otras consideraciones para tratar el TOC pediátrico implican el uso de un lenguaje apropiado durante el tratamiento de acuerdo con el desarrollo del afectado, el uso de analogías y escenarios de juego para facilitar las tareas de exposición, alentar a los niños a participar en "experimentos conductuales" y consultar o colaborar con miembros involucrados en la programación educativa de un niño (p. ej., maestros o psicólogos escolares; Piacentini et al., 2006). Al trabajar con miembros de las comunidades escolares, los terapeutas pueden disminuir la probabilidad de acomodación de los síntomas en el entorno escolar y, al mismo tiempo, aumentar el número de personas que pueden apoyar el funcionamiento psicosocial saludable y el bienestar emocional de un niño (Sulkowski et al., 2011).

Estas estrategias de TCC para el TOC pediátrico tienen aplicaciones para diferentes poblaciones de jóvenes, incluidos niños en edad preescolar (Freeman et al., 2014; Ginsburg et al., 2011), niños en edad escolar y adolescentes (Barrett et al., 2004; Storch et al., 2007a). Además de los beneficios esperados del tratamiento, estos modelos se han asociado con reducciones en la acomodación familiar y el deterioro relacionado con el TOC (Storch et al., 2007a).

TCC intensiva

Como se destacó anteriormente, la mayoría de los protocolos de tratamiento de TCC incluyen entre 12 y 16 sesiones semanales, a pesar de la evidencia de que muchos pacientes requieren una mayor frecuencia y duración de las sesiones para lograr la remisión de los síntomas (Simpson et al., 2021). La TCC intensiva condensa un enfoque de tratamiento estandarizado mediante el aumento de la frecuencia y la duración de las sesiones (Pence et al., 2010b). La TCC semanal puede no ser realista para los pacientes que no pueden encontrar proveedores de tratamiento en su área, por lo que los programas intensivos brindan una excelente alternativa. Los programas intensivos pueden tener la forma de programas residenciales, de tratamiento diurno o ambulatorios intensivos, que pueden ser especialmente beneficiosos para las personas con síntomas más graves. El formato de sesión condensada de TCC intensiva reduce las cargas logísticas asociadas con viajar para recibir tratamiento, lo que puede atraer a personas y familias que no tienen acceso local a proveedores (Storch et al., 2007a) o que pueden requerir niveles más altos de atención dada la gravedad (Osgood-Hynes et al., 2003; Leonard et al., 2016). Además, la TCC intensiva puede permitir una reducción más rápida de los síntomas, lo que puede aumentar la motivación del paciente y hacer que este enfoque de tratamiento sea más adecuado para pacientes con un deterioro funcional significativo (Storch et al., 2007a). Se ha demostrado que la TCC intensiva es un enfoque aceptable, factible y beneficioso para el tratamiento del TOC a lo largo de la vida (Canavera et al., 2022; Farrell et al., 2016; Jónnson et al., 2015; Selles et al., 2021; Whiteside et al., 2014).

Independientemente de sus diferencias, la TCC intensiva y semanal se asocian con disminuciones similares en los síntomas obsesivo-compulsivos para pacientes que no son resistentes al tratamiento y/o graves (Foa et al., 2005; Storch et al., 2007a; Storch

169

et al., 2008b; Storch et al., 2010; Storch et al., 2016). Al combinar tanto la efectividad como el costo, en el caso del TOC pediátrico refractario al tratamiento, se demostró que la programación ambulatoria intensiva específica para el TOC es más rentable en términos de cambio en los síntomas por unidad de costo (Gregory et al., 2020). Para los adultos con TOC refractario al tratamiento, la programación de hospitalización parcial con un paso hacia abajo a la programación ambulatoria intensiva fue la opción más rentable (Gregory et al., 2018).

TCC grupal

Además de la TCC intensiva, la TCC grupal es un enfoque alternativo a la TCC para el TOC. Se ha demostrado que la TCC grupal es tan eficaz como la TCC individual para reducir la sintomatología del TOC a lo largo de la vida, con tasas de retención comparables a las de la terapia individual (Öst et al., 2015; Pozza & Dèttore, 2017). Específicamente, la TCC familiar grupal tuvo resultados positivos para el TOC pediátrico e indicó resultados comparables a la TCC familiar individual (Barrett et al., 2004; Farrell et al., 2012). Además, la TCC familiar grupal para jóvenes con TOC condujo a mejoras globales en el funcionamiento familiar, junto con reducciones en el deterioro funcional, la acomodación familiar y los comportamientos coercitivos y disruptivos (Selles et al., 2018a). La terapia de grupo cognitivo-conductual para adultos con TOC también resultó en una disminución de los síntomas del TOC, así como en la acomodación familiar cuando se incorporó al tratamiento incluso una participación familiar breve (Gomes et al., 2016; Raffin et al., 2009). La TCC grupal generalmente incluye un terapeuta y cinco o menos participantes, lo que permite que múltiples participantes reciban tratamiento de manera concomitante (Himle et al., 2003). Además de llegar potencialmente a más personas, la TCC grupal tiene otras ventajas. El tratamiento requiere que un terapeuta dedique menos tiempo a cada paciente y puede reducir los costos generales del tratamiento (Himle et al., 2003; Jónsson et al., 2011). Además, la TCC grupal puede ayudar a normalizar los síntomas obsesivo-compulsivos de los participantes, brindar a los miembros apoyo social y de pares, y motivar a algunos miembros debido a contingencias grupales (p. ej., competencia, miedo a holgazanear; Himle et al., 2003).

170

Por el contrario, la TCC grupal también tiene desventajas específicas en comparación con la TCC administrada individualmente. Los pacientes pueden revelar menos durante las sesiones grupales y la tarea de brindar atención individual a cada paciente puede resultar difícil, especialmente en grupos con un paciente problemático o dominante (Himle et al., 2003). Además, debido a la diversa presentación de los síntomas obsesivo-compulsivos, la TCC grupal puede ser menos personalizada y más enfocada en lo general (Himle et al., 2003). Como resultado, es posible que los ejercicios cognitivos y de exposición no se apliquen directamente a todos los miembros del grupo.

Medios alternativos

Si bien la terapia cognitivo-conductual intensiva y grupal son dos formas de abordar la escasez actual de profesionales capacitados en TCC, el desarrollo de formas de administración incluye biblioterapia, autoayuda con un contacto mínimo con el terapeuta, terapia guiada por computadora y TCC administrada por cámara web o basada en Internet. (Andersson et al., 2012; Fritzler et al., 1997; Greist et al., 2002; Storch et al., 2011; Tolin et al., 2004; Townsend et al., 2022). La atención escalonada, en la que los pacientes reciben primero un tratamiento de baja intensidad y bajo costo, seguido de una intervención más intensa y costosa si no responden a la primera intervención, se muestra prometedora como un enfoque de tratamiento emergente. Se ha demostrado que la atención escalonada es un enfoque de tratamiento prometedor para el TOC, con efectos de tratamiento duraderos (Højgaard et al., 2017; Melin et al., 2020; Tolin et al., 2011; Torp et al., 2015).

Además, las intervenciones en línea han visto un aumento en su utilización. La TCC basada en Internet, que consta de material de autoayuda como componente del tratamiento de la TCC y la comunicación del terapeuta por correo electrónico, también ha demostrado ser una opción de tratamiento eficaz y efectiva con efectos duraderos (Andersson et al., 2014; Mahoney et al., 2014; Townsend et al., 2022; Wootton et al., 2015; Wootton et al., 2013). También se ha demostrado que la TCC proporcionada por telesalud es eficaz en sesiones semanales individuales, así como en programas intensivos (Pinciotti et al., 2022).

Factores que afectan la respuesta al tratamiento y la potenciación de la TCC

A pesar de la eficacia bien establecida de la TCC para tratar el TOC, muchos pacientes todavía presentan síntomas incapacitantes después del tratamiento (Abramowitz, 2006; de Haan, 2006). Además, un pequeño número de personas se niega a participar en la TCC o abandonan prematuramente el tratamiento por diversas razones (Johnco et al., 2020). Aunque existe una amplia variabilidad en la presentación y gravedad de los síntomas del TOC, muchos pacientes evitan el tratamiento o son refractarios comparten características similares que pueden comprometer y atenuar su respuesta al tratamiento.

McKay y sus colegas (2009) identificaron varios factores que interfieren en el tratamiento del TOC en niños, incluyendo la presencia de condiciones comórbidas, escrupulosidad e ideación sobrevalorada, un bajo funcionamiento cognitivo, relaciones estímulo-ambiente y estímulo-resultado, y factores biológicos. Además, Pence y sus colegas (2010c) discuten escenarios difíciles que pueden surgir durante el tratamiento de la TCC para el TOC, como exposiciones incidentales (es decir, cuando un paciente se expone accidentalmente a un estresor altamente angustiante durante la terapia de exposición), cuando los pacientes no logran habituarse a la ansiedad, juzgan incorrectamente la intensidad de las exposiciones, realizan rituales mentales/encubiertos que interfieren con el tratamiento y presentan niveles inusualmente altos de sensibilidad a la ansiedad. A continuación, discutimos estos factores comunes que interfieren en el tratamiento, así como formas de abordarlos y mejorar los resultados del tratamiento.

Condiciones comórbidas

La presencia de otros trastornos o condiciones psiquiátricas junto con el TOC puede exacerbar los síntomas y afectar negativamente el funcionamiento psicosocial del paciente. Por lo tanto, la comorbilidad de trastornos puede tener un efecto perjudicial en los pacientes y complicar la TCC. Los trastornos de conducta disruptivos (por ejemplo, trastorno negativista desafiante, trastorno de conducta, trastorno por déficit de atención/hiperactividad) y ciertos tipos de trastornos del estado de ánimo se asocian con tasas de respuesta atenuadas a la TCC en jóvenes con TOC (Abramowitz et al., 2000; Storch et al., 2008c). Sin embargo, otras condiciones comórbidas no parecen afectar la respuesta al tratamiento en niños y existen hallazgos mixtos en relación con otras. Por ejemplo, la presencia de un trastorno de ansiedad comórbido (por ejemplo, trastorno de ansiedad generalizada, fobia social, trastorno de pánico) no afectó negativamente la respuesta de los niños a la TCC para el TOC en niños (Storch et al., 2010). De manera similar, la presencia de tics comórbidos (por ejemplo, trastorno de Tourette) no afectó la eficacia de la TCC (March et al., 2007). Algunos estudios han mostrado que la depresión mayor es un indicador pronóstico negativo para la respuesta a la TCC en niños con TOC (Lavell et al., 2016; Storch et al., 2008c), pero investigaciones anteriores y estudios posteriores no han establecido esta relación (Foa et al., 1992; Storch et al., 2010). Farrell y sus colegas (2012) encontraron que la comorbilidad no afectó la respuesta al tratamiento inicial, sin embargo, la comorbilidad sí tuvo un impacto significativo en la disminución de la respuesta al tratamiento con el tiempo.

La ira y los comportamientos oposicionistas son comunes en niños y adultos con TOC (Storch et al., 2012; Zhang et al, 2019). Aunque puede ser difícil desentrañar los comportamientos impulsados por la ansiedad de los comportamientos oposicionistas/desafiantes, las necesidades únicas de aquellos con TOC comórbido y trastornos de conducta disruptivos pueden abordarse mediante la aplicación flexible de una combinación de intervenciones conductuales y de TCC (Ale y Krackow, 2012; Lehmkuhl et al., 2009).

Mientras que los trastornos de ansiedad son la comorbilidad más común en los jóvenes con TOC, los trastornos del estado de ánimo son la comorbilidad más común en los adultos con TOC (Sharma et al., 2021). La depresión grave en los pacientes con TOC se asocia con tasas de respuesta más bajas a la TCC en comparación con aquellos que no están deprimidos o que tienen depresión leve (Abramowitz y Foa, 2000; Abramowitz et al., 2000; Steketee et al., 2001). En un metaanálisis reciente de pacientes con TOC y depresión comórbida (Steketee et al., 2019), aquellos que mostraron una mejora clínicamente significativa en los síntomas del TOC a través de diferentes modalidades de tratamiento (TCC, terapia cognitiva y terapia conductual) tenían una depresión basal más baja y creencias más fuertes sobre la responsabilidad/amenaza e importancia/control de los pensamientos.

Además, se ha encontrado que el trastorno de ansiedad generalizada (TAG) predice la interrupción del tratamiento en pacientes adultos con TOC (Steketee et al., 2001), mientras que la presencia de síntomas de TEPT también puede aumentar la interrupción del tratamiento y disminuir las tasas de respuesta (Gershuny et al., 2002). Por último, se ha informado que los pacientes adultos con trastornos de personalidad comórbidos responden de manera deficiente a la TCC (AuBuchon y Malatesta, 1994; Minichiello et al., 1987). En un estudio con 49 pacientes, aquellos con TOC y trastorno de personalidad obsesivo-compulsivo (TPOC) comórbido pronosticaron peores resultados en la terapia de exposición y prevención de respuesta (Pinto et al., 2011). Estos hallazgos se replicaron en otro estudio con 137 pacientes, donde los rasgos más graves de TPOC se asociaron con tasas más altas de falta de remisión del TOC, incluso controlando la adherencia del paciente (Simpson et al., 2021). Sin embargo, otros estudios sugieren que la presencia de trastornos de personalidad no afecta negativamente la influencia de la TCC en la reducción de los síntomas del TOC (Dreessen et al., 1997; Fricke et al., 2006; Steketee et al., 2001). Fricke et al. (2006) sugieren que es importante identificar y abordar los rasgos de personalidad específicos que pueden interferir con el tratamiento (por ejemplo, rasgos esquizotípicos; Minichiello et al., 1987) al principio del tratamiento, para que la TCC pueda adaptarse a las necesidades únicas de cada paciente. Por ejemplo, en lugar de dedicar mucho tiempo a establecer una relación terapéutica sólida, un terapeuta podría modificar el tratamiento para las personas con TOC y rasgos esquizotípicos para centrarse en cómo pueden beneficiarse directamente del tratamiento. Como otro ejemplo, para aquellos con TOC y TPOC concurrente, es probable que la terapia que también aborda el perfeccionismo maladaptativo, la inflexibilidad cognitiva y las evaluaciones erróneas de la responsabilidad sea beneficiosa (Gordon et al., 2016).

Bajo Insight
El insight implica reconocer que las obsesiones y compulsiones son excesivas e irrazonables, y varía considerablemente entre las personas con TOC. Aproximadamente el 36 % de los adultos (Alonso et al., 2008) y más de la mitad (52 %) de los niños se estima que tienen un bajo insight en sus síntomas de TOC (Lewin et al., 2010; Storch et al., 2008d). Además, un bajo insight se asocia con una mayor gravedad de los síntomas (Bellino et al., 2005; Selles et al., 2018b; Storch et al., 2008d), mayores tasas de comorbilidad (Bellino et al., 2005; Lewin et al., 2010; Storch et al., 2008d), baja resistencia a los síntomas (Alonso et al., 2008), menor funcionamiento

cognitivo y adaptativo (Lewin et al., 2010). Aunque inicialmente se encontró que el bajo insight indicaba resultados del tratamiento, investigaciones recientes no han encontrado una asociación sólida entre el insight inicial y la respuesta al tratamiento en muestras pediátricas (Garcia et al., 2010; Selles et al., 2020). Además, se ha demostrado que el insight en los jóvenes aumenta después de un curso de TCC (Selles et al., 2020).

Baja adherencia al tratamiento
Dado que la TCC para el TOC implica participar en actividades angustiantes y resistir activamente los impulsos, el compromiso y la inversión en los procesos terapéuticos, incluido el cumplimiento de las tareas, están directamente asociados con la respuesta al tratamiento (March et al., 2001; Simpson et al., 2011; Simpson et al., 2012; Simpson et al., 2021; Wheaton et al., 2016). La renuencia del paciente o la falta de adherencia pueden surgir por una variedad de factores. Estos van desde factores prácticos (por ejemplo, una alta carga de trabajo, tiempo o energía limitados) y personales (por ejemplo, reticencia a interrumpir la vida para realizar cambios) hasta factores relacionados con el proceso terapéutico (por ejemplo, escepticismo acerca del tratamiento, baja alianza) y preocupaciones psicológicas (por ejemplo, miedo a experimentar ansiedad, identificación moral con los síntomas), o incluso preocupaciones psicosociales (por ejemplo, acomodación extensa y beneficios secundarios dentro del sistema familiar). Como resultado, es esencial que los clínicos evalúen y aborden la disposición y el cumplimiento a lo largo del curso del tratamiento.

Para las personas que son reacias o evitan participar, el uso de estrategias complementarias basadas en evidencia puede ser beneficioso antes de avanzar con las tareas de EPR. La entrevista motivacional (MI, por sus siglas en inglés), un enfoque terapéutico con raíces en la psicología humanista popularizado por Miller y Rollnick (2002), tiene como objetivo resolver la ambivalencia entre el comportamiento actual de los pacientes y sus metas. Aunque no es necesariamente el foco central de este enfoque, la MI puede mejorar la motivación de la persona para el cambio o su disposición a participar en la terapia al ilustrar la discrepancia entre su vida ideal o deseada y su comportamiento actual. En un estudio, Maltby y Tolin (2005) proporcionaron cuatro sesiones de MI antes de realizar la TCC para involucrar a pacientes adultos que previamente se habían negado a participar en la TCC basada en exposición. La mayoría (86 %) de los pacientes que recibieron MI accedieron a realizar la EPR y estos pacientes también mostraron una mayor reducción en los síntomas del TOC al finalizar el tratamiento en comparación con los pacientes en una lista de espera. Sin embargo, cuando se probó en entornos controlados, no se encontró apoyo para el beneficio adicional de agregar MI a la TCC para adultos con TOC en términos de adherencia de los pacientes a las tareas de exposición (Simpson et al., 2008; Simpson et al., 2010). Como sugiere Simpson et al. (2010), la dosificación y el espaciamiento adecuados de las sesiones de MI pueden tener un impacto importante en la efectividad de un enfoque de tratamiento combinado de MI y TCC. Por ejemplo, un estudio de Merlo et al. (2010) involucró la provisión de MI antes de sesiones de exposición clave o especialmente desafiantes, mientras que los estudios anteriores (por ejemplo, Simpson et al., 2008; Simpson et al., 2010) involucraron la provisión de MI al inicio del tratamiento. Merlo et al. (2010) utilizaron un enfoque combinado de MI y terapia familiar para tratar el TOC pediátrico en jóvenes resistentes al tratamiento, y los resultados sugieren que este enfoque puede acelerar la velocidad de respuesta de los jóvenes a la TCC.

Funcionamiento intelectual

Se recomienda un enfoque principalmente conductual para tratar el TOC en personas con discapacidades y funcionamiento intelectual limítrofe. En una serie de casos, Pence y sus colegas (2010a) modificaron un protocolo de tratamiento de TCC para tratar a adultos con funcionamiento intelectual limítrofe. Las modificaciones incluyeron aumentar la participación de los padres en el tratamiento, simplificar el lenguaje utilizado en las sesiones, reducir el uso de técnicas de terapia cognitiva y agregar estrategias de manejo de contingencias y de juego de roles con los cuidadores. Después de estas modificaciones, los tres pacientes de esta serie de casos experimentaron reducciones en sus síntomas de TOC al finalizar el tratamiento. De manera similar, Ellis y sus colegas (2006) destacan la importancia de que el terapeuta modele técnicas terapéuticas (por ejemplo, tareas de exposición) y proporcione recompensas sociales (por ejemplo, atención positiva) durante las sesiones para motivar a los niños con discapacidades intelectuales a participar en las exposiciones. Además, Anderson y Morris (2006) recomendaron utilizar elementos visuales (por ejemplo, gráficos, imágenes) al proporcionar psicoeducación a jóvenes con limitaciones cognitivas, así como incluir a los cuidadores en el tratamiento tanto como sea posible para aumentar la generalización del tratamiento.

Factores biológicos

Eventos biológicos específicos pueden desencadenar o exacerbar los síntomas del TOC. Los trastornos neuropsiquiátricos pediátricos autoinmunes asociados a estreptococos (PANDAS, por sus siglas en inglés) han recibido mayor atención en la última década debido a los avances en la identificación y tratamiento de esta condición en niños (consultar Sigra et al., 2018 para más información). A diferencia de otras presentaciones de TOC, el inicio de PANDAS es rápido y diversos síntomas asociados al síndrome (como comportamiento obsesivo-compulsivo, tics, irritabilidad/agitación, hiperactividad y dificultad para controlar la atención) surgen como respuesta autoinmune a la exposición a la infección por estreptococos. Además de mostrar ansiedad y comportamientos repetitivos, los niños con PANDAS a menudo presentan disfunción neurológica, actividad motora excesiva y dificultades en las funciones ejecutivas que no están relacionadas con la presencia de una condición premórbida o comórbida (por ejemplo, trastorno de tics).

Si la presentación clínica de un niño sugiere PANDAS, un médico puede verificar la presencia de infección estreptocócica y tratarla en consecuencia, lo que puede implicar terapia con antibióticos y/o tratamientos inmunomoduladores (por ejemplo, intervenciones que pretenden interrumpir la respuesta autoinmune a las bacterias estreptocócicas). Aunque la investigación sobre tratamientos psicológicos para PANDAS es aún limitada, un estudio de Storch et al. (2006) brindó apoyo preliminar para el tratamiento de jóvenes con TOC relacionado con PANDAS utilizando terapia cognitivo-conductual (TCC). Seis de siete participantes respondieron al tratamiento después de 14 sesiones intensivas de TCC, y estos jóvenes mantuvieron sus mejoras en el seguimiento de tres meses. Nadeau y sus colegas (2015) también respaldan el papel de la TCC en jóvenes con PANDAS/PANS; seis de seis pacientes diagnosticados con PANDAS/PANS que recibieron 14 sesiones de TCC dos veces por semana junto con tratamiento con antibióticos mostraron mejoras estadísticamente significativas en los síntomas de TOC tipo PANS. Por lo tanto, las personas con PANDAS pueden beneficiarse de tratamientos médicos y psicológicos combinados, y la eficacia de la TCC para el TOC parece ser independiente de la etiología de los síntomas.

Un factor biológico adicional que puede ser relevante para la etiología y el tratamiento del TOC es el alelo Met del BDNF (factor neurotrófico derivado del cerebro). En un estudio previo, se encontró que los pacientes con TOC que no portaban el alelo Met del BDNF tenían resultados estadísticamente significativamente mejores en la TCC basada en exposición que los pacientes con TOC que tenían el alelo (Fullana et al., 2012). Más apoyo para la relevancia de esto como un biomarcador potencial fue resaltado por Simpson y sus colegas (2021), quienes indicaron que los pacientes con la variante Val66Met del alelo BDNF requerían un curso extendido de EPR (Exposición y Prevención de Respuesta) para lograr la remisión de los síntomas que no se alcanzaba de manera adecuada durante el curso estándar de tratamiento. Si bien el tamaño de su muestra era pequeño y, por lo tanto, no respalda el uso de la evaluación de variantes del BDNF en la práctica clínica de rutina, su trabajo destaca la importancia de futuras investigaciones para explorar su utilidad en la comprensión del TOC y la efectividad relacionada del tratamiento de exposición y prevención de respuesta (EPR).

Conclusión y Direcciones Futuras

La terapia cognitivo-conductual (TCC) es un tratamiento seguro, efectivo y duradero para el TOC en niños y adultos. Como tratamiento de primera línea, han surgido varios formatos alternativos (por ejemplo, TCC intensiva, TCC grupal) que tienen ventajas y desventajas específicas, pero en última instancia parecen ser igualmente efectivos. Sin embargo, el número de terapeutas capacitados en TCC es limitado y no todos los pacientes responden favorablemente al tratamiento. Por lo tanto, se están realizando esfuerzos para personalizar y mejorar la TCC para abordar los factores que interfieren con el éxito del tratamiento, como se discutió anteriormente.

La entrega de la TCC se ha adaptado a diferentes entornos (por ejemplo, escuelas, centros de salud mental comunitarios, virtualmente) y poblaciones (por ejemplo, niños, adultos). En general, se ha observado un crecimiento significativo en la difusión de la TCC, especialmente en el área de la TCC basada en internet (Internet-Based Cognitive Behavioral Therapy - ICBT, por sus siglas en inglés), que creció considerablemente durante la pandemia de COVID-19 (Townsend et al., 2022). Si bien la ICBT es una opción de tratamiento efectiva y ha mejorado notablemente el acceso a la atención basada en evidencia, se requiere una investigación continua para abordar las diferencias individuales que pueden impedir la respuesta al tratamiento.

Aún existe margen para el crecimiento en estos aspectos importantes, así como para el perfeccionamiento adicional de este tratamiento eficaz.

Recursos de Tratamiento/Formación

La Fundación Internacional del TOC (International OCD Foundation - IOCDF, por sus siglas en inglés) es una conocida organización sin fines de lucro dedicada a ayudar a las personas afectadas por el TOC. Aunque no es exhaustivo, su sitio web es un recurso popular tanto para quienes padecen TOC como para sus familiares y proveedores de tratamiento (https://iocdf.org/). El Directorio de Recursos de la IOCDF proporciona una lista de proveedores de tratamiento del TOC, programas de atención de nivel superior y grupos de apoyo, además de una serie de libros de autoayuda. Para los clínicos interesados en mejorar sus conocimientos sobre el TOC y la TCC, el Instituto de Capacitación en Terapia Conductual de la IOCDF ofrece oportunidades de capacitación intensiva con expertos en el campo, además de una lista de libros y manuales para terapeutas para el tratamiento del TOC en niños y adultos.

Referencias

Abramowitz, J. S., & Foa, E. B. (2000). Does comorbid major depressive disorder influence outcome of exposure and response prevention for OCD? *Behavior Therapy, 31*, 795-800.

Abramowitz, J. S., Franklin, M. E., Street, G. P., Kozak, M. J., & Foa, E, B. (2000). Effects of comorbid depression on response to treatment for obsessive-compulsive disorder. *Behavior Therapy, 31*, 517-538.

Abramowitz, J. S., Whiteside, S. P., & Deacon, B. J. (2005). The effectiveness of treatment for pediatric obsessive compulsive disorder: A meta-analysis. *Behavior Therapy, 36*, 55-63.

Abramowitz J. S. (2006). The psychological treatment of obsessive-compulsive disorder. *Canadian journal of psychiatry.* 51(7), 407–416. https://doi.org/10.1177/070674370605100702.

Ale, C. M., & Krackow, E. (2012). Concurrent treatment of early childhood OCD and ODD: A case illustration. *Clinical Case Studies, 10*(4), 312.

Alonso, P., Menchon, J. M., Segalas, C., Jaurrieta, N., Jimenez-Murcia, S., Cardoner, N., . . . Vallejo, J. (2008). Clinical implications of insight assessment in obsessive-compulsive disorder. *Comprehensive Psychiatry, 49*(3), 305-312.

American Psychiatric Association (2022). *Diagnostic and statistical manual of mental disorders - fifth edition – text revision.* Washington, DC.

American Psychological Association Task Force on Psychological Intervention Guidelines. (1995). *Template for developing guidelines: Interventions for mental disorders and psychological aspects of physical disorders.* Washington, DC: American Psychological Association.

Anderson, S., & Morris, J. (2006). Cognitive behaviour therapy for people with Asperger syndrome. *Behavioural and Cognitive Psychotherapy, 34*, 293–303.

Andersson, E., Enander, J., Andren, P., Hedman, E., Ljotsson, B., Hursti, T., . . . Ruck, C. (2012). Internet-based cognitive behaviour therapy for obsessive-compulsive disorder: A randomized controlled trial. *Psychological Medicine*, 1-11.

Andersson, E., Steneby, S., Karlsson, K., Ljótsson, B., Hedman, E., Enander, J., Kaldo, V., Andersson, G., Lindefors, N., & Rück, C. (2014). Long-term efficacy of Internet-based cognitive behavior therapy for obsessive-compulsive disorder with or without booster: a randomized controlled trial. *Psychological medicine, 44*(13), 2877–2887. https://doi.org/10.1017/S0033291714000543

AuBuchon, P. G., & Malatesta, V. J. (1994). Obsessive compulsive patients with comorbid personality disorder: Associated problems and response to a comprehensive behavior therapy. *Journal of Clinical Psychiatry, 55*(10), 448-453.

Banneyer, K. N., Bonin, L., Price, K., Goodman, W. K., & Storch, E. A. (2018). Cognitive Behavioral Therapy for Childhood Anxiety Disorders: a Review of Recent Advances. *Current psychiatry reports*, 20(8), 65. https://doi.org/10.1007/s11920-018-0924-9

Barrett, P., Healy-Farrell, L., & March, J. S. (2004). Cognitive-behavioral family treatment of childhood obsessive-compulsive disorder: A controlled trial. *Journal of the American Academy of Child and Adolescent Psychiatry*, 43(1), 46-62.

Bellino, S., Patria, L., Ziero, S., & Bogetto, F. (2005). Clinical picture of obsessive-compulsive disorder with poor insight: A regression model. *Psychiatry Research*, 136(2-3), 223-231.

Bjork, R. A., & Bjork, E. L. (2020). Desirable difficulties in theory and practice. *Journal of Applied Research in Memory and Cognition*, 9(4), 475 479. https://doi.org/10.1016/j.jarmac.2020.09.003

Canavera, K. E., Ollendick, T. H., Farrell, L. J., & Whiteside, S. P. (2022). A Five-Day Intensive Treatment for Pediatric Obsessive-Compulsive Disorder: A Multiple Baseline Design Pilot Study. *Evidence-Based Practice in Child and Adolescent Mental Health*, 1-13.

Chu, B. C., Colognori, D. B., Yang, G., Xie, M. G., Lindsey Bergman, R., & Piacentini, J. (2015). Mediators of exposure therapy for youth obsessive-compulsive disorder: specificity and temporal sequence of client and treatment factors. *Behavior therapy*, 46(3), 395–408. https://doi.org/10.1016/j.beth.2015.01.003

Craske, M. G., Treanor, M., Conway, C. C., Zbozinek, T., & Vervliet, B. (2014). Maximizing exposure therapy: an inhibitory learning approach. *Behaviour research and therapy*, 58, 10–23. https://doi.org/10.1016/j.brat.2014.04.006

Deacon, B. J., & Abramowitz, J. S. (2004). Cognitive and behavioral treatments for anxiety disorders: A review of meta-analytic findings. *Journal of Clinical Psychology*, 60(4), 429-441.

De Haan, E. (2006). Effective treatment of OCD? *Journal of the American Academy of Child & Adolescent Psychiatry*, 45(4), 383. https://doi.org/10.1097/01.chi.0000205697.73873.c1

Diefenbach, G. J., Abramowitz, J. S., Norberg, M. M., & Tolin, D. F. (2007). Changes in quality of life following cognitive-behavioral therapy for obsessive-compulsive disorder. *Behaviour Research and Therapy*, 45(12), 3060-3068.

Douglass, H. M., Moffitt, T. E., Dar, R., McGee, R., & Silva, P. (1995). Obsessive-compulsive disorder in a birth cohort of 18-year-olds: Prevalence and predictors. *Journal of the American Academy of Child and Adolescent Psychiatry*, 34(11), 1424-1431.

Dreessen, L., Hoekstra, R., & Arntz, A. (1997). Personality disorders do not influence the results of cognitive and behavior therapy for obsessive compulsive disorder. *Journal of Anxiety Disorders*, 11(5), 503-521.

Eddy, K. T., Dutra, L., Bradley, R., & Westen, D. (2004). A multidimensional meta-analysis of psychotherapy and pharmacotherapy for obsessive–compulsive disorder. *Clinical Psychology Review, 24*, 1011–1030.

Eisen, J. L., Sibrava, N. J., Boisseau, C. L., Mancebo, M. C., Stout, R. L., Pinto, A., & Rasmussen, S. A. (2013). Five-year course of obsessive-compulsive disorder: predictors of remission and relapse. *The Journal of clinical psychiatry, 74*(3), 233–239. https://doi.org/10.4088/JCP.12m07657

Ellis, E. M., Ala'i-Rosales, S. S., Glenn, S. S., Rosales-Ruiz, J., & Greenspoon, J. (2006). The effects of graduated exposure, modeling, and contingent social attention on tolerance to skin care products with two children with autism. *Research in Developmental Disabilities, 27*(6), 585-598.

Farrell, L. J., Oar, E. L., Waters, A. M., McConnell, H., Tiralongo, E., Garbharran, V., & Ollendick, T. (2016). Brief intensive CBT for pediatric OCD with E-therapy maintenance. *Journal of anxiety disorders, 42*, 85–94. https://doi.org/10.1016/j.janxdis.2016.06.005

Farrell, L., Waters, A., Milliner, E., & Ollendick, T. (2012). Comorbidity and treatment response in pediatric obsessive-compulsive disorder: a pilot study of group cognitive-behavioral treatment. *Psychiatry research, 199*(2), 115–123. https://doi.org/10.1016/j.psychres.2012.04.035

Foa, E. B., Abramowitz, J. S., Franklin, & M. E., Kozak, M. J. (1999). Feared consequences, fixity of belief, and treatment outcome in patients with obsessive-compulsive disorder. *Behavior Therapy, 30*, 717–724.

Foa, E. B., & Kozak, M. J. (1985). Treatment of anxiety disorders: Implications for psychopathology. In A. H. Tuma & J. D. Maser (Eds.), *Anxiety and the anxiety disorders* (pp. 451-452). Hillsdale, NJ: Erlbaum.

Foa, E. B., Kozak, M. J., Steketee, G. S., & McCarthy, P. R. (1992). Treatment of depressive and obsessive-compulsive symptoms in OCD by imipramine and behaviour therapy. *British Journal of Clinical Psychology, 31 (Pt 3)*, 279-292.

Foa, E. B., Liebowitz, M. R., Kozak, M. J., Davies, S., Campeas, R., Franklin, M. E., . . . Tu, X. (2005). Randomized, placebo-controlled trial of exposure and ritual prevention, clomipramine, and their combination in the treatment of obsessive-compulsive disorder. *American Journal of Psychiatry, 162*(1), 151-161.

Franklin, M. E., Sapyta, J., Freeman, J. B., Khanna, M., Compton, S., Almirall, D . . . March, J. S. (2011). Cognitive behavior therapy augmentation of pharmacotherapy in pediatric obsessive-compulsive disorder: The Pediatric OCD Treatment Study II (POTS II) randomized controlled trial. *JAMA, 306*, 1224-1232.

Freeman, J., Sapyta, J., Garcia, A., Compton, S., Khanna, M., Flessner, C., FitzGerald, D., Mauro, C., Dingfelder, R., Benito, K., Harrison, J., Curry, J., Foa, E., March, J., Moore, P., & Franklin, M. (2014). Family-based treatment of early childhood obsessive-compulsive disorder: the Pediatric

Obsessive-Compulsive Disorder Treatment Study for Young Children (POTS Jr)--a randomized clinical trial. *JAMA psychiatry*, 71(6), 689–698. https://doi.org/10.1001/jamapsychiatry.2014.170

Fricke, S., Moritz, S., Andresen, B., Hand, I., Jacobsen, M., Kloss, M., & Rufer, M. (2006). Do personality disorders predict negative treatment outcome in obsessive-compulsive disorders? A prospective 6-month follow-up study. *European Psychiatry, 21*, 319-324.

Fritzler, B. K., Hecker, J. E., & Losee, M. C. (1997). Self-directed treatment with minimal therapist contact: Preliminary findings for obsessive-compulsive disorder. *Behaviour Research and Therapy, 35*(7), 627-631.

Fullana, M., Alonso, P., Gratacòs, M., Jaurrieta, N., Jiménez-Murcia, S., Segalàs, C., . . . Menchón, J. (2012). Variation in the BDNF Val66Met polymorphism and response to cognitive-behavior therapy in obsessive-compulsive disorder. European Psychiatry, 27(5), 386-390. doi:10.1016/j.eurpsy.2011.09.005

Fullana, M. A., Mataix-Cols, D., Caspi, A., Harrington, H., Grisham, J. R., Moffitt, T. E., & Poulton, R. (2009). Obsessions and compulsions in the community: prevalence, interference, help-seeking, developmental stability, and co-occurring psychiatric conditions. *The American journal of psychiatry*, 166(3), 329–336. https://doi.org/10.1176/appi.ajp.2008.08071006

Garcia, A. M., Sapyta, J. J., Moore, P. S., Freeman, J. B., Franklin, M. E., March, J. S., & Foa, E. B. (2010). Predictors and moderators of treatment outcome in the Pediatric Obsessive Compulsive Treatment Study (POTS I). *Journal of the American Academy of Child and Adolescent Psychiatry, 49*(10), 1024–1086. https://doi.org/10.1016/j.jaac.2010.06.013

Gershuny, B. S., Baer, L., Jenike, M. A., Minichiello, W. E., & Wilhelm, S. (2002). Comorbid posttraumatic stress disorder: Impact on treatment outcome for obsessive-compulsive disorder. *American Journal of Psychiatry, 159*(5), 852-854.

Ginsburg, G. S., Burstein, M., Becker, K. D., Drake, & K. L. (2011). Treatment of obsessive compulsive disorder in young children: An intervention model and case series. *Child and Family Behavior Therapy, 32*(2), 97-122.

Gomes, J. B., Cordioli, A. V., Bortoncello, C. F., Braga, D. T., Gonçalves, F., & Heldt, E. (2016). Impact of cognitive-behavioral group therapy for obsessive-compulsive disorder on family accommodation: A randomized clinical trial. *Psychiatry research, 246*, 70–76. https://doi.org/10.1016/j.psychres.2016.09.019

Gordon, O. M., Salkovskis, P. M., & Bream, V. (2016). The Impact of Obsessive Compulsive Personality Disorder on Cognitive Behaviour Therapy for Obsessive Compulsive Disorder. *Behavioural and Cognitive Psychotherapy*, 44(4), 444–459. https://doi.org/10.1017/S1352465815000582

Gregory, S. T., Kay, B., Riemann, B. C., Goodman, W. K., & Storch, E. A. (2020). Cost-Effectiveness of Treatment Alternatives for Treatment-Refractory Pediatric Obsessive-Compulsive Disorder. *Journal of anxiety disorders, 69,* 102151. https://doi.org/10.1016/j.janxdis.2019.102151

Gregory, S. T., Kay, B., Smith, J., Hall, K., De Nadai, A. S., Quast, T., Riemann, B. C., & Storch, E. A. (2018). Treatment-Refractory Obsessive-Compulsive Disorder in Adults: A Cost-Effectiveness Analysis of Treatment Strategies. *The Journal of clinical psychiatry, 79*(2), 17m11552. https://doi.org/10.4088/JCP.17m11552

Greist, J. H., Marks, I. M., Baer, L., Kobak, K. A., Wenzel, K. W., Hirsch, M. J., . . . Clary, C. M. (2002). Behavior therapy for obsessive-compulsive disorder guided by a computer or by a clinician compared with relaxation as a control. *Journal of Clinical Psychiatry, 63*(2), 138-145.

Guzick, A. G., Schneider, S. C., Kendall, P. C., Wood, J. J., Kerns, C. M., Small, B. J., Park, Y. E., Cepeda, S. L., & Storch, E. A. (2022). Change during cognitive and exposure phases of cognitive-behavioral therapy for autistic youth with anxiety disorders. *Journal of consulting and clinical psychology, 90*(9), 709–714. https://doi.org/10.1037/ccp0000755

Himle, J. A., Fischer, D. J., Van Etten, M. L., Janeck, A. S., & Hanna, G. L. (2003). Group behavioral therapy for adolescents with tic-related and non-tic-related obsessive-compulsive disorder. *Depression and Anxiety, 17*(2), 73-77.

Hiss, H., Foa, E. B., & Kozak, M. J. (1994). Relapse prevention program for treatment of obsessive-compulsive disorder. *Journal of Consulting and Clinical Psychology, 62*(4), 801-808.

Højgaard, D. R. M. A., Hybel, K. A., Ivarsson, T., Skarphedinsson, G., Becker Nissen, J., Weidle, B., Melin, K., Torp, N. C., Valderhaug, R., Dahl, K., Mortensen, E. L., Compton, S., Jensen, S., Lenhard, F., & Thomsen, P. H. (2017). One-Year Outcome for Responders of Cognitive-Behavioral Therapy for Pediatric Obsessive-Compulsive Disorder. *Journal of the American Academy of Child and Adolescent Psychiatry, 56*(11), 940–947.e1. https://doi.org/10.1016/j.jaac.2017.09.002

Johnco, C., McGuire, J. F., Roper, T., & Storch, E. A. (2020). A meta-analysis of dropout rates from exposure with response prevention and pharmacological treatment for youth with obsessive compulsive disorder. *Depression and anxiety, 37*(5), 407–417. https://doi.org/10.1002/da.22978

Jónsson, H., & Hougaard, E. (2009). Group cognitive behavioural therapy for obsessive-compulsive disorder: A systematic review and meta-analysis. *Acta Psychiatrica Scandinavica, 119*(2), 98-106.

Jónsson, H., Hougaard, E., & Bennedsen, B. E. (2011). Randomized comparative study of group versus individual cognitive behavioural therapy for obsessive compulsive disorder. *Acta Psychiatrica Scandinavica, 123*(5), 387-397.

Jónsson, H., Kristensen, M., and Arendt, M. (2015). Intensive cognitive behavioural therapy for obsessive-compulsive disorder: a systematic review and meta-analysis. *J. Obsessive Compuls. Relat. Disord,* 6, 83–96. doi: 10.1016/j.jocrd.2015.04.004

Kessler, R. C., Berglund, P., Demler, O., Jin, R., Merikangas, K. R., & Walters, E. E. (2005). Lifetime prevalence and age-of-onset distributions of DSM-IV disorders in the National Comorbidity Survey Replication. *Archives of General Psychiatry, 62*(6), 593-602.

Lavell, C. H., Farrell, L. J., Waters, A. M., & Cadman, J. (2016). Predictors of treatment response to group cognitive behavioural therapy for pediatric obsessive-compulsive disorder. *Psychiatry research, 245,* 186–193. https://doi.org/10.1016/j.psychres.2016.08.033

Lebowitz, E. R., Panza, K. E., & Bloch, M. H. (2016). Family accommodation in obsessive-compulsive and anxiety disorders: a five-year update. *Expert review of neurotherapeutics,* 16(1), 45–53. https://doi.org/10.1586/14737175.2016.1126181

Lee, E., Steinberg, D., Phillips, L., Hart, J., Smith, A., & Wetterneck, C. (2015). Examining the effects of accommodation and caregiver burden on relationship satisfaction in caregivers of individuals with OCD. *Bulletin of the Menninger Clinic, 79*(1), 1–13. https://doi.org/10.1521/bumc.2015.79.1.1

Lehmkuhl, H. D., Storch, E. A., Rahman, O., Freeman, J., Geffken, G. R., Murphy, T. K. (2007). Just say no: Sequential parent management training and cognitive-behavioral therapy for a child with comorbid disruptive behavior and obsessive-compulsive disorder. *Clinical Case Studies, 8,* 48-58.

Leonard, R. C., Franklin, M. E., Wetterneck, C. T., Riemann, B. C., Simpson, H. B., Kinnear, K., Cahill, S. P., & Lake, P. M. (2016). Residential treatment outcomes for adolescents with obsessive-compulsive disorder. *Psychotherapy research: journal of the Society for Psychotherapy Research, 26*(6), 727–736. https://doi.org/10.1080/10503307.2015.1065022

Lewin, A. B., Bergman, R. L., Peris, T. S., Chang, S., McCracken, J. T., & Piacentini, J. (2010). Correlates of insight among youth with obsessive-compulsive disorder. *Journal of Child Psychology and Psychiatry, 51*(5), 603-611.

Mahoney, A. E., Mackenzie, A., Williams, A. D., Smith, J., & Andrews, G. (2014). Internet cognitive behavioural treatment for obsessive compulsive disorder: A randomised controlled trial. *Behaviour research and therapy, 63,* 99–106. https://doi.org/10.1016/j.brat.2014.09.012

Maltby, N., & Tolin, D. F. (2005). A brief motivational intervention for treatment-refusing OCD patients. *Cognitive and Behaviour Therapy, 34*(3), 176-184.

Mancuso, E., Faro, A., Joshi, G., & Geller, D. A. (2010). Treatment of pediatric obsessive-compulsive disorder: A review. *Journal of Child and Adolescent Psychopharmacology, 20*(4), 299-308.

March, J. S. (1995). Cognitive-behavioral psychotherapy for children and adolescents with OCD: A review and recommendations for treatment. *Journal of the American Academy of Child and Adolescent Psychiatry, 34*(1), 7-18.

March, J. S., Franklin, M. E., Leonard, H., Garcia, A., Moore, P., Freeman, J., Foa, E. (2007). Tics moderate treatment outcome with sertraline but not cognitive-behavior therapy in pediatric obsessive-compulsive disorder. *Biological Psychiatry, 61,* 344-347.

March, J. S., Franklin, M., Nelson, A., & Foa, E. (2001). Cognitive-behavioral psychotherapy for pediatric obsessive-compulsive disorder. *Journal of Clinical Child Psychology, 30*(1), 8-18.

McGuire, J. F., Piacentini, J., Lewin, A. B., Brennan, E. A., Murphy, T. K., & Storch, E. A. (2015). A meta-anlysis of cognitive behavior therapy and medication for child obsessive-compulsive disorder: moderators of treatment efficacy, response, and remission. *Depression and anxiety, 32*(8), 580–593. https://doi.org/10.1002/da.22389

McGuire, J. F., Wu, M. S., Piacentini, J., McCracken, J. T., & Storch, E. A. (2017). A Meta-Analysis of D-Cycloserine in Exposure-Based Treatment: Moderators of Treatment Efficacy, Response, and Diagnostic Remission. *The Journal of clinical psychiatry, 78*(2), 196–206. https://doi.org/10.4088/JCP.15r10334

McKay, D., Storch, E. A., Nelson, B., Morales, M., &Moretz, M. W. (2009). Obsessive-compulsive disorder in children and adolescents: Treating difficult cases. In D. McKay & E. A. Storch (Eds.). *Cognitive-behavior therapy for children: treating complex and refractory cases.* New York, NY: Springer.

Melin, K., Skarphedinsson, G., Thomsen, P. H., Weidle, B., Torp, N. C., Valderhaug, R., Højgaard, D. R. M. A., Hybel, K. A., Nissen, J. B., Jensen, S., Dahl, K., Skärsäter, I., Haugland, B. S., & Ivarsson, T. (2020). Treatment Gains Are Sustainable in Pediatric Obsessive-Compulsive Disorder: Three-Year Follow-Up From the NordLOTS. *Journal of the American Academy of Child and Adolescent Psychiatry, 59*(2), 244–253. https://doi.org/10.1016/j.jaac.2019.01.010

Merlo, L. J., Storch, E. A., Lehmkuhl, H. D., Jacob, M. L., Murphy, T. K., Goodman, W. K., & Geffken, G. R. (2010). Cognitive behavioral therapy plus motivational interviewing improves outcome for pediatric obsessive-compulsive disorder: a preliminary study. *Cognitve and Behaviour Therapy, 39*(1), 24-27.

Miller, W. R., & Rollnick, S. (2002). *Motivational interviewing: Preparing people for change.* New York: Guilford Press.

Minichiello, W. E., Baer L., & Jenike M. A., (1987). Schizotypal personality disorder: A poor prognostic indicator for behaviour therapy in the treatment of obsessive compulsive disorder. *Journal of Anxiety Disorders, 1,* 273–276.

Murphy, Y. E., & Flessner, C. A. (2015). Family functioning in paediatric obsessive compulsive and related disorders. *British Journal of Clinical Psychology*, 54(4), 414–434. https://doi.org/10.1111/bjc.12088

Nadeau, J. M., Jordan, C., Selles, R. R., Wu, M. S., King, M. A., Patel, P. D., Hanks, C. E., Arnold, E. B., Lewin, A. B., Murphy, T. K., & Storch, E. A. (2015). A pilot trial of cognitive-behavioral therapy augmentation of antibiotic treatment in youth with pediatric acute-onset neuropsychiatric syndrome-related obsessive-compulsive disorder. *Journal of child and adolescent psychopharmacology*, 25(4), 337–343. https://doi.org/10.1089/cap.2014.0149

Osgood-Hynes, D., Riemann, B., & Björgvinsson, T. (2003). Short-Term Residential Treatment for Obsessive-Compulsive Disorder. *Brief Treatment and Crisis Intervention*, 3(4), 413–435. https://doi.org/10.1093/brief-treatment/mhg028

Öst, L. G., Havnen, A., Hansen, B., & Kvale, G. (2015). Cognitive behavioral treatments of obsessive–compulsive disorder. A systematic review and meta-analysis of studies published 1993–2014. *Clinical Psychology Review*, 40, 156–169. https://doi.org/10.1016/j.cpr.2015.06.003

Pediatric OCD Treatment Study Team. (2004). Cognitive behavior therapy, sertraline, and their combination for children and adolescents with obsessive-compulsive disorder. *JAMA*, 292, 1969–1976.

Pence, S. L., Jr., Aldea, A., Sulkowski, M. L., & Storch, E. A. (2010a). Cognitive behavioral therapy in adults with obsessive-compulsive disorder and borderline intellectual functioning: A case series of three patients. *Journal of Developmental and Physical Disabilities*, 23, 71–85.

Pence, S. R., Storch, E. A., & Geffken, G. R. (2010b). Intense CBT: The effectiveness of intensive cognitive behavior therapy: A case study in pediatric obsessive compulsive disorder. *Annals of the American Psychotherapy Association*, 13(1), 58-61.

Pence, S. L., Jr., Sulkowski, M. L., Jordan, C., & Storch, E. A. (2010c). When exposures go wrong: Troubleshooting guidelines for managing difficult scenarios that arise in exposure-based treatment for obsessive-compulsive disorder. *American Journal of Psychotherapy*, 64(1), 39-53.

Peris, T. S., Bergman, R. L., Langley, A., Chang, S., McCracken, J. T., & Piacentini, J. (2008). Correlates of accommodation of pediatric obsessive-compulsive disorder: parent, child, and family characteristics. *Journal of the American Academy of Child and Adolescent Psychiatry*, 47(10), 1173–1181. https://doi.org/10.1097/CHI.0b013e3181825a91

Piacentini, J., March, J. S.,& Franklin, M. E. (2006). Cognitive-behavior therapy for youth with obsessive-compulsive disorder. In P. C. Kendall (Ed.), *Child and adolescent therapy, third edition*. New York, NY: Guilford.

Pinciotti, C. M., Bulkes, N. Z., Horvath, G., & Riemann, B. C. (2022). Efficacy of intensive CBT telehealth for obsessive-compulsive disorder during the

COVID-19 pandemic. *Journal of obsessive-compulsive and related disorders, 32,* 100705. https://doi.org/10.1016/j.jocrd.2021.100705

Pinto, A., Liebowitz, M. R., Foa, E., & Simpson, H. B. (2011). Obsessive compulsive personality disorder as a predictor of exposure and ritual prevention outcome for obsessive compulsive disorder. *Behaviour Research and Therapy, 49*(8), 453–458. https://doi.org/10.1016/j.brat.2011.04.004

Pediatric OCD Treatment Study (POTS) Team (2004). Cognitive-behavior therapy, sertraline, and their combination for children and adolescents with obsessive-compulsive disorder: the Pediatric OCD Treatment Study (POTS) randomized controlled trial. *JAMA, 292*(16), 1969–1976. https://doi.org/10.1001/jama.292.16.1969

Pozza, A., & Dèttore, D. (2017). Drop-out and efficacy of group versus individual cognitive behavioural therapy: What works best for Obsessive-Compulsive Disorder? A systematic review and meta-analysis of direct comparisons. *Psychiatry research, 258,* 24–36. https://doi.org/10.1016/j.psychres.2017.09.056

Raffin, A. L., Guimarães Fachel, J. M., Ferrão, Y. A., Pasquoto de Souza, F., & Cordioli, A. V. (2009). Predictors of response to group cognitive-behavioral therapy in the treatment of obsessive-compulsive disorder. *European psychiatry: the journal of the Association of European Psychiatrists, 24*(5), 297–306. https://doi.org/10.1016/j.eurpsy.2008.12.001

Rector, N. A., Cassin, S. E., & Richter, M. A. (2009). Psychological treatment of obsessive-compulsive disorder in patients with major depression: A pilot randomized controlled trial. *Canadian Journal of Psychiatry, 54,* 846-851.

Reid, J. E., Laws, K. R., Drummond, L., Vismara, M., Grancini, B., Mpavaenda, D., & Fineberg, N. A. (2021). Cognitive behavioural therapy with exposure and response prevention in the treatment of obsessive-compulsive disorder: A systematic review and meta-analysis of randomised controlled trials. *Comprehensive psychiatry, 106,* 152223. https://doi.org/10.1016/j.comppsych.2021.152223

Renshaw, K. D., Steketee, G., & Chambless, D. L. (2005). Involving family members in the treatment of OCD. *Cognitive Behaviour Therapy, 34*(3), 164-175.

Rosa-Alcázar, A., Sánchez-Meca, J., Gómez-Conesa, A., & Marín-Martínez, F. (2008). Psychological treatment of obsessive-compulsive disorder: A meta-analysis. *Clinical Psychology Review, 28*(8), 1310-1325.

Ruscio, A. M., Stein, D. J., Chiu, W. T., & Kessler, R. C. (2010). The epidemiology of obsessive-compulsive disorder in the National Comorbidity Survey Replication. *Molecular psychiatry, 15*(1), 53–63. https://doi.org/10.1038/mp.2008.94

Salkovskis, P. M. (1985). Obsessional-compulsive problems: A cognitive-behavioural analysis. *Behaviour Research and Therapy, 23*(5), 571-583.

Schuberth, D. A., Selles, R. R., & Stewart, S. E. (2018). Coercive and disruptive behaviors mediate group cognitive-behavioral therapy response in pediatric obsessive-compulsive disorder. *Comprehensive psychiatry*, *86*, 74–81. https://doi.org/10.1016/j.comppsych.2018.07.012

Selles, R. R., Belschner, L., Negreiros, J., Lin, S., Schuberth, D., McKenney, K., Gregorowski, N., Simpson, A., Bliss, A., & Stewart, S. E. (2018a). Group family-based cognitive behavioral therapy for pediatric obsessive compulsive disorder: Global outcomes and predictors of improvement. *Psychiatry research*, *260*, 116–122. https://doi.org/10.1016/j.psychres.2017.11.041

Selles, R.R., Best J.R., & Stewart, S.E. (2020). Family profiles in pediatric obsessive-compulsive disorder. *Journal of Obsessive Compulsive and Related Disorders*, 27:100588. doi: 10.1016/j.jocrd.2020.10058843.

Selles, R.R., Højgaard, D.R.M.A., Ivarsson, T., Thomsen, P.H., McBride, N.M., Storch, E.A., Geller, D., Wilhelm, S., Farrell, L.J., Waters, A.M., Mathieu, S., Lebowitz, E., Elgie, M., Soreni, N., & Stewart, S.E. (2018b). Symptom insight in pediatric obsessive-compulsive disorder: Outcomes of an international aggregated cross-sectional sample. *Journal of the American Academy of Child and Adolescent Psychiatry*, *57*, 615-619.

Selles, R. R., Franklin, M., Sapyta, J., Compton, S. N., Tommet, D., Jones, R. N., Garcia, A., & Freeman, J. (2018c). Children's and Parents' Ability to Tolerate Child Distress: Impact on Cognitive Behavioral Therapy for Pediatric Obsessive Compulsive Disorder. *Child psychiatry and human development*, *49*(2), 308–316. https://doi.org/10.1007/s10578-017-0748-6

Selles, R.R., Naqqash, Z., Best, J.R., Franco-Yamin, D., Qiu, S.T., Ferreira, J.S., Deng, X., Hannesdottir, D.K., Oberth, C., Belschner, L., Negreiros, J., Farrell, L.J., & Stewart, S.E. (2021). Effects of treatment setting on outcomes of flexibly-dosed intensive cognitive behavioral therapy for pediatric OCD: A randomized controlled pilot trial. *Frontiers in Psychiatry*, *12*:669494. https://doi.org/10.3389/fpsyt.2021.669494

Sharma, E., Sharma, L. P., Balachander, S., Lin, B., Manohar, H., Khanna, P., Lu, C., Garg, K., Thomas, T. L., Au, A. C. L., Selles, R. R., Højgaard, D. R. M. A., Skarphedinsson, G., & Stewart, S. E. (2021). Comorbidities in Obsessive-Compulsive Disorder Across the Lifespan: A Systematic Review and Meta-Analysis. *Frontiers in psychiatry*, *12*, 703701. https://doi.org/10.3389/fpsyt.2021.703701

Sigra, S., Hesselmark, E., & Bejerot, S. (2018). Treatment of PANDAS and PANS: a systematic review. *Neuroscience and biobehavioral reviews*, *86*, 51–65. https://doi.org/10.1016/j.neubiorev.2018.01.001

Simpson, H. B., Foa, E. B., Liebowitz, M. R., Huppert, J. D., Cahill, S., Maher, M. J., McLean, C. P., Bender, J., Jr, Marcus, S. M., Williams, M. T., Weaver, J., Vermes, D., Van Meter, P. E., Rodriguez, C. I., Powers, M., Pinto, A.,

Imms, P., Hahn, C. G., & Campeas, R. (2013). Cognitive-behavioral therapy vs risperidone for augmenting serotonin reuptake inhibitors in obsessive-compulsive disorder: a randomized clinical trial. *JAMA psychiatry, 70*(11), 1190–1199. https://doi.org/10.1001/jamapsychiatry.2013.1932

Simpson, H. B., Foa, E. B., Wheaton, M. G., Gallagher, T., Gershkovich, M., Schmidt, A. B., Huppert, J. D., Campeas, R. B., Imms, P. A., Cahill, S. P., DiChiara, C., Tsao, S. D., Puliafico, A. C., Chazin, D., Asnaani, A., Moore, K., Tyler, J., Steinman, S. A., Sanchez-LaCay, A., Capaldi, S., ... Wang, Y. (2021). Maximizing remission from cognitive-behavioral therapy in medicated adults with obsessive-compulsive disorder. *Behaviour research and therapy*, 143, 103890. https://doi.org/10.1016/j.brat.2021.103890

Simpson, H. B., Huppert, J. D., Petkova, E., Foa, E. B., & Liebowitz, M. R. (2006). Response versus remission in obsessive-compulsive disorder. *Journal of Clinical Psychiatry, 67*(2), 269-276.

Simpson, H. B., Maher, M. J., Wang, Y., Bao, Y., Foa, E., & Franklin, M. (2011). Patient adherence predicts outcome from cognitive behavioral therapy in obsessive-compulsive disorder. *Journal of Consulting and Clinical Psychology*, 79(2), 247–252. https://doi.org/10.1037/a0022659

Simpson, H. B., Marcus, S. M., Zuckoff, A., Franklin, M., & Foa, E. (2012). Patient adherence to cognitive-behavioral therapy predicts long-term outcome in obsessive-compulsive disorder. *The Journal of Clinical Psychiatry*, 73(9), 1265–1266. https://doi.org/10.4088/JCP.12l07879

Simpson, H. B., Zuckoff, A. M., Maher, M. J., Page, J. R., Franklin, M. E., Foa, E. B., ... Wang, Y. (2010). Challenges using motivational interviewing as an adjunct to exposure therapy for obsessive-compulsive disorder. *Behaviour Research and Therapy, 48*(10), 941-948.

Simpson, H. B., Zuckoff, A., Page, J. R., Franklin, M. E., & Foa, E. B. (2008). Adding motivational interviewing to exposure and ritual prevention for obsessive-compulsive disorder: An open pilot trial. *Cognitive and Behaviour Therapy, 37*(1), 38-49.

Skarphedinsson, G., Weidle, B., Thomsen, P. H., Dahl, K., Torp, N. C., Nissen, J. B., Melin, K. H., Hybel, K., Valderhaug, R., Wentzel-Larsen, T., Compton, S. N., & Ivarsson, T. (2015). Continued cognitive-behavior therapy versus sertraline for children and adolescents with obsessive-compulsive disorder that were non-responders to cognitive-behavior therapy: a randomized controlled trial. *European child & adolescent psychiatry, 24*(5), 591–602. https://doi.org/10.1007/s00787-014-0613-0

Sloman, G. M., Gallant, J., & Storch, E. A. (2007). A school-based treatment model for pediatric obsessive-compulsive disorder. *Child Psychiatry and Human Development, 38*(4), 303-319.

Steketee, G., Chambless, D. L., & Tran, G. Q. (2001). Effects of axis I and II comorbidity on behavior therapy outcome for obsessive-compulsive disorder and agoraphobia. *Comprehensive Psychiatry, 42*(1), 76-86.

Steketee, G., Siev, J., Yovel, I., Lit, K., & Wilhelm, S. (2019). Predictors and Moderators of Cognitive and Behavioral Therapy Outcomes for OCD: A Patient-Level Mega-Analysis of Eight Sites. *Behavior Therapy*, 50(1), 165–176. https://doi.org/10.1016/j.beth.2018.04.004

Steketee, G., & Van Noppen, B. (2003). Family approaches to treatment for obsessive compulsive disorder. *Journal of Family Psychotherapy, 14*(4), 55-71.

Storch, E. A., Caporino, N. E., Morgan, J. R., Lewin, A. B., Rojas, A., Brauer, L., . . . Murphy, T. K. (2011). Preliminary investigation of web-camera delivered cognitive-behavioral therapy for youth with obsessive-compulsive disorder. *Psychiatry Research, 189*(3), 407-412.

Storch, E. A., Geffken, G. R., Merlo, L. J., Mann, G., Duke, D., Munson, M., . . . Goodman, W. K. (2007a). Family-based cognitive-behavioral therapy for pediatric obsessive-compulsive disorder: Comparison of intensive and weekly approaches. *Journal of the American Academy of Child and Adolescent Psychiatry, 46*(4), 469-478.

Storch, E. A., Geffken, G.R., Merlo, L.J., Marni, L.J., Murphy, T.K., Goodman, W.K., Larson, M.J., Fernandez, M., & Grabill, K. (2007b). Family accommodation in pediatric Obsessive–Compulsive Disorder. *Journal of Clinical Child and Adolescent Psychology,36*(2), 207-216. https://doi.org/10.1080/15374410701277929

Storch, E. A., Jones, A. M., Lack, C. W., Ale, C. M., Sulkowski, M. L., Lewin, A. B., De Nadai, A. S. & Murphy, T. K. (2012). Rage attacks in pediatric Obsessive-Compulsive Disorder: Phenomenology and clinical correlates. *Journal of the American Academy of Child and Adolescent Psychiatry, 51*(6), 582-592.

Storch, E. A., Lewin, A. B., Farrell, L., Aldea, M. A., Reid, J., Geffken, G. R., & Murphy, T. K. (2010). Does cognitive-behavioral therapy response among adults with obsessive-compulsive disorder differ as a function of certain comorbidities? *Journal of Anxiety Disorders, 24*(6), 547-552.

Storch, E. A., Merlo, L. J., Larson, M. J., Geffken, G. R., Lehmkuhl, H. D., Jacob, M. L., . . . Goodman, W. K. (2008c). Impact of comorbidity on cognitive-behavioral therapy response in pediatric obsessive-compulsive disorder. *Journal of the American Academy of Child and Adolescent Psychiatry, 47*(5), 583-592.

Storch, E. A., Merlo, L. J., Lehmkuhl, H., Geffken, G. R., Jacob, M., Ricketts, E., . . . Goodman, W. K. (2008b). Cognitive-behavioral therapy for obsessive-compulsive disorder: a non-randomized comparison of intensive and weekly approaches. *Journal of Anxiety Disorders, 22*(7), 1146-1158.

Storch, E. A., Milsom, V. A., Merlo, L. J., Larson, M., Geffken, G. R., Jacob, M. L., . . . Goodman, W. K. (2008d). Insight in pediatric obsessive-compulsive disorder: Associations with clinical presentation. *Psychiatry Research, 160*(2), 212-220.

Storch, E. A., Murphy, T. K., Geffken, G. R., Mann, G., Adkins, J., Merlo, L. J., . . . Goodman, W. K. (2006). Cognitive-behavioral therapy for PANDAS-related obsessive-compulsive disorder: Findings from a preliminary waitlist controlled open trial. *Journal of the American Academy of Child and Adolescent Psychiatry, 45*(10), 1171-1178.

Storch, E. A., Murphy, T. K., Lack, C. W., Geffken, G. R., Jacob, M. L., & Goodman, W. K. (2008a). Sleep-related problems in pediatric obsessive-compulsive disorder. *Journal of Anxiety Disorders, 22*(5), 877-885.

Storch, E. A., Wilhelm, S., Sprich, S., Henin, A., Micco, J., Small, B. J., McGuire, J., Mutch, P. J., Lewin, A. B., Murphy, T. K., & Geller, D. A. (2016). Efficacy of Augmentation of Cognitive Behavior Therapy With Weight-Adjusted d-Cycloserine vs Placebo in Pediatric Obsessive-Compulsive Disorder: A Randomized Clinical Trial. *JAMA psychiatry, 73*(8), 779–788. https://doi.org/10.1001/jamapsychiatry.2016.1128

Sulkowski, M. L., Wingfield, R. J., Jones, D., & Coulter, W. A. (2011). Response to intervention and interdisciplinary collaboration: Joining hands to support children and families. *Journal of Applied School Psychology, 27,* 1–16.

Tolin, D. F., Abramowitz, J. S., Kozak, M. J., & Foa, E. B. (2001). Fixity of belief, perceptual aberration, and magical ideation in obsessive-compulsive disorder. *Journal of Anxiety Disorders, 15*(6), 501-510.

Tolin, D. F., Diefenbach, G. J., & Gilliam, C. M. (2011). Stepped care versus standard cognitive-behavioral therapy for obsessive-compulsive disorder: A preliminary study of efficacy and costs. *Depression and Anxiety, 28*(4), 314-323.

Tolin, D. F., Maltby, N., Diefenbach, G. J., Hannan, S. E., & Worhunsky, P. (2004). Cognitive-behavioral therapy for medication nonresponders with obsessive-compulsive disorder: A wait-list-controlled open trial. *Journal of Clinical Psychiatry, 65*(7), 922-931.

Torres, A. R., Hoff, N. T., Padovani, C. R., & Ramos-Cerqueira, A. T. (2012). Dimensional analysis of burden in family caregivers of patients with obsessive-compulsive disorder. *Psychiatry and clinical neurosciences, 66*(5), 432–441. https://doi.org/10.1111/j.1440-1819.2012.02365.x

Torp, N. C., Dahl, K., Skarphedinsson, G., Thomsen, P. H., Valderhaug, R., Weidle, B., Melin, K. H., Hybel, K., Nissen, J. B., Lenhard, F., Wentzel-Larsen, T., Franklin, M. E., & Ivarsson, T. (2015). Effectiveness of cognitive behavior treatment for pediatric obsessive-compulsive disorder: acute outcomes from the Nordic Long-term OCD Treatment Study

(NordLOTS). *Behaviour research and therapy, 64*, 15–23. https://doi.org/10.1016/j.brat.2014.11.005

Torp, N. C., Weidle, B., Thomsen, P. H., Skarphedinsson, G., Aalberg, M., Nissen, J. B., Melin, K. H., Dahl, K., Valderhaug, R., & Ivarsson, T. (2019). Is it time to rethink standard dosage of exposure-based cognitive behavioral therapy for pediatric obsessive-compulsive disorder?. *Psychiatry research, 281,* 112600. https://doi.org/10.1016/j.psychres.2019.112600

Townsend, A. N., Hertz, A. G., D'Souza, J. M., & Wiese, A. D. (2022). Advances in psychotherapy with internet based cognitive behavioral therapy for anxiety and obsessive-compulsive disorder. *Advances in Psychiatry and Behavioral Health.* https://doi.org/10.1016/j.ypsc.2022.05.003

van Oppen, P., & Arntz, A. (1994). Cognitive therapy for obsessive-compulsive disorder. *Behaviour Research and Therapy, 32*(1), 79-87.

Wheaton, M. G., Galfalvy, H., Steinman, S. A., Wall, M. M., Foa, E., & Simpson, H. B. (2016). Patient adherence and treatment outcome with exposure and response prevention for OCD: Which components of adherence matter and who becomes well? *Behaviour Research and Therapy,* 85, 6–12. https://doi.org/10.1016/j.brat.2016.07.010

Whiteside, S. P., McKay, D., De Nadai, A. S., Tiede, M. S., Ale, C. M., & Storch, E. A. (2014). A baseline controlled examination of a 5-day intensive treatment for pediatric obsessive-compulsive disorder. *Psychiatry research, 220*(1-2), 441–446. https://doi.org/10.1016/j.psychres.2014.07.006

Wilhelm, S., & Steketee, G. S. (2006). *Cognitive therapy for obsessive-compulsive disorder: A guide for professionals.* Oakland, CA: New Harbinger Publications.

Wilhelm, S., Steketee, G., Fama, J. M., Buhlmann, U., Teachman, B. A., & Golan, E. (2009). Modular cognitive therapy for obsessive-compulsive disorder: A wait-list controlled trial. *Journal of Cognitive Psychotherapy, 23*(4), 294-305.

Wootton, B.M., Dear, B.F., Johnston, L., Terides, M.D., & Titov, N. (2013). Remote treatment of obsessive-compulsive disorder: A randomized controlled trial. *Journal of Obsessive-Compulsive and Related Disorders,* 2(4):375-384. doi:10.1016/j.jocrd.2013.07.002

Wootton, B.M., Dear, B.F., Johnston, L., Terides, M.D., & Titov, N. (2015). Self-guided internet-delivered cognitive behavior therapy (iCBT) for obsessive compulsive disorder: 12 month follow-up. *Internet Interventions, 2(3): 243-247.* https://doi.org/10.1016/j.invent.2015.05.003

Wu, M. S., Geller, D. A., Schneider, S. C., Small, B. J., Murphy, T. K., Wilhelm, S., & Storch, E. A. (2019). Comorbid psychopathology and the clinical profile of family accommodation in pediatric OCD. *Child Psychiatry and Human Development,* 50(5), pp. 717-726. https://doi/org/ 10.1007/s10578-019-00876-7

Wu, M. S., Lewin, A. B., Murphy, T. K., Geffken, G. R., & Storch, E. A. (2014).

Phenomenological considerations of family accommodation: Related clinical characteristics and family factors in pediatric obsessive–compulsive disorder. *Journal of Obsessive-Compulsive and Related Disorders*, 3(3), pp. 228-235. https://doi.org/10.1016/j.jocrd.2014.05.003

Wu, M. S., McGuire, J. F., Martino, C., Phares, V., Selles, R. R., & Storch, E. A. (2016). A meta-analysis of family accommodation and OCD symptom severity. *Clinical psychology review*, *45*, 34–44. https://doi.org/10.1016/j.cpr.2016.03.003

Zhang, Y. Y., Gong, H. F., Zhang, X. L., Liu, W. J., Jin, H. Y., Fang, F., Schneider, S., Mcingvale, E., Zhang, C. C., Goodman, W. K., Sun, X. R., & Storch, E. A. (2019). Incidence and clinical correlates of anger attacks in Chinese patients with obsessive-compulsive disorder. *Journal of Zhejiang University. Science. B, 20*(4), 363–370. https://doi.org/10.1631/jzus.B1800450

Capítulo Siete

Dinámica familiar en la presentación y tratamiento del trastorno obsesivo compulsivo

Andrea D. Guastello[1], Megan A. Barthle-Herrera,
Amanda M. Balkhi, Melissa S. Munson, Tannaz MirHosseini,
Ashley R. Ordway, Seth T. Downing, Joseph P.H. McNamara, Ambar
Nuñez, Melisa Sagarnaga, y Sary Torres

La relación entre la dinámica familiar y la sintomatología del TOC es bidireccional. Las actitudes y comportamientos familiares influyen en la presentación y el tratamiento del TOC, mientras que la sintomatología del TOC influye en la calidad de las relaciones familiares y el bienestar y la calidad de vida de los miembros de la familia. Para comprender las implicaciones clínicas y de investigación de estas relaciones, es importante reconocer primero que la definición de familia es amplia y varía según el individuo. Las consideraciones culturales afectarán a quién se considera familia, cuánto tiempo se espera que las personas residan con su familia de origen y las expectativas de las contribuciones en el hogar. Gran parte de la investigación hecha en el área de la participación familiar en la sintomatología y el tratamiento del TOC se centra en los niños menores de 18 años y el impacto de sus cuidadores, generalmente los padres, en su tratamiento. Para fines de claridad, este capítulo se referirá a este grupo como pediátrico. Para los pacientes adultos con TOC, muchos continúan viviendo con sus padres y se presentan al tratamiento con sus cuidadores, ya sea debido a una discapacidad funcional, limitaciones financieras o consideraciones culturales. Finalmente, otras personas pueden presentarse al tratamiento de forma independiente o con un miembro de la familia de su elección, como una pareja romántica, un hermano o un amigo.

---

[1] La correspondencia relativa a este artículo debe dirigirse a Ambar Nuñez de ALTOC. E-mail: aamchnb@gmail.com

Independientemente de la edad cronológica del paciente o de las conexiones biológicas con los miembros de la familia, el incorporar a los familiares en el tratamiento del TOC con el consentimiento del paciente ofrece la oportunidad de mejorar los resultados del tratamiento.

El capítulo comienza con una discusión sobre la acomodación familiar y cómo afecta a la gravedad de los síntomas y la respuesta al tratamiento. A continuación, daremos una descripción general de las medidas de evaluación de la acomodación familiar (p. ej., FAS; Calvocoressi et al., 1999) y cómo incorporarlas en la práctica clínica. Luego se proporciona una descripción general de la participación de los cuidadores de los pacientes pediátricos, incluidas las modificaciones específicas de los protocolos de tratamiento para involucrar a los familiares de los pacientes pediátricos con TOC (p. ej., PLET; Rudy et al., 2017; SPACE; Lebowitz y Majdick, 2020) y consideraciones especiales para pacientes pediátricos con problemas de conducta disruptiva. Luego se presenta una breve discusión sobre cómo las variables específicas de los miembros de la familia también pueden afectar el tratamiento, junto con un estudio de caso del tratamiento de un niño de 6 años. A continuación, se presenta una discusión sobre la participación familiar en pacientes adultos, con un enfoque en las parejas románticas y cómo éstas pueden ser útiles en el tratamiento (Abramowitz et al., 2013), además de incluir a los miembros de la familia en el tratamiento cuando los miembros de la familia son el foco de las obsesiones/compulsiones (p. ej., TOC de relación). Finalmente, se proporciona una discusión sobre el TOC perinatal (Abramowitz, Schwartz, y Moore, 2003) y se proporcionan en detalle formas de incluir parejas románticas y/o niños pequeños en el tratamiento de esta presentación específica, incluido un estudio de caso.

Definición de acomodación familiar

La acomodación familiar ocurre cuando los miembros de la familia responden a los comportamientos del TOC de un individuo de manera que disminuyen inmediatamente la angustia relacionada con el TOC. Identificar y enfocarse en la acomodación familiar casi siempre es relevante para el tratamiento. Un estudio de jóvenes que buscaban tratamiento mostró que el 100 % de las familias informaron realizar acciones de acomodación para los síntomas de ansiedad con frecuencia o al menos una vez al día; más del 75 % de las familias informaron facilitar la evitación, cambiar la rutina familiar y la presencia de una angustia significativa para el miembro de la familia si no se proporcionaba la acomodación. (Storch et al., 2015). Desafortunadamente, los comportamientos de acomodación familiar, aunque sean bien intencionados, están asociados con una mayor gravedad del TOC (Peris et al., 2008; Wu, McGuire, Martino, et al., 2016), un mayor deterioro funcional (Wu, McGuire y Storch, 2016) y una peor respuesta al tratamiento (Garcia et al., 2010). Además, se ha demostrado que la acomodación familiar media la relación entre la gravedad de los síntomas del TOC y el deterioro funcional (Merlo et al., 2009). Las variables sociodemográficas del individuo con TOC, incluidos la edad y el sexo, no se han asociado con los niveles de acomodación familiar, lo que sugiere que enfocarse en la acomodación familiar es igualmente importante para todos los pacientes (Wu et al., 2019).

Si bien la acomodación familiar varía tanto como el contenido obsesivo y compulsivo, las categorías comunes de acomodación incluyen la participación en rituales, facilitar la evitación o proporcionar suministros para completar las compulsiones (Storch et al., 2007). Los ejemplos de nuestra práctica clínica de participación en rituales incluyen ayudar con las compulsiones de limpieza o lavado; cumplir con ordenar y organizar las compulsiones; participar en oraciones o rituales orales; permitir el uso de aplicaciones de seguimiento en un teléfono; proporcionar garantías de seguridad; responder a preguntas repetidas o responder llamadas telefónicas repetidas. Los ejemplos más comunes que facilitan la evitación incluyen el permitir una distribución desigual o inadecuada según la edad en las responsabilidades del hogar; la disminución/reducción de los viajes o compromisos con amigos o familiares fuera del hogar o la evasión de temas provocativos de conversación. Los suministros más comunes que se compran para los comportamientos del TOC incluyen suministros de limpieza/higiene, productos alimenticios envasados de una sola porción o espacio de almacenamiento (incluido el espacio de almacenamiento digital) para la acumulación compulsiva relacionada con el TOC.

Los miembros de la familia casi siempre se involucran en la acomodación familiar porque es un refuerzo inmediato, tanto para la persona con TOC como para los miembros de la familia (Storch et al., 2015). Con la acomodación familiar, la persona que sufre TOC reduce temporalmente su angustia, lo que da como resultado una menor angustia también para el miembro de la familia. El miembro de la familia reduce su angustia personal cuando evita ser testigo de la angustia de su ser querido, evita posibles arrebatos de comportamiento como los berrinches y la reducción de los conflictos interpersonales. Por ejemplo, un niño con TOC de contaminación puede tener dificultades para tocar los picaportes de las puertas, lo que resulta en angustia al salir de la casa y frecuentes llegadas tarde a la escuela. Para acomodar a su hijo, la familia aprende a vivir con las puertas abiertas dentro de la casa y le abren todas las puertas exteriores al niño. Esto hace que su hijo se sienta mejor, reduce las discusiones matutinas y hace que el niño llegue a tiempo a la escuela. Sin embargo, mientras que la acomodación familiar disminuye la angustia a corto plazo, tiene consecuencias negativas a largo plazo para los miembros de la familia. Por ejemplo, los padres que llevan a cabo la acomodación a niveles más altos informan niveles más altos de angustia psicológica individual (Demaria et al., 2021; Peris et al., 2008) y una menor calidad de vida en los dominios físico, psicológico, social y ambiental (Süçüllüoğlu Dikici et al., 2019).

Cuando la acomodación familiar es el objetivo del tratamiento, los resultados de la investigación demuestran que las reducciones en la acomodación familiar se asocian con reducciones en la gravedad de los síntomas del TOC y el deterioro funcional (Piacentini et al., 2011). De igual manera, las reducciones en la gravedad de los síntomas del TOC y el deterioro funcional se asocia con menos angustia y acomodación familiar. Sin embargo, los miembros de la familia a menudo luchan por revertir los patrones de acomodación familiar sin asistencia terapéutica.

Cómo evaluar la dinámica familiar

Evaluación de la adaptación familiar:
Un profesional de la salud mental capacitado puede usar una entrevista clínica para evaluar los síntomas de la acomodación familiar, aunque hay varias escalas de calificación disponibles que ayudarán a garantizar una evaluación integral y maximizar la eficiencia. La evaluación más directa son las Escalas de Acomodación Familiar (FAS, por sus siglas en inglés) para el TOC (Calvocoressi et al., 1999). Existen varias versiones de esta medida, cada una con distintas ventajas dependiendo de la

disponibilidad de los miembros de la familia participantes y el tiempo del especialista. La entrevista semiestructurada original dirigida por un médico con miembros de la familia (FAS-IR; Calvocoressi et al., 1999) consta de una lista detallada de los síntomas del TOC del paciente, adaptada de la Escala Obsesivo-Compulsiva de Yale-Brown (Y-BOCS ; Goodman et al., 1989), seguido de preguntas que evalúan el tipo y la frecuencia de las conductas de acomodación familiar.

Para reducir el tiempo de la entrevista clínica, se han desarrollado varias escalas de calificación basadas en el FAS-IR. Para pacientes adultos, la versión FAS Self-Rated (FAS-SR) se puede aplicar a los padres, parejas románticas u otros miembros de la familia para calificar su nivel de acomodación y muestra un acuerdo contundente con la versión administrada por el especialista (Pinto et al., 2013). La versión FAS-SR Child and Adolescent (FAS-SR-CA) para niños y adolescentes, es una medida paralela a la FAS-SR que utiliza ejemplos de comportamientos de acomodación relevantes para niños y adolescentes, pero esta medida no se ha sometido a evaluaciones psicométricas independientes (Universidad de Yale, n.d.). Finalmente, el autoinforme FAS versión paciente (FAS-PV; Wu, Pinto, et al., 2016) también está disponible y es útil en los casos en que los familiares no pueden completar las medidas. La versión de autoinforme del paciente no difirió de la versión reportada por el miembro de la familia en la consistencia interna o la puntuación total media (Wu, Pinto, et al., 2016). Sin embargo, los médicos deben aplicar su juicio clínico al interpretar las medidas de acomodación familiar del informe del paciente, ya que la percepción del paciente puede afectar la precisión de estos informes. Estas medidas son de uso gratuito y, a excepción de la FAS-IR, son bastante fáciles y rápidas de administrar. Además, el FAS se ha traducido a varios idiomas, incluidos el español (Otero & Rivas, 2007), portugués brasileño (Gomes et al., 2015), hindi (Mahapatra et al., 2017), japonés (Kobayashi et al., 2017), y chino (Liao et al., 2021).

Clínicamente, la forma más común de usar estas escalas es calcular la puntuación total y usarla para tomar decisiones específicas sobre cómo involucrar a la familia en el tratamiento y hacer un seguimiento del progreso a lo largo del tratamiento. Se ha sugerido que una puntuación de hasta 9 indica acomodación leve, 10-18 moderada, 19-27 severa y 28-26 muy severa (Calvocoressi et al., 1995). También se ha utilizado una puntuación de corte de 13 en el FAS-PR (equivalente a una puntuación media de leve o superior en cada ítem) como indicador de acomodación familiar clínicamente significativa (Merlo et al., 2009). Sin embargo, estos puntos de corte aún no se han estudiado ampliamente en relación con los resultados clínicamente significativos, como la gravedad de los síntomas, la calidad de vida o la respuesta al tratamiento. Por lo tanto, es necesario el juicio clínico de acomodación frecuente o poco frecuente. La acomodación poco frecuente podría abordarse adecuadamente con psicoeducación sobre los impactos negativos del comportamiento de acomodación; sin embargo, la acomodación frecuente probablemente requiera práctica adicional en vivo y puede incorporarse a una jerarquía de exposición o lista de tareas pendientes.

En nuestra práctica clínica, encontramos que estas medidas también son útiles en la psicoeducación, ya que ponen en práctica los tipos de acomodaciones familiares, y muchos miembros de la familia comentan que "no sabía que todas estas cosas que hago estaban relacionadas con [su] TOC". Como el CY-BOCS y el Y-BOCS se repiten con frecuencia a lo largo del tratamiento para medir el progreso, también se puede volver a administrar el FAS y utilizarlo para informar la dirección del tratamiento. Las investigaciones iniciales sobre el patrón de cambio a lo largo del tratamiento sugieren que la mayor proporción de cambio en la acomodación familiar ocurre en el primer tercio del tratamiento; por lo tanto, se deben considerar variables adicionales que afecten el tratamiento en este período crítico si no se produce un cambio (McGrath et al., 2022).

Además de las puntuaciones totales, las subescalas respaldadas empíricamente para FAS-IR (Albert et al., 2010), FAS-PR (Flessner et al., 2010) y FAS-PV (Wu, Pinto, et al., 2016) proporcionan información más matizada. Para la FAS-IR, estas incluyen subescalas que captan la cantidad de participación en la acomodación familiar, la modificación de rutinas y actividades de ocio y la angustia y las consecuencias relacionadas con la acomodación (es decir, la angustia del miembro de la familia relacionada con la realización de acomodaciones y la angustia/conducta del individuo con TOC cuando no reciben la acomodación; Albert et al., 2010). En particular, en lugar de la cantidad total de acomodación, la angustia y las consecuencias de la acomodación y la modificación de la vida debido a los síntomas del TOC se relacionaron con una peor calidad de vida en los familiares y puntuaciones más altas de los síntomas del TOC en los pacientes (Albert et al., 2010). Flessner y sus colegas (2010) encontraron que los ítems en el FAS-PR se concentraban en dos factores: evitar los desencadenantes del TOC y participar en las compulsiones. Ambas subescalas se correlacionaron positivamente con la gravedad del TOC y las deficiencias funcionales (Flessner et al., 2010). Las subescalas para FAS-PV incluyen la participación directa y la facilitación de los síntomas del TOC, la evitación de los desencadenantes del TOC, la asunción de responsabilidades del paciente y la modificación de las responsabilidades personales y todas las subescalas excepto la última tienen niveles aceptables de consistencia interna (Wu, Pinto, et al., 2016).

Evaluación del funcionamiento familiar

Las deficiencias en el funcionamiento familiar se pueden evaluar mediante la escala de funcionamiento familiar (OFF, por sus siglas en inglés) del TOC, una medida de 42 ítems que consta de 3 subescalas: deterioro del funcionamiento familiar, deterioro específico de los síntomas y deterioro específico del rol familiar (Stewart et al., 2011). Existe una versión de la medida tanto del informe del paciente como del informe relativo, y puede ser clínicamente útil que tanto los pacientes como sus familiares completen esta medida, ya que se han encontrado bajas tasas de concordancia entre los familiares y sus padres (Stewart et al., 2011, 2017). El desacuerdo o la falta de conocimiento del impacto que pueden tener los   11 ítems con subescalas de comportamiento de internalización y externalización (Guzick et al., 2019). Esta medida mostró una consistencia interna aceptable para la puntuación total y las subescalas, así como una buena validez convergente con la Child Behavior Checklist (CBCL; Achenbach 1991; Achenbach & Rescorla 2001). Estas medidas pueden ser útiles cuando los comportamientos de externalización son especialmente frecuentes. Cuando los jóvenes presentan comportamientos de externalización significativos, se pueden indicar estrategias complementarias de manejo del comportamiento, particularmente si los comportamientos del niño impiden una participación segura en las exposiciones.

Participación de los padres en el tratamiento

Cuando el paciente identificado está disponible para el tratamiento

El tratamiento conductual de primera línea para el TOC es la terapia cognitivo-conductual TCC (CBT, por sus siglas en inglés) que involucra exposición con prevención de respuesta -EPR (ERP, por sus siglas en inglés) (Watson & Rees, 2008; Williams et al., 2009), que está descrito a detalle anteriormente en esta edición. Al tratar a una persona que vive en casa, se alienta a los padres a participar activamente en el tratamiento. El apoyo y la participación de la familia en la TCC-EPR (CBT - ERP, por sus siglas en inglés) de su hijo ayuda en la generalización de las habilidades del consultorio del terapeuta al hogar, la escuela y las nuevas situaciones. Además, la participación de los padres en la terapia permite modelar el comportamiento adaptativo y el aprendizaje por observación. Esto sucede en dos niveles. Primero, el niño es capaz de observar el enfoque de sus padres y responder apropiadamente a situaciones desencadenantes sin involucrarse en compulsiones. En segundo lugar, el padre puede observar que el terapeuta responde al niño con motivación, comunica de manera clara las expectativas e implementa límites apropiados sin acomodación ni consuelo.

Se ha demostrado que la participación de los padres en TCC-EPR mejora la eficacia y el mantenimiento de los logros del tratamiento. Específicamente, en estudios de niños muy pequeños, se demostró que un enfoque basado en la familia mejora los resultados del tratamiento (Bornas et al., 2017; Chou et al., 2017; Ho et al., 2018; Peris et al., 2012). De manera similar, un metaanálisis que examinó los tratamientos que incluían a la familia encontró que los pacientes tenían mayores mejoras en el funcionamiento cuando el tratamiento se enfoca en las acomodaciones familiares (Thompson-Hollands et al., 2014). Con respecto al mantenimiento de los logros del tratamiento, un estudio de seguimiento a largo plazo encontró que el 87 % de su muestra (de 13 a 24 años) que participó en la TCC familiar no cumplió con los criterios para un diagnóstico de TOC siete años después del tratamiento (O'Leary et al., 2009).

Cuando se trata a niños pequeños, la TCC-EPR tradicional puede ser difícil ya que asume habilidades cognitivas que los niños pequeños aún no han desarrollado. Por lo tanto, enfatizar la participación de los padres es una adaptación importante para los niños más pequeños (Carpenter et al., 2014). En los últimos años se han desarrollado varias intervenciones basadas en manuales para padres de niños pequeños con TOC y ansiedad. Más similar a la TCC-EPR tradicional es la terapia de exposición dirigida por los padres (PLET, por sus siglas en inglés), que está diseñada para niños con trastornos de ansiedad de 3 a 7 años y sus padres (Rudy et al., 2017). PLET es un breve programa basado en la exposición de 10 sesiones/5 semanas. Se enfoca en la educación de los padres, el aprendizaje por modelado, la práctica reforzada y la transferencia del papel de líder en las exposiciones del terapeuta al padre. La participación de los padres da como resultado una alta generalización dentro del hogar, y existe evidencia preliminar de los beneficios de un modelo conductual centrado en los padres (Rudy et al., 2017).

Otro tratamiento basado en los padres con potencial de aplicación al tratamiento del TOC es la Terapia de interacción entre padres e hijos (PCIT, por sus siglas en inglés) con la modificación basada en la ansiedad llamada CALM (Coaching Approach Behavior and Leading by Modeling; Puliafico et al., 2013). PCIT es un tratamiento basado en evidencia para niños de 2 a 7 años que experimentan dificultades emocionales, de comportamiento y sociales. La modificación PCIT CALM es un programa fijo de 12 sesiones que está específicamente desarrollado y destinado a tratar el trastorno de ansiedad por separación, la fobia social, la fobia específica y el trastorno de ansiedad generalizada (Comer et al., 2012). CALM enfatiza la importancia de que el terapeuta entrena en vivo las exposiciones dirigidas por los padres y el modelado de los comportamientos de acercamiento por parte de los padres. Similar a TCC-EPR, se utiliza una jerarquía de miedo para guiar la selección de exposición. CALM usa cuatro pasos específicos para entrenar a los padres sobre cómo manejar situaciones que provocan ansiedad. Los pasos son 1) describir la situación, 2) abordar la situación primero ellos mismos, 3) dar una orden directa para que el niño se una a la situación y 4) brindar atención selectiva basada en el desempeño del niño. La investigación preliminar ha demostrado la eficacia del programa CALM y el papel del entrenamiento de padres en vivo en el tratamiento de los trastornos de ansiedad que se presentan en la primera infancia (Comer et al., 2018), además de aumentar el funcionamiento general del niño y reducir la angustia de los padres (Carpenter et al., 2014). Según el conocimiento de los autores, no hay estudios publicados que examinen los efectos de PCIT CALM en el tratamiento del TOC hasta la fecha; sin embargo, la evidencia anecdótica dentro de nuestra clínica sugiere que el tratamiento es efectivo para una población de TOC más joven.

Aunque PCIT-CALM aún no se ha estudiado en relación con el TOC, la investigación existente de PCIT ofrece información significativa sobre cómo adaptar los tratamientos manualizados para que sean culturalmente más inclusivos. Hasta la fecha, muchas adaptaciones culturales para las intervenciones se han centrado en protocolos personalizados para grupos étnicos y culturas específicas, aunque este enfoque limita la difusión amplia (McCabe et al., 2020). Para abordar estos problemas, McCabe y sus colegas desarrollaron MY PCIT, que comienza con una evaluación integral de las variables de los padres que se cree que afectan la participación en el tratamiento (es decir, las expectativas de tratamiento de los padres, las explicaciones etiológicas de los padres, la aprobación de los estilos de crianza y el apoyo familiar para el tratamiento) y utiliza estos resultados para guiar el uso de material complementario (por ejemplo, psicoeducación adicional, folletos complementarios, videos que comparan el tratamiento previo y posterior, entrevistas motivacionales o inclusión de miembros de la familia extensa; McCabe et al., 2020). Los cambios específicos, como la elección de palabras en respuesta a estas contestaciones, por ejemplo, referirse al terapeuta como "maestro" o "experto en comportamiento infantil", pueden ser especialmente poderosos para aumentar la aceptabilidad del tratamiento y reducir las tasas de abandono de las familias provenientes de ciertas culturas. Estos tipos de adaptaciones culturales no se han operacionalizado ni estudiado tan de cerca en los tratamientos basados en evidencia para el TOC, aunque alentamos a los médicos a familiarizarse con esta literatura para aumentar el compromiso con el tratamiento en todas las culturas.

Cuando el paciente identificado no está disponible para el tratamiento

Cuando la persona con TOC no puede o no quiere participar en el tratamiento, la Crianza de Apoyo para las Emociones Infantiles Ansiosas (SPACE, por sus siglas en inglés) es un tratamiento manual que ha demostrado ser tan eficaz como la TCC tradicional basada en niños. (Lebowitz, 2019; Lebowitz & Majdick, 2020). Debido a que no requiere que el niño esté presente en la sesión, SPACE es particularmente beneficioso para las familias que se involucran en adaptaciones altas o para las personas que no responden a los tratamientos basados en el niño debido a problemas como la negativa a asistir a la terapia o la percepción limitada (Lebowitz, 2016; Lebowitz y Shimshoni, 2018; Lebowitz, 2013). Como anécdota, SPACE puede ser un recurso útil para los padres que no tienen acceso local a intervenciones basadas en evidencia y necesitan participar en terapia a través de telesalud, ya que tiende a ser mucho más fácil para los adultos participar en videoconferencias que para los niños.

SPACE está destinado a padres con hijos desde jardín de infantes hasta educación secundaria, pero también se ha implementado con éxito en niños más pequeños. SPACE se enfoca en enseñar a los padres a aumentar la respuesta de apoyo a sus hijos, mientras reducen la acomodación de la ansiedad. SPACE intenta reducir sistemáticamente las adaptaciones familiares identificando y moderando las adaptaciones y luego utilizando un plan detallado para reducir las adaptaciones mientras se mantiene una relación de apoyo entre padres e hijos. Esta visión sistemática se enfoca primero en el sistema familiar en lugar de los síntomas de ansiedad del niño.

Este tratamiento manualizado comienza con una sesión de psicoeducación para que los padres presenten los principios subyacentes. A continuación, se presenta a los padres los dos conceptos clave de SPACE: apoyo y acomodación. A los padres se les enseña cómo implementar respuestas de apoyo a los síntomas del niño aprendiendo a transmitir aceptación y validación de la angustia genuina que experimenta el niño y a mostrar confianza en la capacidad del niño para tolerar la angustia. El siguiente paso en la terapia es trazar un mapa completo de las adaptaciones que ocurren en el hogar y por parte de la familia. Una vez que se traza un mapa de las acomodaciones, se selecciona una para ser reducida. Se selecciona una adaptación objetivo en función de su frecuencia, el alto grado de control de los padres y la angustia causada a la familia. Las adaptaciones se eliminan una por una y se reemplazan con respuestas de apoyo de los padres. Además, el terapeuta le enseña a la familia cómo hacer frente a las reacciones difíciles del niño a medida que reducen las adaptaciones familiares.

Si bien SPACE se enfoca en niños pequeños, se ha demostrado que las mismas estrategias de psicoeducación del cuidador, establecimiento de límites, seguimiento y reducción de la acomodación y comunicación efectiva con la persona con TOC pueden aumentar la comprensión de un paciente adulto y ayudar a mejorar la calidad de vida del cuidador (Lee et al., 2020). Nuestra clínica recibe una serie de solicitudes de padres de adultos con TOC en los que el individuo no está dispuesto a participar en la terapia. En estos casos, los padres a menudo brindan acomodación sustancial, pero se exasperan cada vez más por sus condiciones de vida actuales. En estas situaciones, podemos adoptar un enfoque similar de combinar técnicas conductuales para ayudar a los padres a reducir sistemáticamente su adaptación al TOC del individuo, tolerar el aumento temporal del conflicto y la angustia asociados con estos cambios y mantener los elementos positivos de su relación. En el mejor de los casos, los cambios de los padres dan como resultado un impulso suficiente para que el hijo adulto se sienta motivado a iniciar su propio tratamiento para el TOC. Incluso cuando esto no es posible, los padres a menudo reportan una mejora en sus condiciones y calidad de vida. Si bien ciertamente queda mucho trabajo por hacer para poner en práctica y probar estas intervenciones, los estudios de casos preliminares respaldan su efectividad en estas situaciones (Lee et al., 2020).

Consideraciones especiales para poblaciones pediátricas

Los comportamientos coercitivos y disruptivos son comunes en el TOC pediátrico y están relacionados tanto con la acomodación familiar como con la gravedad y el deterioro del TOC (Schuberth et al., 2018). De particular relevancia para el TOC pediátrico son el comportamiento perturbador y los trastornos del control de los impulsos (es decir, trastorno de oposición desafiante (ODD), trastorno de conducta (CD), trastorno por déficit de atención/hiperactividad (TDAH)), que ocurren entre el 10 y el 50 % del tiempo (Geller et al., 1996; Sukhodolsky et al., 2005). La investigación pediátrica ha demostrado que los jóvenes con TOC y un trastorno de conducta disruptiva o de control de impulsos comórbido tienen síntomas de TOC más graves, mayor deterioro funcional relacionado con los síntomas de TOC y menor cohesión familiar que los jóvenes con TOC que no tienen un trastorno de conducta disruptiva comórbido (Langley et al., 2010; Storch et al., 2010). Además, se ha demostrado que los jóvenes con TOC y TDAH tienen niveles más altos de conductas delictivas y agresivas y más problemas sociales y escolares que aquellos con TOC solo (Geller, 2004).

Incluso cuando el comportamiento disruptivo ocurre dentro del contexto del TOC y no cumple con los criterios para un diagnóstico por separado, los comportamientos aún tienen un impacto significativo en las familias (McGuire et al., 2013; Storch et al., 2012). Estos comportamientos disruptivos a menudo incluyen agresión e incumplimiento que se centran en evitar la angustia cuando los jóvenes perciben que se ven obligados a desafiar un pensamiento obsesivo o cambiar un comportamiento compulsivo. Por ejemplo, un niño que tiene la compulsión de lavarse las manos puede volverse físicamente agresivo con un padre que trata de cerrar el agua para animar al niño a salir del baño. Las encuestas de expertos en el tratamiento del TOC indicaron que casi todos (99 %) habían visto estos comportamientos perturbadores en al menos algunos de sus pacientes pediátricos con TOC, y la mayoría indicó que aproximadamente el 25 % de los pacientes que ven muestran estos comportamientos (Lebowitz et al., 2011).

La relación entre el comportamiento disruptivo y la gravedad de los síntomas del TOC está mediada por la acomodación familiar (Lebowitz et al., 2014). Esto destaca la necesidad, no solo de la participación de la familia en el tratamiento, sino también de tratamientos que se centren específicamente en reducir la acomodación y controlar el comportamiento disruptivo (p. ej., el Programa SPACE discutido anteriormente; Lebowitz, 2013). Por ejemplo, al comparar EPR con EPR aumentado con 6 semanas de capacitación en manejo de padres, aquellos en el grupo de manejo de padres experimentaron una mayor reducción de los síntomas en el CY-BOCS que aquellos que solo recibieron EPR (Sukhodolsky et al., 2013). Además, para las personas con problemas de comportamiento disruptivo concurrentes, la reducción de la acomodación familiar mejora el funcionamiento del niño y la familia, pero solo cuando los síntomas de comportamiento también se reducen (Schuberth et al., 2018). En estos casos, se recomienda a los médicos que aumenten su tratamiento con intervenciones basadas en evidencia para el comportamiento disruptivo.

Influencia potencial de los miembros de la familia en el tratamiento

Incluso antes de llegar para recibir tratamiento, las actitudes familiares y culturales hacia el tratamiento de salud mental pueden afectar los resultados del tratamiento a través de un retraso en la búsqueda de tratamiento (Shadid et al., 2021; Glazier et al., 2015). El estigma, especialmente relacionado con las dimensiones religiosas, dañinas o tabú del TOC, también influye en la búsqueda de tratamiento y la voluntad de incluir a los miembros de la familia en el tratamiento (Durna, 2019). Los médicos que trabajan con familias con antecedentes étnicos, raciales o religiosos diferentes a los suyos también deben considerar el papel del estigma y la desconfianza cultural que afecta no solo a su paciente identificado, sino a todo el sistema familiar (Williams, 2020).

Como se discutió en capítulos anteriores, el TOC es un trastorno familiar y hereditario, lo que significa que los miembros de la familia corren un mayor riesgo de tener sus propios síntomas obsesivos o compulsivos (OC) (Brander et al., 2019).

Los síntomas de CO son frecuentes entre los familiares de personas con TOC y se asocian con un nivel socioeconómico más bajo y mayores síntomas de contaminación/limpieza en el paciente identificado (Chacon, 2018). Para las personas cuyos síntomas de CO aparecen antes de los 17 años, el retraso en la búsqueda de tratamiento puede ser de hasta 11,7 años, mientras que para aquellos cuyos síntomas aparecen después de los 17 años, el retraso se acerca a los 5,6 años (Stengler et al., 2013). Los investigadores han sugerido que este retraso adicional en la búsqueda de tratamiento para aquellos cuyos síntomas aparecieron antes de los 17 años se explica en parte porque los síntomas de la CO son trivializados o normalizados por el paciente y sus familiares afectados de manera similar (Stengler et al., 2013). En nuestra práctica clínica, esto aparece como pacientes que retrasaron la búsqueda de tratamiento porque no vieron sus comportamientos como anormales hasta que se mudaron lejos de su hogar familiar o cuyas preocupaciones fueron descartadas por sus padres porque "Oh, yo también hago eso". En relación con esto, los miembros de la familia con más de sus propios síntomas de OC tienden a involucrarse más en la adaptación familiar, lo que puede estar relacionado con la falta de comprensión de sus propios síntomas (Gomes et al., 2014).

Además del aumento de la prevalencia de los síntomas del TOC, los familiares de personas con TOC tienen una mayor probabilidad de tener trastornos de ansiedad y depresión (Carter et al., 2005), y un estudio encontró que más de un tercio de los cuidadores cumplía con los criterios de depresión mayor y más de una quinta parte cumplía con los criterios para el trastorno de ansiedad generalizada (Murthy et al., 2022). El funcionamiento psicológico del cuidador es particularmente relevante para el tratamiento, ya que la acomodación familiar está altamente relacionada con la ansiedad del cuidador (Murthy et al., 2022) y la acomodación familiar puede volverse más frecuente y angustiante cuando un miembro de la familia tiene un trastorno de ansiedad (Albert et al., 2022). 2010). A nivel mundial, los cuidadores de personas con TOC se enfrentan a factores estresantes diarios relacionados con un funcionamiento conyugal, social y laboral reducido (Belschner et al., 2020), así como con una calidad de vida reducida (Stengler-Wenzke, 2006). El estrés del cuidador está muy relacionado con la depresión del cuidador, que a su vez está relacionada con un funcionamiento familiar reducido (Murthy et al., 2022).

Todos los factores descritos anteriormente pueden contribuir a una mayor emoción expresada por el cuidador y una menor tolerancia a la angustia del cuidador. La emoción expresada es un elemento del funcionamiento familiar que mide la calidad afectiva del entorno familiar. Se dice que los padres que se involucran en altos niveles de crítica o involucramiento emocional tienen una gran emoción expresada. La alta emoción expresada por los padres se asocia con niveles más altos de sintomatología externalizante comórbida y una peor respuesta al tratamiento en sus hijos (Peris et al., 2012). La tolerancia a la angustia se entiende bien como un componente central de la TCC-EPR, ya que las personas aprenden a enfrentar y tolerar pensamientos, imágenes y sentimientos angustiantes o desagradables, en lugar de luchar, evitarlos o escapar de ellos. Lógicamente, la tolerancia a la angustia es importante para los padres de niños con TOC, quienes tendrán que tolerar ver a su hijo angustiado sin acomodarse. Una mayor tolerancia a la angustia del cuidador al inicio se asoció con una mayor reducción de los síntomas del TOC después del tratamiento (Selles et al., 2018; McGrath et al., 2022). Para aquellos padres con baja tolerancia a la angustia, las investigaciones iniciales sobre la capacidad de las intervenciones de atención plena para mejorar la tolerancia a la angustia en los padres destacan la eficacia de abordar la tolerancia a la angustia de los padres directamente en el tratamiento (Belschner et al., 2020). La mayoría de los padres que recibieron capacitación en atención plena antes del tratamiento TCC-EPR de su hijo informaron que tuvo un impacto positivo o muy positivo en su capacidad para ayudar a su hijo a luchar contra el TOC, y cerca de la mitad de los padres informaron usar las habilidades varias veces por semana. (Belschner et al., 2020). Es probable que el papel de la tolerancia a la angustia sea similar para los pacientes adultos y sus parejas románticas, ya que las parejas que reaccionaron más a la excitación del paciente en el pretratamiento experimentaron mejoras menores en los síntomas y la acomodación del TOC (Fischer, 2022). Ciertamente, en nuestra práctica clínica, las parejas románticas con mayor tolerancia a la angustia y menos responsabilidad percibida por las emociones de sus seres queridos tienen más facilidad para reducir la acomodación.

La investigación apoya continuamente la participación de los miembros de la familia en el tratamiento TCC-EPR lo antes posible y con la mayor frecuencia posible. En nuestra práctica clínica, muchos de los factores familiares que impactan negativamente en el tratamiento descrito anteriormente pueden superarse, aunque a veces los miembros de la familia pueden seguir teniendo dificultades para participar en el tratamiento de manera productiva. La evidencia sugiere que el mayor porcentaje de mejora en la acomodación familiar ocurre en el primer tercio del tratamiento (McGrath, 2022), por lo que se deben considerar factores adicionales que influyen en la falta de respuesta al tratamiento de un miembro de la familia. Una barrera común que observamos al comienzo de TCC-EPR es que estos miembros de la familia tienen dificultades para entender "por qué" podríamos poner ciertos elementos en una jerarquía. Pueden demostrar angustia o incluso discutir cuando discutimos cosas como entregar una tarea incompleta para desafiar el perfeccionismo o dejar la ropa sucia en el piso hasta el día del lavado para desafiar la contaminación. Pueden presentar preocupaciones como "vas a amenazar sus calificaciones" o "¿estás tratando de hacer que mi hijo sea un vago?". Cuando están presentes en una sesión, pueden hacer declaraciones como "No puedo creer que estés haciendo esto. Eso es repugnante", "Tendrás que lavarte antes de subirte a mi auto" o "¿Por qué la obligas a hacer esto? No es gran cosa si lo hago por ella". Solemos hacer varios intentos de psicoeducación para estos familiares, a veces por separado del paciente identificado. Sin embargo, múltiples instancias de sabotaje de las actividades de exposición, ya sea en la sesión o como tarea, darán lugar a una remisión para el propio tratamiento del miembro de la familia. Afortunadamente, muchos miembros de la familia que se han resistido al tratamiento por su propio bien pueden estar dispuestos a comenzar si están convencidos de que también ayudará a su ser querido. Si bien esto es cierto para cualquier miembro de la familia, a menudo se puede persuadir a los padres que pueden expresar: "No quiero que mi hijo se quede atrapado en esto como yo" para comenzar su propio tratamiento. El tratamiento del TOC y la ansiedad a nivel de los padres puede impulsar el tratamiento del niño y tiene beneficios en cascada para toda la familia.

Ejemplo de caso pediátrico

Para proteger la privacidad del paciente, el siguiente ejemplo de caso es una combinación de varios casos pediátricos de TOC vistos en nuestra clínica y no se basa en ningún caso en particular. Lola era una niña de 6 años que acudió a la clínica por obsesiones y compulsiones relacionadas con la contaminación, la simetría, la alimentación ritual, las rutinas "adecuadas" y los rituales relacionados con el vestido. Lola vivía en casa con sus padres y su hermano menor y asistía a la escuela pública.

Antes de presentarse en la clínica, nunca había recibido ningún servicio de terapia, no estaba tomando ningún medicamento y no comenzó a tomar ningún medicamento durante la intervención terapéutica. Su CY-BOCS era de 25 antes del tratamiento, lo que indica síntomas clínicamente significativos.

En cuanto a los factores familiares, el padre de Lola tenía antecedentes de TOC y trastorno depresivo mayor. Tomaba medicación, pero no participaba en la terapia. Informó síntomas significativos de TOC y depresión, pero negó cualquier impacto en el funcionamiento de su familia. La madre de Lola tenía antecedentes de trastorno de ansiedad generalizada y depresión posparto. Previamente había tomado medicamentos y participado en terapia, pero actualmente no reportó ningún síntoma significativo de ansiedad o depresión. Los padres de Lola completaron la Escala de acomodación familiar (FAS), con su padre obteniendo un puntaje de 35 y su madre de 25.

Lola comenzó sesiones semanales de TCC-EPR, a las que asistieron primero sus dos padres y luego uno de los padres en semanas alternas. Los padres afirmaron que las exigencias del trabajo dificultaban que ambos asistieran cada semana. Las sesiones de terapia se centraron primero en abordar la rutina nocturna, la alimentación ritual y las preocupaciones sobre cómo vestirse, ya que eran las que más afectaban a diario. La acomodación y tranquilidad de los padres se abordaron con respecto a todos los síntomas, pero fueron específicamente relevantes en torno a la rutina nocturna que involucraba al padre del paciente.

Después de ocho sesiones de TCC-EPR, los síntomas de Lola apenas se habían reducido. El terapeuta notó repetidas fallas en la comunicación entre los padres y que la finalización de la tarea era irregular. Luego, la terapeuta llevó a cabo una sesión solo para padres durante la cual evaluó las barreras para el tratamiento y administró el Autoinforme de la Escala de Adaptación Familiar Versión para Niños y Adolescentes (FAS-SR-CA). La madre de Lola obtuvo un puntaje de 20 y su padre obtuvo un puntaje de 32. Durante esta sesión, el padre de Lola compartió que frecuentemente hacía que su esposa asistiera a las sesiones de terapia cuando sabía que las exposiciones que estaban planeadas para ese día serían más difíciles para Lola. Dijo que intentaría hacer las tareas asignadas, pero se encontró brindando seguridad a pesar de que sabía que no lo debía hacerlo. Dijo que simplemente no podía soportar ver a su pequeña niña tan molesta, que se culpaba a sí mismo por su TOC y que tenía miedo de traumatizarla. La madre de Lola dijo que con frecuencia se enfadaba con su esposo por "abandonar" la tarea. También se encontró acomodando más a Lola porque tenía miedo de molestar a su esposo también.

El terapeuta llevó a cabo varias sesiones para padres enfocadas en proporcionar psicoeducación y discutir estrategias para aumentar la tolerancia de los padres a la angustia. Sin embargo, rápidamente quedó claro que el padre de la paciente se beneficiaría de la terapia individual, ya que sus propios síntomas de depresión y TOC seguían estancando el progreso de su hija. El terapeuta habló con el padre de la paciente acerca de buscar su propio tratamiento y accedió a hacerlo.

Una vez que el padre de la paciente comenzó la terapia individual, su tolerancia a la angustia comenzó a aumentar y pudo modelar la participación en una variedad de exposiciones para su hija. Los síntomas de la paciente comenzaron a ser más manejables y el padre pudo participar en todas las exposiciones que la paciente estaba haciendo en las sesiones de terapia, así como también en la tarea. El terapeuta le dio a cada padre un FAS-SR-CA para evaluar su progreso con la adaptación durante el tratamiento. Tanto la madre como el padre de la paciente obtuvieron una puntuación de 12. El tratamiento finalizó cuando la puntuación CY-BOCS de Lola alcanzó un 8 y se mantuvo en el rango leve en un seguimiento de un mes.

TOC en relaciones románticas

Un componente crítico de la familia para adultos con TOC son las parejas románticas. Si bien las tasas de matrimonio de las personas con TOC varían mucho entre países, la insatisfacción y el conflicto dentro de las relaciones románticas de las personas con TOC son un fenómeno global (Cherian et al., 2014; Muhlbauer et al., 2020; Mohammadi et al., 2004; Srivastava et al., 2011; Derby et al., 2021). Para las personas con TOC, la satisfacción en la relación, la autorrevelación y la intimidad percibida con la pareja están negativamente correlacionadas con la gravedad de las obsesiones del TOC, lo que sugiere que la conexión y apertura general entre las parejas en una relación romántica pueden verse afectada debido a la sintomatología del TOC (Abbey et al., 2007). El funcionamiento sexual y la intimidad física también se ven afectados negativamente por el TOC, un hallazgo que se ha replicado en todas las culturas y ubicaciones geográficas (Derby et al., 2021; Fontenelle et al., 2007; Raisi et al., 2019; Vulink et al., 2006). En conjunto, estos hallazgos sugieren que una pareja romántica que involucra a una persona con TOC presenta desafíos únicos relacionados con sus obsesiones y compulsiones. Sin embargo, reducir las adaptaciones para el TOC puede tener un impacto positivo en la satisfacción general de la relación con la pareja que no tiene TOC que no es paciente (Boeding et al., 2013), lo que significa que un subproducto del tratamiento eficaz para el TOC puede ser una mejora en la relación romántica.

Obsesiones y compulsiones específicas de la relación

Para las personas con TOC, un grupo único de obsesiones y compulsiones puede representar un desafío para establecer y mantener relaciones. Las obsesiones y compulsiones que se centran en las relaciones cercanas e íntimas (denominadas síntomas "centrados en la relación") o parejas (denominados síntomas "centrados en la pareja"), a menudo denominados TOC de relación o ROCD (por sus siglas en inglés), pueden centrarse en la relación en sí misma (por ejemplo, "¿Es esto un ' ¿buena' relación?") o la pareja romántica (por ejemplo, "¿Es ella una persona lo suficientemente buena para mí?") (Doron & Derby, 2017; Doron et al., 2012). Es importante destacar que estas preocupaciones son egodistónicas (por ejemplo, "Sé que es increíble, pero no puedo dejar de preguntarme si es lo suficientemente atractivo para mí") y, por lo tanto, no son deseadas por el individuo (Doron et al., 2016). Las compulsiones comunes en ROCD incluyen un control intensivo de las acciones y sentimientos de la pareja o del paciente, búsqueda de tranquilidad y pensamientos neutralizantes (p. ej., pensar en ser felices juntos). A pesar de que los pacientes con y sin ROCD demuestran niveles similares de deterioro general de los síntomas, los síntomas de ROCD pueden tener un impacto negativo único en la satisfacción de la relación (Doron et al., 2012, 2016).

Manifestaciones comunes de los síntomas del TOC en las relaciones románticas

Para aquellos con preocupaciones relacionadas con la contaminación, la intimidad física puede ser difícil de establecer y mantener (Derbby et al., 2021). De hecho, el miedo a la contaminación por contacto con los genitales o las secreciones corporales y la gravedad de las compulsiones de lavarse se correlacionan negativamente con el deseo sexual por la pareja (Abbey et al., 2007). Para aquellos que ritualizan la intimidad (como exigirse a sí mismos o a su pareja que se duchen, usen cierta ropa o

213

participen en un patrón específico de acomodación), las parejas pueden sentirse desconectadas o como si el TOC fuera una "tercera pareja" en su relación.

Otras quejas comunes dentro de las relaciones románticas incluyen obsesiones y comportamientos compulsivos relacionados con el miedo a la infidelidad o el atractivo de uno mismo o de la pareja (Doron et al., 2016; Ghomian et al., 2021). Muchos pacientes con TOC informan que tienen dificultades para preguntarle a su pareja si es infiel o se involucran en la verificación compulsiva de los dispositivos, la ropa u otros artículos de su pareja para asegurarse de que la pareja no sea infiel. Otros pueden luchar con la ambigüedad de los sentimientos románticos y realizar comprobaciones compulsivas (p. ej., "¿De verdad me amas?"; "¿Me encuentras atractivo?") para asegurarse de que la relación sea genuina. Al igual que con todas las obsesiones y compulsiones, las parejas románticas pueden sentirse especialmente divididas entre acomodarse a estos miedos ("¡Por supuesto que te amo!"; "¡Eres tan hermosa!"), tratar de no brindar seguridad ("Creo que sabes la respuesta a esa pregunta"), y sentirse agotado por el TOC ("¡No si me sigues preguntando!"). En los casos en que se cuestione el atractivo, la verificación y la comparación encubierta o abierta con los demás ("¿Mi novia se ve tan bien como la novia de Alex?"; "¿Soy tan atractivo como el novio de Casey?") puede llevar a que se cuestione su propia fidelidad.

Se informa que entre el 10 y el 12 % de los pacientes experimentan obsesiones y compulsiones de orientación sexual (SO-OCD) a lo largo de su vida (Williams & Farris, 2011; Pinciotti et al., 2022). Este subconjunto único de síntomas del TOC se manifiesta como dudas obsesivas sobre si uno es gay/lesbiana/bisexual o heterosexual, preocupaciones sobre la atracción por personas del mismo género y preocupaciones de que otros puedan pensar que son gay/lesbianas/bisexuales (Williams & Farris, 2011; Pinciotti et al., 2022). Al igual que con todas las obsesiones y compulsiones, estas preocupaciones son de naturaleza egodistónica y pueden causar una cantidad considerable de angustia. Para las personas en relaciones románticas, el SO-TOC puede resultar especialmente oneroso, ya que los comportamientos típicos de la intimidad interpersonal en una relación (p. ej., tomarse de la mano, besarse, etc.) pueden convertirse en parte de una compulsión de "probar" a sí mismos o a los demás que son su orientación sexual declarada. Esto puede llevar a las parejas románticas a preguntarse si el afecto que reciben es genuino o una manifestación del TOC de su pareja.

Consideraciones para la inclusión de parejas románticas en el tratamiento

A pesar de los desafíos presentes en una relación romántica para las personas con TOC, o quizás debido a ellos, las parejas románticas pueden resultar aliados especialmente poderosos en el contexto del tratamiento del TOC (Abramowitz et al., 2013). La dinámica única de una relación romántica en comparación con una relación padre-hijo en tratamiento no puede pasarse por alto. Anecdóticamente, las parejas románticas tienen una mejor comprensión de algunos de los componentes más vergonzosos o íntimos del TOC de su pareja (p. ej., obsesiones religiosas o sexuales que podrían perturbar a un padre, lavarse o repetir las compulsiones que involucran los genitales u otras áreas privadas) en comparación a un padre de un hijo adulto. En algunas relaciones, los miembros de la pareja pueden brindar información invaluable a los proveedores de tratamiento, ya que pueden ser más conscientes de los desencadenantes del paciente o de los rituales encubiertos. Para pacientes con conocimientos limitados, una pareja romántica a menudo puede ser una fuente valiosa de datos para los proveedores de tratamiento.

Una vez que participan en el tratamiento, las parejas románticas pueden actuar como un valioso compañero responsable de su ser querido y, en algunos casos, participar activamente en el paradigma de exposición con su ser querido (por ejemplo, usar colores "prohibidos", interrumpir rutinas intencionalmente, alterar la presentación de artículos dentro de la casa). Además, involucrar a la pareja romántica del paciente en el tratamiento puede tener el impacto positivo de reducir la acomodación en el hogar y mejorar la comunicación entre todas las partes interesadas. Sin embargo, cuando se involucra a la pareja en el tratamiento, especialmente que sea una ayuda eficaz, los proveedores de tratamiento deben ser cautelosos para asegurarse de que el paciente no desarrolle la creencia de que solo puede desafiar sus exposiciones con la pareja romántica presente. Si esto es una preocupación, se deben usar estrategias intencionales para promover la generalización, incluida la participación de sesiones de exposición sin la presencia de la pareja romántica. Sin embargo, con algunos pacientes, la participación de una pareja romántica en el tratamiento puede resultar un desafío. Algunas parejas pueden no estar dispuestas o ser incapaces de tolerar ver a su ser querido angustiado durante las sesiones de terapia de exposición y pueden brindar adaptaciones no solicitadas. Otras parejas pueden sentirse ofendidas por los guiones de exposición o las obsesiones en sí mismas si las consideran inapropiadas (p. ej., obsesiones/guiones sexuales o religiosos, o guiones de preocupación que los contienen) o desencadenantes de su propia ansiedad. Incluso otras parejas pueden participar inicialmente en el tratamiento solo para luego sentir angustia al darse cuenta de que su pareja ya no ocupa el papel de "enfermo" de la familia. Para las parejas románticas que enfrentan estos desafíos, una derivación a terapia individual puede ser útil para brindar un espacio dedicado fuera de la terapia de exposición para abordar estos problemas.

Para los médicos, es esencial conocer el espectro completo de roles que las parejas románticas pueden desempeñar en el tratamiento (p. ej., como contenido obsesivo, como componente de rituales compulsivos, como fuente de adaptación, como asistente de terapia, como fuente de responsabilidad). La psicoeducación continua con el paciente y su pareja a lo largo del curso del tratamiento y los controles frecuentes sobre la participación de la pareja romántica en los rituales, adaptaciones y exposiciones dentro del hogar son necesarios para garantizar que todas las partes involucradas estén en la misma página. Además, se alienta a los proveedores a discutir la participación de la pareja romántica directamente con el paciente periódicamente durante el tratamiento para permitir ajustes en la administración del tratamiento si es necesario (por ejemplo, sesiones individuales para promover la generalización o la discusión de temas que la pareja no conoce o puede encontrar angustiosos). Para algunas parejas, una remisión a terapia de pareja o el uso de estrategias de aumento dirigidas a parejas puede ser útil para ayudar a manejar el ajuste durante y después de la terapia de exposición (Abramowitz et al., 2013). Sin embargo, recomendamos trabajar con un proveedor familiarizado con el TOC o una vez que el TOC de la pareja haya respondido al tratamiento. De lo contrario, la terapia de pareja puede convertirse en una salida en la que, sin saberlo, se anima a la persona con TOC a buscar tranquilidad.

TOC perinatal

Una presentación única de TOC que impacta fuertemente en las relaciones familiares es el TOC perinatal. El TOC perinatal es la aparición o el empeoramiento del TOC durante el embarazo o el período posparto, y se ha documentado tanto en los padres en edad fértil como en los no fértiles (Abramowitz, Schwartz y Moore, 2003). La prevalencia de TOC perinatal es del 2,07 % para el período prenatal y del 2,43 % en el período posparto (Russell et al., 2013). En particular, es menos probable que los pacientes revelen la sintomatología tabú en entornos clínicos como las clínicas de obstetricia, ginecología o pediatría debido al temor de que sus proveedores los informen a los servicios de protección infantil. La Escala de Depresión Postnatal de Edimburgo (EDPS, por sus siglas en inglés) se administra comúnmente como una medida de detección de la depresión perinatal en las clínicas de obstetricia, aunque hasta el 20 % de las personas con TOC reciben un falso positivo para la depresión posparto en la EDPS (Mauri et al., 2010). Por lo tanto, se necesitan medidas específicas para el TOC perinatal para un diagnóstico preciso. Los investigadores han comenzado a crear medidas de TOC perinatal, aunque estas medidas requieren una validación adicional y los especialistas en TOC aún tienen que ponerse de acuerdo sobre una medida preferida. La integración de estas medidas en las clínicas de obstetricia también es importante para la identificación temprana de pacientes.

Las presentaciones de pensamientos intrusivos en el TOC perinatal a menudo se centran en el daño al niño, pero pueden presentarse a través de las dimensiones de los síntomas del TOC. Los síntomas de OC de los padres que se observan con frecuencia incluyen obsesiones sobre daño directo o agresión hacia el bebé (p. ej., ahogar al bebé durante el baño o arrojarlo contra una pared), daño accidental al bebé (p. ej., dejar caer al bebé o que el bebé muera de SIDS mientras duerme), pensamientos sexuales agresivos hacia el bebé (p. ej., tocar al bebé de manera inapropiada al cambiarle el pañal), pensamientos mágicos relacionados con la simetría/organización que están conectados con el daño/muerte del bebé (p. ej., daño al bebé si los biberones no están alineados correctamente) y contaminación que da lugar a daño infantil (p. ej., el bebé está expuesto a suciedad/gérmenes, se enferma y muere después de conocer gente nueva, gatea por el suelo o los biberones no se lavan correctamente; Abramowitz, Schwartz, & Moore, 2003 ; Brockington et al., 2006; Kaya et al., 2015; Uguz et al., 2007; Zambaldi et al., 2009).

Debido a que las obsesiones en el TOC de los padres tienden a abarcar las dimensiones tradicionales del TOC, es posible que el TOC perinatal no se capture bien en la Escala obsesivo-compulsiva de Yale-Brown (Y-BOCS). Una vez más, una medida de TOC perinatal específica tiene utilidad clínica, aunque no se ha acordado en la literatura. Algunas medidas perinatales que parecen prometedoras para una evaluación más específica del TOC perinatal incluyen la Escala Obsesivo Compulsiva Perinatal (POCS; Lord et al., 2011), la Lista de Verificación de Comportamientos y Pensamientos Posparto (PTBC; Abramowitz et al., 2006) y la Escala de Angustia Posparto Medida y Medida de angustia prenatal (PDM, Pre-DM; Allison et al., 2011). La Escala de Detección de Ansiedad Perinatal (PASS; Somerville, 2014) tiene una mayor amplitud de síntomas relacionados con la ansiedad, mientras que la Escala de Adaptación Familiar estándar-Autoinforme (FAS-SR; Pinto et al., 2013) también puede ser completada por parejas u otros seres queridos para medir los comportamientos de acomodación.

El TOC perinatal a menudo afecta la distribución de las tareas del cuidado de los niños. Algunas personas con TOC perinatal evitan el cuidado de los niños y dependen de una pareja u otra persona de apoyo para cuidar al bebé, mientras que otras son demasiado protectoras con el bebé y no permiten que su pareja u otras personas interactúen con el niño o lo cuiden. Las tareas comunes de cuidado infantil que pueden verse afectadas por el TOC incluyen: cambiar pañales, bañar, vestir, preparar alimentos, alimentar y conducir/trasladar al niño a diferentes lugares. Como era de esperar, el TOC perinatal se correlaciona con la angustia marital por las tareas de cuidado de los hijos, menos disfrute en las interacciones entre padres e hijos, menos confianza en las habilidades de crianza y menos apoyo social (Challacombe et al., 2016).

El TOC perinatal también puede estar asociado con resultados de salud negativos tanto para el padre como para el niño. Estos incluyen un mayor riesgo de hipertensión gestacional, preeclampsia, ruptura prematura de membranas, partos por cesárea e instrumentados, tromboembolismo venoso y parto prematuro (Nasiri et al., 2021). Los cuidadores pueden dormir menos debido a la revisión repetida del bebé o la respuesta a alertas o alarmas de monitores para bebés o pulsómetros de oxígeno. El aumento de los resultados adversos puede afectar a las familias a través de una inversión financiera más inesperada (por ejemplo, el costo de las citas médicas y el equipo de monitoreo), una mayor angustia general y la falta de atención de relevo considerada "aceptable" por la persona con TOC. Los bebés también pueden tener hitos del desarrollo retrasados debido a que los padres se involucran en conductas protectoras de evitación. Un ejemplo que hemos visto en nuestra clínica en varias ocasiones son los hitos motores retrasados como resultado de los temores obsesivos de contaminación que impiden que un padre permita que un bebé pase tiempo boca abajo en el piso o restringe el movimiento de su niño pequeño en el hogar solo a lugares "seguros".

En cuanto al tratamiento, aunque se necesita más investigación en la población perinatal, no existen contraindicaciones teóricas para el uso del tratamiento psicoterapéutico estándar de oro para el TOC general (TCC-EPR) con la población perinatal (Abramowitz, Schwartz, Moore, & Luenzmann, 2003). Los estudios han mostrado respuestas favorables con la TCC-EPR tanto para las personas en edad fértil como para las no fértiles con empeoramiento o aparición de síntomas en el período perinatal (Abramowitz et al., 2001; Challacombe et al., 2017; Challacombe & Salkovskis, 2011), así como psicoeducación preventiva sobre síntomas obsesivo-compulsivos, reestructuración cognitiva y técnicas de exposición (Timpano et al., 2011). La TCC-EPR para la población perinatal se administra con pocas modificaciones, utilizando una jerarquía de miedo personalizada, maximizando el tiempo dedicado a las exposiciones e incorporando a los miembros de la familia tan pronto como sea posible (ver Christian & Storch, 2009). Una desventaja de la psicoterapia para el TOC es que debe ser proporcionada por un profesional específicamente capacitado y los pacientes y/o sus familias deben estar motivados para participar en el tratamiento y practicar exposiciones fuera de la sesión de terapia. Para las personas que no tienen acceso a un terapeuta para el TOC o que no están dispuestas a participar en una terapia que requiere mucho tiempo, la medicación es otra opción de tratamiento.

El tratamiento farmacológico de primera línea para el TOC son los inhibidores selectivos de la recaptación de serotonina (ISRS, Skapinakis et al., 2016), que también ha sido respaldado como un tratamiento eficaz para el TOC en el período perinatal (Arnold, 1999, Sichel et al., 1993). La literatura consiste en estudios de observación y de casos debido a las barreras para completar ensayos controlados con esta población vulnerable, pero se ha documentado la recaída de los síntomas después de la terminación de la monoterapia con medicamentos psicotrópicos (Abramowitz, Schwartz, Moore y Luenzmann, 2003). A pesar de la evidencia de que los ISRS son relativamente seguros durante el embarazo y la lactancia (consulte Gentile, 2005 y

Menon, 2008 para una revisión), muchas personas con TOC perinatal tienen serias reservas sobre el uso de medicamentos que podrían afectar a su hijo. Los padres en edad fértil pueden esperar hasta el parto o después de amamantar para comenzar con la medicación psicotrópica. Otras pueden optar por no amamantar y usar fórmulas para alimentar a su hijo para que puedan comenzar a tomar medicamentos más rápidamente después del parto. Por lo general, los padres en edad fértil se enfocan en el riesgo de la mediación, pero pueden ignorar el riesgo de retrasar el tratamiento tanto para ellos como para su hijo. Se necesita una discusión franca de los riesgos y beneficios tanto de la medicación como del tratamiento diferido que se adapte al paciente individual (Menon, 2008).

Ejemplo de caso de TOC perinatal

Para proteger la privacidad del paciente, el siguiente ejemplo de caso es una combinación de varios casos vistos en nuestra clínica con TOC perinatal y no se basa en ningún caso en particular. Mónica era una mujer cisgénero de 28 años sin diagnósticos psiquiátricos previos, pero con antecedentes de síntomas obsesivo-compulsivos subclínicos desde la infancia. Recientemente dio a luz a su segundo hijo. Fue remitida por su obstetra/ginecólogo y se presentó a tratamiento debido a un aumento en la gravedad de los síntomas de la CO durante su primer embarazo, que también había regresado e intensificado con su segundo embarazo. Sus dimensiones obsesivas más angustiosas incluían la contaminación, la simetría/perfección con el pensamiento mágico relacionado con el daño y el daño físico/sexual (propio, ajeno o accidental). Sus compulsiones más significativas incluían la evitación, la hipervigilancia, la limpieza/lavado, la comprobación, la oración y la tranquilidad. Dijo que su motivación para el tratamiento era disminuir la discordia marital, ya que no permitía que su pareja se involucra en las tareas de cuidado de niños con su primer hijo debido a pensamientos intrusivos sobre el daño que podría sufrir el niño.

El niño mayor tenía 4 años y estaba atrasado en el entrenamiento para ir al baño debido al temor de Mónica a contaminarse si el niño usaba baños públicos. El niño de 4 años no estaba en el cuidado de niños fuera del hogar debido a los comportamientos de evitación del cuidador debido al miedo al daño. El bebé también estaba atrasado en los hitos del desarrollo relacionados con las habilidades motoras debido a que el paciente no permitía que el niño tocara el suelo durante el tiempo boca abajo. El bebé estaba atrasado en los hitos para levantar la cabeza y gatear y tenía tortícolis en el cuello debido a que estaba sentado en un asiento de seguridad para niños, cochecito o mecedora con la cabeza colocada de la misma manera durante largos períodos de tiempo para evitar el contacto con el piso. Las sesiones comenzaron a través de telesalud debido a la preocupación de Mónica por la contaminación de sí misma o de sus hijos al salir de la casa, y luego las sesiones pasaron a exposiciones en la clínica a medida que Mónica se habituaba a la ansiedad y aumentaba su tolerancia a la angustia.

Las sesiones incluyeron a la pareja de Mónica y la utilización de una jerarquía graduada para reducir y eliminar las adaptaciones (p. ej., vigilar al niño pequeño y al bebé solos, lavar las botellas de agua "incorrectamente", alinear los artículos del bebé de manera desordenada/asimétrica, reducir la tranquilidad de "Eso suena como TOC", a, "No lo sé; tal vez, tal vez no", a "Sí, [el pensamiento del TOC] definitivamente va a suceder"). Tanto Mónica como su pareja utilizaron el humor en sus interacciones, por lo que se aprovechó de la terapia haciendo que los pensamientos aterradores fueran "tontos" con su pareja haciendo bromas exageradas sobre los pensamientos intrusivos y cómo afectarían la vida y el bienestar de los niños.

A medida que avanzaba el tratamiento, las exposiciones *in vivo* se dirigieron a múltiples miedos a la vez. Por ejemplo, para renunciar al control sobre lo que tocaba el niño pequeño, este se quedaba fuera de la sesión con un ayudante de terapia para jugar en la sala de juegos de la clínica con juguetes potencialmente "contaminados". Mientras tanto, Mónica desafió los temores con respecto a su bebé haciendo que el bebé saliera del cochecito y cargándolo, luego dejando que lo cargara una terapeuta que también era madre y luego que lo cargara un terapeuta que no era padre. Esto progresó hasta que el bebé se sentó en el piso de la sala de terapia sobre una manta y luego se sentó directamente en el piso de la sala de terapia. Mónica participó en exposiciones en el baño con ambos niños, lo que incluyó el uso normativo de un baño público para el niño pequeño, y Mónica cambió al bebé en una mesa pública para cambiar pañales. Las Unidades Subjetivas de Angustia (SUD) se informaron con frecuencia para realizar un seguimiento del progreso, y Mónica calificó su angustia por ansiedad y tristeza mientras participaba en exposiciones. Los SUD de ansiedad tendieron a aumentar rápidamente, luego disminuyeron de manera constante durante la exposición, mientras que los SUD de tristeza tendieron a persistir después de completar la exposición. Mónica informó que esto se debió a que el pensamiento intrusivo irracional (p. ej., "Mi bebé morirá") se volvió menos creíble en el momento, aunque el pensamiento en general fue un pensamiento triste porque realmente se preocupaba por su bebé. Además de la tarea de exposición, para ayudar a controlar la tristeza, se animó a Mónica a involucrarse en el cuidado personal y los comportamientos que se alineaban con sus valores (pasar tiempo con los niños, participar en una actividad/pasatiempo placentero) entre sesiones sin "deshacer" las exposiciones.

A lo largo del tratamiento, Mónica mejoró su funcionamiento diario y el de su familia. El niño pequeño pudo asistir a clases de prejardín de infantes al comienzo del siguiente año escolar y también pudo asistir a sesiones de terapia ocupacional para aumentar la fuerza y el funcionamiento motor. A través del tratamiento, los síntomas del TOC de la paciente mejoraron, al igual que la relación con su pareja, ya que la carga de trabajo de los padres y el tiempo de juego positivo con los niños se dividieron de manera más equitativa entre ambos cuidadores.

Conclusión

Este capítulo ha presentado un resumen del impacto de los miembros de la familia en la gravedad de los síntomas y el tratamiento del TOC y ha destacado que esta relación es bidireccional. Independientemente de la edad cronológica del paciente o la naturaleza de la relación familiar, la literatura es clara en cuanto a que la participación familiar constructiva es beneficiosa para el tratamiento de los síntomas del TOC. La participación exacta de la familia dependerá en gran medida del juicio clínico de cada caso único, pero la mayoría de los pacientes se beneficiarán de la evaluación de la acomodación y el funcionamiento familiar, la psicoeducación brindada a los miembros de la familia y la reducción sistemática planificada de la acomodación familiar como parte de su tratamiento.

Para muchas personas, la participación directa de los miembros de la familia en el tratamiento también puede ser útil. Se alienta a los médicos a abordar la evaluación de las características y necesidades individuales de cada familia de manera holística y considerar la necesidad de intervenciones complementarias o adaptadas. Por ejemplo, los padres de niños con TOC pueden beneficiarse del aumento de las habilidades de capacitación en gestión de los padres, especialmente cuando también están presentes comportamientos coercitivos y disruptivos. Además, los padres de aquellos que no pueden participar plenamente en el tratamiento pueden beneficiarse de intervenciones dirigidas solo para padres centradas en reducir la acomodación. Finalmente, las parejas románticas, los miembros de la familia con angustia psicológica preexistente y las familias en crisis aguda también pueden beneficiarse de la remisión a tratamiento individual o familiar además del tratamiento del TOC de su ser querido. Si bien la literatura sugiere claramente que la participación de la familia es beneficiosa para los resultados del tratamiento, es importante reconocer que los miembros de la familia no siempre participan en el tratamiento, ya sea por elección o circunstancia. En estos casos, los proveedores deben considerar cuidadosamente las circunstancias específicas del caso para determinar cómo proceder con el tratamiento.

Referencias

Abbey, R. D., Clopton, J. R., & Humphreys, J. D. (2007). Obsessive–compulsive disorder and romantic functioning. *Journal of Clinical Psychology, 63*(12), 1181–1192. https://doi.org/10.1002/jclp.20423

Abramowitz, J. S., Baucom, D. H., Boeding, S., Wheaton, M. G., Pukay-Martin, N. D., Fabricant, L. E., Paprocki, C., & Fischer, M. S. (2013). Treating obsessive-compulsive disorder in intimate relationships: A pilot study of couple-based cognitive-behavior therapy. *Behavior Therapy, 44*(3), 395–407. https://doi.org/10.1016/j.beth.2013.02.005

Abramowitz, J. S., Khandker, M., Nelson, C. A., Deacon, B. J., & Rygwall, R. (2006). The role of cognitive factors in the pathogenesis of obsessive-compulsive symptoms: A prospective study. *Behaviour Research and Therapy, 44*(9), 1361–1374. https://doi.org/10.1016/j.brat.2005.09.011

Abramowitz, J., Moore, K., Carmin, C., Wiegartz, P. S., & Purdon, C. (2001). Acute onset of obsessive-compulsive disorder in males following childbirth. *Psychosomatics, 42*(5), 429–431. https://doi.org/10.1176/appi.psy.42.5.429

Abramowitz, J. S., Schwartz, S. A., & Moore, K. M. (2003). Obsessional thoughts in postpartum females and their partners: Content, severity, and relationship with depression. *Journal of Clinical Psychology in Medical Settings, 10*(3), 157–164. https://doi.org/10.1023/a:1025454627242

Abramowitz, J. S., Schwartz, S. A., Moore, K. M., & Luenzmann, K. R. (2003). Obsessive-compulsive symptoms in pregnancy and the puerperium: *Journal of Anxiety Disorders, 17*(4), 461–478. https://doi.org/10.1016/s0887-6185(02)00206-2

Achenbach, T. M. (1991). *Manual for Child Behavior Checklist/4–18 and 1991 Profile.* Burlington, VT: University of Vermont, Department of Psychiatry.

Achenbach T. M., & Rescorla, L. (2001). *Manual for the ASEBA School-Age Forms & Profiles: An Integrated System of Multi-informant Assessment.* Burlington, VT: University of Vermont, Research Center for Children, Youth & Families.

Albert, U., Bogetto, F., Maina, G., Saracco, P., Brunatto, C., & Mataix-Cols, D. (2010). Family accommodation in obsessive–compulsive disorder: Relation to symptom dimensions, clinical and family characteristics. *Psychiatry Research, 179*(2), 204–211. https://doi.org/10.1016/j.psychres.2009.06.008

Allison, K. C., Wenzel, A., Kleiman, K., & Sarwer, D. B. (2011). Development of a brief measure of postpartum distress. *Journal of Women's Health, 20*(4), 617–623. https://doi.org/10.1089/jwh.2010.1989

Arnold, L. M. (1999). A case series of women with postpartum-onset obsessive-compulsive disorder. *Primary Care Companion to the Journal of Clinical Psychiatry, 1*(4), 103–108. https://doi.org/10.4088/pcc.v01n0402

Belschner, L., Lin, S.Y., Yamin, D.F., Best, J.R., Edalati, K., McDermid, J., &

Stewart, S.E. (2020). Mindfulness-based skills training group for parents of obsessive-compulsive disorder-affected children: A caregiver-focused intervention. Complementary Therapies Clinic Practice, 39, 101098. http://doi.org/10.1016/j.ctcp.2020.101098.

Boeding, S. E., Paprocki, C. M., Baucom, D. H., Abramowitz, J. S., Wheaton, M. G., Fabricant, L. E., & Fischer, M. S. (2013). Let me check that for you: Symptom accommodation in romantic partners of adults with obsessive–compulsive disorder. *Behaviour Research and Therapy, 51*(6), 316–322. https://doi.org/10.1016/j.brat.2013.03.002

Bornas, X., de la Torre-Luque, A., Fiol-Veny, A., & Balle, M. (2017). Trajectories of anxiety symptoms in adolescents: Testing the model of emotional inertia. *International Journal of Clinical and Health Psychology, 17*(2), 192–196. https://doi.org/10.1016/j.ijchp.2017.01.002

Borrego, J., Anhalt, K., Terao, S. Y., Vargas, E. C., & Urquiza, A. J. (2006). Parent-Child Interaction Therapy With a Spanish-Speaking Family. *Cognitive and Behavioral Practice, 13*(2), 121–133. https://doi.org/10.1016/j.cbpra.2005.09.001

Brander, G., Kuja-Halkola, R., Rosenqvist, M.A. ... Mataix-Cols, D. (2021). A population-based family clustering study of tic-related obsessive-compulsive disorder. *Molecular Psychiatry 26*, 1224–1233. https://doi.org/10.1038/s41380-019-0532-z

Brockington, I. F., Macdonald, E., & Wainscott, G. (2006). Anxiety, obsessions and morbid preoccupations in pregnancy and the puerperium. *Archives of Women's Mental Health, 9*(5), 253–263. https://doi.org/10.1007/s00737-006-0134-z

Carter, A.S., Pollock, R.A., Suvak, M.K., & Pauls, D.L. (2005). Anxiety and major depression comorbidity in a family study of obsessive-compulsive disorder. *Depression and Anxiety, 20*, 165-174. https://doi.org/10.1002/da.20042

Calvo, R., Ortiz, A. E., Moreno, E., Plana, M. T., Morer, A., & Lázaro, L. (2022). Functional impairment in a Spanish sample of children and adolescents with obsessive–compulsive disorder. *Child Psychiatry & Human Development*. https://doi.org/10.1007/s10578-022-01386-9

Calvocoressi, L., Lewis, B., Harris, M., Trufan, S.J., Goodman, W.K., McDougle, C.J., Price, L.H. (1995). Family accommodation in obsessive-compulsive disorder. American Journal of Psychiatry, 152, 441–443. http://doi.org/10.1176/ajp.152.3.441

Calvocoressi, L., Mazure, C. M., Kasl, S. V., Skolnick, J., Fisk, D., Vego, S. J., Van Noppen, B. L., & Price, L. H. (1999). Family accommodation of obsessive-compulsive symptoms: Instrument development and assessment of family behavior. *The Journal of Nervous & Mental Disease, 187*(10), 636–642. https://doi.org/10.1097/00005053-199910000-00008

Carpenter, A. L., Puliafico, A. C., Kurtz, S. M. S., Pincus, D. B., & Comer, J. S.

(2014). Extending Parent–Child Interaction Therapy for Early Childhood Internalizing Problems: New Advances for an Overlooked Population. *Clinical Child and Family Psychology Review, 17*(4), 340–356. https://doi.org/10.1007/s10567-014-0172-4

Challacombe, F. L., & Salkovskis, P. M. (2011). Intensive cognitive-behavioural treatment for women with postnatal obsessive-compulsive disorder: A consecutive case series. *Behaviour Research and Therapy, 49*(6-7), 422–426. https://doi.org/10.1016/j.brat.2011.03.006

Challacombe, F. L., Salkovskis, P. M., Woolgar, M., Wilkinson, E. L., Read, J., & Acheson, R. (2016). Parenting and mother-infant interactions in the context of maternal postpartum obsessive-compulsive disorder: Effects of obsessional symptoms and mood. *Infant Behavior and Development, 44*, 11–20. https://doi.org/10.1016/j.infbeh.2016.04.003

Challacombe, F. L., Salkovskis, P. M., Woolgar, M., Wilkinson, E. L., Read, J., & Acheson, R. (2017). A pilot randomized controlled trial of time-intensive cognitive–behaviour therapy for postpartum obsessive–compulsive disorder: Effects on maternal symptoms, mother–infant interactions and attachment. *Psychological Medicine, 47*(8), 1478–1488. https://doi.org/10.1017/s0033291716003573

Cherian, A. V., Narayanaswamy, J. C., Viswanath, B., Guru, N., George, C. M., Bada Math, S., Kandavel, T., & Janardhan Reddy, Y. C. (2014). Gender differences in obsessive-compulsive disorder: Findings from a large Indian sample. *Asian Journal of Psychiatry, 9*, 17–21. https://doi.org/10.1016/j.ajp.2013.12.012

Chacon, P., Bernardes, E., Faggian, L., Batistuzzo, M., Moriyama, T., Miguel, E.C., & Polanczyk, G,V. (2018). Obsessive-compulsive symptoms in children with first degree relatives diagnosed with obsessive-compulsive disorder. Brazilian Journal of Psychiatry, 388-393. http://doi.org/10.1590/1516-4446-2017-2321

Chou, T., DeSerisy, M., Garcia, A. M., Freeman, J. B., & Comer, J. S. (2017). Obsessive-Compulsive Problems in Very Young Children. *The Wiley Handbook of Obsessive Compulsive Disorders, 1*, 474–491. https://doi.org/10.1002/9781118890233.ch26

Christian, L. M., & Storch, E. A. (2009). Cognitive behavioral treatment of postpartum onset: Obsessive compulsive disorder with aggressive obsessions. *Clinical Case Studies, 8*(1), 72–83. https://doi.org/10.1177/1534650108326974

Comer, J. S., del Busto, C., Dick, A. S., Furr, J. M., & Puliafico, A. C. (2018). Adapting PCIT to Treat Anxiety in Young Children: The PCIT CALM Program. *Handbook of Parent-Child Interaction Therapy*, 129–147. https://doi.org/10.1007/978-3-319-97698-3_9

Comer, J. S., Puliafico, A. C., Aschenbrand, S. G., McKnight, K., Robin, J. A.,

Goldfine, M. E., & Albano, A. M. (2012). A pilot feasibility evaluation of the CALM Program for anxiety disorders in early childhood. *Journal of Anxiety Disorders*, *26*(1), 40–49. https://doi.org/10.1016/j.janxdis.2011.08.011

Demaria, F., Pontillo, M., Tata, M. C., Gargiullo, P., Mancini, F., & Vicari, S. (2021). Psychoeducation focused on family accommodation: a practical intervention for parents of children and adolescents with obsessive-compulsive disorder. *Italian Journal of Pediatrics*, *47*(1), 1-7. https://doi.org/10.1186/s13052-021-01177-3

Derby, D. S., Tibi, L., & Doron, G. (2021). Sexual dysfunction in relationship obsessive compulsive disorder. *Sexual and Relationship Therapy*, 1–14. https://doi.org/10.1080/14681994.2021.2009793

Doron, G., & Derby, D. (2017). Assessment and treatment of relationship-related OCD symptoms (ROCD). *The Wiley Handbook of Obsessive Compulsive Disorders*, 547–564. https://doi.org/10.1002/9781118890233.ch30

Doron, G., Derby, D. S., Szepsenwol, O., & Talmor, D. (2012). Tainted love: Exploring relationship-centered obsessive compulsive symptoms in two non-clinical cohorts. *Journal of Obsessive-Compulsive and Related Disorders*, *1*(1), 16–24. https://doi.org/10.1016/j.jocrd.2011.11.002

Doron, G., Derby, D., Szepsenwol, O., Nahaloni, E., & Moulding, R. (2016). Relationship Obsessive–Compulsive Disorder: Interference, Symptoms, and Maladaptive Beliefs. *Frontiers in Psychiatry*, *7*, 58. https://doi.org/10.3389/fpsyt.2016.00058

Durna, G., Yorulmaz, O., & Aktaç, A. (2019). Public stigma of obsessive compulsive disorder and schizophrenic disorder: Is there really any difference?. Psychiatry Research, 271, 559-564. https://doi.org/10.1016/j.psychres.2018.12.065

Fischer, M.S., Baucom, D.H., Abramowitz, J.S., & Baucom, B.R.W. (2022). Interpersonal emotion dynamics in obsessive-compulsive disorder: Associations with symptom severity, accommodation, and treatment outcome. *Couple and Family Psychology: Research and Practice*, Online First Publication, March 21, 2022. http://dx.doi.org/10.1037/cfp0000218

Flessner, C. A., Sapyta, J., Garcia, A., Freeman, J. B., Franklin, M. E., Foa, E., & March, J. (2010). Examining the psychometric properties of the family accommodation scale-parent-report (FAS-PR). *Journal of Psychopathology and Behavioral Assessment*, *33*(1), 38–46. https://doi.org/10.1007/s10862-010-9196-3

Fontenelle, L. F., de Souza, W. F., de Menezes, G. B., Mendlowicz, M. V., Miotto, R. R., Falc??o, R., Versiani, M., & Figueira, I. L. (2007). Sexual function and dysfunction in Brazilian patients with obsessive-compulsive disorder and social anxiety disorder. *The Journal of Nervous and Mental Disease*, *195*(3), 254–257. https://doi.org/10.1097/01.nmd.0000243823.94086.6f

Garcia, A. M., Sapyta, J. J., Moore, P. S., Freeman, J. B., Franklin, M. E., March, J. S., & Foa, E. B. (2010). Predictors and moderators of treatment outcome in the pediatric obsessive compulsive treatment study (POTS I). *Journal of the American Academy of Child & Adolescent Psychiatry*, *49*(10), 1024–1033. https://doi.org/10.1016/j.jaac.2010.06.013

Geller, D. A. (2004). Re-examining comorbidity of obsessive compulsive and attention-deficit hyperactivity disorder using an empirically derived taxonomy. *European Child & Adolescent Psychiatry*, *13*(2), 83–91. https://doi.org/10.1007/s00787-004-0379-x

Geller, D. A., Biederman, J., Griffin, S., Jones, J., & Lefkowitz, T. R. (1996). Comorbidity of juvenile obsessive-compulsive disorder with disruptive behavior disorders. *Journal of the American Academy of Child & Adolescent Psychiatry*, *35*(12), 1637–1646. https://doi.org/10.1097/00004583-199612000-00016

Gentile, S. (2005). SSRIs in Pregnancy and Lactation. *CNS Drugs*, *19*(7), 623–633. https://doi.org/10.2165/00023210-200519070-00004

Ghomian, S., Shaeiri, M. R., & Farahani, H. (2021). Relationship obsessive compulsive disorder (ROCD) in Iranian culture: Symptoms, causes and consequences. *Journal of Fundamentals of Mental Health*, *23*(6), 397–408.

Glazier, K., Wetterneck, C., Singh, S., & Williams, M. (2015). Stigma and shame as barriers to treatment for obsessive-compulsive and related disorders. *Journal of Depression and Anxiety*, *4*, http://dx/doi/org/10.4191/2167-1044.1000191

Gomes, J. B., Cordioli, A., Van Noppen, B., Pato, M., Wolitzky-Taylor, K., Gonçalves, F., & Heldt, E. (2015). Family accommodation scale for obsessive–compulsive disorder—interviewer-rated (FAS-IR), Brazilian Portuguese version: Internal consistency, reliability, and exploratory factor analysis. *Comprehensive Psychiatry*, *57*, 155–159. https://doi.org/10.1016/j.comppsych.2014.11.017

Goodman, W. K., Price, L. H., Rasmussen, S. A., Mazure, C., Fleischmann, R. L., Hill, C. L., Heninger, G. R., & Charney, D. S. (1989). The Yale-Brown obsessive compulsive scale I: Development, use, and reliability. *Archives of General Psychiatry*, *46*(11), 1006–1011. https://doi.org/10.1001/archpsyc.1989.01810110048007

Guzick, A. G., Cooke, D. L., McNamara, J. P. H., Reid, A. M., Graziano, P. A., Lewin, A. B., Murphy, T. K., Goodman, W. K., Storch, E. A., & Geffken, G. R. (2019). Parents' perceptions of internalizing and externalizing features in childhood OCD. *Child Psychiatry & Human Development*, *50*(4), 692–701. https://doi.org/10.1007/s10578-019-00873-w

Ho, S. M. Y., Dai, D. W. T., Mak, C., & Liu, K. W. K. (2018). Cognitive factors associated with depression and anxiety in adolescents: A two-year longitudinal study. *International Journal of Clinical and Health Psychology*, *18*(3),

227–234. https://doi.org/10.1016/j.ijchp.2018.04.001

Kaya, V., Uguz, F., Sahingoz, M., & Gezginc, K. (2015). Pregnancy-Onset obsessive-compulsive disorder: Clinical features, comorbidity, and associated factors. *Klinik Psikofarmakoloji Bülteni-Bulletin of Clinical Psychopharmacology, 25*(3), 248–258. https://doi.org/10.5455/bcp.20130713091314

Kobayashi, Y., Matsunaga, H., Nakao, T.,, Kudo, Y., Sakakibara, E., Kanie, A., Nakayama, N., Shinmei, I., & Horikoshi, M. (2017). *Journal of Obsessive-Compulsive and Related Disorders, 15,* 27-33. https://doi-org.lp.hscl.ufl.edu/10.1016/j.jocrd.2017.08.012

Langley, A. K., Lewin, A. B., Bergman, R. L., Lee, J. C., & Piacentini, J. (2010). Correlates of comorbid anxiety and externalizing disorders in childhood obsessive compulsive disorder. *European Child & Adolescent Psychiatry, 19*(8), 637–645. https://doi.org/10.1007/s00787-010-0101-0

Lebowitz, E. (2016). Treatment of extreme family accommodation in a youth with obsessive-compulsive disorder. In E. Storch & A. Lewin (Eds.), *Clinical handbook of obsessive-compulsive and related disorders* (pp. 321–335). Springer, Cham. https://doi.org/10.1007/978-3-319-17139-5_22

Lebowitz, E. R. (2013). Parent-based treatment for childhood and adolescent OCD. *Journal of Obsessive-Compulsive and Related Disorders, 2*(4), 425–431. https://doi.org/10.1016/j.jocrd.2013.08.004

Lebowitz, E. R., & Majdick, J. M. (2020). SPACE, Parent-Based Treatment for Childhood and Adolescent Anxiety: Clinical Case Illustration. *Journal of Cognitive Psychotherapy, 34*(2), 107–118. https://doi.org/10.1891/jcpsy-d-19-00028

Lebowitz, E. R., Marin, C., Martino, A., Shimshoni, Y., & Silverman, W. K. (2019). Parent-Based Treatment as Efficacious as Cognitive-Behavioral Therapy for Childhood Anxiety: A Randomized Noninferiority Study of Supportive Parenting for Anxious Childhood Emotions. *Journal of the American Academy of Child & Adolescent Psychiatry, 59*(3). https://doi.org/10.1016/j.jaac.2019.02.014

Lebowitz, E. R., Omer, H., & Leckman, J. F. (2011). Coercive and disruptive behaviors in pediatric obsessive-compulsive disorder. *Depression and Anxiety, 28*(10), 899–905. https://doi.org/10.1002/da.20858

Lebowitz, E. R., Panza, K. E., & Bloch, M. H. (2015). Family accommodation in obsessive-compulsive and anxiety disorders: A five-year update. *Expert Review of Neurotherapeutics, 16*(1), 45–53. https://doi.org/10.1586/14737175.2016.1126181

Lebowitz, E. R., & Shimshoni, Y. (2018). The SPACE program, a parent-based treatment for childhood and adolescent OCD: The case of Jasmine. *Bulletin of the Menninger Clinic, 82*(4), 266–287. https://doi.org/10.1521/bumc.2018.82.4.266

Lebowitz E.R., Storch E.A., MacLeod J., & Leckman J.F. (2014). Clinical and family correlates of coercive–disruptive behavior in children and adolescents with obsessive–compulsive disorder. *Journal of Child and Family Studies, 24*(9), 2589–2597. http://doi.org/10.1007/s10826-014-0061-y

Lee, E. B., Goodman, W.K., Scheider, S.C., & Storch, E.A. (2020). Parent-led behavioral intervention for a treatment-refusing adult with obsessive-compulsive disorder with poor insight and extreme family accommodation. *Journal of Psychiatric Practice, 26*(2), 149–152. https://doi.org/10.1097/pra.0000000000000449

Liao, Z., You, C., Chen, Y., Yan, L., Zhang, J., Li, F., Calvocoressi, L., & Ding, L. (2021). Translation and cross-cultural adaptation of the family accommodation scale for obsessive-compulsive disorder into Chinese. *Journal of Cognitive Psychotherapy, 35*(1), 41–52. https://doi.org/10.1891/jcpsy-d-20-00020

Lord, C., Rieder, A., Hall, G. B. C., Soares, C. N., & Steiner, M. (2011). Piloting the perinatal obsessive-compulsive scale (POCS): Development and validation. *Journal of Anxiety Disorders, 25*(8), 1079–1084. https://doi.org/10.1016/j.janxdis.2011.07.005

Mahapatra, A., Gupta, R., Patnaik, K. P., Pattanaik, R. D., & Khandelwal, S. K. (2017). Examining the psychometric properties of the Hindi version of Family Accommodation Scale-Self-Report (FAS-SR). *Asian Journal of Psychiatry, 29,* 166–171. https://doi-org.lp.hscl.ufl.edu/10.1016/j.ajp.2017.05.017

Matos, M., Torres, R., Santiago, R., Jurado, M., & Rodriguez, I. (2006). Adaptation of parent-child interaction therapy for Puerto Rican families: A preliminary study. *Family Process, 45*(2), 205–222. https://doi.org/10.1111/j.1545-5300.2006.00091.x

Mauri, M., Oppo, A., Montagnani, M. S., Borri, C., Banti, S., Camilleri, V., Cortopassi, S., Ramacciotti, D., Rambelli, C., & Cassano, G. B. (2010). Beyond "postpartum depressions": Specific anxiety diagnoses during pregnancy predict different outcomes. *Journal of Affective Disorders, 127*(1-3), 177–184. https://doi.org/10.1016/j.jad.2010.05.015

Mccabe, K. (2002). Factors that predict premature termination among Mexican-American children in outpatient psychotherapy. *Journal of Child and Family Studies, 11*(3), 347–359.

McCabe, K. M., Yeh, M., Garland, A. F., Lau, A. S., & Chavez, G. (2005). The GANA Program: A Tailoring Approach to Adapting Parent Child Interaction Therapy for Mexican Americans. *Education and Treatment of Children, 28*(2), 111–129. https://www.jstor.org/stable/42899836

McCabe, K. M., Yeh, M., & Zerr, A. A. (2020). Personalizing behavioral parent training interventions to improve treatment engagement and outcomes for culturally diverse families. *Psychology Research and Behavior Management, Volume*

13, 41–53. https://doi.org/10.2147/prbm.s230005

McGrath, C.A., Abbott, M.J., Mantz, S.C., O'Brien, M., Costa, D.S.J., & Waters, F. (2022). Change patterns during family-based treatment for pediatric obsessive compulsive disorder. Journal of Child and Family Studies. http://doi/org.10.1007/s10826-022-02479-8.

McGuire, J.F., Small, B.J., Lewin, A.B., Murphy, T.K., De Nadai, A.S., Phares, V., Geffken, G., Storch, E.A. (2013). Dysregulation in pediatric obsessive compulsive disorder. Psychiatry Research, 209(3), 589-595. https://doi.org/10.1016/j.psychres.2013.04.003.

Menon, S. J. (2008). Psychotropic medication during pregnancy and lactation. *Archives of Gynecology and Obstetrics, 277*(1), 1–13. https://doi.org/10.1007/s00404-007-0433-2

Merlo, L. J., Lehmkuhl, H. D., Geffken, G. R., & Storch, E. A. (2009). Decreased family accommodation associated with improved therapy outcome in pediatric obsessive–compulsive disorder. *Journal of Consulting and Clinical Psychology, 77*(2), 355–360. https://doi.org/10.1037/a0012652

Mohammadi, M. R., Ghanizadeh, A., Rahgozar, M., Noorbala, A. A., Davidian, H., Afzali, H. M., Naghavi, H. R., Yazdi, S. A. B., Saberi, S. M., Mesgarpour, B., Akhondzadeh, S., Alaghebandrad, J., & Tehranidoost, M. (2004). Prevalence of obsessive-compulsive disorder in Iran. *BMC Psychiatry, 4*(1). https://doi.org/10.1186/1471-244x-4-2

Muhlbauer, J. E., Ferrão, Y. A., Eppingstall, J., Albertella, L., do Rosário, M. C., Miguel, E. C., & Fontenelle, L. F. (2020). Predicting marriage and divorce in obsessive-compulsive disorder. *Journal of Sex & Marital Therapy, 47*(1), 90–98. https://doi.org/10.1080/0092623x.2020.1804021

Murthy, N.S., Balachander, S., Nirmala, B.P., R. Pandian, D., Cherian, A.V., Arumugham, S.S., Reddy, Y.C.J. (2022). Determinants of family functioning in caregivers of persons with obsessive-compulsive disorder. *Journal of Affective Disorders, 305*, 179-187. https://doi.org/10.1016/j.jad.2022.02.065

Nasiri, K., Czuzoj-Shulman, N., & Abenhaim, H. A. (2021). Association between obsessive–compulsive disorder and obstetrical and neonatal outcomes in the USA: a population-based cohort study. *Archives of Women's Mental Health.* https://doi.org/10.1007/s00737-021-01140-5

O'Leary, E. M. M., Barrett, P., & Fjermestad, K. W. (2009). Cognitive-behavioral family treatment for childhood obsessive-compulsive disorder: A 7-year follow-up study. *Journal of Anxiety Disorders, 23*(7), 973–978. https://doi.org/10.1016/j.janxdis.2009.06.009

Otero, S. & Rivas, A. (2007). Adaptación y validación de la escala de acomodación familiar a los síntomas del trastorno obsesivo-compulsivo en una muestra de adolescentes españoles. *Actas Españolas de Psiquiatría, 35*(2), 99–104.

Peris, T. S., Bergman, R. L., Langley, A., Chang, S., Mccracken, J. T., & Piacentini,

J. (2008). Correlates of accommodation of pediatric obsessive-compulsive disorder: Parent, child, and family characteristics. *Journal of the American Academy of Child & Adolescent Psychiatry, 47*(10), 1173–1181. https://doi.org/10.1097/chi.0b013e3181825a91

Peris, T. S., Sugar, C. A., Bergman, R. L., Chang, S., Langley, A., & Piacentini, J. (2012). Family factors predict treatment outcome for pediatric obsessive-compulsive disorder. *Journal of Consulting and Clinical Psychology, 80*(2), 255–263. https://doi.org/10.1037/a0027084

Piacentini, J., Bergman, R. L., Chang, S., Langley, A., Peris, T., Wood, J. J., & McCracken, J. (2011). Controlled comparison of family cognitive behavioral therapy and psychoeducation/relaxation training for child obsessive-compulsive disorder. *Journal of the American Academy of Child & Adolescent Psychiatry, 50*(11), 1149–1161. https://doi.org/10.1016/j.jaac.2011.08.003

Piacentini, J., Peris, T. S., Bergman, R. L., Chang, S., & Jaffer, M. (2007). BRIEF REPORT: Functional impairment in childhood OCD: Development and psychometrics properties of the child obsessive-compulsive impact scale-revised (COIS-R). *Journal of Clinical Child & Adolescent Psychology, 36*(4), 645–653. https://doi.org/10.1080/15374410701662790

Pinciotti, C. M., Smith, Z., Singh, S., Wetterneck, C. T., & Williams, M. T. (2022). Call to Action: Recommendations for Justice-Based Treatment of Obsessive-Compulsive Disorder With Sexual Orientation and Gender Themes. *Behavior Therapy, 53*(2), 153–169. https://doi.org/10.1016/j.beth.2021.11.001

Pinto, A., Van Noppen, B., & Calvocoressi, L. (2013). Development and preliminary psychometric evaluation of a self-rated version of the family accommodation scale for obsessive-compulsive disorder. *Journal of Obsessive-Compulsive and Related Disorders, 2*(4), 457–465. https://doi.org/10.1016/j.jocrd.2012.06.001

Puliafico, A. C., Comer, J. S., & Albano, A. M. (2013). Coaching Approach Behavior and Leading by Modeling: Rationale, Principles, and a Session-by-Session Description of the CALM Program for Early Childhood Anxiety. *Cognitive and Behavioral Practice, 20*(4), 517–528. https://doi.org/10.1016/j.cbpra.2012.05.002

Raisi, F., Ghassemzadeh, H., Khojastefar, R., Karamghadiri, N., & Meysamie, A. (2019). Prevalence of sexual dysfunction in a group of obsessive-compulsive disorder (OCD) patients in Iran. *Imaging Journal of Clinical and Medical Sciences, 6*(1), 089–093. https://doi.org/10.17352/2455-8702.000227

Rudy, B. M., Zavrou, S., Johnco, C., Storch, E. A., & Lewin, A. B. (2017). Parent-led exposure therapy: A pilot study of a brief behavioral treatment for anxiety in young children. *Journal of Child and Family Studies, 26*(9), 2475–

232

2484. https://doi.org/10.1007/s10826-017-0772-y

Russell, E. J., Fawcett, J. M., & Mazmanian, D. (2013). Risk of Obsessive-Compulsive Disorder in Pregnant and Postpartum Women. *The Journal of Clinical Psychiatry*, *74*(04), 377–385. https://doi.org/10.4088/jcp.12r07917

Schuberth, D.A., Selles, R.R., & Stewart, S.E. (2018). Coercive and disruptive behaviors mediate group cognitive-behavioral therapy response in pediatric obsessive-compulsive disorder. *Comprehensive Psychiatry*, *86*, 74-81. https://doi.org/10.1016/j.comppsych.2018.07.012

Selles, R. R., Belschner, L., Negreiros, J., Lin, S., Schuberth, D., McKenney, K., Gregorowski, N., Simpson, A., Bliss, A., & Stewart, S. E. (2018). Group family-based cognitive behavioral therapy for pediatric obsessive compulsive disorder: Global outcomes and predictors of improvement. *Psychiatry Research*, *260*, 116–122. https://doi.org/10.1016/j.psychres.2017.11.041

Shadid, O., McIntosh, H. C., Kezbers, K., Snyder, C., & Touchet, B. (2021). Conflicting advice between spiritual leaders, friends and family, and mental health providers: Impacts on mental health treatment-seeking behaviors. *Journal of Religion and Health*, *60*, 2608–2619. https://doi.org/10.1007/s10943-020-01132-2

Sichel, D. A., Cohen, L. S., Dimmock, J. A., & Rosenbaum, J. F. (1993). Postpartum obsessive compulsive disorder: A case series. *The Journal of Clinical Psychiatry*, *54*(4), 156–159. https://pubmed.ncbi.nlm.nih.gov/8486594/

Skapinakis, P., Caldwell, D. M., Hollingworth, W., Bryden, P., Fineberg, N. A., Salkovskis, P., Welton, N. J., Baxter, H., Kessler, D., Churchill, R., & Lewis, G. (2016). Pharmacological and psychotherapeutic interventions for management of obsessive-compulsive disorder in adults: A systematic review and network meta-analysis. *The Lancet Psychiatry*, *3*(8), 730–739. https://doi.org/10.1016/s2215-0366(16)30069-4

Somerville, S., Dedman, K., Hagan, R., Oxnam, E., Wettinger, M., Byrne, S., Coo, S., Doherty, D., & Page, A. C. (2014). The perinatal anxiety screening scale: Development and preliminary validation. *Archives of Women's Mental Health*, *17*(5), 443–454. https://doi.org/10.1007/s00737-014-0425-8

Srivastava, S., Bhatia, M. S., Thawani, R., & Jhanjee, A. (2011). Quality of life in patients with obsessive compulsive disorder: A longitudinal study from India. *Asian Journal of Psychiatry*, *4*(3), 178–182. https://doi.org/10.1016/j.ajp.2011.05.008

Stengler, K., Olbrich, S., Heider, D., Dietrich, S., Riedel-Heller, S., & Jahn, I. Mental health treatment seeking among patients with OCD: impact of age of onset. *Social Psychiatry Psychiatric Epidemiology*, *48*(5), 813-9. http://doi:org/10.1007/s00127-012-0544-3.

Stewart, S. E., Hu, Y.-P., Hezel, D. M., Proujansky, R., Lamstein, A., Walsh, C.,

Ben-Joseph, E. P., Gironda, C., Jenike, M., Geller, D. A., & Pauls, D. L. (2011). Development and psychometric properties of the OCD family functioning (OFF) scale. *Journal of Family Psychology, 25*(3), 434–443. https://doi.org/10.1037/a0023735

Stewart, S. E., Hu, Y.-P., Leung, A., Chan, E., Hezel, D. M., Lin, S. Y., Belschner, L., Walsh, C., Geller, D. A., & Pauls, D. L. (2017). A multisite study of family functioning impairment in pediatric obsessive-compulsive disorder. *Journal of the American Academy of Child & Adolescent Psychiatry, 56*(3), 241–249. https://doi.org/10.1016/j.jaac.2016.12.012

Storch, E. A., Geffken, G. R., Merlo, L. J., Jacob, M. L., Murphy, T. K., Goodman, W. K., Larson, M. J., Fernandez, M., & Grabill, K. (2007). Family accommodation in pediatric obsessive–compulsive disorder. *Journal of Clinical Child & Adolescent Psychology, 36*(2), 207–216. https://doi.org/10.1080/15374410701277929

Storch, E.A., Jones, A.M., Lack, C.W., Ale, C.M., Sulkowski, M.L., Lewin, A.B., De Nadai,A.S., & Murphy, T.K. (2012). Rage Attacks in Pediatric Obsessive-Compulsive Disorder: Phenomenology and Clinical Correlates, *Journal of the American Academy of Child & Adolescent Psychiatry, 51*(6), 582-592. https://doi.org/10.1016/j.jaac.2012.02.016.

Storch, E.A., Lewin, A.B., Geffken, G.R., Morgan, J.R., & Murphy, T.K. (2010). The role of comorbid disruptive behavior in the clinical expression of pediatric obsessive–compulsive disorder. *Behaviour Research and Therapy, 48*, 1204–1209. http://doi.org/10.1016/j.brat.2010.09.004

Storch, E. A., Salloum, A., Johnco, C., Dane, B. F., Crawford, E. A., King, M. A., McBride, N. M., & Lewin, A. B. (2015). Phenomenology and clinical correlates of family accommodation in pediatric anxiety disorders. *Journal of Anxiety Disorders, 35*, 75–81. https://doi.org/10.1016/j.janxdis.2015.09.001

Sücüllüoğlu Dikici, D., Eser, E., Çökmüş, F. P., & Demet, M. M. (2019). Quality of life and associated risk factors in caregivers of patients with obsessive compulsive disorder. *Psychiatry and Clinical Psychopharmacology, 29*(4), 579–586. https://doi.org/10.1080/24750573.2018.1496524

Sukhodolsky, D.G., Gorman, B.S., Scahill, L., Findley, D. & McGuire J. (2013). Exposure and response prevention with or without parent management training for children with obsessive-compulsive disorder complicated by disruptive behavior: A multiple-baseline across-responses design study. *Journal of Anxiety Disorders, 27(3),* 298-305. https://doi.org/10.1016/j.janxdis.2013.01.005.

Sukhodolsky, D. G., do Rosario-Campos, M. C., Scahill, L., Katsovich, L., Pauls, D. L., Peterson, B. S., King, R. A., Lombroso, P. J., Findley, D. B., & Leckman, J. F. (2005). Adaptive, emotional, and family functioning of children with obsessive-compulsive disorder and comorbid attention deficit hyperactivity disorder. *American Journal of Psychiatry, 162*(6), 1125–

1132. https://doi.org/10.1176/appi.ajp.162.6.1125

Thompson-Hollands, J., Edson, A., Tompson, M. C., & Comer, J. S. (2014). Family involvement in the psychological treatment of obsessive–compulsive disorder: A meta-analysis. *Journal of Family Psychology, 28*(3), 287–298. https://doi.org/10.1037/a0036709

Timpano, K. R., Abramowitz, J. S., Mahaffey, B. L., Mitchell, M. A., & Schmidt, N. B. (2011). Efficacy of a prevention program for postpartum obsessive–compulsive symptoms. *Journal of Psychiatric Research, 45*(11), 1511–1517. https://doi.org/10.1016/j.jpsychires.2011.06.015

Uguz, F., Akman, C., Kaya, N., & Cilli, A. S. (2007). Postpartum-Onset Obsessive-Compulsive Disorder. *The Journal of Clinical Psychiatry, 68*(01), 132–138. https://doi.org/10.4088/jcp.v68n0118

Vulink, N., Denys, D., Bus, L., & Westenberg, H. (2006). Sexual pleasure in women with obsessive-compulsive disorder? *Journal of Affective Disorders, 91*(1), 19–25. https://doi.org/10.1016/j.jad.2005.12.006

Watson, H. J., & Rees, C. S. (2008). Meta-analysis of randomized, controlled treatment trials for pediatric obsessive-compulsive disorder. *Journal of Child Psychology and Psychiatry, 49*(5), 489–498. https://doi.org/10.1111/j.1469-7610.2007.01875.x

Williams, M. T., & Farris, S. G. (2011). Sexual orientation obsessions in obsessive–compulsive disorder: Prevalence and correlates. *Psychiatry Research, 187*(1-2), 156–159. https://doi.org/10.1016/j.psychres.2010.10.019

Williams, M. T., Rouleau, T. M., La Torre, J. T., & Sharif, N. (2020). Cultural competency in the treatment of obsessive-compulsive disorder: practitioner guidelines. *The Cognitive Behaviour Therapist, 13*. https://doi.org/10.1017/s1754470x20000501

Williams, T. I., Salkovskis, P. M., Forrester, L., Turner, S., White, H., & Allsopp, M. A. (2009). A randomised controlled trial of cognitive behavioural treatment for obsessive compulsive disorder in children and adolescents. *European Child & Adolescent Psychiatry, 19*(5), 449–456. https://doi.org/10.1007/s00787-009-0077-9

Wu, M. S., Geller, D. A., Schneider, S. C., Small, B. J., Murphy, T. K., Wilhelm, S., & Storch, E. A. (2019). Comorbid psychopathology and the clinical profile of family accommodation in pediatric OCD. *Child Psychiatry & Human Development, 50*(5), 717–726. https://doi.org/10.1007/s10578-019-00876-7

Wu, M. S., McGuire, J. F., Martino, C., Phares, V., Selles, R. R., & Storch, E. A. (2016). A meta-analysis of family accommodation and OCD symptom severity. *Clinical Psychology Review, 45*, 34–44. https://doi.org/10.1016/j.cpr.2016.03.003

Wu, M. S., McGuire, J. F., & Storch, E. A. (2016). Anxiety sensitivity and family accommodation in obsessive-compulsive disorder. *Journal of Affective Disorders, 205*, 344–350. https://doi.org/10.1016/j.jad.2016.08.024

Wu, M. S., Pinto, A., Horng, B., Phares, V., McGuire, J. F., Dedrick, R. F., Van Noppen, B., Calvocoressi, L., & Storch, E. A. (2016). Psychometric properties of the family accommodation scale for obsessive–compulsive disorder–patient version. *Psychological Assessment*, *28*(3), 251–262. https://doi.org/10.1037/pas0000165

Yale University. (n.d.). *Family accommodation scale (FAS)*. Yale School of Public Health. https://ysph.yale.edu/familyaccommodationocd/fas/tools/original/

Zambaldi, C. F., Cantilino, A., Montenegro, A. C., Paes, J. A., de Albuquerque, T. L. C., & Sougey, E. B. (2009). Postpartum obsessive-compulsive disorder: prevalence and clinical characteristics. *Comprehensive Psychiatry*, *50*(6), 503–509. https://doi.org/10.1016/j.comppsych.2008.11.014

Capítulo Ocho

Farmacoterapia en el tratamiento del trastorno obsesivo compulsivo

Miguel Serrano-Illan, Roy Eyal, & Erika Nurmi[1]

Los tratamientos de primera línea para el TOC consisten en inhibidores selectivos de la recaptación de serotonina (ISRS), terapia cognitivo-conductual (TCC) que incluye la prevención de exposición/respuesta (EPR), y la combinación de ISRS con TCC. Estas dos monoterapias tienen una eficacia equivalente en los estudios de investigación y la terapia combinada generalmente se considera superior.[1-3] La elección del tratamiento inicial está influenciada por factores múltiples que incluyen la edad, la gravedad de los síntomas, la comorbilidad, la accesibilidad y la viabilidad de una TCC de calidad, así como la preferencia del paciente. Las pautas de tratamiento recomiendan la TCC como la terapia única de primera línea para los jóvenes. Se puede agregar un ISRS a la TCC si la respuesta es incompleta o si la angustia y/o el deterioro son altos o hay comorbilidad. El tratamiento combinado puede ser la opción inicial preferida en el caso de síntomas graves, comorbilidad o incapacidad para participar o utilizar la TCC sin la ayuda de medicamentos. Ya sea que la monoterapia inicial sea TCC o ISRS, la evidencia sugiere que el siguiente paso para los pacientes que no responden al enfoque inicial es agregar la otra modalidad (agregar ISRS a la monoterapia con TCC o agregar TCC a la monoterapia con ISRS). Los metaanálisis respaldan la conclusión de que la combinación de terapia y medicamentos son el enfoque más efectivo tanto en adultos[4] como en niños/adolescentes.[5] La respuesta robusta es la excepción en el tratamiento del TOC; sin embargo, los estudios han encontrado efectos positivos tanto de la psicoterapia como de la farmacoterapia. Estos resultados han sido revisados en varias publicaciones recientes para pacientes adultos[6-8] y pediátricos.[9,10]

---

[1] La correspondencia relativa a este artículo debe dirigirse a Erika L. Nurmi, M.D., Ph.D., Division of Child and Adolescent Psychiatry, Department of Psychiatry and Biobehavioral Sciences, University of California, Los Angeles, 760 Westwood Plz, 48-256B, Los Angeles, CA 90024. Email: enurmi@mednet.ucla.edu

Recuadro clínico
¿Medicamento o terapia?

Un ensayo controlado aleatorizado (ECA) con N = 56 comparó la sertralina con la terapia grupal cognitivo-conductual (TGCC).[11] Dado que no hubo un grupo de control con placebo, este estudio no puede respaldar la eficacia de la sertralina sola, sin embargo, contribuye a las decisiones de tratamiento basadas en la evidencia. En este estudio, la TGCC fue superior a la sertralina sola con un número necesario a tratar (NNT) de 3,6. Si bien esto parece un beneficio claramente superior para TGCC, la calidad de este estudio se ve comprometida por la falta de cegamiento (los sujetos y los proveedores saben si están tomando medicamentos o en terapia de grupo). Un estudio similar en adolescentes respalda la conclusión de que la TGCC es superior a la monoterapia con sertralina.[12] El Estudio de tratamiento del TOC pediátrico (POTS, por sus siglas en inglés), un ECA doble ciego y controlado con placebo, encontró que la TCC y el tratamiento con sertralina eran equivalentes, pero la combinación superior.

Comorbilidad

El TOC es altamente comórbido con otras enfermedades mentales. Alrededor de 9 de cada 10 personas con TOC tienen enfermedades mentales comórbidas, incluidas tasas muy altas de otros trastornos de ansiedad, estado de ánimo, control de impulsos, tics y uso de sustancias. En los adultos, >50 % tiene un trastorno depresivo mayor comórbido.[13] En los niños, aproximadamente la mitad tiene un trastorno por déficit de atención/hiperactividad (TDAH) comórbido.[14,15] Las condiciones comórbidas pueden interferir con la TCC para los síntomas del TOC, por ejemplo, las personas que sufren de depresión pueden demostrar poca motivación, mientras que aquellos con síntomas de TDAH pueden tener dificultades para cumplir con la tarea de la TCC y asistir a las citas regularmente, consecuentemente, el l tratamiento de la comorbilidad puede ser fundamental para el manejo exitoso del TOC.

Factores predictivos de la respuesta a la medicación

Factores predictivos de una menor respuesta a la farmacoterapia incluyen síntomas más graves, edad de inicio más temprana y mayor duración de la enfermedad son, mientras que una intervención más temprana parece predecir una mejor respuesta.[16]

Los estudios sugieren que los subtipos de TOC difieren en su respuesta a la medicación, y que los pensamientos intrusivos sexuales y de daño responden mejor que los síntomas de contaminación. Los subtipos más egosintónicos que se observan a menudo con comorbilidad de tics, como el ordenamiento, la simetría y el acaparamiento, son más resistentes al tratamiento.[16]

Consideraciones pediátricas específicas

Existen similitudes en la presentación, la prevalencia y el tratamiento del TOC a lo largo de toda la vida; sin embargo, entre las diferencias importantes del TOC pediátrico se incluyen un curso más episódico, un ligero predominio masculino, antecedentes familiares enriquecidos y tasas más altas de comorbilidad y desinhibición.[15] Las comorbilidades infantiles comunes como el TDAH, los trastornos por tics, el trastorno negativista desafiante (TND) y los trastornos del espectro autista (TEA) pueden complicar tanto la TCC como la farmacoterapia.[15] Sin una intervención adecuada, es frecuente que el TOC pediátrico persista crónicamente hasta la edad adulta.[17] Los parámetros de práctica de la Asociación Americana de psiquiatría infantil y adolescente (AACAP por sus siglas en inglés) para el TOC consideran la TCC, con o sin medicación, la intervención de primera línea para el TOC pediátrico.[18] Dado que la acomodación familiar es frecuente, la participación de la familia en terapia suele ser esencial. La respuesta beneficiosa de los padres suele ser contraria a su instinto de consolar y proteger; por lo tanto, se deben enseñar específicamente habilidades de apoyo a los padres.

Recuadro clínico

La importancia de trabajar con la familia en el TOC pediátrico

Descripción del caso: María es una niña de 8 años con TOC con duda obsesiva generalizada y compulsiones de comprobación que se inscribe en un tratamiento combinado de TCC y medicación. Su familia la ha sacado del colegio debido a su ansiedad y rabietas cada vez que se espera que ella vaya a la escuela. Su madre ha dejado su trabajo para poder ayudar a María en casa. María se niega a realizar cualquier acción independiente sin antes preguntarle a su madre si está bien y que su madre le responda tres veces "estás bien, estás bien, estás bien". A menudo no está segura de haber oído bien lo que le ha dicho su madre y la hace repetirlo. También está insegura de si ha oído correctamente, por lo que hará que su madre se detenga y la mire mientras repite algo hasta que le parezca correcto. Mamá entiende que como parte de la terapia de exposición de María no debe tranquilizarla ni adaptarse a los rituales que María está practicando. Sin embargo, la madre suele ceder cuando es incapaz de tolerar que María se altere cada vez más. Durante la práctica de la exposición, la madre de María suele calmar a su ansiosa hija repitiéndole: "todo va a ir bien. No va a pasar nada malo. Te lo prometo".

Posible intervención: El terapeuta de María explica a María y a su madre que tranquilizar, acomodar y evitar, aunque a corto plazo alivian la angustia, en realidad alimentan el TOC y lo hacen más fuerte. El terapeuta establece un plan con María y sus padres para que cuando María pida que le tranquilicen, la respuesta de los padres sea: "Eso suena como al TOC, no vamos a alimentarlo. ¿Puedes utilizar tus habilidades para responder al TOC?"

La evidencia para la mayoría de las farmacoterapias en niños ha sido paralela a la de los adultos. Aunque se aplican las precauciones generales de dosificación para las poblaciones pediátricas, como el uso de dosis iniciales más bajas o dosis divididas, los ISRS a dosis igualmente altas pueden ser beneficiosos en los jóvenes si se toleran.[18] La reticencia de los padres a iniciar medicamentos en los niños es a menudo una barrera para el uso de la farmacoterapia en el TOC pediátrico. Las estrategias para ayudar a los padres a aceptar los medicamentos necesarios se discuten en la barra lateral clínica a continuación.

Recuadro clínico
Ayudar a los padres a aceptar el medicamento cuando este es indicado

Descripción del caso: David, de 10 años, ha estado luchando con la TCC para el TOC durante 6 meses con poco progreso. Rechaza la mayoría de las propuestas de exposición del terapeuta por considerarlas demasiado difíciles y, cuando acepta una exposición, se pasa los días siguientes llorando y con rabietas. El terapeuta ha recomendado repetidamente a los padres que permitan que David tome medicamentos, pero ellos creen que él es demasiado joven para tomar medicamentos psiquiátricos. Finalmente, aceptan hablar con un psiquiatra.

Posible intervención: El psiquiatra empatiza con su reticencia a permitir la farmacoterapia en su hijo, pero también señala que, si bien el tratamiento tiene pequeños riesgos, el no tratarlo tiene riesgos muy grandes. El psiquiatra señala que David está perdiendo un importante desarrollo debido al TOC. Ya no va a la escuela, no ve a sus amigos, ha abandonado sus actividades extraescolares y se pelea a menudo con su familia en casa. El psiquiatra explica que los progresos en la terapia han sido lentos, pero la medicación ayudará a David a sentirse lo suficientemente valiente como para enfrentarse a las exposiciones y no sentirse abrumado cuando lo haga. El psiquiatra informa a los padres y a David de que los ISRS son muy seguros y tienen pocos efectos secundarios. La mayoría de las veces, los niños no tienen problemas para tomar ISRS; sólo ocasionalmente necesitan un breve periodo de adaptación de unos pocos días. Aunque un efecto secundario poco común es la intensificación de los pensamientos suicidas, los ISRS en realidad tratan la depresión y protegen contra el suicidio. El psiquiatra adelanta que puede ser necesario un rango de dosis más alto para tratar el TOC, pero tranquiliza a los padres diciéndoles que la dosis se aumentará por pasos. Los padres preguntan si David tendrá que tomar el medicamento para siempre. El psiquiatra aconseja que, dado que el riesgo de recaída es muy alto si se interrumpe demasiado pronto, el plan sería utilizar el medicamento durante al menos un año y, después, si el TOC mejora, se le puede ir reduciendo por etapas, prestando atención a la sincronización con los factores estresantes y practicando habilidades de TCC por el camino. Cuando los padres aceptan probar el ISRS, David expresa su preocupación por que cambie su personalidad. El psiquiatra tranquiliza a David diciéndole que, dado que el TOC ha tomado ya mucho de su personalidad, el medicamento le podría ayudar a sentirse más como él mismo, pero si el resultado del medicamento no es bueno, lo puede dejar de tomar.

Mantenimiento y suspensión

Basándose en datos que sugieren que muchos pacientes tolerarán una disminución gradual de los ISRS sin empeoramiento de sus síntomas clínicos,[19] las guías actuales desaconsejan la continuación de un tratamiento eficaz durante al menos 1 año, seguido de una interrupción gradual para minimizar el riesgo de recaída.[20,21] La Asociación Americana de Psiquiatria (APA por sus siglas en inglés) recomienda 1 ó 2 años de remisión de los síntomas antes de considerar una disminución gradual del 10 %-25 % cada 1 ó 2 meses, con una observación atenta de la reaparición de los síntomas.[21] El valor de un tratamiento a más largo plazo debe considerarse después de dos o tres recaídas de gravedad al menos moderada.[18] La inclusión de la TCC en el tratamiento puede facilitar el éxito de la interrupción del medicamento.[21,22]

Resistencia al tratamiento

Según la Asociación Americana de Psiquiatría Infantil y Adolescente (AACAP por sus siglas en inglés), el fracaso de pruebas adecuadas de dos ISRS o un ISRS y clomipramina más el fracaso de la TCC administrada adecuadamente constituye resistencia al tratamiento.[18] Esto incluye un mínimo de 10 semanas de cada ISRS o clomipramina a las dosis máximas recomendadas o toleradas, sin cambio de dosis durante las 3 semanas precedentes. Los pacientes "no respondedores" a la TCC se definirían como aquellos que no muestran mejoría después de 8-10 sesiones totales de TCC adecuada. Las estrategias para manejar la resistencia al tratamiento incluyen el aumento con un segundo medicamento (detallado más adelante) o un aumento en la intensidad del tratamiento. El TOC refractario al tratamiento se tratará brevemente más adelante y en otros capítulos.

Un enfoque secuencial de la farmacoterapia para el TOC

La elección del ISRS inicial debería guiarse idealmente en base a evidencia. La fluoxetina, la fluvoxamina y la sertralina cuentan con datos sólidos y la aprobación de la Administración Federal de Fármacos (FDA por sus siglas en inglés) en poblaciones pediátricas y adultas. La paroxetina es una opción adicional respaldada por la literatura en adultos, pero no en niños, aunque los efectos secundarios pueden ser más limitantes que con otros ISRS. Si el primer ensayo con ISRS no produce beneficios a la dosis máxima tolerada, está justificado cambiar a otro ISRS. Es importante señalar que las dosis en el extremo superior o incluso por encima de los límites de la FDA han mostrado mayores beneficios en el TOC (véase el recuadro clínico a continuación). La clomipramina también cuenta con un excelente respaldo tanto en niños como en adultos; sin embargo, su uso está limitado por sus efectos adversos más frecuentes y una monitorización más laboriosa. En el caso de una respuesta parcial a los ISRS, se suele utilizar una estrategia de aumento. Las únicas estrategias de aumento con un apoyo sólido basado en la investigación son la adición de una dosis baja de antipsicóticos (la risperidona y el aripiprazol son los que cuentan con más evidencia) y una dosis baja de clomipramina. Los enfoques de tratamiento

242

de tercera línea son variados y, en general, sólo cuentan con evidencia tenue. La siguiente sección revisará la base de la evidencia para las farmacoterapias en poblaciones adultas y pediátricas.

Recuadro clínico
Dosis altas de ISRS

Con las muchas variables que intervienen en los ensayos clínicos, es imposible diseñar un estudio perfecto. Una variable es la dosis del medicamento. En los estudios de tratamiento del TOC, los ISRS suelen estudiarse utilizando dosis que se consideran eficaces para el tratamiento del trastorno depresivo mayor. Algunos expertos creen que estas dosis son demasiado bajas para el tratamiento del TOC. Un metaanálisis de Bloch et al publicado en el 2009 descubrió que los sujetos responden mejor a los ISRS de "dosis altas", por ejemplo, escitalopram 30-40 mg, paroxetina 60 mg y fluvoxamina 300-350 mg. Este hallazgo respalda la práctica de utilizar ISRS en dosis altas para el TOC si se tolera, como recomiendan la Asociación Americana de Psiquiatría (APA) y la Academia Americana de Psiquiatría Infantil y Adolescente (AACAP).[18,21]

<u>Rango de las dosis provisto en los parámetros de practica de la AACAP:</u>

Clomipramina	50-200
Fluoxetina	10-80
Sertralina	50-200
Fluvoxamina	50-300
Paroxetina	10-60
Citalopram	10-60*

En pacientes con factores de riesgo cardíaco u otros medicamentos que pueden incrementar el intervalo QT cardiaco una advertencia de la FDA aconseja que se obtenga un electrocardiograma cuando se utilicen dosis de citalopram superiores a los 40 mg (y escitalopram 20 mg) debido al riesgo de prolongación del intervalo QT. Para los pacientes mayores a 60 años, obtengan un electrocardiograma o evite el uso de citalopram superior a 20 mg (y escitalopram superior a los 10 mg).

Psicofarmacología basada en la evidencia para el TOC

Evaluación de la eficacia

Esta revisión de orientación clínica se centra en los enfoques farmacológicos para el tratamiento del TOC. Los autores realizaron búsquedas en PubMed para cada medicamento o forma de tratamiento utilizando una búsqueda con el nombre de cada tipo de tratamiento y la frase "Trastorno Obsesivo Compulsivo". Las búsquedas se realizaron en enero de 2023 y se limitaron a ensayos clínicos controlados, ensayos controlados aleatorizados (ECAs) o ensayos clínicos; sujetos humanos; y trabajos publicados en inglés. Si no se disponía de estos datos, se revisaron otros tipos de publicaciones, como estudios abiertos, estudios no controlados e informes de casos. Se revisaron estos trabajos y se extrajeron estadísticas, siempre que fuera posible, para calcular el tamaño del efecto *d de* Cohen(TE)[23] y el número (de pacientes) que es necesario tratar (NNT) para el resultado binario (éxito/fracaso o respuesta/no respuesta): NNT = 100/(% respondedores al tratamiento - % respondedores al control).[24] La respuesta al tratamiento en el TOC se mide generalmente utilizando escalas estandarizadas, como la Escala Obsesivo-Compulsiva de Yale-Brown (Y-BOCS o CY-BOCS en niños, por sus siglas en inglés) y evaluaciones generales como la Escala de Impresión Clínica Global (CGI, por sus siglas en inglés).

Recuadro clínico
Medidas de los efectos clínicamente significativos

NÚMERO NECESARIO PARA TRATAR (NNT)

El NNT se calcula mediante esta fórmula: 100 / (% respondedores al tratamiento - % respondedores al control). Por ejemplo, un estudio informa de que el 60 % de los pacientes respondieron al tratamiento con el medicamento "x" y el 35 % de los pacientes respondieron al placebo. NNT = 100/(60-35) = 4. Esto significa que por cada 4 pacientes tratados con el medicamento x, responderá al tratamiento un paciente más de los que habrían respondido al placebo.

TAMAÑO DEL EFECTO (TE)

El tamaño del efecto es una medida de la respuesta al tratamiento estandarizado a la varianza en la medida utilizada. Esto permite obtener un resultado adimensional que puede utilizarse para comparar tratamientos en diferentes estudios, incluso si se utilizan diferentes escalas de herramientas de medición. Las medidas habituales del tamaño del efecto son los cocientes de probabilidades y la d de Cohen. Un tamaño del efecto de la d de Cohen de 0.2 se considera "pequeño", 0.4 "moderado" y 0.8 o superior es un efecto "grande".

Tras revisar la bibliografía disponible, los autores determinaron el nivel de calidad de la evidencia siguiendo el marco del Centro de Medicina Basada en Evidencia de Oxford para juzgar la calidad del estudio y el grado de recomendación del tratamiento.[25] Es importante señalar que estos "grados" no califican comparativamente la eficacia de los tratamientos, sino el nivel de evidencia (grado de evidencia = GrE) que respalda su uso en TOC.

Recuadro clínico
Niveles de evidencia, Centro de Medicina Basada en Evidencia de Oxford (CEBM, por sus siglas en inglés) [25]

El CEBM recomienda los siguientes niveles para los estudios individuales:
1a: Revisiones sistemáticas (con homogeneidad) de ensayos controlados aleatorizados
1b: Ensayos controlados aleatorizados individuales (con intervalos de confianza estrechos)
1c: "Todo o nada" ensayos controlados aleatorios
2a: Revisiones sistemáticas (con homogeneidad) de estudios de cohortes
2b: Estudios individuales de cohortes o ensayos controlados aleatorizados de baja calidad (por ejemplo, <80 % de seguimiento)
2c: Resultados sanitarios; estudios ecológicos
3a: Revisión sistemática (con homogeneidad) de estudios de controles de casos
3b: Estudio individual de control de casos
4: Series de casos (y estudios de cohortes y de controles de casos de baja calidad)
5: Opinión de expertos sin valoración crítica explícita, o basada en la fisiología, la   investigación de laboratorio o los "primeros principios".

El tratamiento se clasifica de la siguiente manera, y se denomina Grado de Evidencia (GrE) en esta revisión:

A	estudios consistentes de nivel 1
B	estudios consistentes de nivel 2 o 3 o extrapolaciones de estudios de nivel 1
C	estudios de nivel 4 o extrapolaciones de estudios de nivel 2 o 3
D	evidencia de nivel 5 o estudios preocupantemente inconsistentes o no concluyentes de cualquier nivel

Monoterapia de primera línea

Inhibidores selectivos de la recaptación de serotonina (GrE Gobal = A)

Los ISRS son antidepresivos de prescripción habitual cuyo mecanismo de acción principal está probablemente relacionado con el aumento de la concentración de serotonina en la hendidura sináptica mediante el bloqueo de la recaptación de serotonina por su transportador. Una revisión sistemática del grupo Cochrane de nivel de publicación 1a que incluía 17 estudios con 3,097 participantes adultos halló que, como grupo, los ISRS son más eficaces que el placebo. Se han publicado dos metaanálisis de medicamentos serotoninérgicos para el tratamiento del TOC en pacientes pediátricos, y ambos apoyan el uso de ISRS.[26,27] Ambos estudios incluyeron datos de ensayos clínicos de ISRS y clomipramina, por lo que los resultados no pueden generalizarse a los ISRS solos.

Fluvoxamina (Adultos: GrE = A, Niños/Adolescentes: GrE = B)

Una búsqueda en PubMed de estudios clínicos sobre la fluvoxamina devolvió 31 publicaciones. Siete publicaciones en adultos informaron datos originales con un control con placebo, incluidos 2 estudios de nivel 1b con N>150 y resultados generalmente coherentes con p<0,05, TE de 0.4 y 0.3, y NNT de 3 y 7.[28,29] Los ECAs más pequeños respaldan estos resultados. Un ECA en pacientes pediátricos (N=120) mostro un valor estadístico de p=0.033, TE=0.3 y NNT de 6; sin embargo, la tasa de abandonos fue del 38 %, por lo que se trata de un estudio de nivel 2b.[30] Un pequeño estudio de nivel 4 apoya que la fluvoxamina es eficaz para el TOC en adolescentes.[31] La fluvoxamina está indicada por la FDA para el TOC tanto en adultos como en niños.

Sertralina (Adultos: GrE = B, Niños/Adolescentes: GrE = A)

Una búsqueda en PubMed de estudios clínicos sobre sertralina devolvió 21 publicaciones. Tres investigaciones en adultos informaron datos originales con un control de placebo. Un estudio de dosis fija de nivel 1b mostró significación estadística después de agrupar los datos de los 3 brazos de tratamiento con un valor p=0.006. Este estudio encontró un TE moderado de 0.35 con un NNT=11.[12] Un segundo estudio fue negativo[32] y el tercero encontró resultados estadísticamente positivos sólo al agrupar todos los grupos de tratamiento, una decisión estadística post hoc que no era un resultado primario.[33] La calidad de este estudio también se vio comprometida por una tasa de abandonos del 30 % y, por lo tanto, se consideró de nivel 2b. No se proporcionaron datos para calcular el TE, pero se estimó un NNT de 6 a partir de un gráfico. Dos estudios de nivel 1b en niños y adolescentes tienen resultados positivos consistentes con un TE moderado=0.4 y un NNT de 6, lo que otorga a la sertralina una buena evidencia de efecto modesto en pacientes pediátricos.[3,34] Se observó que la sertralina en dosis altas, hasta 400 mg, era superior a 200 mg para reducir los síntomas, aunque no para la respuesta global, en una muestra de pacientes que no respondieron a 16 semanas de sertralina 200 mg (N=66).[35] Esto sugiere que dosis más altas pueden añadir beneficios. La sertralina está indicada por la FDA para el TOC en adultos y niños.

Fluoxetina (Adultos: GrE = B, Niños/Adolescentes: GrE = A)

Una búsqueda en PubMed de estudios clínicos sobre la fluoxetina devolvió 38 publicaciones. Tres publicaciones informaron datos originales en adultos con un control de placebo. El estudio de nivel 1b más amplio, de Tollefson y colaboradores, publicado en 1994, fue estadísticamente significativo con P<0.001, un NNT=4 y TE=0.8.[36] El estudio más antiguo publicado en 1993 por Montgomery y colegas, con N=214 fue negativo excepto para las tasas de respondedores en el grupo de 40 mg y 60 mg, un resultado secundario. El cambio en YBOCS fue sólo de nivel tendencial con P=0.059 en el grupo de 60 mg con un TE=0.4.[37] Es posible que este estudio se viera comprometido por el uso de una dosis demasiado baja de fluoxetina. Un tercer estudio con N=40 encontró significación estadística con un TE=0.4.[38] Dos informes que incluían sujetos pediátricos proporcionaron datos originales con un control de placebo. Geller y colegas publicaron el estudio más grande de nivel 1b con 103 jóvenes, que arrojó resultados estadísticamente significativos (p=0.026) con TE moderado = 0.5 y un NNT = 4.2.[39] Un pequeño estudio cruzado de nivel 2b (N=14) no fue estadísticamente significativo p=0.17, pero apoya la conclusión de que la fluoxetina es eficaz.[40] Combinado con otro estudio abierto de nivel 2c de 61 adolescentes con resultados positivos,[41] la fluoxetina tiene un GrE = A por eficacia en jóvenes. Dos pequeños estudios de cohortes de nivel 4 con N=4 y 6 sugieren beneficios para preescolares con TOC,[42,43] pero se necesitan más pruebas definitivas en este grupo. La fluoxetina está indicada por la FDA para el TOC pediátrico y de adultos.

Paroxetina (Adultos: GrE = A, Niños/Adolescentes: GrE = B)
Una búsqueda en PubMed de estudios clínicos sobre la paroxetina devolvió 17 publicaciones. Tres reportes en adultos analizaron datos originales con un control de placebo, incluidos 2 estudios de nivel 1b con resultados estadísticamente significativos.[44,45] Estos resultados sugieren una mejor respuesta a dosis más altas. El NNT sólo fue calculable en un estudio con NNT~5. Un tercer estudio se vio comprometido por la alta tasa de abandonos,[46] dejando dos estudios de nivel 1b con resultados positivos. Los datos pediátricos se limitan a un estudio de nivel 1b con p=0.002, NNT=4 y TE=0.4.[47] La paroxetina está indicada por la FDA para el TOC en adultos.

Citalopram (Adultos: GrE = B, Niños/Adolescentes: GrE = C)
Una búsqueda en PubMed de estudios clínicos sobre el citalopram devolvió 15 publicaciones. Sólo un artículo reportó datos originales con un control de placebo. Con un N=401, este estudio de dosis fija, nivel 1b de adultos con TOC fue estadísticamente significativo con un TE moderado y un NNT entre 3.5 y 6.5.[48] Para niños y adolescentes, los datos se limitaron a un estudio de nivel 2b que comparaba citalopram con fluoxetina y que no encontró diferencias significativas entre los grupos,[49] y dos estudios de cohortes abiertos de nivel 4, todos los cuales sugieren que citalopram es eficaz y seguro.[50,51] La repetición de estos estudios aumentaría la solidez de las pruebas. Debido a la advertencia de la FDA de 2012 sobre un riesgo elevado de QT prolongado en dosis superiores a 40 mg y la necesidad frecuente de dosis más altas en el TOC, el riesgo cardiaco de una dosis más alta de citalopram puede limitar su uso en el TOC.[52]

Escitalopram (Adultos: GrE = B, Niños/Adolescentes: GrE = D)

Una búsqueda en PubMed de estudios clínicos sobre el escitalopram devolvió 7 publicaciones. Sólo una publicación reportó resultados con un control de placebo. Con un N = 341, este estudio de dosis fija de nivel 1b en adultos con TOC fue estadísticamente significativo para la dosis de 20 mg y se aproximó a la significación estadística para la de 10 mg (p=0.052). El tamaño del efecto fue de bajo a moderado con un NNT ~ 5.[44] Los estudios no controlados de nivel 2b se suman a las pruebas de eficacia del escitalopram;[53,54] sin embargo, actualmente falta la replicación de un ensayo controlado con placebo. El escitalopram en dosis altas puede ser más eficaz, y se han publicado varias series de casos y estudios abiertos para abordar esta cuestión. Uno de ellos no encontró diferencias entre 20 mg y 30 mg de escitalopram.[53] En cambio, un estudio de cohortes abierto mostró un beneficio añadido del escitalopram hasta 50 mg diarios.[54] Una revisión retrospectiva de gráficos con N=246 corroboró que el escitalopram es más eficaz a dosis más altas, donde los mejores resultados se lograron con dosis de escitalopram superiores a 40 mg/día. Las tasas de efectos secundarios también fueron mayores, y no se han publicado datos controlados que respalden estos hallazgos. Al igual que con el citalopram, el elevado riesgo de prolongación del QT a dosis superiores a 20 mg de escitalopram es un riesgo en determinadas poblaciones. No hay publicaciones que incluyan datos sobre el uso de escitalopram en pacientes pediátricos con TOC.

Monoterapia de segunda línea

Clomipramina (Adultos: GrE = A, Niños/Adolescentes: GrE = B)

La clomipramina es un antidepresivo tricíclico con una fuerte inhibición de la recaptación de serotonina. Una búsqueda en PubMed de estudios clínicos sobre la clomipramina devolvió 65 publicaciones. Nueve de estas publicaciones reportan resultados de estudios controlados con placebo. El estudio más extenso, realizado por Katz y otros, es un estudio CEBM de nivel 1b con N=263, que informó una TE grande = 1.3 y un NNT de 1.7.[55] Esta sólida respuesta clínica fue similar a la de varios estudios de nivel 2b más pequeños revisados, con TE que oscilaron entre 0.7 y 1.4 y NNT entre 1.7 y 3. La consistencia de estos resultados en varios contextos y en el tiempo, otorgan a la clomipramina un GrE=A para adultos. Dos estudios comunicaron datos originales con controles de placebo en pacientes pediátricos.[56,57]

DeVeaugh y otros en 1991 publicaron resultados estadísticamente significativos en un estudio doble ciego de grupos paralelos de nivel 2b N=60 con NNT=2.3.[56] No se dispuso de datos para calcular un TE. Este resultado está respaldado por un pequeño estudio cruzado (N=19) con ES=0,8.[57] Al igual que otros antidepresivos tricíclicos, la clomipramina tiene un alto potencial de efectos secundarios, lo que complica su uso y puede sesgar los estudios al limitar el verdadero cegamiento. En el estudio de Katz, la frecuencia de efectos secundarios fue drásticamente diferente entre los grupos de tratamiento y placebo.[55] La clomipramina está indicada por la FDA para el TOC en adultos y niños.

Recuadro clínico
Efectos secundarios de la Clomipramina

Los efectos secundarios son frecuentes con la clomipramina, por lo que su tolerabilidad es un problema. Al igual que otros antidepresivos tricíclicos, la clomipramina tiene una ventana terapéutica estrecha, por lo que su uso está limitado en pacientes con riesgo de suicidio. Deben obtenerse niveles séricos de clomipramina y del metabolito desmetilclomipramina para asegurarse de que la dosis y la proporción son terapéuticas, sobre todo teniendo en cuenta el riesgo de efectos adversos graves como arritmia cardiaca y convulsiones. Las tasas de efectos secundarios de Katz y otros son las siguientes (CMI = clomipramina, PLC = placebo):

Efecto Secundario	%CMI	%PLC
Boca seca	83	6
Temblor	57	0
Estreñimiento	46	12
Dolor de cabeza	37	35
Incremento en apetito	17	0
Mareos	29	6
Eyaculación fallida	16	0

A diferencia de la clomipramina, *otros antidepresivos tricíclicos (Adultos: GrE = D, Niños/Adolescentes: GrE = D)* tienen evidencia negativa, o evidencia en contra de la eficacia en el tratamiento del TOC. Un pequeño estudio no controlado de nivel 4 de Imipramina mostró una mejoría "modesta".[58] Un estudio de comparación cruzada de niños y adolescentes comparó la clomipramina y la desipramina, encontrando que "la clomipramina fue claramente superior a la desipramina".[59] No hay datos de alta calidad que apoyen el uso de antidepresivos tricíclicos para el TOC distintos de la clomipramina.

Monoterapia de tercera línea

Inhibidores de la recaptación de serotonina-norepinefrina (IRSN) (Adultos: GrE = C, Niños/adolescentes: GrE = D)

Una búsqueda en PubMed de estudios clínicos sobre venlafaxina devolvió 9 publicaciones. Una publicación reportó datos originales con un control de placebo en sujetos adultos. Este estudio de nivel 2b con N=30 no fue estadísticamente significativo; sin embargo, algunas medidas secundarias favorecieron a la venlafaxina y el estudio se vio comprometido por el abandono de 8 sujetos.[60] Un estudio doble ciego con N=73 que comparó venlafaxina con clomipramina en adultos encontró resultados equivalentes en ambos grupos, lo que sugiere que la venlafaxina es tan eficaz como la clomipramina en adultos con TOC.[61] Una comparación ciega de 12 semanas con paroxetina con N=150 encontró una respuesta equivalente en todas las medidas[62] proveyendo material apoyando la eficacia de venlafaxina. Un ensayo abierto con N=39 informó una tasa de respuesta de ~70 %.[63] El uso de duloxetina en el TOC está respaldado por un pequeño estudio abierto (N=20),[64] un estudio de casos de 4 pacientes[65] y un ECA de Irán de aumento de duloxetina comparado con sertralina en el TOC resistente al tratamiento que mostró equivalencia.[66] No hay datos publicados con pacientes pediátricos. Faltan datos que apoyen el uso de inhibidores más nuevos (IRSN) en el TOC y no se han realizado estudios de IRSN en jóvenes.

Tolcapona (Adultos: GrE =D. Niños y adolescentes: GrE = D)

La tolcapona es un inhibidor de la catecol-o-metiltransferasa (COMT) utilizado en el trastorno de Parkinson que mostró beneficios para el TOC en un pequeño ECA piloto cruzado.[67] La tolcapona aumenta la dopamina al inhibir la COMT, una enzima que degrada la dopamina. Actualmente se está llevando a cabo un ECA confirmatorio más amplio en el TOC (NCT05624528).

Inhibidores de la monoaminooxidasa (Adultos: GrE =D. Niños y adolescentes: GrE = D)

Una búsqueda en PubMed de estudios clínicos sobre la fenelzina devolvió 2 publicaciones. Una publicación informó datos originales con un control de placebo en sujetos adultos. En un estudio doble ciego de tres brazos fenelzina/fluoxetina/placebo con fenelzina N=20 y placebo N=21; ni la fenelzina ni la fluoxetina difirieron del placebo.[38] Por el contrario, un estudio doble ciego con N=30 que comparó fenelzina con clomipramina encontró que los grupos eran estadísticamente equivalentes, lo que sugiere la eficacia de la fenelzina.[68] Estos estudios se consideran de nivel 2b y son inconsistentes, lo que arroja una EGr general=D. No se dispone de datos en jóvenes. Una búsqueda en PubMed de estudios clínicos de clorgilina devolvió solamente un pequeño estudio doble ciego de comparación con clomipramina. Sólo 13 sujetos participaron en el protocolo de tratamiento del estudio y los resultados apoyaron la superioridad de la clomipramina sobre la clorgilina.[69] La búsqueda en PubMed de estudios clínicos de otros IMAO no arrojó ningún resultado.

Buspirona (Adultos: GrE = D, Niños y adolescentes: GrE = D)

Una búsqueda en PubMed de estudios clínicos sobre la buspirona devolvió 8 publicaciones; sin embargo, ninguna publicación informó estudios originales de monoterapia con un control de placebo. Un estudio comparativo doble ciego de nivel 2b con N=20 halló que la buspirona era equivalente a la clomipramina.[70] Un ensayo abierto de nivel 2c con N=14 encontró que "de 14 pacientes con TOC que entraron en un ensayo abierto de 8 semanas de buspirona, ninguno mejoró".[71] No hay datos disponibles para pacientes pediátricos.

Bupropión (Adultos: GrE = D, Niños y adolescentes: GrE = D)

Una búsqueda en PubMed de estudios clínicos sobre el bupropión arrojó un estudio de etiqueta abierta de nivel 2c con N=12. Este estudio no reportó ningún beneficio del tratamiento.[72]

Medicinas complementarias y alternativas (adultos: GrE = D, niños/adolescentes: GrE = D)

Una búsqueda en PubMed de estudios clínicos sobre *Silybum marianum*, la planta medicinal de nombre común cardo mariano (CM), devolvió una publicación. En este estudio doble ciego de comparación de 8 semanas con fluoxetina 30 mg diarios con N=37 adultos, las puntuaciones YBOCS disminuyeron en ~50 % en ambos grupos sin diferencias estadísticas, lo que sugiere que el CM es equivalente a la fluoxetina para el tratamiento del TOC.[73] Este estudio se ve comprometido por los datos incompletos, la alta puntuación media de YBOCS al inicio, la falta de control con placebo y las inconsistencias en los gráficos incluidos y en el texto. No se dispone de datos de alta calidad que respalden el uso de la CM para el TOC. Una búsqueda en PubMed de estudios clínicos de *Hypericum perforatum*, la planta medicinal con nombre común Hierba de San Juan (HSJ), devolvió dos publicaciones. Una publicación reportó experimentos con un control de placebo en sujetos adultos. Con N=60, este estudio de nivel 2b no halló beneficios del HSJ sobre el placebo en ninguna de las medidas.[74] Una búsqueda en PubMed de estudios clínicos sobre *Echium amoenum*, la planta medicinal de nombre común borraja (BJ), devolvió una publicación.[75] En este estudio doble ciego controlado con placebo de seis semanas de duración con N=40 adultos, el extracto de BJ fue superior al placebo con TE de ~2.0 y p<0.001. Este estudio fuertemente positivo es demasiado pequeño para determinar recomendaciones clínicas, pero sin duda exige su replicación. Una búsqueda en PubMed de estudios clínicos sobre el inositol arrojó dos ensayos clínicos. Un estudio evaluó la monoterapia con inositol frente al control con placebo en sujetos adultos.[76] Este estudio cruzado doble ciego controlado con placebo de N=13 informó resultados estadísticamente significativos con TE = 0.5. Un segundo estudio que examinó el aumento de un ISRS por inositol no pudo mostrar beneficio superior al placebo.[77] Aunque faltan estudios en humanos, una búsqueda en PubMed de estudios clínicos y/o ECA de probióticos arrojó 2 ECAs en modelos animales que exploraron el uso de *Lactobacillus casei* y *Lactobacillus rhamnosus* en ratas y ratones, respectivamente. El *L. casei* se comparó con la fluoxetina, así como con una combinación de ambos, fluoxetina y *L. casei*, todo lo cual aumentó la expresión del factor neurotrófico derivado del cerebro (FNDC) y disminuyó los síntomas similares al TOC en ratas en relación con un control salino.[78] Del mismo modo, se comparó el *L. rhamnosus* con la fluoxetina y se demostró que tenia efectos atenuantes sobre los síntomas similares al TOC en ratones.[79] Además, clinicaltrials.gov informó de la reciente finalización de un ensayo clínico con 32 pacientes adultos con TOC emparejados con 32 controles sanos, pero los resultados aún no se han publicado.

Agentes de aumento

Aproximadamente el 40-60 % de los pacientes con TOC sólo logran una respuesta parcial al tratamiento de primera línea con ISRS,[80] y hasta un 20 % son resistentes al tratamiento, obteniendo escasos beneficios.[81] Incluso en los que responden bien, una minoría de pacientes alcanza la remisión completa de los síntomas con un tratamiento óptimo con ISRS.[82] Se recomiendan estrategias de aumento en aquellos con una respuesta parcial a un ensayo con ISRS de dosis y duración adecuadas o una respuesta deficiente a múltiples ISRS. En muchos casos, el aumento con TCC de un ISRS representa la opción más eficaz y menos perjudicial. Sin embargo, si la TCC no es una opción o no tiene éxito, se han investigado muchas opciones de aumento farmacológico (Tabla 2). Las estrategias de aumento pueden clasificarse según los sistemas neurotransmisores a los que se dirigen predominantemente: serotoninérgicos, dopaminérgicos, glutamatérgicos o los que afectan a otros sistemas neurotransmisores. Las únicas estrategias de aumento con pruebas sólidas son los antipsicóticos y la clomipramina.

Tabla 1. Monoterapia para el TOC

Evidencia contundente
ISRS: Sertralina*†, Fluvoxamina*†, Fluoxetina*†, Paroxetina*
Clomipramina*†

Evidencia moderada
ISRS: Citalopram, Escitalopram

Evidencia contradictoria
Venlafaxina
Inhibidores de la monaminooxidasa
Buspirona

Evidencia negativa
Antidepresivos tricíclicos (excepto por la clomipramina)
Bupropión

Evidencia insuficiente
ISRS: Todos los demás

Agentes dopaminérgicos

Antipsicóticos

Mientras que la monoterapia antipsicótica tiene poco apoyo, el aumento de los ISRS con medicamentos antipsicóticos es una estrategia común y basada en la evidencia en el tratamiento del TOC. En un metaanálisis de 9 ensayos controlados con placebo, un tercio de los pacientes que no habían respondido a dos intentos previos con ISRS respondieron tras añadir un antipsicótico.[83] Una revisión Cochrane[84] publicada en 2010 sugirió que los antipsicóticos específicos mostraron efectos muy variables. Cabe destacar la superioridad de la risperidona, mientras que la quetiapina y la olanzapina, ambos con evidencia mixta en estudios anteriores, carecieron de eficacia en el metaanálisis. Un segundo metaanálisis de 12 ensayos controlados con placebo (N=394)[85] publicado en 2013 volvió a demostrar un beneficio significativo del aumento de antipsicóticos utilizando criterios estandarizados de resultados categóricos (respondedores definidos como ≥35 % de reducción en la puntuación Y-BOCS) y continuos (diferencias en la puntuación Y- BOCS). En general, la tasa de respuesta notificada fue del 28 % frente al 13 % en el grupo de tratamiento comparado con placebo, con un riesgo relativo de 2.10 (IC del 95 %: 1.16-3.80) o TE 0.54 y NNT 5.9. Este metaanálisis destacó que la risperidona fue el único antipsicótico revisado que demostró eficacia utilizando tanto el cambio continuo en el resultado YBOCS (TE combinado = 0.89) como el criterio de respuesta dicotómico de ≥35 % de disminución en CYBOCS (rango de NNT a través de informes = 2.9-3.3). Este metaanálisis de 2013 se actualizó dos años más tarde,[86] incluyendo ahora varios ECAs adicionales, solidificando aún más los hallazgos previos. Un estudio con paliperidona para el TOC resistente al tratamiento no alcanzó significación.[77] Otros estudios revelaron que el aripiprazol se encuentra entre los agentes más eficaces para el aumento. Los dos ECAs existentes de aripiprazol informaron tamaños del efecto muy grandes (TE= 1.13 y 1.17 en los estudios de Sayyah y Muscatello respectivamente).[87,88] Mientras que Sayyah y colegas no

255

proporcionaron datos suficientes para calcular el NNT, el estudio de Muscatello y colegas arrojó un NNT de 2.8. Casi no se dispone de datos sobre el aumento con ziprasidona, pero una revisión retrospectiva de casos halló que era menos eficaz que la quetiapina.[89] Los antipsicóticos de segunda generación han recibido una atención casi exclusiva en la bibliografía sobre el aumento de ISRS con antipsicóticos. El haloperidol es el único antipsicótico de primera generación con ensayos controlados aleatorizados (ECAs) que muestran que es eficaz (TE = 0.91, NNT = 3.4), especialmente cuando hay tics comórbidos.[90] Los datos del haloperidol abogan por una contribución dopaminérgica significativa a la eficacia, dado que los efectos serotoninérgicos observados con los fármacos de segunda generación están ausentes con el haloperidol. Recientemente, varios análisis de redes confirmaron los resultados anteriores.[91,92]

En algunos estudios, los antipsicóticos han demostrado mayor beneficio para el TOC con trastorno de tics comórbido, que suele ser resistente a la monoterapia con ISRS.[90] En el metaanálisis de Bloch y colegas, el NNT mejoró de 5.9 a 2.3 en pacientes con trastornos de tics comórbidos.[83] Un segundo metaanálisis un año después no detectó este efecto a menos que se consideren dosis más altas que mejoraron la respuesta en ensayos que incluían sujetos con trastornos de tics comórbidos.[93] Un metaanálisis de red del 2019 analizó los mismos datos de las revisiones anteriores y halló que el aumento de antipsicóticos no era efectivo en algunos subgrupos de pacientes adultos con TOC, incluidos aquellos con tics o depresión comórbida.[92] Los antipsicóticos también se han propuesto para pacientes con una pobre percepción de su condición que se acercan a proporciones delirantes, pero esto no ha sido bien estudiado.[94]

Las dosis típicas de aumento de antipsicóticos son inferiores a las utilizadas para tratar trastornos psicóticos.[95] Se han publicado tres ECAs positivos sobre el aumento con risperidona de los ISRS utilizando dosis que oscilan entre 0.5 y 3 mg para la mayoría de los pacientes.[96-98] Mientras que la quetiapina es el neuroléptico más estudiado en el TOC, seis estudios controlados que utilizaron dosis de 200-600 mg han producido resultados mixtos,[99-104] generando un TE combinado muy pequeño de 0.18 en el metaanálisis de Dold y colegas. Un estudio comparativo afirmó originalmente la superioridad de la quetiapina sobre la clomipramina en un diseño abierto, pero un resultado inverso fue reportado en un ECA subsecuente.[105,106] Se han publicado dos ECAs para la olanzapina, también con resultados contradictorios,[107,108] pero debido a que un estudio reportó un efecto mucho mayor que el otro (TE= 0.81 contra uno de 0.29), el TE combinado de la olanzapina citado por Dold y colegas fue moderado, de 0.48. Una posible razón de esta disparidad de TE fue el aumento de la dosis de olanzapina en el estudio positivo (10 mg en lugar de 5 mg). Consistente con un mayor tamaño de efecto de la olanzapina, un estudio de comparación simple ciego que utilizó una dosificación flexible sugirió que la olanzapina era equivalente a la risperidona.[109] Dos ECAs positivos que utilizaron dosis de 10-15 mg han apoyado el aumento de ISRS con aripiprazol,[87,88] aunque la risperidona fue superior al aripiprazol en una comparación aleatoria a ciegas simple.[110]

Dado el apoyo a través de múltiples ECAs para la risperidona y el aripiprazol, ambos justifican un GrE = A para el aumento de ISRS en el TOC en adultos. Los resultados contradictorios subrayan la necesidad de estudios amplios y bien diseñados para resolver las inconsistencias que limitan la recomendación de quetiapina y olanzapina (GrE = C). Los estudios de aumento de ISRS en el TOC pediátrico se limitan a dos series de casos positivas que evalúan risperidona y una que evalúa aripiprazol (GrE = C).[111-113] Se justifica la realización de estudios directos para establecer diferencias claras en la eficacia de antipsicóticos en el TOC. En ambos metaanálisis de agentes de aumento del TOC a través de más de una docena ECAs doble ciegos y controlados con placebo, la risperidona, el aripiprazol y el haloperidol mostraron efectos superiores a la quetiapina y la olanzapina.[83,114] La elección del antipsicótico debe basarse en la evidencia científica contrastada con los efectos secundarios conocidos y los factores específicos del paciente, incluido el impacto potencial de los efectos metabólicos, la sedación o los efectos secundarios extrapiramidales.

En comparación con la latencia de la respuesta a los ISRS, se puede esperar una respuesta más rápida tras iniciar el aumento con antipsicóticos; la mayoría de los pacientes muestran respuesta en 4 semanas.[95] Aunque la bibliografía que examina el aumento a largo plazo es escasa, existe una revisión de gráficos que reporta la recaída de 15/18 pacientes tras la interrupción del antipsicótico,[115] por lo cual el mantenimiento a largo plazo puede ser una estrategia prudente para algunos pacientes. Dados los importantes efectos adversos metabólicos y motores asociados al uso a largo plazo, son muy necesarios los estudios que exploren la relación entre la duración del mantenimiento antipsicótico posremisión y el riesgo de recaída. Los riesgos y beneficios deben sopesarse cuidadosamente en la decisión de cuándo interrumpir el aumento con antipsicóticos.

Estimulantes

El mecanismo de acción de los estimulantes en el TOC no está claro, especialmente dadas sus conocidas propiedades pro-compulsivas, pero puede estar relacionado con efectos pro-serotoninérgicos.[116] Se ha descrito que dosis únicas de estimulantes mejoran los síntomas del TOC en estudios aleatorizados y de casos muy pequeños, lo que sugiere una especificidad del efecto de la **dextroanfetamina** comparada con el metilfenidato.[116-118] El control con **cafeína** mostró efectos de aumento ligeramente mayores que la dextroanfetamina (tasa de respuesta del 58 % frente al 50 % respectivamente) en un estudio doble ciego, aunque ambos grupos mostraron tasas de respuesta inusualmente altas.[118] Más recientemente, **el metilfenidato** de liberación prolongada demostró eficacia en el aumento de fluvoxamina para el TOC.[119] Una revisión reciente postula que los beneficios de los estimulantes en el TOC pueden estar relacionados con los déficits cognitivos relacionados con el TOC, incluidas las alteraciones de la flexibilidad cognitiva y el control inhibitorio.[16] Estos estudios deben interpretarse con cautela debido al pequeño tamaño de las muestras y a otras limitaciones mencionadas anteriormente.

Agentes serotoninérgicos

Clomipramina

Además de su eficacia como monoterapia (comentada anteriormente), la clomipramina se ha mostrado prometedora cuando se utiliza como terapia de aumento (25-75 mg) en estudios de casos tanto en adultos como en niños[120-122] y en un ECA doble ciego de aumento con clomipramina en comparación con quetiapina en adultos.[106] Esto se traduce en un GrE= B para adultos y C para niños y adolescentes para la clomipramina como agente de aumento en el TOC. La monitorización de los pacientes que toman clomipramina junto con un ISRS debe incluir la vigilancia de efectos cardiacos, convulsiones y signos de síndrome serotoninérgico. Es importante tener en cuenta las interacciones entre la clomipramina y los ISRS debido a la inducción o inhibición de la enzima metabólica citocromo p450. Ciertas combinaciones pueden aumentar los efectos secundarios debido a estas interacciones (sertralina + clomipramina) y otras pueden minimizarlos (fluvoxamina + clomipramina) debido a los efectos en el metabolismo de la clomipramina.[123]

Otros agentes serotoninérgicos

Los agonistas y antagonistas de los receptores de serotonina (5-HT) también han sido un objetivo en el aumento del TOC. En un ECA simple ciego de **mirtazapina** (un antagonista postsináptico de los receptores 5-HT2 y 5-HT3), la respuesta global no mejoró, pero se observó una respuesta más rápida.[124] Sin embargo, en un estudio clínico reciente se evaluó el uso de mirtazapina (40 mg/día) como agente potenciador de la sertralina en pacientes en los que inicialmente fracasó la monoterapia con sertralina, lo que produjo una disminución de al menos 35 % en las puntuaciones YBOCS en aproximadamente el 40 % de los pacientes que tomaron mirtazapina + sertralina.[125] Dos grupos han publicado ECAs positivos de fluoxetina aumentada con **ondansetrón** o **granisetrón** (antagonistas 5-HT3) en poblaciones iraníes.[126,127] Estos ensayos están pendientes de replicación y generalización a otras poblaciones. Un ECA de ondansetrón en adultos con TOC y/o tics realizado en la Universidad de Nueva York en colaboración con los Institutos Nacionales de Salud ha concluido recientemente y se esperan resultados en un futuro próximo (NCT03239210). **El pindolol**, un antagonista betaadrenérgico no selectivo con propiedades de agonista parcial y de antagonista 5HT1A putativo, presenta datos contradictorios procedentes de dos ECAs;[128,129] sin embargo, un metaanálisis reciente sugiere que está justificado seguir estudiando el pindolol como agente de aumento.[130]

Se han comunicado datos contradictorios sobre el uso de **buspirona** (un agonista parcial 5HT1A) en el TOC. Un primer ECA muy pequeño de buspirona comparado a la clomipramina como monoterapia demostró equivalencia.[70] Se han descrito dos estudios doble ciegos negativos de aumento de ISRS con buspirona.[131,132] **El litio**, un estabilizador del estado de ánimo con numerosos efectos celulares, incluida la modulación serotoninérgica, se mostró ineficaz como agente potenciador en dos ECAs.[133,134] Los primeros estudios de casos y un ensayo abierto de **psilocibina** sugirieron beneficios en el TOC.[135] De hecho, dos revisiones sistemáticas recientes han intentado dilucidar sus efectos en afecciones psiquiátricas, incluido el TOC; sin embargo, el número de estudios específicos sobre el TOC es demasiado pequeño para extraer conclusiones en la actualidad. Además, otros 2 estudios de casos han mostrado mejorías en casos individuales de TOC, uno de los cuales mostró una mejoría tras una sola dosis de psilocibina para el TOC resistente al tratamiento con una mejoría sostenida (puntuación YBOCS de 24 a 2) después de 1 año.[136] A la luz del reciente interés en los beneficios terapéuticos de los psicodélicos en psiquiatría, actualmente se están llevando a cabo cuatro ensayos con psilocibina (NCT03300947, NCT03356483, NCT04882839, NCT05546658) y los resultados se esperan con impaciencia.

Agentes glutamatérgicos

Se ha propuesto un papel para la señalización aberrante del glutamato en el mecanismo del TOC basado en el aumento del glutamato en el líquido cefalorraquídeo,[137] así como en imágenes radiológicas tanto en niños como en adultos con TOC,[138-140] modelos animales con comportamiento de TOC,[126,141] y la convergencia de información genética sobre el gen transportador de glutamato (SLC1A1 por sus siglas en inglés).[142-147] Los medicamentos que modulan la neurotransmisión de glutamato se utilizan ampliamente en el tratamiento de trastornos neurodegenerativos y convulsivos. Se ha comprobado el posible papel de varios de ellos en el aumento de la terapia del TOC. Un metaanálisis del 2021 demostró que, como grupo, los medicamentos glutamatérgicos son agentes de aumento eficaces en el TOC en adultos.[148]

La memantina, un antagonista extrasináptico de los receptores NMDA del glutamato utilizado habitualmente en la enfermedad de Alzheimer, demostró resultados prometedores en un estudio abierto realizado en la India,[149] así como en un estudio abierto[150] y un estudio ciego simple[151] realizados en Norteamérica. Posteriormente, tres ECAs realizados en Irán[152-154] arrojaron resultados positivos; sin embargo, los estudios han sido criticados por su deficiente metodología.[155] Aunque se han realizado dos metaanálisis positivos sobre estos datos, los datos primarios defectuosos socavan estos resultados.[156,157] Por último, un ECA doble ciego reciente descubrió que, aunque la memantina era bien tolerada por los pacientes, no había diferencias en comparación con el placebo.[152] Dado que los niveles elevados de glutamato en el giro cingulado se correlacionaron con una respuesta deficiente a la TCC en un ECA de TOC pediátrico, un estudio de memantina como agente de aumento de la TCC podría ser fructífero.[158]

El **Riluzol** es un modulador negativo de la transmisión glutamatérgica utilizado principalmente en el tratamiento de la esclerosis lateral amiotrófica (ELA), pero estudios de casos en jóvenes,159,160 pequeños estudios abiertos en niños161 y adultos,162 y un pequeño ECA en adultos163 apoyan la investigación continuada del Riluzol en el aumento de ISRS. El único ECA de Riluzol en niños fue negativo.164 El uso de Riluzol está limitado por las altas tasas de transaminitis y pancreatitis.

El Troriluzol, un profármaco del Riluzol supuestamente más seguro, desarrollado por Biohaven Pharmaceuticals y aprobado por la FDA para el tratamiento de la ELA, resultó prometedor en un ECA para el TOC en la semana 8, pero el resultado perdió significación en la semana 12, que era el criterio de valoración primario declarado (aún no publicado: NCT04641143, NCT04693351, NCT04708834).

Muchos fármacos antiepilépticos que modulan la transmisión del glutamato tienen cierto apoyo en el aumento de ISRS en el TOC. El topiramato atenúa la neurotransmisión excitatoria a través de sus efectos sobre los canales iónicos y la señalización del glutamato/ GABA, y está respaldado como agente potenciador por una serie de casos,165 un ensayo abierto166 y dos pequeños ECAs.167,168 Uno de los estudios tuvo grandes problemas de tolerabilidad con un alto abandono resultante y demostró efectos sólo en las subescalas de obsesión, pero no en las puntuaciones de compulsión o de respuesta global. El aumento con lamotrigina, otro modulador negativo de la transmisión glutamatérgica a través del bloqueo del canal de sodio, está respaldado por el éxito en una serie de casos abierta (1 de 4 pacientes)169 y dos ECAs pequeños posteriores.170,171 La gabapentina y la pregabalina, que parecen regular la neurotransmisión excitatoria mediante efectos en los canales de calcio dependientes de voltaje, cuentan con el apoyo de la aceleración de la respuesta172 y la reducción de las compulsiones,173 respectivamente en estudios abiertos y un pequeño ECA positivo realizado en Irán.174 Un pequeño ECA aún no publicado se completó en Canadá en 2019 (NCT00994786). La N-acetilcisteína (NAC), utilizada medicamente desde hace mucho tiempo como antioxidante en nefro y hepatotoxicidad, también tiene efectos moduladores glutamatérgicos.175 La NAC ha mostrado datos alentadores en los trastornos del aseo, los hábitos y el control de los impulsos relacionados con la obsesión compulsiva.175 Dos pequeños ECAa realizados en Irán fueron positivos;176,177 sin embargo, tres ECAa realizados en EE.UU. y Australia (incluido el mayor estudio hasta la fecha) fueron negativos.178-180 En poblaciones pediátricas, se han publicado estudios de casos positivos débiles181,182 y un pequeño ECA.183

Se están aplicando al TOC varias estrategias de modulación glutamatérgica que han demostrado su eficacia en la depresión. La ketamina, un antagonista no competitivo del receptor NMDA del glutamato y antidepresivo de acción rápida, sólo produjo un efecto transitorio que duró de horas a días en un estudio abierto de 10 sujetos con TOC resistente al tratamiento.184 Se carece de ECAs de buen tamaño sobre la ketamina o la esketamina intranasal; por lo tanto, aún no se ha demostrado el beneficio potencial en el TOC, aunque un par de estudios grandes (>100 participantes) están activos y/o reclutando con el objetivo de evaluar los síntomas del TOC en el YBOCS (NCT02624596 y NCT04480918), cuyos resultados generan gran expectación. El hecho de que se trata de un área de interés queda subrayado por el listado de 13 estudios clínicos que utilizan ketamina en el TOC en clinicaltrials.gov. Varios ensayos clínicos de ketamina intranasal se han dado por finalizados debido al fracaso en el reclutamiento; los investigadores señalan que los pacientes con TOC suelen rechazar la administración intranasal debido al riesgo de contaminación percibido. El dextrometorfano combinado con un inhibidor de CYP2D6 para ralentizar su metabolismo ha demostrado su eficacia en el afecto pseudobulbar185 y, más recientemente, en la depresión resistente al tratamiento.186 Actualmente se está reclutando sujetos para un ensayo de dextrometorfano combinado con fluoxetina, un inhibidor del CYP2D6 (NCT04899687).

Otros sistemas neurotransmisores

La monoterapia del TOC con **benzodiazepinas**, que facilitan la transmisión de ácido gabaaminobutírico (GABA), ha producido resultados contradictorios en dos ECAs[187,188] y fue ineficaz como agente potenciador en un ECA doble ciego.[189] El interés inicial por **los opiáceos** se vio estimulado por los reportes de casos de mejoría del TOC con morfina, y un posterior estudio ECA de dos semanas de morfina administrada una vez a la semana.[190] Los estudios abiertos de opiáceos más seguros, tramadol[191] y buprenorfina[192] fueron alentadores. Aunque estos opiáceos tienen menos potencial de abuso, dados los graves riesgos de los opiáceos, se necesitan datos adicionales antes de su uso clínico. Un ECA cruzado con placebo del antagonista opiáceo naltrexona, utilizado frecuentemente para tratar trastornos relacionados con el control de los impulsos, careció de beneficios en el TOC.[193] Los datos de autoinformes y estudios de casos avalan **los cannabinoides** en el TOC;[194-196] sin embargo, un pequeño estudio abierto del cannabinoide sintético nabilona y un pequeño ECA de cannabis fumado fueron negativos.[197,198] Se están realizando estudios adicionales sobre cannabinoides y cannabidiol (NCT04880278, NCT04978428, NCT02911324, NCT03274440). Los efectos secundarios, la tolerancia y el potencial de dependencia restan atractivo a las benzodiazepinas, los opiáceos y los cannabinoides en el aumento de tratamiento del TOC.

Antiinflamatorio/neuroprotector

Un ensayo abierto con minociclina no demostró beneficios para la mayoría de los participantes;[199] sin embargo, un ECA realizado en Irán fue positivo.[200] Se requieren datos en poblaciones independientes para confiar en este resultado. Aunque se realizaron otros dos ECAs en EE. UU., uno se interrumpió debido al fracaso de reclutamiento y el otro aún no ha publicado resultados (NCT01695291). Se han utilizado muchas estrategias modulantes del sistema inmunológico en el TOC relacionado con el trastorno pediátrico neuropsiquiátrico autoinmune asociado con estreptococos (PANDAS por sus siglas en inglés) con resultados desemejantes (discutidos en otro capítulo). Aunque tres ECAs realizados en Irán reportaron beneficios del Celecoxib como complemento de los ISRS,[201-203] estos estudios han sido criticados por cuestiones metodológicas. Dos ensayos realizados en Norteamérica están en marcha y deberían proporcionar datos más definitivos (NCT04786548, NCT04673578). Un ensayo piloto abierto sueco de Rituximab para el TOC reportó una respuesta >35 % de reducción de YBOCS en 2/10 participantes que cumplían los criterios de PANDAS.[204] Un ECA posterior está en fase de reclutamiento (NCT04323566). Del mismo modo, un ECA de naproxeno (NCT04015596) y un ensayo abierto de Octagamo 5 % (inmunoglobulinas intravenosas, NCT03348618) están en marcha en relación a PANDAS.

Tabla 2. Agentes de aumento de ISRS: Base de la evidencia

Evidencia robusta
Antipsicóticos: Risperidona y Aripiprazol
Clomipramina

Evidencia mixta
Antipsicóticos: Quetiapina y Olanzapina
Pindolol
Buspirona
NAC
Benzodiazepinas

Evidencia negativa
Litio

Evidencia insuficiente
Antipsicóticos: Todos los demás
Estimulantes
Mirtazapina
Ondansetron/granisetron
Psilocibina
Memantina
Riluzol/Troriluzol
Topiramato
Lamotrigina
Gabapentina/Pregabalina
Ketamina
Tramadol-Buprenorfina
Cannabinoides
Anti-inflamatorios/Inmunosupresores

Recuadro clínico

Usar información genética para guiar la decisión de medicamentos en el TOC

Mia es una paciente nueva que acude a un psiquiatra para recibir tratamiento para el TOC. Tras hablar de sus antecedentes, le proporciona a su nuevo médico un informe farmacogenómico que se había hecho anteriormente. El informe indica que es una metabolizadora deficiente de CYP2D6 y portadora de una variante del transportador de serotonina que se asocia a la falta de respuesta a los ISRS. El psiquiatra explica que estas pruebas no revelan qué medicamentos funcionarán (actualmente no existen métodos basados en pruebas para predecirlo), sino sólo cuáles podrían tener más efectos secundarios y/o necesitar una dosis diferente a la habitual. Aunque la prueba sugiera que no responderá a un ISRS, las variantes genéticas en los transportadores o receptores de neurotransmisores no se basan en pruebas sólidas y deben ignorarse. Lo más importante es seguir la base de pruebas para el tratamiento del TOC, que indica claramente el uso de ISRS. Ser un metabolizador deficiente de CYP2D6 podría impulsar la elección de sertralina, un medicamento con una indicación de la FDA para el TOC y una dependencia mínima de CYP2D6. Sin embargo, también sería razonable elegir fluoxetina o fluvoxamina (ambas metabolizadas por CYP2D6) y dosificarlas con precaución (empezar despacio e ir subiendo lentamente).

Aumento de la TCC/Facilitadores del aprendizaje

Las estrategias existentes de aumento de la TCC, aunque escasas, se basan en la capacidad de algunos agentes para potenciar la extinción del miedo en modelos de roedores. El agente que más atención ha recibido es la D-cicloserina (DCS). La DCS es un agonista parcial de los receptores NMDA del glutamato y un agente anti-microbacteriano que ha demostrado potenciar la extinción del miedo en modelos de roedores y que posteriormente se ha probado como facilitador del aprendizaje junto con la TCC para el TOC.[45] La DCS ha mostrado resultados positivos en ECAs tanto de niños [205] como de adultos,[206,207] pero no ha sido útil en todos los estudios,[208,209] quizás debido a diferencias considerables en la dosificación y el momento de administración entre los estudios. Esto puede ser significativo debido a las diferentes afinidades de los receptores al rango de dosificación, el inicio y la duración de los efectos. Los estudios positivos sugieren que la DCS puede acelerar la pendiente de respuesta, pero no aumentar la magnitud global de esta.[206,207,210] No obstante, una inducción de respuesta más rápida podría minimizar la angustia del paciente y el gasto significativo del tratamiento con TCC. Es complicado probar la DCS, dados los numerosos factores que influyen en su efecto clínico. Estudios recientes han tratado de definir los subconjuntos que podrían beneficiarse del tratamiento con DCS; sin embargo, los esfuerzos realizados hasta la fecha han sido infructuosos.[211,212] Se necesitan estudios adicionales para optimizar los procedimientos de DCS y definir una población específica de pacientes con probabilidades de beneficiarse. También deberían probarse otros facilitadores del aprendizaje. Un ECA pediátrico de TCC comparada a la cuantificación de glutamato con espectroscopia de resonancia magnética mientras los pacientes están en una lista de espera, propuso que un estado hiperglutamatérgico en el giro cingulado puede ser la base que cierto grupo de pacientes con TOC resistente al tratamiento puedan beneficiarse de fármacos moduladores del glutamato.[158]

Recuadro clínico
Errores comunes en la prescripción de medicamentos en el TOC
(basado en la opinión experta del director médico de un programa de tratamiento intensivo para el TOC con una experiencia de 15 años)

1. Una dosis insuficiente de ISRS
2. Usar un ISRS o antidepresivo atípico sin evidencia en TOC (o niños)
3. Usar una monoterapia sin evidencia (antipsicótico, bupropión, IRSN, benzodiazepina, esketamina)
4. Usar un agente de aumento con poca evidencia (antipsicótico como terapia de primera línea)
5. Basarse en la orientación farmacogenética a pesar de la falta de evidencia clínica o indicación en el TOC o de eficacia en niños (desvenlafaxina, vortioxetina).

Estrategias cuando fracasan la terapia estándar y los medicamentos

Programas de tratamiento intensivo
La respuesta parcial a la farmacoterapia y a la TCC o la dificultad en la adherencia al tratamiento pueden requerir un aumento de la intensidad del tratamiento.[21] Aunque la hospitalización puede estar indicada por motivos de seguridad, a menos que se disponga de TCC especializada en el centro, la hospitalización en un hospital psiquiátrico general puede no ser beneficiosa y puede ser muy difícil de tolerar para los pacientes debido a sus extensos rituales. Sin embargo, los programas especializados para pacientes adultos y pediátricos para el TOC, si están disponibles, pueden ser muy eficaces.[21] Los niveles de atención van desde programas ambulatorios intensivos (medio día) y de hospitalización parcial (durante todo el día) hasta tratamiento residencial a largo plazo.

Programas intensivos de tratamiento

Un grupo de niños se inscribe en un programa ambulatorio intensivo para el TOC grave. Una parte del tiempo realizan exposiciones individualizadas con un terapeuta, y el resto del tiempo reciben terapia de grupo que consiste en sesiones psicoeducativas; relajación, meditación y entrenamiento en atención plena; planificación y discusión de la exposición; y juegos de exposición en grupo como búsquedas de objetos provocadores, carreras para realizar tareas difíciles o peleas con pistolas de agua "contaminada". Los niños se apoyan mutuamente con compasión y compiten sanamente para afrontar retos difíciles. Su estado de ánimo y motivación mejoran gracias a los efectos positivos de la socialización, de la que han carecido debido a la gravedad de sus síntomas, y al alivio de sentirse menos solos al saber que otros luchan con dificultades similares. Sus padres reciben concomitantemente psicoeducación, entrenamiento y grupos de apoyo. La medicación puede personalizarse y gestionarse en tiempo real en respuesta a la información sobre los progresos de la TCC.

Neuromodulación y psicrugía

Tanto los enfoques experimentales no invasivos como los invasivos para el TOC resistente al tratamiento han demostrado tener éxito. A continuación se describen brevemente y se tratan con más detalle en otros capítulos. La terapia de estimulación magnética transcraneal repetitiva (EMTr) aplica pulsos repetitivos de corriente eléctrica sobre el cráneo, induciendo un pulso de campo magnético capaz de despolarizar las neuronas subyacentes.[213] Esta terapia no invasiva con efectos secundarios mínimos ha recibido un entusiasmo considerable en el tratamiento de la depresión.[213] Los parámetros de éxito de la EMT en el TOC varían de los de la depresión. La EMT profunda (EMT-p) ha surgido más recientemente y es capaz de alcanzar estructuras relevantes para el TOC en las profundidades del cerebro y activar más de ellas simultáneamente. Varios ensayos han sido positivos,[214-217] y, por lo tanto, la EMTp de alta frecuencia sobre la corteza prefrontal dorsomedial/corteza cingulada anterior logró la aprobación de la FDA para el TOC en el 2018.[7]

En los casos de TOC intratable con deterioro o angustia profundos, existen opciones neuroquirúrgicas para el tratamiento del TOC en fase de investigación.[7] La opción menos invasiva consiste en la implantación de electrodos que proporcionan estimulación cerebral profunda (ECP) de la cápsula ventral interna y el cuerpo estriado ventral adyacente. Los datos alentadores de varios estudios a gran escala han dado lugar a una "exención de dispositivo humanitario" de la FDA para la ECP en el TOC refractario grave. La ablación neuroquirúrgica de estructuras cerebrales relacionadas con el TOC (p. ej., cingulotomía anterior dorsal y capsulotomía anterior), ya sea mediante procedimiento abierto o radiocirugía estereotáctica (bisturí gamma), es un tratamiento más invasivo y de último recurso.[218] Estos procedimientos suelen evitarse en niños, ya que los síntomas pueden mejorar a lo largo del desarrollo sin intervención invasiva.

Resumen y conclusiones

Se han probado diversos agentes en el tratamiento del TOC, como se ha revisado anteriormente. El nivel de evidencia que respalda a cada uno de ellos puede utilizarse para diseñar un algoritmo de tratamiento recomendado (Figura 1). Debido a su excelente eficacia y tolerabilidad, la farmacoterapia del TOC en adultos y niños debe comenzar con un ISRS. Las mejores pruebas y las indicaciones de la FDA apoyan la fluoxetina, la fluvoxamina y la sertralina tanto en niños como en adultos, y la paroxetina sólo en adultos. Hay pruebas convincentes de que el citalopram y el escitalopram también son eficaces. Es probable que todos los ISRS sean útiles para reducir los síntomas del TOC; sin embargo, se necesitan ensayos comparativos para determinar si existen diferencias de eficacia dentro de una misma clase. Una cuidadosa consideración de la evidencia en el contexto del perfil de efectos secundarios y los factores específicos del paciente debe guiar la elección del medicamento.

La comorbilidad debe evaluarse y abordarse en el desarrollo de un plan de tratamiento integral y puede influir en la elección del tratamiento. La TCC debe considerarse una alternativa de primera línea a la farmacoterapia, especialmente en niños, y puede ser más eficaz en combinación con un ISRS. La educación y el apoyo familiar pueden ser fundamentales para muchos pacientes que buscan tranquilidad y reclutan a otras personas en sus rituales, especialmente en los niños. El fracaso de un ISRS justifica el cambio a un segundo ISRS o posiblemente a la monoterapia con clomipramina, que también está indicada por la FDA para el TOC pediátrico y de adultos. Una respuesta parcial a un ISRS o una resistencia al tratamiento deben llevar a considerar el uso de agentes de aumento. La mejor evidencia apoya el aumento con un medicamento antipsicótico, de los cuales la risperidona y el aripiprazol tienen el mayor apoyo tanto en adultos como en niños. Los antipsicóticos pueden ser especialmente útiles en pacientes con trastornos de tics, perspectiva deficiente de su condición u oposicionismo infantil. La clomipramina también tiene buena evidencia como agente de aumento, especialmente en combinación con la fluvoxamina dada la interacción beneficiosa con el CYP1A2. Otros agentes de aumento tienen pruebas imperfectas y se esperan más estudios para determinar la eficacia definitiva.

Las pruebas genéticas para apoyar la prescripción sólo deben utilizarse para optimizar la dosis o la elección del tratamiento dentro de una clase de medicamentos. El uso de la base de pruebas de estudios clínicos para guiar la elección del tratamiento en función del diagnóstico debe prevalecer sobre cualquier consideración genética. Los programas de tratamiento intensivo, incluidos el tratamiento ambulatorio intensivo, la hospitalización parcial y el tratamiento residencial, pueden ser beneficiosos para quienes no responden plenamente al tratamiento ambulatorio combinado con medicación y TCC.

En el caso de los pacientes que no responden a todos los tratamientos anteriores, se pueden considerar ensayos de monoterapia o agentes de aumento con menos evidencia, así como la terapia EMTr. Para aquellos pacientes refractarios al tratamiento con angustia y deterioro profundos, la psicocirugía puede representar la única opción para el alivio de los síntomas. La evidencia apoya la continuación a largo plazo (al menos 1 año) de un régimen de tratamiento eficaz antes de la disminución gradual con un seguimiento cuidadoso. La TCC puede mejorar el éxito de la eventual interrupción de la medicación y la remisión a largo plazo.

Conflictos de intereses: EN es miembro no remunerado de la Junta Asesora Médica de la Asociación Americana de Tourette y de la Junta Asesora Científica de Myriad Genetics. Los demás autores declaran no tener conflictos de intereses.

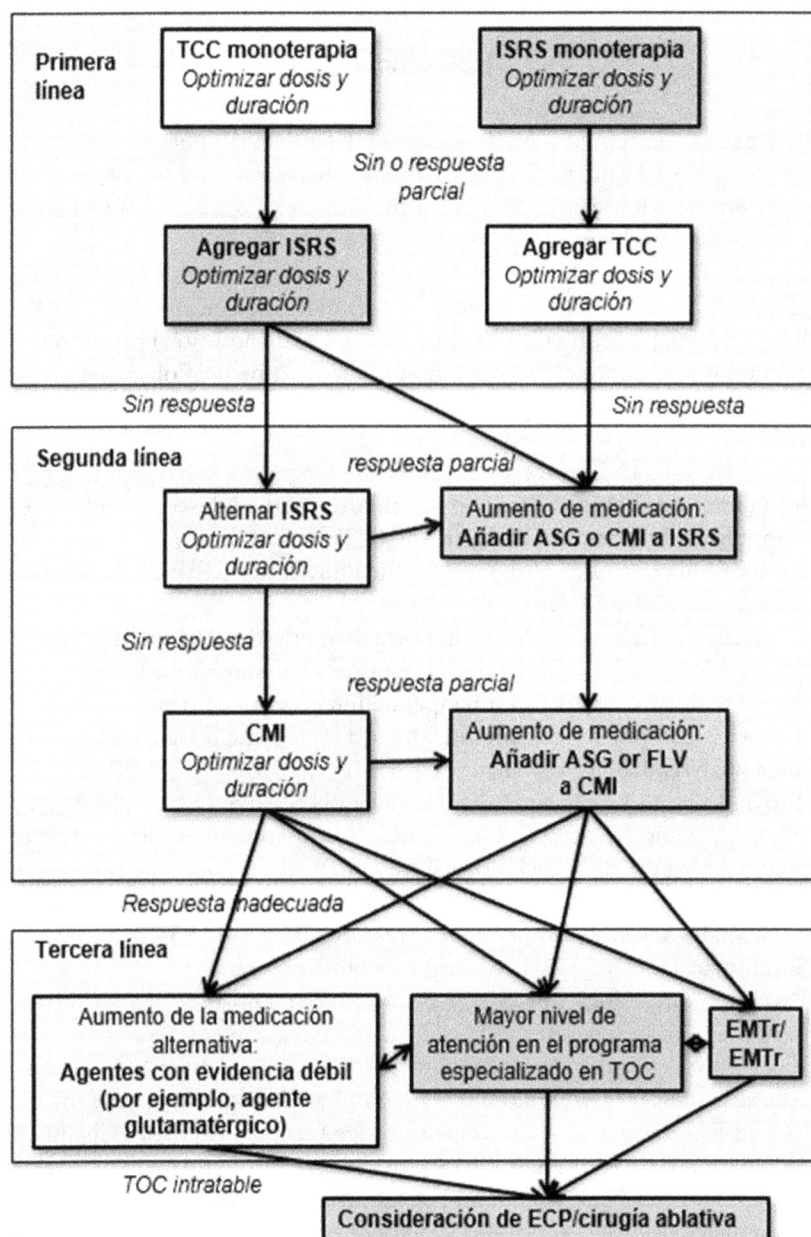

Figure 1. Algoritmo de tratamiento sugerido basado en el nivel de evidencia. Boxes indicate treatment options and arrows show suggested flow in the case of treatment failure. Abreviaturas: ISRS= inhibidores selectivos de la recaptación de serotonina= clomipramina, FLV = fluvoxamina, TCC = terapia cognitive conductual, ASG = antipsicóticos de segunda generación, EMTr = estimulación magnética transcranial repetititva, ECP= estimulación cerebral profunda

Referencias

1. de Haan E, Hoogduin KA, Buitelaar JK, Keijsers GP. Behavior therapy versus clomipramine for the treatment of obsessive-compulsive disorder in children and adolescents. Journal of the American Academy of Child and Adolescent Psychiatry. 1998;37(10):1022-1029.

2. Foa EB, Liebowitz MR, Kozak MJ, Davies S, Campeas R, Franklin ME, Huppert JD, Kjernisted K, Rowan V, Schmidt AB, Simpson HB, Tu X. Randomized, placebo-controlled trial of exposure and ritual prevention, clomipramine, and their combination in the treatment of obsessive-compulsive disorder. The American journal of psychiatry. 2005;162(1):151-161.

3. Pediatric O. C. D. Treatment Study Team. Cognitive-behavior therapy, sertraline, and their combination for children and adolescents with obsessive-compulsive disorder: the Pediatric OCD Treatment Study (POTS) randomized controlled trial. JAMA : the journal of the American Medical Association. 2004;292(16):1969-1976.

4. Skapinakis P, Caldwell DM, Hollingworth W, Bryden P, Fineberg NA, Salkovskis P, Welton NJ, Baxter H, Kessler D, Churchill R, Lewis G. Pharmacological and psychotherapeutic interventions for management of obsessive-compulsive disorder in adults: a systematic review and network meta-analysis. Lancet Psychiatry. 2016;3(8):730-739.

5. Tao Y, Li H, Li L, Zhang H, Xu H, Zhang H, Zou S, Deng F, Huang L, Wang Y, Wang X, Tang X, Fu X, Yin L. Comparing the efficacy of pharmacological and psychological treatment, alone and in combination, in children and adolescents with obsessive-compulsive disorder: A network meta-analysis. Journal of psychiatric research. 2022;148:95-102.

6. Szechtman H, Harvey BH, Woody EZ, Hoffman KL. The Psychopharmacology of Obsessive-Compulsive Disorder: A Preclinical Roadmap. Pharmacol Rev. 2020;72(1):80-151.

7. Fineberg NA, Hollander E, Pallanti S, Walitza S, Grunblatt E, Dell'Osso BM, Albert U, Geller DA, Brakoulias V, Janardhan Reddy YC, Arumugham SS, Shavitt RG, Drummond L, Grancini B, De Carlo V, Cinosi E, Chamberlain SR, Ioannidis K, Rodriguez CI, Garg K, Castle D, Van Ameringen M, Stein DJ, Carmi L, Zohar J, Menchon JM. Clinical advances in obsessive-compulsive disorder: a position statement by the International College of Obsessive-Compulsive Spectrum Disorders. International clinical psychopharmacology. 2020;35(4):173-193.

8. Nezgovorova V, Reid J, Fineberg NA, Hollander E. Optimizing first line treatments for adults with OCD. Comprehensive psychiatry. 2022;115:152305.

9. Marazziti D, Pozza A. An overview of the pharmacological options for pediatric obsessive-compulsive disorder. Expert Opin Pharmacother. 2022;23(16):1793-1800.

10. Bloch MH, Storch EA. Assessment and management of treatment-refractory obsessive-compulsive disorder in children. Journal of the American Academy of Child and Adolescent Psychiatry. 2015;54(4):251-262.

11. Sousa MB, Isolan LR, Oliveira RR, Manfro GG, Cordioli AV. A randomized clinical trial of cognitive-behavioral group therapy and sertraline in the treatment of obsessive-compulsive disorder. The Journal of clinical psychiatry. 2006;67(7):1133-1139.

12. Greist J, Chouinard G, DuBoff E, Halaris A, Kim SW, Koran L, Liebowitz M, Lydiard RB, Rasmussen S, White K, et al. Double-blind parallel comparison of three dosages of sertraline and placebo in outpatients with obsessive-compulsive disorder. Archives of general psychiatry. 1995;52(4):289-295.

13. Ruscio AM, Stein DJ, Chiu WT, Kessler RC. The epidemiology of obsessive-compulsive disorder in the National Comorbidity Survey Replication. Molecular psychiatry. 2010;15(1):53-63.

14. Fireman B, Koran LM, Leventhal JL, Jacobson A. The prevalence of clinically recognized obsessive-compulsive disorder in a large health maintenance organization. The American journal of psychiatry. 2001;158(11):1904-1910.

15. Geller DA. Obsessive-compulsive and spectrum disorders in children and adolescents. The Psychiatric clinics of North America. 2006;29(2):353-370.

16. van Roessel PJ, Grassi G, Aboujaoude EN, Menchon JM, Van Ameringen M, Rodriguez CI. Treatment-resistant OCD: Pharmacotherapies in adults. Comprehensive psychiatry. 2023;120:152352.

17. Stewart SE, Geller DA, Jenike M, Pauls D, Shaw D, Mullin B, Faraone SV. Long-term outcome of pediatric obsessive-compulsive disorder: a meta-analysis and qualitative review of the literature. Acta psychiatrica Scandinavica. 2004;110(1):4-13.

18. American Academy of Child and Adolescent Psychiatry. Practice parameter for the assessment and treatment of children and adolescents with obsessive-compulsive disorder. Journal of the American Academy of Child and Adolescent Psychiatry. 2012;51(1):98-113.

19. Kordon A, Kahl KG, Broocks A, Voderholzer U, Rasche-Rauchle H, Hohagen F. Clinical outcome in patients with obsessive-compulsive disorder after discontinuation of SRI treatment: results from a two-year follow-up. European archives of psychiatry and clinical neuroscience. 2005;255(1):48-50.

20. Bandelow B, Sher L, Bunevicius R, Hollander E, Kasper S, Zohar J, Moller HJ, Care WTFoMDiP, Wfsbp Task Force on Anxiety Disorders OCD, Ptsd. Guidelines for the pharmacological treatment of anxiety disorders, obsessive-compulsive disorder and posttraumatic stress disorder in primary care. International journal of psychiatry in clinical practice. 2012;16(2):77-84.

21. Koran LM, Hanna GL, Hollander E, Nestadt G, Simpson HB, American Psychiatric A. Practice guideline for the treatment of patients with obsessive-compulsive disorder. The American journal of psychiatry. 2007;164(7 Suppl):5-53.

22. Hembree EA, Riggs DS, Kozak MJ, Franklin ME, Foa EB. Long-term efficacy of exposure and ritual prevention therapy and serotonergic medications for obsessive-compulsive disorder. CNS spectrums. 2003;8(5):363-371, 381.

23. McGough JJ, Faraone SV. Estimating the size of treatment effects: moving beyond p values. Psychiatry. 2009;6(10):21-29.

24. Kraemer HC, Kupfer DJ. Size of treatment effects and their importance to clinical research and practice. Biological psychiatry. 2006;59(11):990-996.

25. Oxford Centre for Evidence-based Medicine. Levels of Evidence. March 2009; http://www.cebm.net/index.aspx?o=1025, 2013.

26. Geller DA, Biederman J, Stewart SE, Mullin B, Martin A, Spencer T, Faraone SV. Which SSRI? A meta-analysis of pharmacotherapy trials in pediatric obsessive-compulsive disorder. The American journal of psychiatry. 2003;160(11):1919-1928.

27. Watson HJ, Rees CS. Meta-analysis of randomized, controlled treatment trials for pediatric obsessive-compulsive disorder. Journal of child psychology and psychiatry, and allied disciplines. 2008;49(5):489-498.

28. Goodman WK, Kozak MJ, Liebowitz M, White KL. Treatment of obsessive-compulsive disorder with fluvoxamine: a multicentre, double-blind, placebo-controlled trial. International clinical psychopharmacology. 1996;11(1):21-29.

29. Hollander E, Koran LM, Goodman WK, Greist JH, Ninan PT, Yang H, Li D, Barbato LM. A double-blind, placebo-controlled study of the efficacy and safety of controlled-release fluvoxamine in patients with obsessive-compulsive disorder. The Journal of clinical psychiatry. 2003;64(6):640-647.

30. Riddle MA, Reeve EA, Yaryura-Tobias JA, Yang HM, Claghorn JL, Gaffney G, Greist JH, Holland D, McConville BJ, Pigott T, Walkup JT. Fluvoxamine for children and adolescents with obsessive-compulsive disorder: a randomized, controlled, multicenter trial. Journal of the American Academy of Child and Adolescent Psychiatry. 2001;40(2):222-229.

31. Neziroglu F, Yaryura-Tobias JA, Walz J, McKay D. The effect of fluvoxamine and behavior therapy on children and adolescents with obsessive-compulsive disorder. Journal of child and adolescent psychopharmacology. 2000;10(4):295-306.

32. Chouinard G, Goodman W, Greist J, Jenike M, Rasmussen S, White K, Hackett E, Gaffney M, Bick PA. Results of a double-blind placebo controlled trial of a new serotonin uptake inhibitor, sertraline, in the treatment of obsessive-compulsive disorder. Psychopharmacology bulletin. 1990;26(3):279-284.

33. Kronig MH, Apter J, Asnis G, Bystritsky A, Curtis G, Ferguson J, Landbloom R, Munjack D, Riesenberg R, Robinson D, Roy-Byrne P, Phillips K, Du Pont IJ. Placebo-controlled, multicenter study of sertraline treatment for obsessive-compulsive disorder. Journal of clinical psychopharmacology. 1999;19(2):172-176.

34. March JS, Biederman J, Wolkow R, Safferman A, Mardekian J, Cook EH, Cutler NR, Dominguez R, Ferguson J, Muller B, Riesenberg R, Rosenthal M, Sallee FR, Wagner KD, Steiner H. Sertraline in children and adolescents with obsessive-compulsive disorder: a multicenter randomized controlled trial. JAMA : the journal of the American Medical Association. 1998;280(20):1752-1756.

35. Ninan PT, Koran LM, Kiev A, Davidson JR, Rasmussen SA, Zajecka JM, Robinson DG, Crits-Christoph P, Mandel FS, Austin C. High-dose sertraline strategy for nonresponders to acute treatment for obsessive-compulsive disorder: a multicenter double-blind trial. The Journal of clinical psychiatry. 2006;67(1):15-22.

36. Tollefson GD, Rampey AH, Jr., Potvin JH, Jenike MA, Rush AJ, kominguez RA, Koran LM, Shear MK, Goodman W, Genduso LA. A multicenter investigation of fixed-dose fluoxetine in the treatment of obsessive-compulsive disorder. Archives of general psychiatry. 1994;51(7):559-567.

37. Montgomery SA, McIntyre A, Osterheider M, Sarteschi P, Zitterl W, Zohar J, Birkett M, Wood AJ. A double-blind, placebo-controlled study of fluoxetine in patients with DSM-III-R obsessive-compulsive disorder. The Lilly European OCD Study Group. European neuropsychopharmacology : the journal of the European College of Neuropsychopharmacology. 1993;3(2):143-152.

38. Jenike MA, Baer L, Minichiello WE, Rauch SL, Buttolph ML. Placebo-controlled trial of fluoxetine and phenelzine for obsessive-compulsive disorder. The American journal of psychiatry. 1997;154(9):1261-1264.

39. Geller DA, Hoog SL, Heiligenstein JH, Ricardi RK, Tamura R, Kluszynski S, Jacobson JG, Fluoxetine Pediatric OCDST. Fluoxetine treatment for obsessive-compulsive disorder in children and adolescents: a placebo-controlled clinical trial. Journal of the American Academy of Child and Adolescent Psychiatry. 2001;40(7):773-779.

40. Riddle MA, Scahill L, King RA, Hardin MT, Anderson GM, Ort SI, Smith JC, Leckman JF, Cohen DJ. Double-blind, crossover trial of fluoxetine and placebo in children and adolescents with obsessive-compulsive disorder.

Journal of the American Academy of Child and Adolescent Psychiatry. 1992;31(6):1062-1069.

41.   Jenike MA, Buttolph L, Baer L, Ricciardi J, Holland A. Open trial of fluoxetine in obsessive-compulsive disorder. The American journal of psychiatry. 1989;146(7):909-911.

42.   Coskun M, Zoroglu S. Efficacy and safety of fluoxetine in preschool children with obsessive-compulsive disorder. Journal of child and adolescent psychopharmacology. 2009;19(3):297-300.

43.   Ercan ES, Kandulu R, Akyol Ardic U. Preschool children with obsessive-compulsive disorder and fluoxetine treatment. European child & adolescent psychiatry. 2012;21(3):169-172.

44.   Stein DJ, Andersen EW, Tonnoir B, Fineberg N. Escitalopram in obsessive-compulsive disorder: a randomized, placebo-controlled, paroxetine-referenced, fixed-dose, 24-week study. Current medical research and opinion. 2007;23(4):701-711.

45.   Hollander E, Allen A, Steiner M, Wheadon DE, Oakes R, Burnham DB, Paroxetine OCDSG. Acute and long-term treatment and prevention of relapse of obsessive-compulsive disorder with paroxetine. The Journal of clinical psychiatry. 2003;64(9):1113-1121.

46.   Kamijima K, Murasaki M, Asai M, Higuchi T, Nakajima T, Taga C, Matsunaga H. Paroxetine in the treatment of obsessive-compulsive disorder: randomized, double-blind, placebo-controlled study in Japanese patients. Psychiatry and clinical neurosciences. 2004;58(4):427-433.

47.   Geller DA, Wagner KD, Emslie G, Murphy T, Carpenter DJ, Wetherhold E, Perera P, Machin A, Gardiner C. Paroxetine treatment in children and adolescents with obsessive-compulsive disorder: a randomized, multicenter, double-blind, placebo-controlled trial. Journal of the American Academy of Child and Adolescent Psychiatry. 2004;43(11):1387-1396.

48.   Montgomery SA, Kasper S, Stein DJ, Bang Hedegaard K, Lemming OM. Citalopram 20 mg, 40 mg and 60 mg are all effective and well tolerated compared with placebo in obsessive-compulsive disorder. International clinical psychopharmacology. 2001;16(2):75-86.

49.   Alaghband-Rad J, Hakimshooshtary M. A randomized controlled clinical trial of citalopram versus fluoxetine in children and adolescents with obsessive-compulsive disorder (OCD). European child & adolescent psychiatry. 2009;18(3):131-135.

50.   Mukaddes NM, Abali O, Kaynak N. Citalopram treatment of children and adolescents with obsessive-compulsive disorder: a preliminary report. Psychiatry and clinical neurosciences. 2003;57(4):405-408.

51.   Thomsen PH. Child and adolescent obsessive-compulsive disorder treated with citalopram: findings from an open trial of 23 cases. Journal of child and adolescent psychopharmacology. 1997;7(3):157-166.

52. Sheeler RD, Ackerman MJ, Richelson E, Nelson TK, Staab JP, Tangalos EG, Dieser LM, Cunningham JL. Considerations on safety concerns about citalopram prescribing. Mayo Clinic proceedings Mayo Clinic. 2012;87(11):1042-1045.

53. Dougherty DD, Jameson M, Deckersbach T, Loh R, Thompson-Hollands J, Jenike M, Keuthen NJ. Open-label study of high (30 mg) and moderate (20 mg) dose escitalopram for the treatment of obsessive-compulsive disorder. International clinical psychopharmacology. 2009;24(6):306-311.

54. Rabinowitz I, Baruch Y, Barak Y. High-dose escitalopram for the treatment of obsessive-compulsive disorder. International clinical psychopharmacology. 2008;23(1):49-53.

55. Katz RJ, DeVeaugh-Geiss J, Landau P. Clomipramine in obsessive-compulsive disorder. Biological psychiatry. 1990;28(5):401-414.

56. DeVeaugh-Geiss J, Moroz G, Biederman J, Cantwell D, Fontaine R, Greist JH, Reichler R, Katz R, Landau P. Clomipramine hydrochloride in childhood and adolescent obsessive-compulsive disorder--a multicenter trial. Journal of the American Academy of Child and Adolescent Psychiatry. 1992;31(1):45-49.

57. Flament MF, Rapoport JL, Berg CJ, Sceery W, Kilts C, Mellstrom B, Linnoila M. Clomipramine treatment of childhood obsessive-compulsive disorder. A double-blind controlled study. Archives of general psychiatry. 1985;42(10):977-983.

58. Volavka J, Neziroglu F, Yaryura-Tobias JA. Clomipramine and imipramine in obsessive-compulsive disorder. Psychiatry research. 1985;14(1):85-93.

59. Leonard HL, Swedo SE, Rapoport JL, Koby EV, Lenane MC, Cheslow DL, Hamburger SD. Treatment of obsessive-compulsive disorder with clomipramine and desipramine in children and adolescents. A double-blind crossover comparison. Archives of general psychiatry. 1989;46(12):1088-1092.

60. Yaryura-Tobias JA, Neziroglu FA. Venlafaxine in obsessive-compulsive disorder. Archives of general psychiatry. 1996;53(7):653-654.

61. Albert U, Aguglia E, Maina G, Bogetto F. Venlafaxine versus clomipramine in the treatment of obsessive-compulsive disorder: a preliminary single-blind, 12-week, controlled study. The Journal of clinical psychiatry. 2002;63(11):1004-1009.

62. Denys D, van der Wee N, van Megen HJ, Westenberg HG. A double blind comparison of venlafaxine and paroxetine in obsessive-compulsive disorder. Journal of clinical psychopharmacology. 2003;23(6):568-575.

63. Hollander E, Friedberg J, Wasserman S, Allen A, Birnbaum M, Koran LM. Venlafaxine in treatment-resistant obsessive-compulsive disorder. The Journal of clinical psychiatry. 2003;64(5):546-550.

64. Dougherty DD, Corse AK, Chou T, Duffy A, Arulpragasam AR, Deckersbach T, Jenike MA, Keuthen NJ. Open-label study of duloxetine for the treatment of obsessive-compulsive disorder. The international journal of neuropsychopharmacology / official scientific journal of the Collegium Internationale Neuropsychopharmacologicum. 2015;18(2).

65. Dell'osso B, Mundo E, Marazziti D, Altamura AC. Switching from serotonin reuptake inhibitors to duloxetine in patients with resistant obsessive compulsive disorder: a case series. Journal of psychopharmacology. 2008;22(2):210-213.

66. Mowla A, Boostani S, Dastgheib SA. Duloxetine Augmentation in Resistant Obsessive-Compulsive Disorder: A Double-Blind Controlled Clinical Trial. Journal of clinical psychopharmacology. 2016;36(6):720-723.

67. Grant JE, Hook R, Valle S, Chesivoir E, Chamberlain SR. Tolcapone in obsessive-compulsive disorder: a randomized double-blind placebo-controlled crossover trial. International clinical psychopharmacology. 2021;36(5):225-229.

68. Vallejo J, Olivares J, Marcos T, Bulbena A, Menchon JM. Clomipramine versus phenelzine in obsessive-compulsive disorder. A controlled clinical trial. The British journal of psychiatry : the journal of mental science. 1992;161:665-670.

69. Insel TR, Murphy DL, Cohen RM, Alterman I, Kilts C, Linnoila M. Obsessive-compulsive disorder. A double-blind trial of clomipramine and clorgyline. Archives of general psychiatry. 1983;40(6):605-612.

70. Pato MT, Pigott TA, Hill JL, Grover GN, Bernstein S, Murphy DL. Controlled comparison of buspirone and clomipramine in obsessive-compulsive disorder. The American journal of psychiatry. 1991;148(1):127-129.

71. Jenike MA, Baer L. An open trial of buspirone in obsessive-compulsive disorder. The American journal of psychiatry. 1988;145(10):1285-1286.

72. Vulink NC, Denys D, Westenberg HG. Bupropion for patients with obsessive-compulsive disorder: an open-label, fixed-dose study. The Journal of clinical psychiatry. 2005;66(2):228-230.

73. Sayyah M, Boostani H, Pakseresht S, Malayeri A. Comparison of Silybum marianum (L.) Gaertn. with fluoxetine in the treatment of Obsessive-Compulsive Disorder. Progress in neuro-psychopharmacology & biological psychiatry. 2010;34(2):362-365.

74. Kobak KA, Taylor LV, Bystritsky A, Kohlenberg CJ, Greist JH, Tucker P, Warner G, Futterer R, Vapnik T. St John's wort versus placebo in obsessive-compulsive disorder: results from a double-blind study. International clinical psychopharmacology. 2005;20(6):299-304.

75. Sayyah M, Boostani H, Pakseresht S, Malaieri A. Efficacy of aqueous extract of Echium amoenum in treatment of obsessive-compulsive disorder.

Progress in neuro-psychopharmacology & biological psychiatry. 2009;33(8):1513-1516.

76. Fux M, Levine J, Aviv A, Belmaker RH. Inositol treatment of obsessive-compulsive disorder. The American journal of psychiatry. 1996;153(9):1219-1221.

77. Storch EA, Goddard AW, Grant JE, De Nadai AS, Goodman WK, Mutch PJ, Medlock C, Odlaug B, McDougle CJ, Murphy TK. Double-blind, placebo-controlled, pilot trial of paliperidone augmentation in serotonin reuptake inhibitor-resistant obsessive-compulsive disorder. The Journal of clinical psychiatry. 2013;74(6):e527-532.

78. Sanikhani NS, Modarressi MH, Jafari P, Vousooghi N, Shafei S, Akbariqomi M, Heidari R, Lavasani PS, Yazarlou F, Motevaseli E, Ghafouri-Fard S. The Effect of Lactobacillus casei Consumption in Improvement of Obsessive-Compulsive Disorder: an Animal Study. Probiotics Antimicrob Proteins. 2020;12(4):1409-1419.

79. Kantak PA, Bobrow DN, Nyby JG. Obsessive-compulsive-like behaviors in house mice are attenuated by a probiotic (Lactobacillus rhamnosus GG). Behav Pharmacol. 2014;25(1):71-79.

80. Pallanti S, Hollander E, Bienstock C, Koran L, Leckman J, Marazziti D, Pato M, Stein D, Zohar J, International Treatment Refractory OCDC. Treatment non-response in OCD: methodological issues and operational definitions. The international journal of neuropsychopharmacology / official scientific journal of the Collegium Internationale Neuropsychopharmacologicum. 2002;5(2):181-191.

81. Bloch MH, McGuire J, Landeros-Weisenberger A, Leckman JF, Pittenger C. Meta-analysis of the dose-response relationship of SSRI in obsessive-compulsive disorder. Molecular psychiatry. 2010;15(8):850-855.

82. Simpson HB, Huppert JD, Petkova E, Foa EB, Liebowitz MR. Response versus remission in obsessive-compulsive disorder. The Journal of clinical psychiatry. 2006;67(2):269-276.

83. Bloch MH, Landeros-Weisenberger A, Kelmendi B, Coric V, Bracken MB, Leckman JF. A systematic review: antipsychotic augmentation with treatment refractory obsessive-compulsive disorder. Molecular psychiatry. 2006;11(7):622-632.

84. Komossa K, Depping AM, Meyer M, Kissling W, Leucht S. Second-generation antipsychotics for obsessive compulsive disorder. Cochrane database of systematic reviews. 2010(12):CD008141.

85. Dold M, Aigner M, Lanzenberger R, Kasper S. Antipsychotic augmentation of serotonin reuptake inhibitors in treatment-resistant obsessive-compulsive disorder: a meta-analysis of double-blind, randomized, placebo-controlled trials. The international journal of neuropsychopharmacology / official

scientific journal of the Collegium Internationale Neuropsychopharmacologicum. 2013;16(3):557-574.

86. Dold M, Aigner M, Lanzenberger R, Kasper S. Antipsychotic Augmentation of Serotonin Reuptake Inhibitors in Treatment-Resistant Obsessive-Compulsive Disorder: An Update Meta-Analysis of Double-Blind, Randomized, Placebo-Controlled Trials. The international journal of neuropsychopharmacology / official scientific journal of the Collegium Internationale Neuropsychopharmacologicum. 2015;18(9).

87. Muscatello MR, Bruno A, Pandolfo G, Mico U, Scimeca G, Romeo VM, Santoro V, Settineri S, Spina E, Zoccali RA. Effect of aripiprazole augmentation of serotonin reuptake inhibitors or clomipramine in treatment-resistant obsessive-compulsive disorder: a double-blind, placebo-controlled study. Journal of clinical psychopharmacology. 2011;31(2):174-179.

88. Sayyah M, Sayyah M, Boostani H, Ghaffari SM, Hoseini A. Effects of aripiprazole augmentation in treatment-resistant obsessive-compulsive disorder (a double blind clinical trial). Depression and anxiety. 2012;29(10):850-854.

89. Savas HA, Yumru M, Ozen ME. Quetiapine and ziprasidone as adjuncts in treatment-resistant obsessive-compulsive disorder: a retrospective comparative study. Clinical drug investigation. 2008;28(7):439-442.

90. McDougle CJ, Goodman WK, Leckman JF, Lee NC, Heninger GR, Price LH. Haloperidol addition in fluvoxamine-refractory obsessive-compulsive disorder. A double-blind, placebo-controlled study in patients with and without tics. Archives of general psychiatry. 1994;51(4):302-308.

91. Zhou DD, Zhou XX, Li Y, Zhang KF, Lv Z, Chen XR, Wan LY, Wang W, Wang GM, Li DQ, Ai M, Kuang L. Augmentation agents to serotonin reuptake inhibitors for treatment-resistant obsessive-compulsive disorder: A network meta-analysis. Progress in neuro-psychopharmacology & biological psychiatry. 2019;90:277-287.

92. Zhou DD, Zhou XX, Lv Z, Chen XR, Wang W, Wang GM, Liu C, Li DQ, Kuang L. Comparative efficacy and tolerability of antipsychotics as augmentations in adults with treatment-resistant obsessive-compulsive disorder: A network meta-analysis. Journal of psychiatric research. 2019;111:51-58.

93. Skapinakis P, Papatheodorou T, Mavreas V. Antipsychotic augmentation of serotonergic antidepressants in treatment-resistant obsessive-compulsive disorder: a meta-analysis of the randomized controlled trials. European neuropsychopharmacology : the journal of the European College of Neuropsychopharmacology. 2007;17(2):79-93.

94. Goodwin G, Fleischhacker W, Arango C, Baumann P, Davidson M, de Hert M, Falkai P, Kapur S, Leucht S, Licht R, Naber D, O'Keane V, Papakostas G, Vieta E, Zohar J. Advantages and disadvantages of combination

treatment with antipsychotics ECNP Consensus Meeting, March 2008, Nice. European neuropsychopharmacology : the journal of the European College of Neuropsychopharmacology. 2009;19(7):520-532.

95. Arumugham SS, Reddy JY. Augmentation strategies in obsessive-compulsive disorder. Expert review of neurotherapeutics. 2013;13(2):187-203.

96. Erzegovesi S, Guglielmo E, Siliprandi F, Bellodi L. Low-dose risperidone augmentation of fluvoxamine treatment in obsessive-compulsive disorder: a double-blind, placebo-controlled study. European neuropsychopharmacology : the journal of the European College of Neuropsychopharmacology. 2005;15(1):69-74.

97. Hollander E, Baldini Rossi N, Sood E, Pallanti S. Risperidone augmentation in treatment-resistant obsessive-compulsive disorder: a double-blind, placebo-controlled study. The international journal of neuropsychopharmacology / official scientific journal of the Collegium Internationale Neuropsychopharmacologicum. 2003;6(4):397-401.

98. McDougle CJ, Epperson CN, Pelton GH, Wasylink S, Price LH. A double-blind, placebo-controlled study of risperidone addition in serotonin reuptake inhibitor-refractory obsessive-compulsive disorder. Archives of general psychiatry. 2000;57(8):794-801.

99. Atmaca M, Kuloglu M, Tezcan E, Gecici O. Quetiapine augmentation in patients with treatment resistant obsessive-compulsive disorder: a single-blind, placebo-controlled study. International clinical psychopharmacology. 2002;17(3):115-119.

100. Kordon A, Wahl K, Koch N, Zurowski B, Anlauf M, Vielhaber K, Kahl KG, Broocks A, Voderholzer U, Hohagen F. Quetiapine addition to serotonin reuptake inhibitors in patients with severe obsessive-compulsive disorder: a double-blind, randomized, placebo-controlled study. Journal of clinical psychopharmacology. 2008;28(5):550-554.

101. Vulink NC, Denys D, Fluitman SB, Meinardi JC, Westenberg HG. Quetiapine augments the effect of citalopram in non-refractory obsessive-compulsive disorder: a randomized, double-blind, placebo-controlled study of 76 patients. The Journal of clinical psychiatry. 2009;70(7):1001-1008.

102. Carey PD, Vythilingum B, Seedat S, Muller JE, van Ameringen M, Stein DJ. Quetiapine augmentation of SRIs in treatment refractory obsessive-compulsive disorder: a double-blind, randomised, placebo-controlled study [ISRCTN83050762]. BMC psychiatry. 2005;5:5.

103. Denys D, de Geus F, van Megen HJ, Westenberg HG. A double-blind, randomized, placebo-controlled trial of quetiapine addition in patients with obsessive-compulsive disorder refractory to serotonin reuptake inhibitors. The Journal of clinical psychiatry. 2004;65(8):1040-1048.

104. Fineberg NA, Sivakumaran T, Roberts A, Gale T. Adding quetiapine to SRI in treatment-resistant obsessive-compulsive disorder: a randomized

controlled treatment study. International clinical psychopharmacology. 2005;20(4):223-226.

105. Diniz JB, Shavitt RG, Pereira CA, Hounie AG, Pimentel I, Koran LM, Dainesi SM, Miguel EC. Quetiapine versus clomipramine in the augmentation of selective serotonin reuptake inhibitors for the treatment of obsessive-compulsive disorder: a randomized, open-label trial. Journal of psychopharmacology. 2010;24(3):297-307.

106. Diniz JB, Shavitt RG, Fossaluza V, Koran L, Pereira CA, Miguel EC. A double-blind, randomized, controlled trial of fluoxetine plus quetiapine or clomipramine versus fluoxetine plus placebo for obsessive-compulsive disorder. Journal of clinical psychopharmacology. 2011;31(6):763-768.

107. Bystritsky A, Ackerman DL, Rosen RM, Vapnik T, Gorbis E, Maidment KM, Saxena S. Augmentation of serotonin reuptake inhibitors in refractory obsessive-compulsive disorder using adjunctive olanzapine: a placebo-controlled trial. The Journal of clinical psychiatry. 2004;65(4):565-568.

108. Shapira NA, Ward HE, Mandoki M, Murphy TK, Yang MC, Blier P, Goodman WK. A double-blind, placebo-controlled trial of olanzapine addition in fluoxetine-refractory obsessive-compulsive disorder. Biological psychiatry. 2004;55(5):553-555.

109. Maina G, Pessina E, Albert U, Bogetto F. 8-week, single-blind, randomized trial comparing risperidone versus olanzapine augmentation of serotonin reuptake inhibitors in treatment-resistant obsessive-compulsive disorder. European neuropsychopharmacology : the journal of the European College of Neuropsychopharmacology. 2008;18(5):364-372.

110. Selvi Y, Atli A, Aydin A, Besiroglu L, Ozdemir P, Ozdemir O. The comparison of aripiprazole and risperidone augmentation in selective serotonin reuptake inhibitor-refractory obsessive-compulsive disorder: a single-blind, randomised study. Human psychopharmacology. 2011;26(1):51-57.

111. Fitzgerald KD, Stewart CM, Tawile V, Rosenberg DR. Risperidone augmentation of serotonin reuptake inhibitor treatment of pediatric obsessive compulsive disorder. Journal of child and adolescent psychopharmacology. 1999;9(2):115-123.

112. Masi G, Pfanner C, Millepiedi S, Berloffa S. Aripiprazole augmentation in 39 adolescents with medication-resistant obsessive-compulsive disorder. Journal of clinical psychopharmacology. 2010;30(6):688-693.

113. Thomsen PH. Risperidone augmentation in the treatment of severe adolescent OCD in SSRI-refractory cases: a case-series. Annals of clinical psychiatry : official journal of the American Academy of Clinical Psychiatrists. 2004;16(4):201-207.

114. Dold M, Aigner M, Lanzenberger R, Kasper S. Antipsychotic augmentation of serotonin reuptake inhibitors in treatment-resistant obsessive-compulsive

disorder: a meta-analysis of double-blind, randomized, placebo-controlled trials. The international journal of neuropsychopharmacology / official scientific journal of the Collegium Internationale Neuropsychopharmacologicum. 2012:1-18.

115. Maina G, Albert U, Ziero S, Bogetto F. Antipsychotic augmentation for treatment resistant obsessive-compulsive disorder: what if antipsychotic is discontinued? International clinical psychopharmacology. 2003;18(1):23-28.

116. Joffe RT, Swinson RP, Levitt AJ. Acute psychostimulant challenge in primary obsessive-compulsive disorder. Journal of clinical psychopharmacology. 1991;11(4):237-241.

117. Woolley JB, Heyman I. Dexamphetamine for obsessive-compulsive disorder. The American journal of psychiatry. 2003;160(1):183.

118. Koran LM, Aboujaoude E, Gamel NN. Double-blind study of dextroamphetamine versus caffeine augmentation for treatment-resistant obsessive-compulsive disorder. The Journal of clinical psychiatry. 2009;70(11):1530-1535.

119. Zheng H, Jia F, Han H, Wang S, Guo G, Quan D, Li G, Huang H. Combined fluvoxamine and extended-release methylphenidate improved treatment response compared to fluvoxamine alone in patients with treatment-refractory obsessive-compulsive disorder: A randomized double-blind, placebo-controlled study. European neuropsychopharmacology : the journal of the European College of Neuropsychopharmacology. 2019;29(3):397-404.

120. Figueroa Y, Rosenberg DR, Birmaher B, Keshavan MS. Combination treatment with clomipramine and selective serotonin reuptake inhibitors for obsessive-compulsive disorder in children and adolescents. Journal of child and adolescent psychopharmacology. 1998;8(1):61-67.

121. Marazziti D, Golia F, Consoli G, Presta S, Pfanner C, Carlini M, Mungai F, Catena Dell'osso M. Effectiveness of long-term augmentation with citalopram to clomipramine in treatment-resistant OCD patients. CNS spectrums. 2008;13(11):971-976.

122. Pallanti S, Quercioli L, Paiva RS, Koran LM. Citalopram for treatment-resistant obsessive-compulsive disorder. European psychiatry : the journal of the Association of European Psychiatrists. 1999;14(2):101-106.

123. Flament MF, Geller D, Irak M, Blier P. Specificities of treatment in pediatric obsessive-compulsive disorder. CNS spectrums. 2007;12(2 Suppl 3):43-58.

124. Pallanti S, Quercioli L, Bruscoli M. Response acceleration with mirtazapine augmentation of citalopram in obsessive-compulsive disorder patients without comorbid depression: a pilot study. The Journal of clinical psychiatry. 2004;65(10):1394-1399.

125. Mowla A, Baniasadipour H. Is mirtazapine augmentation effective for patients with obsessive-compulsive disorder who failed to respond to

sertraline monotherapy? A placebo-controlled, double-blind, clinical trial. International clinical psychopharmacology. 2023;38(1):4-8.

126. Askari N, Moin M, Sanati M, Tajdini M, Hosseini SM, Modabbernia A, Najand B, Salimi S, Tabrizi M, Ashrafi M, Hajiaghaee R, Akhondzadeh S. Granisetron adjunct to fluvoxamine for moderate to severe obsessive-compulsive disorder: a randomized, double-blind, placebo-controlled trial. CNS drugs. 2012;26(10):883-892.

127. Soltani F, Sayyah M, Feizy F, Malayeri A, Siahpoosh A, Motlagh I. A double-blind, placebo-controlled pilot study of ondansetron for patients with obsessive-compulsive disorder. Human psychopharmacology. 2010;25(6):509-513.

128. Dannon PN, Sasson Y, Hirschmann S, Iancu I, Grunhaus LJ, Zohar J. Pindolol augmentation in treatment-resistant obsessive compulsive disorder: a double-blind placebo controlled trial. European neuropsychopharmacology : the journal of the European College of Neuropsychopharmacology. 2000;10(3):165-169.

129. Mundo E, Guglielmo E, Bellodi L. Effect of adjuvant pindolol on the antiobsessional response to fluvoxamine: a double-blind, placebo-controlled study. International clinical psychopharmacology. 1998;13(5):219-224.

130. Sassano-Higgins SA, Pato MT. Pindolol augmentation of selective serotonin reuptake inhibitors and clomipramine for the treatment of obsessive-compulsive disorder: A meta-analysis. J Pharmacol Pharmacother. 2015;6(1):36-38.

131. Pigott TA, L'Heureux F, Hill JL, Bihari K, Bernstein SE, Murphy DL. A double-blind study of adjuvant buspirone hydrochloride in clomipramine-treated patients with obsessive-compulsive disorder. Journal of clinical psychopharmacology. 1992;12(1):11-18.

132. Grady TA, Pigott TA, L'Heureux F, Hill JL, Bernstein SE, Murphy DL. Double-blind study of adjuvant buspirone for fluoxetine-treated patients with obsessive-compulsive disorder. The American journal of psychiatry. 1993;150(5):819-821.

133. McDougle CJ, Price LH, Goodman WK, Charney DS, Heninger GR. A controlled trial of lithium augmentation in fluvoxamine-refractory obsessive-compulsive disorder: lack of efficacy. Journal of clinical psychopharmacology. 1991;11(3):175-184.

134. Pigott TA, Pato MT, L'Heureux F, Hill JL, Grover GN, Bernstein SE, Murphy DL. A controlled comparison of adjuvant lithium carbonate or thyroid hormone in clomipramine-treated patients with obsessive-compulsive disorder. Journal of clinical psychopharmacology. 1991;11(4):242-248.

135. Moreno FA, Wiegand CB, Taitano EK, Delgado PL. Safety, tolerability, and efficacy of psilocybin in 9 patients with obsessive-compulsive disorder. The Journal of clinical psychiatry. 2006;67(11):1735-1740.

136. Kelmendi B, Kichuk SA, DePalmer G, Maloney G, Ching THW, Belser A, Pittenger C. Single-dose psilocybin for treatment-resistant obsessive-compulsive disorder: A case report. Heliyon. 2022;8(12):e12135.

137. Chakrabarty K, Bhattacharyya S, Christopher R, Khanna S. Glutamatergic dysfunction in OCD. Neuropsychopharmacology : official publication of the American College of Neuropsychopharmacology. 2005;30(9):1735-1740.

138. MacMaster FP, O'Neill J, Rosenberg DR. Brain imaging in pediatric obsessive-compulsive disorder. Journal of the American Academy of Child and Adolescent Psychiatry. 2008;47(11):1262-1272.

139. Maina G, Rosso G, Zanardini R, Bogetto F, Gennarelli M, Bocchio-Chiavetto L. Serum levels of brain-derived neurotrophic factor in drug-naive obsessive-compulsive patients: a case-control study. Journal of affective disorders. 2010;122(1-2):174-178.

140. O'Neill J, Piacentini JC, Chang S, Levitt JG, Rozenman M, Bergman L, Salamon N, Alger JR, McCracken JT. MRSI correlates of cognitive-behavioral therapy in pediatric obsessive-compulsive disorder. Progress in neuro-psychopharmacology & biological psychiatry. 2012;36(1):161-168.

141. Wu K, Hanna GL, Rosenberg DR, Arnold PD. The role of glutamate signaling in the pathogenesis and treatment of obsessive-compulsive disorder. Pharmacol Biochem Behav. 2012;100(4):726-735.

142. Samuels J, Wang Y, Riddle MA, Greenberg BD, Fyer AJ, McCracken JT, Rauch SL, Murphy DL, Grados MA, Knowles JA, Piacentini J, Cullen B, Bienvenu OJ, 3rd, Rasmussen SA, Geller D, Pauls DL, Liang KY, Shugart YY, Nestadt G. Comprehensive family-based association study of the glutamate transporter gene SLC1A1 in obsessive-compulsive disorder. Am J Med Genet B Neuropsychiatr Genet. 2011;156B(4):472-477.

143. Wendland JR, Moya PR, Timpano KR, Anavitarte AP, Kruse MR, Wheaton MG, Ren-Patterson RF, Murphy DL. A haplotype containing quantitative trait loci for SLC1A1 gene expression and its association with obsessive-compulsive disorder. Archives of general psychiatry. 2009;66(4):408-416.

144. Shugart YY, Wang Y, Samuels JF, Grados MA, Greenberg BD, Knowles JA, McCracken JT, Rauch SL, Murphy DL, Rasmussen SA, Cullen B, Hoehn-Saric R, Pinto A, Fyer AJ, Piacentini J, Pauls DL, Bienvenu OJ, Riddle MA, Liang KY, Nestadt G. A family-based association study of the glutamate transporter gene SLC1A1 in obsessive-compulsive disorder in 378 families. Am J Med Genet B Neuropsychiatr Genet. 2009;150B(6):886-892.

145. Stewart SE, Fagerness JA, Platko J, Smoller JW, Scharf JM, Illmann C, Jenike E, Chabane N, Leboyer M, Delorme R, Jenike MA, Pauls DL. Association of the SLC1A1 glutamate transporter gene and obsessive-compulsive disorder. Am J Med Genet B Neuropsychiatr Genet. 2007;144B(8):1027-1033.

146. Dickel DE, Veenstra-VanderWeele J, Cox NJ, Wu X, Fischer DJ, Van Etten-Lee M, Himle JA, Leventhal BL, Cook EH, Jr., Hanna GL. Association

testing of the positional and functional candidate gene SLC1A1/EAAC1 in early-onset obsessive-compulsive disorder. Archives of general psychiatry. 2006;63(7):778-785.

147. Arnold PD, Sicard T, Burroughs E, Richter MA, Kennedy JL. Glutamate transporter gene SLC1A1 associated with obsessive-compulsive disorder. Archives of general psychiatry. 2006;63(7):769-776.

148. Hadi F, Kashefinejad S, Kamalzadeh L, Hoobehfekr S, Shalbafan M. Glutamatergic medications as adjunctive therapy for moderate to severe obsessive-compulsive disorder in adults: a systematic review and meta-analysis. BMC Pharmacol Toxicol. 2021;22(1):69.

149. Bakhla AK, Verma V, Soren S, Sarkhel S, Chaudhury S. An open-label trial of memantine in treatment-resistant obsessive-compulsive disorder. Ind Psychiatry J. 2013;22(2):149-152.

150. Aboujaoude E, Barry JJ, Gamel N. Memantine augmentation in treatment-resistant obsessive-compulsive disorder: an open-label trial. Journal of clinical psychopharmacology. 2009;29(1):51-55.

151. Stewart SE, Jenike EA, Hezel DM, Stack DE, Dodman NH, Shuster L, Jenike MA. A single-blinded case-control study of memantine in severe obsessive-compulsive disorder. Journal of clinical psychopharmacology. 2010;30(1):34-39.

152. Askari S, Mokhtari S, Shariat SV, Shariati B, Yarahmadi M, Shalbafan M. Memantine augmentation of sertraline in the treatment of symptoms and executive function among patients with obsessive-compulsive disorder: A double-blind placebo-controlled, randomized clinical trial. BMC psychiatry. 2022;22(1):34.

153. Ghaleiha A, Entezari N, Modabbernia A, Najand B, Askari N, Tabrizi M, Ashrafi M, Hajiaghaee R, Akhondzadeh S. Memantine add-on in moderate to severe obsessive-compulsive disorder: randomized double-blind placebo-controlled study. Journal of psychiatric research. 2013;47(2):175-180.

154. Modarresi A, Sayyah M, Razooghi S, Eslami K, Javadi M, Kouti L. Memantine Augmentation Improves Symptoms in Serotonin Reuptake Inhibitor-Refractory Obsessive-Compulsive Disorder: A Randomized Controlled Trial. Pharmacopsychiatry. 2018;51(6):263-269.

155. Andrade C. Augmentation With Memantine in Obsessive-Compulsive Disorder. The Journal of clinical psychiatry. 2019;80(6).

156. Modarresi A, Chaibakhsh S, Koulaeinejad N, Koupaei SR. A systematic review and meta-analysis: Memantine augmentation in moderate to severe obsessive-compulsive disorder. Psychiatry research. 2019;282:112602.

157. Kishi T, Matsuda Y, Iwata N. Combination Therapy of Serotonin Reuptake Inhibitors and Memantine for Obsessive-Compulsive Disorder: A Meta-Analysis of Double-Blind, Randomized, Placebo-Controlled Trials. J Alzheimers Dis. 2018;64(1):43-48.

158. O'Neill J, Piacentini J, Chang S, Ly R, Lai TM, Armstrong CC, Bergman L, Rozenman M, Peris T, Vreeland A, Mudgway R, Levitt JG, Salamon N, Posse S, Hellemann GS, Alger JR, McCracken JT, Nurmi EL. Glutamate in Pediatric Obsessive-Compulsive Disorder and Response to Cognitive-Behavioral Therapy: Randomized Clinical Trial. Neuropsychopharmacology : official publication of the American College of Neuropsychopharmacology. 2017;42(12):2414-2422.

159. Hezel DM, Beattie K, Stewart SE. Memantine as an augmenting agent for severe pediatric OCD. The American journal of psychiatry. 2009;166(2):237.

160. Pittenger C, Kelmendi B, Wasylink S, Bloch MH, Coric V. Riluzole augmentation in treatment-refractory obsessive-compulsive disorder: a series of 13 cases, with long-term follow-up. Journal of clinical psychopharmacology. 2008;28(3):363-367.

161. Grant P, Lougee L, Hirschtritt M, Swedo SE. An open-label trial of riluzole, a glutamate antagonist, in children with treatment-resistant obsessive-compulsive disorder. Journal of child and adolescent psychopharmacology. 2007;17(6):761-767.

162. Coric V, Taskiran S, Pittenger C, Wasylink S, Mathalon DH, Valentine G, Saksa J, Wu YT, Gueorguieva R, Sanacora G, Malison RT, Krystal JH. Riluzole augmentation in treatment-resistant obsessive-compulsive disorder: an open-label trial. Biological psychiatry. 2005;58(5):424-428.

163. Pittenger C, Bloch MH, Wasylink S, Billingslea E, Simpson R, Jakubovski E, Kelmendi B, Sanacora G, Coric V. Riluzole augmentation in treatment-refractory obsessive-compulsive disorder: a pilot randomized placebo-controlled trial. The Journal of clinical psychiatry. 2015;76(8):1075-1084.

164. Grant PJ, Joseph LA, Farmer CA, Luckenbaugh DA, Lougee LC, Zarate CA, Jr., Swedo SE. 12-week, placebo-controlled trial of add-on riluzole in the treatment of childhood-onset obsessive-compulsive disorder. Neuropsychopharmacology : official publication of the American College of Neuropsychopharmacology. 2014;39(6):1453-1459.

165. Van Ameringen M, Mancini C, Patterson B, Bennett M. Topiramate augmentation in treatment-resistant obsessive-compulsive disorder: a retrospective, open-label case series. Depression and anxiety. 2006;23(1):1-5.

166. Rubio G, Jimenez-Arriero MA, Martinez-Gras I, Manzanares J, Palomo T. The effects of topiramate adjunctive treatment added to antidepressants in patients with resistant obsessive-compulsive disorder. Journal of clinical psychopharmacology. 2006;26(3):341-344.

167. Mowla A, Khajeian AM, Sahraian A, Chohedri AH, Kashkoli F. Topiramate Augmentation in Resistant OCD: A Double-Blind Placebo-Controlled Clinical Trial. CNS spectrums. 2010.

168. Berlin HA, Koran LM, Jenike MA, Shapira NA, Chaplin W, Pallanti S, Hollander E. Double-blind, placebo-controlled trial of topiramate

augmentation in treatment-resistant obsessive-compulsive disorder. The Journal of clinical psychiatry. 2011;72(5):716-721.

169. Kumar TC, Khanna S. Lamotrigine augmentation of serotonin re-uptake inhibitors in obsessive-compulsive disorder. The Australian and New Zealand journal of psychiatry. 2000;34(3):527-528.

170. Bruno A, Mico U, Pandolfo G, Mallamace D, Abenavoli E, Di Nardo F, D'Arrigo C, Spina E, Zoccali RA, Muscatello MR. Lamotrigine augmentation of serotonin reuptake inhibitors in treatment-resistant obsessive-compulsive disorder: a double-blind, placebo-controlled study. Journal of psychopharmacology. 2012;26(11):1456-1462.

171. Khalkhali M, Aram S, Zarrabi H, Kafie M, Heidarzadeh A. Lamotrigine Augmentation Versus Placebo in Serotonin Reuptake Inhibitors-Resistant Obsessive-Compulsive Disorder: A Randomized Controlled Trial. Iran J Psychiatry. 2016;11(2):104-114.

172. Onder E, Tural U, Gokbakan M. Does gabapentin lead to early symptom improvement in obsessive-compulsive disorder? European archives of psychiatry and clinical neuroscience. 2008;258(6):319-323.

173. Oulis P, Mourikis I, Konstantakopoulos G. Pregabalin augmentation in treatment-resistant obsessive-compulsive disorder. International clinical psychopharmacology. 2011;26(4):221-224.

174. Mowla A, Ghaedsharaf M. Pregabalin augmentation for resistant obsessive-compulsive disorder: a double-blind placebo-controlled clinical trial. CNS spectrums. 2020;25(4):552-556.

175. Dean O, Giorlando F, Berk M. N-acetylcysteine in psychiatry: current therapeutic evidence and potential mechanisms of action. Journal of psychiatry & neuroscience : JPN. 2011;36(2):78-86.

176. Paydary K, Akamaloo A, Ahmadipour A, Pishgar F, Emamzadehfard S, Akhondzadeh S. N-acetylcysteine augmentation therapy for moderate-to-severe obsessive-compulsive disorder: randomized, double-blind, placebo-controlled trial. J Clin Pharm Ther. 2016;41(2):214-219.

177. Afshar H, Roohafza H, Mohammad-Beigi H, Haghighi M, Jahangard L, Shokouh P, Sadeghi M, Hafezian H. N-acetylcysteine add-on treatment in refractory obsessive-compulsive disorder: a randomized, double-blind, placebo-controlled trial. Journal of clinical psychopharmacology. 2012;32(6):797-803.

178. Costa DLC, Diniz JB, Requena G, Joaquim MA, Pittenger C, Bloch MH, Miguel EC, Shavitt RG. Randomized, Double-Blind, Placebo-Controlled Trial of N-Acetylcysteine Augmentation for Treatment-Resistant Obsessive-Compulsive Disorder. The Journal of clinical psychiatry. 2017;78(7):e766-e773.

179. Sarris J, Oliver G, Camfield DA, Dean OM, Dowling N, Smith DJ, Murphy J, Menon R, Berk M, Blair-West S, Ng CH. N-Acetyl Cysteine (NAC) in the

Treatment of Obsessive-Compulsive Disorder: A 16-Week, Double-Blind, Randomised, Placebo-Controlled Study. CNS drugs. 2015;29(9):801-809.

180.   Sarris J, Byrne G, Castle D, Bousman C, Oliver G, Cribb L, Blair-West S, Brakoulias V, Camfield D, Ee C, Chamoli S, Boschen M, Dean OM, Dowling N, Menon R, Murphy J, Metri NJ, Nguyen TP, Wong A, Jordan R, Karamacoska D, Rossell SL, Berk M, Ng CH. N-acetyl cysteine (NAC) augmentation in the treatment of obsessive-compulsive disorder: A phase III, 20-week, double-blind, randomized, placebo-controlled trial. Progress in neuro-psychopharmacology & biological psychiatry. 2022;117:110550.

181.   Yazici KU, Percinel I. N-Acetylcysteine Augmentation in Children and Adolescents Diagnosed With Treatment-Resistant Obsessive-Compulsive Disorder: Case Series. Journal of clinical psychopharmacology. 2015;35(4):486-489.

182.   Yazici KU, Percinel I. The role of glutamatergic dysfunction in treatment-resistant obsessive-compulsive disorder: treatment of an adolescent case with N-acetylcysteine augmentation. Journal of child and adolescent psychopharmacology. 2014;24(9):525-527.

183.   Ghanizadeh A, Mohammadi MR, Bahraini S, Keshavarzi Z, Firoozabadi A, Alavi Shoshtari A. Efficacy of N-Acetylcysteine Augmentation on Obsessive Compulsive Disorder: A Multicenter Randomized Double Blind Placebo Controlled Clinical Trial. Iran J Psychiatry. 2017;12(2):134-141.

184.   Bloch MH, Wasylink S, Landeros-Weisenberger A, Panza KE, Billingslea E, Leckman JF, Krystal JH, Bhagwagar Z, Sanacora G, Pittenger C. Effects of ketamine in treatment-refractory obsessive-compulsive disorder. Biological psychiatry. 2012;72(11):964-970.

185.   Brooks BR, Thisted RA, Appel SH, Bradley WG, Olney RK, Berg JE, Pope LE, Smith RA, Group A-AS. Treatment of pseudobulbar affect in ALS with dextromethorphan/quinidine: a randomized trial. Neurology. 2004;63(8):1364-1370.

186.   Tabuteau H, Jones A, Anderson A, Jacobson M, Iosifescu DV. Effect of AXS-05 (Dextromethorphan-Bupropion) in Major Depressive Disorder: A Randomized Double-Blind Controlled Trial. The American journal of psychiatry. 2022;179(7):490-499.

187.   Hollander E, Kaplan A, Stahl SM. A double-blind, placebo-controlled trial of clonazepam in obsessive-compulsive disorder. The world journal of biological psychiatry : the official journal of the World Federation of Societies of Biological Psychiatry. 2003;4(1):30-34.

188.   Hewlett WA, Vinogradov S, Agras WS. Clomipramine, clonazepam, and clonidine treatment of obsessive-compulsive disorder. Journal of clinical psychopharmacology. 1992;12(6):420-430.

189.   Crockett BA, Churchill E, Davidson JR. A double-blind combination study of clonazepam with sertraline in obsessive-compulsive disorder. Annals of

clinical psychiatry : official journal of the American Academy of Clinical Psychiatrists. 2004;16(3):127-132.

190. Koran LM, Aboujaoude E, Bullock KD, Franz B, Gamel N, Elliott M. Double-blind treatment with oral morphine in treatment-resistant obsessive-compulsive disorder. The Journal of clinical psychiatry. 2005;66(3):353-359.

191. Shapira NA, Keck PE, Jr., Goldsmith TD, McConville BJ, Eis M, McElroy SL. Open-label pilot study of tramadol hydrochloride in treatment-refractory obsessive-compulsive disorder. Depression and anxiety. 1997;6(4):170-173.

192. Liddell MB, Aziz V, Briggs P, Kanakkehewa N, Rawi O. Buprenorphine augmentation in the treatment of refractory obsessive-compulsive disorder. Ther Adv Psychopharmacol. 2013;3(1):15-19.

193. Amiaz R, Fostick L, Gershon A, Zohar J. Naltrexone augmentation in OCD: a double-blind placebo-controlled cross-over study. European neuropsychopharmacology : the journal of the European College of Neuropsychopharmacology. 2008;18(6):455-461.

194. Mauzay D, LaFrance EM, Cuttler C. Acute Effects of Cannabis on Symptoms of Obsessive-Compulsive Disorder. Journal of affective disorders. 2021;279:158-163.

195. Szejko N, Fremer C, Muller-Vahl KR. Cannabis Improves Obsessive-Compulsive Disorder-Case Report and Review of the Literature. Front Psychiatry. 2020;11:681.

196. Kayser RR, Senter MS, Tobet R, Raskin M, Patel S, Simpson HB. Patterns of Cannabis Use Among Individuals with Obsessive-Compulsive Disorder: Results from an Internet Survey. J Obsessive Compuls Relat Disord. 2021;30.

197. Kayser RR, Raskin M, Snorrason I, Hezel DM, Haney M, Simpson HB. Cannabinoid Augmentation of Exposure-Based Psychotherapy for Obsessive-Compulsive Disorder. Journal of clinical psychopharmacology. 2020;40(2):207-210.

198. Kayser RR, Haney M, Raskin M, Arout C, Simpson HB. Acute effects of cannabinoids on symptoms of obsessive-compulsive disorder: A human laboratory study. Depression and anxiety. 2020;37(8):801-811.

199. Rodriguez CI, Bender J, Jr., Marcus SM, Snape M, Rynn M, Simpson HB. Minocycline augmentation of pharmacotherapy in obsessive-compulsive disorder: an open-label trial. The Journal of clinical psychiatry. 2010;71(9):1247-1249.

200. Esalatmanesh S, Abrishami Z, Zeinoddini A, Rahiminejad F, Sadeghi M, Najarzadegan MR, Shalbafan MR, Akhondzadeh S. Minocycline combination therapy with fluvoxamine in moderate-to-severe obsessive-compulsive disorder: A placebo-controlled, double-blind, randomized trial. Psychiatry and clinical neurosciences. 2016;70(11):517-526.

201. Sayyah M, Boostani H, Pakseresht S, Malayeri A. A preliminary randomized double-blind clinical trial on the efficacy of celecoxib as an adjunct in the

treatment of obsessive-compulsive disorder. Psychiatry research. 2011;189(3):403-406.

202. Shalbafan M, Mohammadinejad P, Shariat SV, Alavi K, Zeinoddini A, Salehi M, Askari N, Akhondzadeh S. Celecoxib as an Adjuvant to Fluvoxamine in Moderate to Severe Obsessive-compulsive Disorder: A Double-blind, Placebo-controlled, Randomized Trial. Pharmacopsychiatry. 2015;48(4-5):136-140.

203. Shahini N, Talaei A, Shalbafan M, Faridhosseini F, Ziaee M. Effects of Celecoxib Adjunct to Selective Serotonin Reuptake Inhibitors on Obsessive-Compulsive Disorder. Basic Clin Neurosci. 2021;12(4):489-498.

204. Bejerot S, Sigra Stein S, Welin E, Eklund D, Hylen U, Humble MB. Rituximab as an adjunctive treatment for schizophrenia spectrum disorder or obsessive-compulsive disorder: Two open-label pilot studies on treatment-resistant patients. Journal of psychiatric research. 2023;158:319-329.

205. Storch EA, Murphy TK, Goodman WK, Geffken GR, Lewin AB, Henin A, Micco JA, Sprich S, Wilhelm S, Bengtson M, Geller DA. A preliminary study of D-cycloserine augmentation of cognitive-behavioral therapy in pediatric obsessive-compulsive disorder. Biological psychiatry. 2010;68(11):1073-1076.

206. Kushner MG, Kim SW, Donahue C, Thuras P, Adson D, Kotlyar M, McCabe J, Peterson J, Foa EB. D-cycloserine augmented exposure therapy for obsessive-compulsive disorder. Biological psychiatry. 2007;62(8):835-838.

207. Wilhelm S, Buhlmann U, Tolin DF, Meunier SA, Pearlson GD, Reese HE, Cannistraro P, Jenike MA, Rauch SL. Augmentation of behavior therapy with D-cycloserine for obsessive-compulsive disorder. The American journal of psychiatry. 2008;165(3):335-341; quiz 409.

208. Storch EA, Merlo LJ, Bengtson M, Murphy TK, Lewis MH, Yang MC, Jacob ML, Larson M, Hirsh A, Fernandez M, Geffken GR, Goodman WK. D-cycloserine does not enhance exposure-response prevention therapy in obsessive-compulsive disorder. International clinical psychopharmacology. 2007;22(4):230-237.

209. Mao L, Hu M, Luo L, Wu Y, Lu Z, Zou J. The effectiveness of exposure and response prevention combined with pharmacotherapy for obsessive-compulsive disorder: A systematic review and meta-analysis. Front Psychiatry. 2022;13:973838.

210. Chasson GS, Buhlmann U, Tolin DF, Rao SR, Reese HE, Rowley T, Welsh KS, Wilhelm S. Need for speed: evaluating slopes of OCD recovery in behavior therapy enhanced with d-cycloserine. Behaviour research and therapy. 2010;48(7):675-679.

211. Farrell LJ, Waters AM, Tiralongo E, Mathieu S, McKenzie M, Garbharran V, Ware RS, Zimmer-Gembeck MJ, McConnell H, Lavell C, Cadman J, Ollendick TH, Hudson JL, Rapee RM, McDermott B, Geller D, Storch EA. Efficacy of D-cycloserine augmented brief intensive cognitive-behavioural

therapy for paediatric obsessive-compulsive disorder: A randomised clinical trial. Depression and anxiety. 2022;39(6):461-473.

212.   Wilhelm S, Berman N, Small BJ, Porth R, Storch EA, Geller D. D-Cycloserine augmentation of cognitive behavior therapy for pediatric OCD: Predictors and moderators of outcome. Journal of affective disorders. 2018;241:454-460.

213.   Slotema CW, Blom JD, Hoek HW, Sommer IE. Should we expand the toolbox of psychiatric treatment methods to include Repetitive Transcranial Magnetic Stimulation (rTMS)? A meta-analysis of the efficacy of rTMS in psychiatric disorders. The Journal of clinical psychiatry. 2010;71(7):873-884.

214.   Carmi L, Alyagon U, Barnea-Ygael N, Zohar J, Dar R, Zangen A. Clinical and electrophysiological outcomes of deep TMS over the medial prefrontal and anterior cingulate cortices in OCD patients. Brain Stimul. 2018;11(1):158-165.

215.   Carmi L, Tendler A, Bystritsky A, Hollander E, Blumberger DM, Daskalakis J, Ward H, Lapidus K, Goodman W, Casuto L, Feifel D, Barnea-Ygael N, Roth Y, Zangen A, Zohar J. Efficacy and Safety of Deep Transcranial Magnetic Stimulation for Obsessive-Compulsive Disorder: A Prospective Multicenter Randomized Double-Blind Placebo-Controlled Trial. Focus (Am Psychiatr Publ). 2022;20(1):152-159.

216.   Carmi L, Tendler A, Bystritsky A, Hollander E, Blumberger DM, Daskalakis J, Ward H, Lapidus K, Goodman W, Casuto L, Feifel D, Barnea-Ygael N, Roth Y, Zangen A, Zohar J. Efficacy and Safety of Deep Transcranial Magnetic Stimulation for Obsessive-Compulsive Disorder: A Prospective Multicenter Randomized Double-Blind Placebo-Controlled Trial. The American journal of psychiatry. 2019;176(11):931-938.

217.   Roth Y, Tendler A, Arikan MK, Vidrine R, Kent D, Muir O, MacMillan C, Casuto L, Grammer G, Sauve W, Tolin K, Harvey S, Borst M, Rifkin R, Sheth M, Cornejo B, Rodriguez R, Shakir S, Porter T, Kim D, Peterson B, Swofford J, Roe B, Sinclair R, Harmelech T, Zangen A. Real-world efficacy of deep TMS for obsessive-compulsive disorder: Post-marketing data collected from twenty-two clinical sites. Journal of psychiatric research. 2021;137:667-672.

218.   Greenberg BD, Rauch SL, Haber SN. Invasive circuitry-based neurotherapeutics: stereotactic ablation and deep brain stimulation for OCD. Neuropsychopharmacology : official publication of the American College of Neuropsychopharmacology. 2010;35(1):317-336.

Capítulo Nueve

Terapias psicológicas y médicas para el trastorno obsesivo compulsivo resistente al tratamiento

Heather Yardley[1], Taylor Abounder, Caleb W. Lack, Victor Adorno, Marta Luque, y Yaravi Peña

El trastorno obsesivo compulsivo (TOC) consiste en una preocupación excesiva o exagerada por estímulos amenazantes o no amenazantes acompañada de rituales que se cree que reducen la ansiedad. Los síntomas perjudican el funcionamiento social y emocional e impiden la realización de las tareas cotidianas necesarias (Piacentini et al., 2003). A pesar del éxito de los tratamientos farmacológicos y cognitivo-conductuales comunes, aproximadamente del 20-40 % de los pacientes con TOC presentan síntomas resistentes al tratamiento, y muchos experimentan años de síntomas debilitantes y persistentes que impiden su funcionamiento diario (Aouizerate et al., 2006; Mian, Campos, Sheth, & Eskandar, 2010). Para estos pacientes, deben considerarse estrategias de tratamiento alternativas o de nivel secundario. En el presente capítulo se revisan los tratamientos innovadores para el TOC en cuatro áreas: el aumento de la TCC tradicional con la EPR, la medicación, la intervención quirúrgica y la neuromodulación no invasiva.

La terapia cognitivo-conductual (TCC) con exposición y prevención de respuesta (EPR) ha sido ampliamente reconocida como el tratamiento de elección para adultos y jóvenes con trastorno obsesivo-compulsivo (TOC; Abramowitz, 1997; Abramowitz, Foa y Franklin, 2003; Abramowitz, Whiteside y Deacon, 2006; Foa y otros, 2005; Storch y otros, 2007a; Storch, Mariaskin y Murphy, 2009). El tratamiento consiste en activar la obsesión mediante exposiciones prolongadas y repetidas a los estímulos relacionados con las obsesiones y compulsiones del individuo. La exposición continua a estímulos cada vez más temidos (in vivo y/o imaginarios)

---

[1] La correspondencia relativa a este artículo debe dirigirse a Victor Adorno de ALTOC. E-mail: vickadorno@gmail.com

mientras se prohíbe la participación en rituales compensatorios, conlleva a la habituación de las señales y a la disminución del impulso de participar en rituales (Franklin y Foa, 2008).

El tratamiento de EPR para jóvenes con TOC es similar al tratamiento para adultos con TOC, con la característica común de una mayor participación de la familia en el tratamiento. La participación de la familia es fundamental para el éxito del tratamiento de EPR en los jóvenes, ya que a menudo carecen de la autoconciencia y la regulación conductual necesarias para aprovechar al máximo las técnicas de TCC (Storch, Mariaskin y Murphy, 2009).

Aumento de la TCC

Realidad virtual

El tratamiento para el TOC implica la exposición gradual a estímulos temidos, sin embargo, no siempre es posible o factible que un individuo se exponga en terapia a un estímulo temido (por ejemplo, animales salvajes, multitudes). Aunque generalmente se recomiendan las exposiciones in vivo (Geffken, Pincus y Zelikovsky, 1999), las exposiciones en imaginación se han utilizado con éxito en el tratamiento (por ejemplo, Leahy y Holland, 2000). Estudios recientes han analizado el uso de la realidad virtual (RV) como método de aplicación del tratamiento de exposición imaginaria (p. ej., Graziano, Callueng y Geffken, 2010; Kim, Kim, Kim, Roh y Kim, 2009). La RV es un mundo generado por un ordenador en tiempo real, compuesto por gráficos, sonidos y otras modalidades sensoriales con las que el individuo puede interactuar, y ha demostrado aumentar con éxito la ansiedad en pacientes con TOC durante las exposiciones (Kim et al., 2009). El tratamiento de exposición basado en RV proporciona una experiencia más realista de los estímulos temidos que una exposición imaginada y puede implementarse más fácilmente en el consultorio terapéutico que la exposición in vivo. Esta tecnología también le permite al terapeuta ver y controlar lo que el paciente está viendo durante la exposición, lo que posibilita al terapeuta adaptar el tratamiento de RV a las señales obsesivas/compulsivas específicas de los pacientes y proporciona acceso a exposiciones que de otro modo no serían posibles.

Además, la investigación ha demostrado que un entorno virtual puede ser eficaz para inducir una respuesta de ansiedad (van Loenen et al., 2022), lo cual es esencial para la EPR. Específicamente para el TOC, los estudios indican que la realidad virtual puede ser eficaz para reducir la ansiedad y el asco en adultos diagnosticados con TOC de contaminación (Inozu et al., 2020; Javaherirenani et al., 2022; Laforest et al., 2016). Un metaanálisis reciente, también encontró efectos significativos en otros síntomas del TOC, como las compulsiones de comprobación, y una disminución de la ansiedad y de la incertidumbre (Dehghan et al., 2022). Todos estos datos sugieren que la realidad virtual puede ser una alternativa viable a través de la cual los terapeutas pueden reproducir las reacciones esperadas de la terapia basada en la exposición, aunque obstáculos como el coste de la tecnología de la RV y la programación específica de la exposición pueden dificultar su uso.

Entrevista motivacional

Es posible que las personas con TOC que inician un tratamiento no obtengan todos los beneficios de este porque lo abandonan antes de tiempo o porque no siguen las recomendaciones del tratamiento una vez finalizado (Simpson, Huppert et al., 2006; Sookman & Steketee, 2007; Simpson, Zuckoff, Page et al., 2008). La entrevista motivacional (MI, por sus siglas en inglés) se ha utilizado habitualmente para tratar o mejorar el tratamiento de pacientes que se resisten al cambio (Miller & Rollnick, 2002). Se trata de un enfoque de tratamiento empíricamente respaldado, centrado en el paciente y orientado a la obtención de objetivos para mejorar la motivación intrínseca de un individuo para cambiar, explorando y resolviendo la ambivalencia con la esperanza de aumentar la adherencia al tratamiento (Miller, 2006; Miller y Rollnick, 2002). La MI se ha utilizado para complementar el tratamiento de EPR como forma de mejorar los beneficios del tratamiento (Westra y Dozois, 2006).

En un pequeño ensayo, Maltby y Tolin (2005) señalaron que la aplicación de cuatro sesiones de MI antes del tratamiento estándar con TCC aumentó el inicio de la EPR en pacientes con TOC que habían rechazado el tratamiento previamente. Simpson y sus colegas (2008) descubrieron que la integración de técnicas de MI en el protocolo estándar de EPR era factible y prometedora para su inclusión en futuros ensayos controlados. Otros han informado que añadir la MI y el mapeo del pensamiento al tratamiento grupal de TCC proporcionó una mayor reducción de los síntomas y tasas de remisión que el grupo de TCC solo en el postratamiento y el seguimiento de 3 meses (Meyer, Souza, Heldt et al., 2010). Un ensayo reciente (McCabe et al., 2019) concluyó que la MI ofrecía un beneficio pequeño, pero clínicamente significativo en términos de mejora del resultado del tratamiento. En conjunto, estos datos ofrecen apoyo para el uso de técnicas de MI junto con el tratamiento TCC estándar, incluso si no proporciona un gran impulso a la reducción de los síntomas (Guzick et al., 2021). Se requiere más investigación para determinar si la MI puede servir para aumentar la adherencia y promover resultados positivos del tratamiento entre los individuos con TOC.

Terapia cognitiva basada en Mindfulness (atención plena)

Mindfulness es el acto de prestar atención, a propósito, y sin juzgar, al momento presente. Practicar mindfulness ha demostrado ser eficaz para reducir los síntomas de ansiedad (por ejemplo, Hofmann, et al., 2010; Hoge, et al., 2013; Khoury et al., 2013). La Terapia Cognitiva Basada en Mindfulness (MBCT, por sus siglas en inglés) es una intervención grupal estructurada que incorpora prácticas de mindfulness con técnicas tradicionales de terapia cognitiva (Segal, Williams, y Teasdale, 2018). La MBCT se está investigando como complemento de la TCC tradicional con EPR con éxito (Selchen et al., 2018). Se hipotetiza que la adición de técnicas de mindfulness reduce la reactividad relacionada con los pensamientos obsesivos y la incorporación durante o después del tratamiento tradicional reducirá aún más los síntomas (Key, Rowa, Bieling, McCabe, & Pawluk, 2017). Aunque prometedor, es necesario realizar una gran cantidad de investigación adicional antes de que los tratamientos basados en mindfulness investiguen el nivel de apoyo empírico de la TCC con EPR (Abbott & Lack, 2020).

Aumento de medicamentos

Inhibidores de la recaptación de serotonina

Varios estudios han examinado la eficacia de mejorar el tratamiento de EPR del TOC con un inhibidor de la recaptación de serotonina (IRS) clomipramina y los inhibidores selectivos de la recaptación de serotonina (ISRS); (Clomipramine Collaborative Group, 1991; The Pediatric OCD Treatment Study (POTS) Team, 2004; Foa et al., 2005; Greist et al., 1995; Goodman et al., 1989; Hollander et al., 2003; Tollefson et al., 1994; Montgomery, Kasper, Stein, Hedegaard y Bang, 2001).

Aunque la Asociación Estadounidense de Psiquiatría los considera un tratamiento de primera línea para el TOC (Koran et al., 2007), algunos estudios han cuestionado si estos medicamentos contribuyen a una reducción significativa de los síntomas más allá de lo que se logra con la ERP solo. El equipo POTS comparó los resultados del tratamiento en jóvenes con TOC con ERP, sertralina y una terapia combinada. Hubo hallazgos mixtos con respecto a si la ERP solo o la EPR combinado con sertralina fue más efectivo (The POTS Team, 2004). Foa y colegas (2005) realizaron un protocolo aleatorizado controlado con placebo para examinar la eficacia de clomipramina, la ERP y la combinación de estos tratamientos en adultos con TOC y concluyeron que, aunque las tres condiciones fueron efectivas, la monoterapia con clomipramina y el tratamiento combinado no fueron superiores al EPR solo. En conjunto, estos estudios indican que se ha demostrado que los IRS y los ISRS, en el mejor de los casos, aumentan modestamente el efecto de la EPR en adultos y jóvenes con TOC.

Aumento de antipsicóticos

La investigación también ha examinado el aumento de los ISRS con antipsicóticos atípicos para pacientes que no han respondido a los ISRS o a la EPR, siendo la risperidona el agente potenciador más estudiado en el tratamiento del TOC. Se ha demostrado la eficacia de la risperidona y el aripiprazol en el tratamiento del TOC en comparación con el placebo, y aproximadamente el 50 % de los pacientes con TOC resistente a los ISRS se benefician de la estrategia de potenciación (Albert et al., 2014; Del Casale et al., 2019; Dold et al. ., 2015; McDougle et al., 2000; Thamby y Jaisoorya, 2019). Los resultados con respecto al haloperidol son inconsistentes (Albert et al., 2014; Del Casale et al., 2019; Dold et al., 2015). Sin embargo, los ensayos controlados aleatorios sobre el aumento de antipsicóticos en el TOC resistente al tratamiento son limitados y se necesitan ensayos adicionales con muestras más grandes. También se sugiere que el aumento de antipsicóticos solo debe probarse cuando el tratamiento con ISRS y la terapia de exposición y prevención de respuesta (EPR) han fallado (Brakoulias & Stockings, 2019).

D-dicloserina (DCS)

La investigación traslacional reciente ha examinado el receptor de N-metil-D-aspartato (NMDA) involucrado con la extinción del miedo en la amígdala e identificó la D-cicloserina (DCS), un agonista parcial de NMDA, como una forma psicofarmacológica de mejorar la extinción de los miedos aprendidos. que es un componente crítico del tratamiento de EPR en personas con TOC (Davis, Ressler, Rothbaum y Richardson, 2006; Norberg, Krystal y Tolin, 2008). La DCS actúa como un agonista parcial en el sitio de unión de glicina en el cuerpo del receptor NMDA, lo que facilita la unión del glutamato al receptor NMDA cuando se estimula (Norberg, Krystal y Tolin, 2008). La DCS puede mejorar la eficacia del tratamiento para el TOC ya sea mejorando la neuroplasticidad, ayudando a desaprender las señales obsesivas, facilitando el funcionamiento del receptor NMDA y/o amortiguando el funcionamiento del receptor NMDA, interrumpiendo la reconsolidación de las señales obsesivas (Norberg, Krystal, & Tolin, 2008).

Varios estudios han demostrado el efecto terapéutico de la adición de DCS a la terapia EPR tanto en adultos como en jóvenes (Davis, Ressler, Rothbaum y Richardson, 2006; Kushner et al., 2007; Storch et al., 2007b; Storch et al., 2010; Wilhelm et al., 2008). Por el contrario, Storch y colegas (2007b) no encontraron diferencias significativas entre los grupos DCS y control. Sin embargo, los autores reconocieron varias cuestiones metodológicas que pueden haber influido en los resultados. Posteriormente, se demostró que la DCS es una adición eficaz al tratamiento EPR en el TOC pediátrico (Storch et al., 2010). Storch y colegas (2010) compararon un tratamiento combinado de la DCS y la EPR con un grupo controlado con placebo de (n = 15 por grupo) jóvenes con TOC (de 8 a 17 años). Los resultados indicaron que el grupo de tratamiento con DCS experimentó efectos de tratamiento de pequeños a moderados, que no fueron significativamente diferentes a los del grupo de control. Aunque estos resultados respaldan la dirección general del efecto de la DCS en el tratamiento de la EPR, se deben realizar más investigaciones para examinar la eficacia de un enfoque de tratamiento combinado de DCS y EPR en el TOC pediátrico y adulto.

Intervenciones Neuroquirúrgicas

Para los pacientes reactivos al tratamiento, se han desarrollado varios tratamientos neuroquirúrgicos para investigar alteraciones de la actividad cerebral en zonas específicas del cerebro, que se han implicado en la patogénesis de los síntomas del TOC. Los estudios de neuroimagen sugieren que los pacientes con TOC experimentan un funcionamiento anormal a lo largo de varios circuitos de retroalimentación en el cerebro. Es más probable que los síntomas del TOC estén presentes cuando hay hiperactividad en el bucle corteza orbitofrontal-tálamo (CT) o hipoactividad a lo largo del circuito córtico-estriado-talamocortical (CSTC) (Koppell & Greenberg, 2008; Mian et al., 2010; Shah, Pesiridou, Baltuch, Malone, & O'Reardon, 2008). Estos circuitos incluyen el córtex orbitofrontal (CMO), un área del cerebro implicada en el procesamiento emocional de los estímulos ambientales y en la generación de respuestas afectivas y conductuales, el córtex cingulado anterior (CCA), que desempeña un papel integral en la detección de estímulos amenazantes y en la regulación de las respuestas autonómicas y neuroendocrinas, y el córtex caudado núcleo de los ganglios basales, un área que regula la transmisión de información relativa a la preocupación (Aouizerate et al., 2006; Koppell & Greenberg, 2008; Ruck et al., 2008). Las intervenciones neuroquirúrgicas diseñadas para disminuir la sintomatología del TOC suelen centrarse en una o más de estas estructuras cerebrales.

Neurocirugía Ablativa Estereotáctica

Las neurocirugías ablativas que crean lesiones intencionales en el cerebro se han realizado para tratar el trastorno obsesivo-compulsivo desde principios de la década de 1940, con cuatro procedimientos principales que han alcanzado prominencia: capsulotomías anteriores, cingulotomías anteriores, tractotomías subcaudadas y leucotomías límbicas (Aouizerate et al., 2006; Shah et al., 2008). Cada intervención neuroquirúrgica ablativa está diseñada para reducir los síntomas del TOC interrumpiendo las vías neuronales del cerebro responsables de los síntomas. Los pacientes con TOC refractario al tratamiento suelen responder bien a los procedimientos neuroquirúrgicos ablativos, con tasas de reducción de los síntomas que oscilan entre el 30 y el 80 % (Aouizerate et al., 2006; Greenberg, Lai et al., 2020; Rauch y Haber, 2010; Shah et al., 2008). Las capsulotomías anteriores, en particular, tienden a ser las más eficaces en la reducción sostenida de los síntomas (Greenberg et al., 2010; Lai et al., 2020; Pepper, Zrinzo, & Hariz, 2019).

Los avances en tecnología médica han permitido desarrollar técnicas quirúrgicas menos invasivas y una identificación más precisa de las estructuras cerebrales afectadas (Greenberg et al., 2010; Lopes et al., 2009). Los procedimientos neuroquirúrgicos ablativos modernos van precedidos de la estereotaxis, o imagen funcional del cerebro, que identifica la ubicación específica de las estructuras cerebrales a intervenir para cada paciente y permite una alteración mínima del tejido cerebral circundante, así como menos efectos secundarios adversos (Kondziolka, Flickinger y Hudak, 2011; Lopes y otros, 2009; Shah y otros, 2008).

Las técnicas actuales de capsulotomía, implican una cirugía mínimamente invasiva, ya que se completan mediante termolesión por radiofrecuencia, un procedimiento durante el cual el paciente recibe anestesia local seguida de la inserción y el calentamiento de electrodos en sitios cerebrales específicos, o radiocirugía con bisturí de rayos gamma, una técnica que no requiere anestesia, sino que crea lesiones en circuitos neuronales específicos disparando radiación g desde una unidad de radiación gamma estereotáctica (Aouizerate et al., 2006; Kondziolka et al., 2011; Lopes et al., 2009; Ruck et al., 2008).   Los estudios que examinan los resultados a largo plazo de las intervenciones neuroquirúrgicas ablativas han demostrado reducciones estables de los síntomas del TOC (medidos en el Y-BOCS) en los 2 meses siguientes a la intervención y cambios neurobiológicos documentados en el OFC y el ACC (Cecconi et al., 2008; Kondziolka et al., 2011; Lopes et al., 2009). Los pacientes que se someten a estas cirugías tienden a experimentar una reducción consistente de los síntomas porque las lesiones cerebrales son permanentes. Sin embargo, la mayoría de los pacientes siguen recibiendo tratamiento farmacológico y/o terapéutico después de la neurocirugía para mantener y disminuir aún más sus síntomas de TOC. Los efectos secundarios son posibles y suelen manifestarse como alteraciones del estado de ánimo y/o del funcionamiento ejecutivo. La mayoría de los efectos secundarios adversos son el resultado de altas dosis de radiación o de lesiones que afectan a estructuras cerebrales no diana; por lo tanto, se justifica un mayor perfeccionamiento de estos procedimientos (Cecconi et al., 2008; Ruck et al., 2008).

Estimulación Cerebral Profunda (ECP)
Otra intervención diseñada para reducir la sintomatología del TOC, mediante la alteración de los circuitos cerebrales implicados en el TOC es la estimulación cerebral profunda (ECP), un procedimiento que suministra corriente de alta frecuencia a circuitos cerebrales específicos, sin causar daños neuronales externos, con el fin de aumentar o disminuir su actividad (Abelson, Curtis, Sagher, Albucher, Harrigan, Taylor et al., 2005; Doughtery, 2010; Greenberg et al., 2010). Los pacientes que reciben ECP se someten a anestesia general para la implantación quirúrgica de

300

"cables" cerebrales, múltiples contactos de electrodos y un neuroestimulador (Greenberg, Malone, Friehs, Rezai, Kubu, Malloy et al., 2006; Greenberg et al., 2010). Cuando los pacientes se recuperan de la operación, se someten a varios tratamientos semanales durante los cuales se activan o desactivan los "cables" cerebrales (Greenberg et al., 2006; Greenberg et al., 2010). La primera de las tres zonas del cerebro que con más frecuencia son objeto de ECP es la extremidad anterior de la cápsula interna (ALIC). Se utiliza debido a la eficacia de las capsulotomías anteriores. La segunda es el núcleo accumbens (NAc) por su ubicación central en el mesencéfalo y su implicación concomitante en la conexión entre el sistema límbico y los ganglios basales. Por último, el núcleo subtalámico (NST) es el objetivo por su papel en los circuitos de los ganglios basales (Figee, Mantione, van den Munckof, Schuurman y Denys, 2010; Haynes y Mallet, 2010; Mian et al., 2010). Recientemente se ha defendido el papel de la colocación altamente individualizada, basada en el perfil sintomático y la neurobiología de un paciente en particular, en contraste con una única área específica para todas las intervenciones de ECP (Senova et al., 2019), pero otros estudios no han respaldado dicho enfoque (Widge et al., 2022).

Numerosos estudios que evalúan la eficacia de la ECP para el TOC refractario al tratamiento, han encontrado reducciones significativas en los síntomas del TOC medidos por el Y-BOCS y aumentos en el funcionamiento global según las valoraciones de clínicos y pacientes (Aouizerate et al., 2006; Denys et al.,2020; Goodman, Foote, Greenberg, Ricciuti, Bauer, Ward et al., 2010; Greenberg et al., 2006; Luyten et al., 2016; Mallet et al., 2008). Los estudios preliminares de neuroimagen revelan también cambios funcionales en los circuitos cerebrales del CTSC (Figee et al., 2010). Aunque el mecanismo exacto de la ECP no se comprende del todo, Denys, Mantione, Figee, van den Munckhof, Koerselman, Westenberg y sus colegas (2010) han observado un patrón específico de respuesta al tratamiento observado en muchos de sus pacientes: los síntomas depresivos tienden a disminuir en cuestión de segundos, seguidos de los síntomas de ansiedad en cuestión de minutos, las obsesiones en cuestión de días y las compulsiones en cuestión de semanas o meses. Las entrevistas en profundidad a 18 pacientes de ECP revelaron que, además de la disminución de la ansiedad y la mejora del estado de ánimo, los pacientes habían informado de un aumento de la confianza, la autosuficiencia y la seguridad en sí mismos, junto con un modo de compromiso más reflexivo y una postura más tranquila (de Haan et al., 2015).

La ECP ha ganado importancia rápidamente como intervención neuroquirúrgica para el TOC por múltiples razones. La neuroimagen ha permitido una identificación cada vez más precisa de las estructuras cerebrales que se van a tratar, lo que permite un daño mínimo a las partes del cerebro no afectadas y, a diferencia de la neurocirugía ablativa estereotáctica, la ECP no es permanente porque los "cables" cerebrales se pueden activar o desactivar o retirar quirúrgicamente si es necesario (Figee et al., 2010; Haynes & Mallet, 2010; Mian et al., 2010). También es posible realizar ensayos de ECP controlados con simulacros, que se han utilizado para demostrar la eficacia de la ECP y han contribuido a la concesión de la aprobación de la FDA en virtud de una exención humanitaria de dispositivos (IDE) (Burdick y Foote, 2011; Dougherty, 2010; Goodman y otros, 2010). Dicho esto, de forma similar a los pacientes que reciben una intervención neuroquirúrgica ablativa, los pacientes que reciben ECP con frecuencia siguen recibiendo tratamiento psiquiátrico y psicológico tras la intervención. Además, los efectos secundarios adversos, aunque raros, ocurren y han variado desde hipomanía a dolores de cabeza, hemorragias e infecciones en el lugar del implante (Goodman et al., 2010; Greenberg et al., 2006).

Neuromodulación no invasiva

La investigación sobre el uso de varios tipos de neuromodulación no invasiva, o la alteración de la actividad neuronal a través de diferentes métodos sin cirugía ni medicación, para el tratamiento del TOC se basa en cuarenta años de investigación sobre la fisiopatología de este trastorno (ver Kammen et al. al., 2022 para una revisión). Las interrupciones en el funcionamiento del circuito cerebral cortico-estriado-tálamo-cortical (CSTC) se han implicado en el desarrollo y mantenimiento de obsesiones y compulsiones. En particular, la corteza orbitofrontal lateral (van der Straten et al., 2017) y la interacción del CSTC con el sistema límbico (Bernstein et al., 2019) tienen un gran respaldo para su papel en el TOC.

En los últimos años, estos circuitos cerebrales y su manipulación a través de diferentes medios de neuromodulación han sido objeto de un alto nivel de investigación. Las intervenciones actuales bien investigadas se pueden dividir en función de cómo intentan cambiar el circuito cerebral: estimulación de corriente continua transcraneal (tDCS), estimulación de corriente alterna transcraneal (tACS) y estimulación magnética transcraneal (TMS).

Estimulación de corriente continua transcraneal (tDCS)

La tDCS utiliza una corriente directa débil que viaja entre dos electrodos colocados en la cabeza del paciente para brindar un tratamiento específico, aunque los efectos parecen ser más amplios que el área debajo de los electrodos (Keeser et al., 2011). La investigación sobre tDCS para TOC es escasa y muy variada en términos de objetivos anatómicos. En una revisión, Acevedo y sus colegas (2021) encontraron tasas muy variables de disminución de los síntomas del TOC, según el área del cerebro a la que se dirigiera y el tipo de estudio. En general, enfocarse en el área motora suplementaria (SMA) y pre-SMA mostró una disminución de los síntomas del 7 al 22 %, similar a las tasas de los estudios dirigidos a la corteza orbitofrontal (OFC). Un ensayo pequeño encontró que alrededor de un tercio de los pacientes previamente resistentes al tratamiento con IRS tenían al menos una disminución del 35 % en los síntomas del TOC al enfocarse en la pre-SMA (Gowda et al., 2019). Por el contrario, la tDCS centrada en la corteza prefrontal dorsolateral (DLPFC) mostró disminuciones del 65 % en otro ensayo pequeño (Najafi et al., 2017). Un metanálisis realizado por Fregni y colegas (2021) concluyó que la tDCS era "posiblemente efectiva" para mejorar los síntomas del TOC, pero debido a la pequeña cantidad de ensayos bien controlados, no podía recomendarla con mayor firmeza.

Estimulación de corriente alterna transcraneal (tACS)

A diferencia de la tDCS, la tACS utiliza un solo electrodo grande y aplica una corriente sinusoidal oscilante. Al igual que con tDCS, la investigación sobre cómo responden los síntomas del TOC a esta intervención es escasa. Un estudio de caso dirigido a la región frontotemporal bilateral condujo a una disminución de los síntomas del 52 % (Klimke et al., 2016), mientras que otro encontró solo una disminución del 15 % (Haller et al., 2020). Un estudio más grande controlado con placebo que utilizó una muestra no clínica encontró disminuciones en los síntomas obsesivos y compulsivos (Grover et al., 2021), pero debe interpretarse con cautela ya que los participantes no buscaban activamente tratamiento para el TOC. Hasta donde sabemos, no se han realizado ensayos clínicos a gran escala con tACS en este momento.

Estimulación magnética transcraneal repetitiva (rTMS)

Otra intervención diseñada para reducir la sintomatología del TOC a través de la alteración directa de los neurocircuitos del cerebro es la estimulación magnética transcraneal repetitiva (rTMS), un procedimiento que involucra la estimulación electromagnética no invasiva de áreas específicas de la corteza cerebral en el transcurso de múltiples sesiones (Dougherty, 2010). La estimulación eléctrica débil se envía a través de bobinas rTMS a áreas específicas del cerebro que han sido identificadas mediante técnicas de neuroimagen, como la resonancia magnética funcional (fMRI). Al igual que en la tDCS y la tACS, las áreas específicas del cerebro generalmente incluyen DLPFC y/o SMA, debido a su asociación propuesta con la generación de síntomas de TOC (Mantovani, Simpson, Fallon, Rossi y Lisanby, 2009; Mantovani, Westin, & Hirsch, 2009; Sachdev, Loo, Mitchell, McFarquhar, & Malhi, 2007). Tanto los ensayos abiertos como los estudios controlados con simulación de rTMS revelan hallazgos prometedores, pero mixtos. Varios estudios demostraron disminuciones significativas y sostenidas en los síntomas del TOC entre múltiples pacientes después de la rTMS (Greenberg et al., 1997; Mantovani et al., 2009; Mantovani et al., 2009; Sachdev, McBridge, Loo, Mitchell et al., 2001; Rehn). Otros estudios han encontrado menos respaldo para la rTMS, lo que lleva a los investigadores a sugerir que los procedimientos de rTMS más efectivos son altamente específicos y localizados (Mantovani et al., 2009; Prasko, Paskova, Zalesky, Novak et al., 2006, Sachdev et al., 2007).

Metaanálisis recientes han comparado los resultados entre áreas específicas del cerebro. Algunos estudios han propuesto que dirigirse a la corteza prefrontal dorsolateral es favorable en la rTMS, y otro metaanálisis de pruebas aleatorias y controladas de forma simulada indica que la SMA produce mayores mejoras en la gravedad del TOC que la rTMS aplicada sobre la DLPFC o la OFC (Perera et al., 2021).; Rehn et al., 2018). Sin embargo, tanto un estudio retrospectivo de rTMS como un metanálisis de rTMS no encontraron diferencias significativas en la eficacia del tratamiento entre los protocolos de intervención (Rostami et al., 2020; Zhou et al., 2017). Dos metanálisis concluyeron que la rTMS fue estadística y clínicamente superior a los tratamientos simulados/placebo, aunque cada uno destacó el hecho de que había una amplia variación en los protocolos, las áreas objetivo, la frecuencia de los tratamientos y la intensidad (Lusicic et al., 2018; Trevizol et al. al., 2016).

Estimulación Magnética Transcraneal Profunda (dTMS)

Dada la amplia variación observada en la forma en que los médicos usaban la rTMS y la creciente investigación que muestra que las estructuras anatómicas más profundas en el CSTC-límbico son clave para el desarrollo y mantenimiento del TOC, a principios de la década de 2010 comenzó el trabajo para llegar más profundamente al cerebro. Después de que los primeros estudios piloto encontraron que la estimulación de alta frecuencia de la corteza cingulada anterior (ACC) y la corteza prefrontal medial (mPFC) usando una bobina H7 dTMS redujo los síntomas del TOC (Carmi et al., 2018), comenzaron los ensayos a mayor escala en pacientes resistentes al tratamiento. En un ensayo clínico multi sitio con 100 participantes que tuvieron una respuesta inadecuada al tratamiento tanto con la TCC como con los ISRS, la dTMS superó significativamente al tratamiento simulado (Carmi et al., 2019). Al final del protocolo de 6 semanas (29 tratamientos) y en un seguimiento de 4 semanas, se consideró que el 38 % de los pacientes respondieron al tratamiento (al menos un 30 % de reducción de los síntomas) y el 50 % se consideró con una mejora de moderada a muy importante por los médicos en el CGI. Los análisis adicionales de estos datos mostraron que incluso aquellos que habían fallado en 3 o más ensayos con medicamentos mostraron fuertes mejoras, con un 43 % de respondedores (Roth et al., 2020).

En un ensayo de seguimiento en el mundo real en 22 sitios (Roth et al., 2021), las tasas de respuesta fueron aún más altas, con un 58 % de pacientes que respondieron al tratamiento dentro de 1 mes, con una reducción promedio de los síntomas del 35 %. Curiosamente, dos puntos de datos en este estudio naturalista mostraron niveles de respuesta mucho más altos. Primero, el 81 % de los pacientes alcanzaron la tasa de respuesta en algún momento (incluidos aquellos que no completaron las 29 sesiones completas debido a la interrupción). En segundo lugar, continuar el tratamiento más allá de las 29 sesiones del estudio anterior (para aquellos que lo necesitaban) resultó en mejoras continuas, y el pequeño número de pacientes que recibieron 40 sesiones mostró una disminución de los síntomas de más del 52 %. Como antes, todos estos eran pacientes que se consideraban resistentes al tratamiento y habían fallado en múltiples ensayos de medicación y terapia. En conjunto, estos resultados, aunque todavía incipientes, son muy prometedores para el uso de protocolos de tratamiento individualizados que utilizan dTMS para pacientes con TOC que no han respondido a la TCC o a la medicación.

Conclusiones

Muchos individuos con TOC continúan experimentando síntomas y deterioro a pesar de someterse a TCC con EPR (por ejemplo, Mian, Campos, Sheth, & Eskandar, 2010). Por ello, la investigación en curso sobre opciones de tratamiento secundario, tanto complementarias como independientes, sigue siendo una prioridad entre los investigadores clínicos. Aunque actualmente se dispone de algunas opciones sólidas y prometedoras, es necesario seguir investigando para determinar qué poblaciones específicas resistentes al tratamiento podrían beneficiarse más de las diferentes opciones.

Como ya se ha señalado, la elección de las intervenciones que se añadirán al tratamiento actual o hacia las que se cambiará completamente dependerá de varios factores, como la disponibilidad, el coste económico y la ponderación de los beneficios frente a los posibles efectos secundarios negativos. Como ocurre con cualquier decisión en el ámbito de la salud mental, la elección sobre con qué tratamiento empezar y cuándo cambiar de plan de tratamiento debe incorporar las tres "etapas" de la práctica basada en la evidencia: la eficacia de la investigación clínica, los valores y características del paciente y la experiencia clínica.

Afortunadamente, los pacientes con TOC disponen ahora de una cantidad cada vez mayor de investigaciones sobre intervenciones que se dirigen a los síntomas tanto a nivel psicológico como biológico, lo que permite albergar la esperanza de que llegue el día en que sean pocos o ninguno los etiquetados como "no adheridos al tratamiento."

Referencias

Abbott, D. J., & Lack, C. W. (2020). Conventional versus Mindfulness-based Interventions for Anxiety and Worry: A Review and Recommendations. *Current Psychiatry Research and Reviews Formerly: Current Psychiatry Reviews, 16*(1), 60-67.

Abelson, J.L., Curtis, G.C., Sagher, O., Albucher, R.C., Harrigan, M., Taylor, S.F. et al. (2005). Deep brain stimulation for refractory obsessive-compulsive disorder. *Biological Psychiatry, 57*, 510-516.

Abramowitz, J. S. (1997). Effectiveness of psychological and pharmacological treatments for obsessive-compulsive disorder: a quantitative review. *Journal of Consulting and Clinical Psychology*, 65(1), 44-52.

Abramowitz, J. S., Foa, E. B., & Franklin, M. E. (2003). Exposure and ritual prevention for obsessive-compulsive disorder: effects of intensive versus twice-weekly sessions. *Journal of Consulting and Clinical Psychology*, 71, 394–398.

Abramowitz, J. S., Whiteside, S. P., & Deacon, B. J. (2006). The effectiveness of treatment for pediatric obsessive-compulsive disorder: a meta-analysis. *Behavior Therapy*, 36, 55-63.

Albert, U., Cori, D.D., Filippo, B., & Giuseppe, M. (2014). Treatment-Resistant Obsessive-Compulsive Disorder (OCD): Focus on Antipsychotic Augmentation to SRIs.

Aouizerate, B., Rotge, J-Y., Martin-Guehl, C., Cuny, E., Rougier, A., Guehl, D. et al. (2006). A systematic review of psychosurgical treatments for obsessive-compulsive disorder: Does deep brain stimulation represent the future trend in psychosurgery? *Clinical Neuropsychiatry, 3*(6), 391-403.

Acevedo, N., Bosanac, P., Pikoos, T., Rossell, S., & Castle, D. (2022). Correction: Acevedo et al. Therapeutic Neurostimulation in Obsessive-Compulsive and Related Disorders: A Systematic Review. Brain Sci. 2021, 11, 948. *Brain sciences, 12*(4), 450. https://doi.org/10.3390/brainsci12040450

Bernstein, G. A., Cullen, K. R., Harris, E. C., Conelea, C. A., Zagoloff, A. D., Carstedt, P. A., Lee, S. S., & Mueller, B. A. (2019). Sertraline Effects on Striatal Resting-State Functional Connectivity in Youth With Obsessive-Compulsive Disorder: A Pilot Study. *Journal of the American Academy of Child and Adolescent Psychiatry, 58*(5), 486–495. https://doi.org/10.1016/j.jaac.2018.07.897

Brakoulias, V., & Stockings, E. (2019). A systematic review of the use of risperidone, paliperidone and aripiprazole as augmenting agents for obsessive-compulsive disorder. *Expert opinion on pharmacotherapy, 20*(1), 47–53. https://doi.org/10.1080/14656566.2018.1540590

Burdick, A.P. & Foote, K.D. (2011). Advancing deep brain stimulation for obsessive-compulsive disorder. *Expert Reviews in Neurotherapy, 11*(3), 341-344.

Bystritsky, A., Korb, A.S., Douglas, P.K., Cohen, M.S., Melega, W.P., Melgaonkar, A.P. et al. (2011). A review of low-intensity focused ultrasound pulsation. *Brain Stimulation, 4*, 125-136.

Carmi, L., Alyagon, U., Barnea-Ygael, N., Zohar, J., Dar, R., & Zangen, A. (2018). Clinical and electrophysiological outcomes of deep TMS over the medial prefrontal and anterior cingulate cortices in OCD patients. *Brain stimulation, 11*(1), 158-165.

Carmi, L., Tendler, A., Bystritsky, A., Hollander, E., Blumberger, D. M., Daskalakis, J., Ward, H., Lapidus, K., Goodman, W., Casuto, L., Feifel, D., Barnea-Ygael, N., Roth, Y., Zangen, A., & Zohar, J. (2019). Efficacy and Safety of Deep Transcranial Magnetic Stimulation for Obsessive-Compulsive Disorder: A Prospective Multicenter Randomized Double-Blind Placebo-Controlled Trial. *The American journal of psychiatry, 176*(11), 931–938. https://doi.org/10.1176/appi.ajp.2019.18101180

Cecconi, J.O., Lopes, A.C., Duran, F.L., Sanots, L.C., Hoexter, M.Q., Gentil, A.F. et al. (2008). Gamma ventral capsulotomy for treatment of resistant obsessive-compulsive disorder: A structural MRI pilot prospective study. *Neuroscience Lettes, 447*, 138-142.

Clomipramine Collaborative Group. (1991). Clomipramine in the treatment of patients with obsessive-compulsive disorder. *Archives of General Psychiatry, 48*, 730–738.

Davis, M., Ressler, K., Rothbaum, B. O., & Richardson, R. (2006). Effects of d-cycloserine on extinction: translation from preclinical to clinical work. *Biological Psychiatry, 60*, 369-375.

Del Casale, A., Sorice, S., Padovano, A., Simmaco, M., Ferracuti, S., Lamis, D. A., Rapinesi, C., Sani, G., Girardi, P., Kotzalidis, G. D., & Pompili, M. (2019). Psychopharmacological Treatment of Obsessive-Compulsive Disorder (OCD). *Current neuropharmacology, 17*(8), 710–736.

Dehghan, B., Saeidimehr, S., Sayyah, M., & Rahim, F. (2022). The Effect of Virtual Reality on Emotional Response and Symptoms Provocation in Patients With OCD: A Systematic Review and Meta-Analysis. *Frontiers in psychiatry, 12*, 733584. https://doi.org/10.3389/fpsyt.2021.733584

Denys, D., Mantione, M., Figee, M., van den Munckhok, P., Koerselman, F., Westenberg, H. et al. (2010). Deep brain stimulation of the nucleus accumbens for treatment-refractory obsessive-compulsive disorder. *Archives of General Psychiatry, 67*(10), 1061-1068.

Denys, D., Graat, I., Mocking, R., de Koning, P., Vulink, N., Figee, M., Ooms, P., Mantione, M., van den Munckhof, P., & Schuurman, R. (2020). Efficacy of Deep Brain Stimulation of the Ventral Anterior Limb of the Internal

Capsule for Refractory Obsessive-Compulsive Disorder: A Clinical Cohort of 70 Patients. *The American journal of psychiatry, 177*(3), 265–271.

Dold, M., Aigner, M., Lanzenberger, R., & Kasper, S. (2015). Antipsychotic Augmentation of Serotonin Reuptake Inhibitors in Treatment-Resistant Obsessive-Compulsive Disorder: An Update Meta-Analysis of Double-Blind, Randomized, Placebo-Controlled Trials. *The international journal of neuropsychopharmacology, 18*(9), pyv047.

Dougherty, D.D. (2010). Deep brain stimulation. *Psychiatric Annals, 40*(10), 458-459.

Franklin, M. E., Abramowitz, J. S., Kozak, M. J., Levitt, J. T., & Foa, E. B. (2000). Effectiveness of exposure and ritual prevention for obsessive–compulsive disorder: Randomized compared with nonrandomized samples. *Journal of Consulting and Clinical Psychology*, 68, 594–602.

Figee, M., Mantione, M., van den Munckhof, P., Schuurman, R., & Denys, D. (2010). Targets for deep brain stimulation in obsessive-compulsive disorder. *Psychiatric Annals, 40*(10), 492-498.

Franklin, M. E., & Foa, E. B. (2008). Obsessive-compulsive disorder. In D. H. Barlow (Ed.), *Clinical handbook of psychological disorders (pp. 164-215)*. New York, NY: The Guilford Press.

Fregni, F., El-Hagrassy, M. M., Pacheco-Barrios, K., Carvalho, S., Leite, J., Simis, M., Brunelin, J., Nakamura-Palacios, E. M., Marangolo, P., Venkatasubramanian, G., San-Juan, D., Caumo, W., Bikson, M., Brunoni, A. R., & Neuromodulation Center Working Group (2021). Evidence-Based Guidelines and Secondary Meta-Analysis for the Use of Transcranial Direct Current Stimulation in Neurological and Psychiatric Disorders. *The international journal of neuropsychopharmacology, 24*(4), 256–313. https://doi.org/10.1093/ijnp/pyaa051

Foa, E. B., Liebowitz, M. R., Kozak, M. J., Davies, S., Campeas, R., . . . Tu, X. (2005). Randomized, placebo-controlled trial of exposure and ritual prevention, clomipramine, and their combination in the treatment of obsessive-compulsive disorder. *American Journal of Psychiatry*, 162, 151–161.

Geffken, G. R., Pincus, D. B., & Zelikovsky, N. (1999). Obsessive compulsive disorder in children and adolescents: review of background, assessment, and treatment. *Journal of Psychological Practice*, 5, 15–31.

Goodman, W.K., Foote, K.D., Greenberg, B.D., Ricciuti, N., Bauer, R., Ward, H. et al. (2010). Deep brain stimulation for intractable obsessive compulsive disorder: Pilot study using a blinded, staggered-onset design. *Biological Psychiatry, 67*, 535-542.

Goodman, W. K., Price, L. H., Rassmussen, S. A., Delgado, P. L., Heninger, G. R., & Charney, D. S. (1989). Efficacy of fluvoxamine in obsessive-compulsive disorder: a double-blind comparison with placebo. *Archives of General Psychiatry*, 46, 36–44.

Gowda, S. M., Narayanaswamy, J. C., Hazari, N., Bose, A., Chhabra, H.,

Balachander, S., Bhaskarapillai, B., Shivakumar, V., Venkatasubramanian, G., & Reddy, Y. C. J. (2019). Efficacy of pre-supplementary motor area transcranial direct current stimulation for treatment resistant obsessive compulsive disorder: A randomized, double blinded, sham controlled trial. *Brain stimulation, 12*(4), 922–929. https://doi.org/10.1016/j.brs.2019.02.005

Graziano, P., Callueng, C., & Geffken, G.. (2010). Cognitive-Behavioral Treatment of an 11-Year-Old Male Presenting With Emetophobia: A Case Study. *Clinical Case Studies, 9*, 411-425.

Greenberg, B.D., Malone, D.A., Friehs, G.M., Rezai, A.R., Kubu, C.S., Malloy, P.F. et al. (2006). Three-year outcomes in deep brain stimulation for highly resistant obsessive-compulsive disorder. *Neurpsychopharmacology, 31*, 2384-2393.

Greenberg, B.D., Rauch S.L., & Haber, S.N. (2010). Invasive circuitry-based neurotherapeutics: Stereotactic ablation and deep brain stimulation for OCD. *Neuropsychopharmacology, 35*, 317-336.

Greist, J. H., Chouinard, G., DuBoff ,E., Halaris, A., Kim, S. W., . . . Sikes, C. (1995) Double-blind parallel comparison of three dosages of sertraline and placebo in outpatients with obsessive-compulsive disorder. *Archives of General Psychiatry*, 52, 289–295.

Grover, S., Nguyen, J.A., Viswanathan, V. et al. (2021). High-frequency neuromodulation improves obsessive–compulsive behavior. *Nature Medicine, 27*, 232–238. https://doi.org/10.1038/s41591-020-01173-w

Guzick, A. G., McCabe, R. E., & Storch, E. A. (2021). A Review of Motivational Interviewing in Cognitive Behavioral Therapy for Obsessive-Compulsive Disorder. *Journal of Cognitive Psychotherapy, 35*(2), 116-132.

Haller, N., Senner, F., Hasan, A., Padberg, F., & Palm, U. (2020). Gamma transcranial alternating current stimulation (γtACS) in obsessive-compulsive disorder: a case report. *Fortschritte der Neurologie-Psychiatrie, 88*(6), 398–401. https://doi.org/10.1055/a-1149-9216

Haynes, W.I.A. & Mallet, L. (2010). High-frequency stimulation of deep brain structures in obsessive-compulsive disorder: The search for a valid circuit. *European Journal of Neuroscience, 32*, 1118-1127

Hofmann, S. G., Sawyer, A. T., Witt, A. A., & Oh, D. (2010). The effect of mindfulness-based therapy on anxiety and depression: A meta-analytic review. Journal of consulting and clinical psychology, 78(2), 169-183.Hoge, E. A., Bui, E., Marques, L., Metcalf, C. A., Morris, L. K., Robinaugh, D. J., ... & Simon, N. M. (2013). Randomized controlled trial of mindfulness meditation for generalized anxiety disorder: effects on anxiety and stress reactivity. The Journal of clinical psychiatry, 74(8), 786-792.

Hollander, E., Allen, A., Steiner, M., Wheadon, D. E., Oakes, R., Burnham, D. B., & Paroxetine OCD Study Group. (2003). Acute and long-term treatment and prevention of relapse of obsessive-compulsive disorder with paroxetine. *Journal of Clinical Psychiatry*, 64, 1113–1121.

Inozu, M., Celikcan, U., Akin, B., & Mustafaoğlu Cicek, N. (2020). The use of virtual reality (VR) exposure for reducing contamination fear and disgust: Can VR be an effective alternative exposure technique to in vivo? *Journal of Obsessive-Compulsive and Related Disorders, 25*, 100518. https://doi.org/10.1016/j.jocrd.2020.100518

Javaherirenani, R., Mortazavi, S. S., Shalbafan, M., Ashouri, A., & Farani, A. R. (2022). Virtual reality exposure and response prevention in the treatment of obsessive-compulsive disorder in patients with contamination subtype in comparison with in vivo exposure therapy: a randomized clinical controlled trial. *BMC psychiatry, 22*(1), 740. https://doi.org/10.1186/s12888-022-04402-3

Kammen, A., Cavaleri, J., Lam, J., Frank, A. C., Mason, X., Choi, W., Penn, M., Brasfield, K., Van Noppen, B., Murray, S. B., & Lee, D. J. (2022). Neuromodulation of OCD: A review of invasive and non-invasive methods. *Frontiers in neurology, 13*, 909264. https://doi.org/10.3389/fneur.2022.909264

Keeser, D., Meindl, T., Bor, J., Palm, U., Pogarell, O., Mulert, C., Brunelin, J., Möller, H. J., Reiser, M., & Padberg, F. (2011). Prefrontal transcranial direct current stimulation changes connectivity of resting-state networks during fMRI. *The Journal of neuroscience : the official journal of the Society for Neuroscience, 31*(43), 15284–15293. https://doi.org/10.1523/JNEUROSCI.0542-11.2011

Key, B.L., Rowa, K., Bieling, P., McCabe, R., & Pawluk, E.J. (2017). Mindfulness-based cognitive therapy as an augmentation treatment for obsessive-compulsive disorder. *Clinical Psychology & Psychotherapy, 24 (5)*, 1109-1120.

Khoury, B., Lecomte, T., Fortin, G., Masse, M., Therien, P., Bouchard, V., ... & Hofmann, S. G. (2013). Mindfulness-based therapy: A comprehensive meta-analysis. Clinical psychology review, 33(6), 763-771.

Kim, K., Kim, C., Kim, S., Roh, D., Kim, S (2009). Virtual reality for obsessive-compulsive disorder: past and the future. *Psychiatry Investig.; 6*, 115-21.

Klimke, A., Nitsche, M. A., Maurer, K., & Voss, U. (2016). Case Report: Successful Treatment of Therapy-Resistant OCD With Application of Transcranial Alternating Current Stimulation (tACS). *Brain stimulation, 9*(3), 463–465. https://doi.org/10.1016/j.brs.2016.03.005

Kondziolka, D., Flickinger, J.C., & Hudak, R. (2011). Results following gamma knife radiosurgical anterior capsulotomies for obsessive compulsive disorder. *Neurosurgery, 68*, 28-33.

Koran, L. M., Hanna, G. L., Hollander, E., Nestadt, G., Simpson, H. B., & American Psychiatric Association (2007). Practice guideline for the treatment of patients with obsessive-compulsive disorder. *The American journal of psychiatry, 164*(7 Suppl), 5–53.

Kuskner, M. G., Kim, S. W., Donahue, C., Thuras, P., Adson, D., . . . Foa, E. (2007). D-cycloserine augmented exposure therapy for obsessive-compulsive disorder. *Biological Psychiatry*, 62, 835-838.

Koppell, B.H. & Greenberg, B.D. (2008). Anatomy and physiology of the basal ganglia: Implications for DBS in psychiatry. *Neuroscience and Biobehavioral Reviews, 32*, 308-422.

Laforest, M., Bouchard, S., Crétu, A.-M., & Mesly, O. (2016). Inducing an anxiety response using a contaminated virtual environment: Validation of a therapeutic tool for obsessive–compulsive disorder. *Frontiers in ICT, 3*. https://doi.org/10.3389/fict.2016.00018

Lai, Y., Wang, T., Zhang, C., Lin, G., Voon, V., Chang, J., & Sun, B. (2020). Effectiveness and safety of neuroablation for severe and treatment-resistant obsessive-compulsive disorder: a systematic review and meta-analysis. *Journal of psychiatry & neuroscience : JPN, 45*(5), 356–369.

Leahy, R.L. & Holland, S.J. (2000). *Treatment Plans and Interventions for Depression and Anxiety Disorders, Volume 1*. New York, NY: Guilford Press.

Lopes, A.C., Greenberg, B.D., Noren, G., Canteras, M.M., Busatto, G.F., de Mathis, M.E. et al. (2009). Treatment of resistant obsessive-compulsive disorder with ventral capsular/ventral striatal gamma capsulotomoy: A pilot prospective study. *Journal of Neuropsychiatry and Clinical Neuroscience, 21*(4), 381-392.

Lusicic, A., Schruers, K. R., Pallanti, S., & Castle, D. J. (2018). Transcranial magnetic stimulation in the treatment of obsessive–compulsive disorder: current perspectives. *Neuropsychiatric Disease and Treatment*, 1721-1736.

Luyten, L., Hendrickx, S., Raymaekers, S., Gabriëls, L., & Nuttin, B. (2016). Electrical stimulation in the bed nucleus of the stria terminalis alleviates severe obsessive-compulsive disorder. Molecular psychiatry, 21(9), 1272–1280.

Mallet, L., Polosan, M., Jaafari, N., Baup, N., Welter, M., Fontaine, D. et al. (2008). Subthalamic nucleus stimulation in severe obsessive-compulsive disorder. *The New England Journal of Medicine, 359*(20), 2121-2134.

Maltby, N. & Tolin, D.F. (2005). A brief motivational intervention for treatment refusing OCD patients. *Cognitive Behaviour Therapy, 34*, 176-184.

Mantovani, A., Simpson, H.B., Fallon, B.A., & Rossi, S. (2009). Randomized sham-controlled trial of repetitive transcranial magnetic stimulation in treatment-resistant obsessive-compulsive disorder. *International Journal of Neuropsychopharmacology, 13*, 217-227.

Mantovani, A., Westin, G., & Hirsch, J. (2010). Functional magnetic resonance imaging guided transcranial magnetic stimulation in obsessive-compulsive disorder. *Biological Psychiatry, 67*, e39-e40.

McDougle, C. J., Epperson, C. N., Pelton, G. H., Wasylink, S., & Price, L. H. (2000). A double-blind, placebo-controlled study of risperidone addition in serotonin reuptake inhibitor-refractory obsessive-compulsive disorder. *Archives of general psychiatry, 57*(8), 794–801. https://doi.org/10.1001/archpsyc.57.8.794

Meyer, E., Souza, F., Heldt, E., Knapp, P., Cordioli, A., Shavitt, R.G.,& Leukefeld, C. (2010). A randomized clinical trial to examine enhancing cognitive-behavioral group therapy for obsessive-compulsive disorder with motivational interviewing and thought mapping. *Behav Cogn Psychotherapy, 38*, 319-336.

Mian, M.K., Campos, M., Sheth, S.A., & Eskandar, E.N. (2010). Deep brain stimulation for obsessive-compulsive disorder: Past, present, and future. *Neurosurgical Focus, 29*(2), E10-19.

Miller, W.R. (2006). Motivational factors in addictive behaviors. In W.R. Miller & K.M. Carroll (Eds.), *Rethinking substance abuse: what science shows, and what we should do about it* (pp. 143-150). New York: Guilford Press.

Miller, W.R. & Rollnick, S. (2002). *Motivational Interviewing* (2nd Ed.). New York: Guilford Press.

Montgomery, S. A., Kasper, S., Stein, D. J., Hedegaard, K., & Bang, L. O. M. (2001). Citalopram 20 mg, 40 mg and 60 mg are all effective and well tolerated compared with placebo in obsessive-compulsive disorder. *International Clinical Psychopharmacology*, 16, 75–86.

Najafi, K., Fakour, Y., Zarrabi, H., Heidarzadeh, A., Khalkhali, M., Yeganeh, T., Farahi, H., Rostamkhani, M., Najafi, T., Shabafroz, S., & Pakdaman, M. (2017). Efficacy of Transcranial Direct Current Stimulation in the Treatment: Resistant Patients who Suffer from Severe Obsessive-compulsive Disorder. *Indian journal of psychological medicine, 39*(5), 573–578. https://doi.org/10.4103/IJPSYM.IJPSYM_388_16

Norberg, M. M., Krystal, J. H., & Tolin, D. F. (2008). A meta-analysis of d-cycloserine and the facilitation of fear extinction and exposure therapy. *Biological Psychology*, 63, 1118-1126.

Perera, M. P. N., Mallawaarachchi, S., Miljevic, A., Bailey, N. W., Herring, S. E., & Fitzgerald, P. B. (2021). Repetitive Transcranial Magnetic Stimulation for Obsessive-Compulsive Disorder: A Meta-analysis of Randomized, Sham-Controlled Trials. *Biological psychiatry. Cognitive neuroscience and neuroimaging, 6*(10), 947–960.

Piacentini, J., Bergman, R. L., Keller, M., & McCracken, J. (2003). Functional impairment in children and adolescents with obsessive-compulsive disorder. *Journal of Child and Adolescent Psychopharmacology, 13S-1*, S61-S69.

Pepper, J., Zrinzo, L., & Hariz, M. (2019). Anterior capsulotomy for obsessive-compulsive disorder: A review of old and new literature. *Journal of Neurosurgery, 133*, 1595-1604.

Prasko, J., Paskova, B., Zalesky, R., Novak, T. et al. (2006). The effect of repetitive transcranial magnetic stimulation (rTMA) on symptom in obsessive compulsive disorder: A randomized, double blind, sham-controlled study. *Neuroendocrinology Letters, 27,* 327-332.

Rehn, S., Eslick, G. D., & Brakoulias, V. (2018). A Meta-Analysis of the Effectiveness of Different Cortical Targets Used in Repetitive Transcranial Magnetic Stimulation (rTMS) for the Treatment of Obsessive-Compulsive Disorder (OCD). *The Psychiatric quarterly, 89*(3), 645–665.

Rostami, R., Kazemi, R., Jabbari, A., Madani, A. S., Rostami, H., Taherpour, M. A., Molavi, P., Jaafari, N., Kuo, M. F., Vicario, C. M., Nitsche, M. A., & Salehinejad, M. A. (2020). Efficacy and clinical predictors of response to rTMS treatment in pharmacoresistant obsessive-compulsive disorder (OCD): a retrospective study. *BMC psychiatry, 20*(1), 372.

Roth, Y., Tendler, A., Arikan, M. K., Vidrine, R., Kent, D., Muir, O., MacMillan, C., Casuto, L., Grammer, G., Sauve, W., Tolin, K., Harvey, S., Borst, M., Rifkin, R., Sheth, M., Cornejo, B., Rodriguez, R., Shakir, S., Porter, T., Kim, D., … Zangen, A. (2021). Real-world efficacy of deep TMS for obsessive-compulsive disorder: Post-marketing data collected from twenty-two clinical sites. *Journal of psychiatric research, 137,* 667–672. https://doi.org/10.1016/j.jpsychires.2020.11.009

Roth, Y., Barnea-Ygael, N., Carmi, L., Storch, E. A., Tendler, A., & Zangen, A. (2020). Deep transcranial magnetic stimulation for obsessive-compulsive disorder is efficacious even in patients who failed multiple medications and CBT. *Psychiatry research, 290,* 113179. https://doi.org/10.1016/j.psychres.2020.113179

Ruck, C., Karlsson, A., Steele, D., Edman, G., Meyerson, B.A., Ericson, K. et al. (2008). Capsulotomy for obsessive-compulsive disorder: Long-term follow-up of 25 patients. *Archives of General Psychiatry, 65*(8), 914-922.

Sachdev, P.S., Loo, C.K., Mitchell, P.B., McFarquhar, T., & Malhi, G.S. (2007). Repetitive transcranial magnetic stimulation for the treatment of obsessive compulsive disorder: A double-blind controlled investigation. *Psychological Medicine, 37,* 1645-1649.

Sachdev, P.S., McBride, R., Loo, C.K., Mitchel, P.B. et al. (2001). Right versus left prefrontal transcranial magnetic stimulation for obsessive-compulsive disorder: A preliminary investigation. *Journal of Clinical Psychiatry,* 62(12), 981-984.

Segal ZV, Williams JMG, Teasdale JD: Mindfulness-Based Cognitive Therapy for Depression: A New Approach to Preventing Relapse. 2002, Guilford Press, New York, NY US

Selchen, S., Hawley, L.L., Regev, R. *et al.* Mindfulness-Based Cognitive Therapy for OCD: Stand-Alone and Post-CBT Augmentation Approaches. *J Cogn Ther* 11, 58–79 (2018). https://doi.org/10.1007/s41811-018-0003-3

Senova, S., Clair, A. H., Palfi, S., Yelnik, J., Domenech, P., & Mallet, L. (2019). Deep Brain Stimulation for Refractory Obsessive-Compulsive Disorder:

Towards an Individualized Approach. *Frontiers in psychiatry, 10*, 905. https://doi.org/10.3389/fpsyt.2019.00905

Shah, D.B., Pesiridou, A., Baltuch, G.H., Malone, D.A., & O'Reardon, J.P. (2008). Functional neurosurgery in the treatment of severe obsessive compulsive disorder and major depression: Overview of disease circuits and therapeutic targeting for the clinician. *Psychiatry, 5*(9), 24-33.

Simpson, H.B., Huppert, J.D., Petkova, E., Foa, E.B., & Liebowitz, M.R. (2006). Response versus remission in obsessive-compulsive disorder. *Journal of Clinical Psychiatry, 67*, 269-276

Simpson, H., Zuckoff, A., Page, J., Franklin, M., & Foa, E. (2008). Adding Motivational Interviewing to Exposure and Ritual Prevention for Obsessive-Compulsive Disorder: An Open Pilot Trial. *Cognitive Behavioral Therapy, 37*, 38-49.

Sookman, D., & Steketee, G. (2007). Directions in specialized cognitive behavior therapy for resistant obsessive-compusive disorder: theory and practice of two approaches. *Cognitive and Behavioral Practice, 14*, 1-17.

Storch, E. A., Geffken, G. R., Merlo, L. J., Mann, G., Duke, D., . . . Goodman, W. K. (2007a). Family-based cognitive-behavioral therapy for pediatric obsessive compulsive disorder: comparison of intensive and weekly approaches. *Journal of the American Academy of Child and Adolescent Psychiatry, 46*(4), 469-478.

Storch, E. A., Lehmkuhl, H. D., Geffken, G. R., Touchton, A., & Murphy, T. K. (2007). Aripiprazol augmentation of incomplete treatment response in an adolescent male with obsessive-compulsive disorder. *Depression and Anxiety, 0*, 1-3.

Storch, E. A., Merlo, L. J., Bengtson, M., Murphy, T. K., Lewis, M. H., . . . Goodman, W. K. (2007b). D-cycloserine does not enhance exposure-response prevention therapy in obsessive-compulsive disorder. *International Clinical Psychopharmacology, 22*(4), 230-237.

Storch, E. A., Mariaskin, A., & Murphy, T. K. (2009). Psychotherapy for obsessive-compulsive disorder. *Current Psychiatry Reports, 11*, 296-301.

Storch, E. A., Murphy, T. K., Goodman, W. K., Geffken, G. R., Lewin, A. B., . . . Geller, D. A. (2010). A preliminary study of d-cycloserine augmentation of cognitive-behavioral therapy in pediatric obsessive-compulsive disorder. *Biological Psychiatry, 68*, 1073-1076.

Thamby, A., & Jaisoorya, T. S. (2019). Antipsychotic augmentation in the treatment of obsessive-compulsive disorder. Indian journal of psychiatry, 61(Suppl 1), S51–S57. https://doi.org/10.4103/psychiatry.IndianJPsychiatry_519_18

The Pediatric OCD Treatment Study (POTS) Team. (2004). Cognitive-behavior therapy, sertraline, and their combination for children and adolescents with obsessive-compulsive disorder: the Pediatric OCD Treatment Study (POTS) Randomized Controlled Trial. *Journal of the American Medical Association*, 292(16), 1969-1976.

Tollefson, G. D., Rampey, A. H., Potvin, J. H., Jenike, M. A., Rush, A. J., . . . Genduso, L. A. (1994). A multicenter investigation of fixed dose fluoxetine in the treatment of obsessive-compulsive disorder. Archives of General Psychiatry, 51, 559–567.

Trevizol, A. P., Shiozawa, P., Cook, I. A., Sato, I. A., Kaku, C. B., Guimarães, F. B., ... & Cordeiro, Q. (2016). Transcranial magnetic stimulation for obsessive-compulsive disorder: an updated systematic review and meta-analysis. *The journal of ECT, 32*(4), 262-266.

van der Straten, A. L., Denys, D., & van Wingen, G. A. (2017). Impact of treatment on resting cerebral blood flow and metabolism in obsessive compulsive disorder: a meta-analysis. *Scientific reports, 7*(1), 17464. https://doi.org/10.1038/s41598-017-17593-7

van Loenen, I., Scholten, W., Muntingh, A., Smit, J., & Batelaan, N. (2022). The Effectiveness of Virtual Reality Exposure-Based Cognitive Behavioral Therapy for Severe Anxiety Disorders, Obsessive-Compulsive Disorder, and Posttraumatic Stress Disorder: Meta-analysis. *Journal of medical Internet research, 24*(2), e26736. https://doi.org/10.2196/26736

Walker, D. L., Ressler, K. J., Kwok-Tung, L., & Davis, M. (2002). Facilitation of conditioned fear extinction by systemic administration or intra-amygdala infusions of d-cycloserine as assessed with fear-potentiated startle in rats. *The Journal of Neuroscience*, 22(6), 2343-2351.

Westra, H.A. & Dozois, D.J. (2006). Preparing clients for cognitive behavioral therapy: a randomized pilot study of motivational interviewing for anxiety. *Cognitive Therapy and Research, 30,* 481-498.

Widge, A. S., Zhang, F., Gosai, A., Papadimitrou, G., Wilson-Braun, P., Tsintou, M., Palanivelu, S., Noecker, A. M., McIntyre, C. C., O'Donnell, L., McLaughlin, N. C. R., Greenberg, B. D., Makris, N., Dougherty, D. D., & Rathi, Y. (2022). Patient-specific connectomic models correlate with, but do not reliably predict, outcomes in deep brain stimulation for obsessive-compulsive disorder. *Neuropsychopharmacology : official publication of the American College of Neuropsychopharmacology, 47*(4), 965–972. https://doi.org/10.1038/s41386-021-01199-9

Wilhelm, S., Buhlmann, U., Tolin, D. F., Meunier, S. A., Peralson, G. D., . . . Rauch, S. L. (2008). Augmentation of behavior therapy with D-cycloserine for obsessive-compulsive disorder. *American Journal of Psychiatry*, 165, 335-341.

Zhou, D. D., Wang, W., Wang, G. M., Li, D. Q., & Kuang, L. (2017). An updated meta-analysis: Short-term therapeutic effects of repeated transcranial magnetic stimulation in treating obsessive-compulsive disorder. *Journal of affective disorders, 215*, 187–196.

Capítulo Diez

Hacia el futuro del tratamiento del TOC: algoritmos, atención basada en mediciones y tecnología

Nathan Fite[1], Natalia Urdinola, Alejandra Sandoval, Juliana Lozano, y Marcos E. Ochoa-Panaifo

En el cuidado de la salud conductual, donde las necesidades del paciente, la comprensión científica y los avances tecnológicos se intersectan constantemente, existe una necesidad urgente de sistemas y enfoques que puedan navegar esta confluencia de manera eficiente y ética. Esto es particularmente cierto en el tratamiento del Trastorno Obsesivo Compulsivo (TOC), donde los tratamientos disponibles involucran las complejidades de evaluar y cambiar tanto los comportamientos manifiestos como las cogniciones encubiertas, al mismo tiempo que integran enfoques biológicos que se dirigen directamente a la fisiopatología subyacente del trastorno. El TOC ha presentado históricamente desafíos significativos tanto para las personas que padecen la condición como para los profesionales de la salud. Esta complejidad se debe no solo a la frecuente coexistencia de múltiples comorbilidades junto con el TOC, sino también a las diversas modalidades de tratamiento disponibles, desde intervenciones biológicas como medicamentos, Estimulación Magnética Transcraneal (EMT) e infusiones de ketamina, hasta terapias psicológicas como terapias cognitivo-conductuales que integran la Exposición y Prevención de Respuestas (EPR) y la Terapia de Aceptación y Compromiso (ACT) (Abramowitz et al., 2018; Ost et al., 2022; van Roessel, 2023).

---

[1] La correspondencia relativa a este artículo debe dirigirse a Marcos Ochoa de ALTOC. E-mail: marcos.ochoa_03@hotmail.com

Este capítulo subraya la complejidad del tratamiento del TOC, enfatizando que lograr la remisión para muchos pacientes a menudo requiere múltiples enfoques. Aunque no existe un tratamiento perfecto singular, la combinación de intervenciones disponibles puede mejorar la calidad de vida de los pacientes y aumentar sus posibilidades de lograr el resultado deseado.

Nuestro objetivo es proporcionar un marco basado en evidencia para las clínicas, para ayudar a garantizar resultados óptimos para sus pacientes.

El TOC, con sus obsesiones y compulsiones características, a menudo causa estragos en las vidas de quienes lo padecen (Ost et al., 2022). A diferencia de los trastornos de ansiedad y depresión, los pacientes con TOC con frecuencia se encuentran en el rango grave del espectro del trastorno. En entornos clínicos, la gravedad pronunciada a menudo requiere intervenciones terapéuticas inmediatas y altamente individualizadas. Períodos prolongados de TOC grave no tratado o tratado de manera insuficiente no solo intensifican la morbilidad del paciente, sino que también aumentan exponencialmente los costos asociados con la atención médica. Las ineficiencias en la prestación de atención pueden llevar a un acceso reducido a tratamientos efectivos, lo que agrava aún más los gastos en atención médica y, lo más crítico, aumenta la angustia evitable del paciente (Drummond et al., 2011). En el contexto de la práctica clínica del TOC, consideramos que es una suposición necesaria que los pacientes tienen derecho a intervenciones terapéuticas oportunas y efectivas que se correspondan con la gravedad de su condición, comenzando con tratamientos mínimamente invasivos y avanzando, si es clínicamente indicado, hacia intervenciones más intensivas. Hemos encontrado que este enfoque estratificado sirve como una heurística ética útil en la toma de decisiones clínicas.

Históricamente, el tratamiento del TOC ha estado profundamente arraigado en la experiencia clínica. El cambio constante hacia la Atención Basada en la Medición (Measurement-Based Care – MBC, por sus siglas en inglés) señala una transición hacia enfoques más orientados a los datos, que optimizan la eficacia del tratamiento al hacer hincapié en el monitoreo de la sintomatología y las respuestas terapéuticas (Aboraya et al., 2018). El profesor Francis Lentz a menudo encapsulaba este sentimiento de manera adecuada al afirmar "Confía en tu madre; todos los demás necesitan datos". Como psicólogo conductual por formación, puedo atestiguar el papel indispensable de la recolección de datos de alta calidad para fomentar la responsabilidad en el tratamiento y realizar ajustes terapéuticos iterativos. A medida que la práctica de la psicología se cruza cada vez más con los avances tecnológicos como el aprendizaje automático y el análisis predictivo, existe la esperanza de una estratificación de riesgos más precisa y pautas para la selección de intervenciones tanto para pacientes como para clínicos. En el contexto del TOC, donde a menudo la gravedad requiere intervenciones inmediatas y personalizadas, creemos que el uso oportuno de estrategias informadas por datos ayudará a marcar la diferencia para muchos de nuestros pacientes más vulnerables que han sido dejados atrás por nuestro sistema de atención.

A medida que el campo se dirige hacia un modelo integrado que combina la sabiduría del juicio clínico tradicional con la precisión de la Atención Basada en la Medición (MBC) y la previsibilidad de los algoritmos de tratamiento, nos emociona la próxima generación de atención. Este capítulo está dedicado a comprender cómo estos principios, basados en modelos de tratamiento basados en el valor, pueden allanar el camino para un viaje más brillante y esperanzador para los pacientes con TOC. Concluimos presentando un algoritmo integrado para tomar decisiones sobre el tratamiento del TOC, basado en las mejores prácticas actuales, y un estudio de caso que ilustra el uso de ese modelo de tratamiento.

Manejo del Trastorno Obsesivo Compulsivo (TOC)

El manejo del Trastorno Obsesivo Compulsivo (TOC) es un esfuerzo multifacético que a menudo requiere una combinación de métodos adaptados a las necesidades individuales de cada persona. Inicialmente, es crucial formar y mantener una alianza terapéutica y educar al paciente (American Psychiatric Association, 2007), seguido por intervenciones psicológicas y/o farmacológicas. Para aquellos con TOC resistente al tratamiento de primera línea, se consideran la neuromodulación y la neurocirugía. Otros métodos alternativos han recibido atención, pero requieren más evidencia (Stein et al., 2019).

Aunque los principios fundamentales para el manejo del TOC están bien establecidos, la adaptación individual es fundamental. Por ejemplo, las condiciones comórbidas como la depresión podrían responder a las farmacoterapias primarias para el TOC, mientras que otras como el trastorno bipolar podrían requerir intervenciones complementarias. A pesar del uso de enfoques terapéuticos similares a lo largo de la vida, las adaptaciones específicas también son esenciales, especialmente para pacientes más jóvenes (Abramowitz et al., 2018). Un análisis detallado sobre este tema es extenso y va más allá del alcance de este resumen, pero el concepto de "flexibilidad dentro de la fidelidad" (Kendall, 2021) debe aplicarse a cada paciente que tratamos: la adaptación de intervenciones nomotéticas a nuestros pacientes individuales. A continuación, ofrecemos una visión general de los elementos más comunes del tratamiento para el TOC.

Psicoeducación

Comprender el propio trastorno puede brindar un alivio significativo. La psicoeducación abarca la comunicación efectiva de diversos aspectos para hacer frente a una enfermedad a los pacientes y sus familiares. Esto les ayuda a comprender el impacto de la enfermedad y les permite apoyar tanto al paciente como a los proveedores de tratamiento en el proceso de tratamiento. Existen evidencias de que la psicoeducación mejora los resultados para las personas que lidian con problemas de salud mental y una amplia gama de condiciones médicas (Balon et al., 2017). Barreras como la falta de conciencia sobre el TOC, la vergüenza por los síntomas o la ansiedad por la exposición a estímulos desencadenantes pueden provocar retrasos en la búsqueda de tratamiento. Los pacientes y sus familiares a menudo se benefician al aprender que el TOC es una condición relativamente común sobre la cual estamos progresivamente aprendiendo más, y que los tratamientos efectivos pueden disminuir los síntomas y mejorar la Calidad de Vida (Balon et al., 2017). Abordar preocupaciones como el estigma social, los prejuicios y la posible influencia negativa de personas cercanas, especialmente en términos de las adaptaciones familiares al TOC, es esencial para el éxito del tratamiento (Durna et al., 2019).

Involucrar a pacientes con una percepción limitada puede ser especialmente desafiante. El uso de técnicas de entrevista motivacional puede ser efectivo en estos casos (Meyer et al., 2012). Estas estrategias se centran en empatizar con la situación del paciente, sopesar los beneficios y desventajas de los síntomas y discutir los pros y contras de mitigar los síntomas. Construir la confianza es fundamental. Colaborar con grupos de defensa puede contrarrestar la estigmatización y aumentar la alfabetización en salud. Organizaciones reconocidas en este ámbito incluyen la International OCD Foundation (IOCDF) y la Asociación de Ansiedad y Depresión de América (ADAA).

Psicoterapia

La Terapia Cognitivo-Conductual (TCC) se destaca como el método psicoterapéutico basado en evidencia de primera línea para el TOC, mostrando una mejoría significativa en los síntomas tanto en poblaciones adultas como pediátricas (Ost et al., 2022). Compuesta por reevaluación cognitiva e intervención conductual, la TCC utiliza la Exposición y Prevención de Respuestas (ERP) como tratamiento psicológico preferido. Integrar aspectos cognitivos con la EPR, como discutir las consecuencias temidas y abordar creencias disfuncionales, puede mejorar su efectividad y hacerla menos intimidante, especialmente para aquellos que están preocupados por la exposición (Law & Boisseau, 2019).

Tanto las modalidades individuales como las grupales de TCC, ya sea en persona o a través de plataformas digitales, han demostrado eficacia (Pinciotti et al., 2022). Vale la pena destacar que los resultados favorables de la terapia están estrechamente relacionados con la adherencia consistente de los pacientes a diversas tareas, como participar en ejercicios de EPR en casa, junto con otros factores como la administración de la EPR y aspectos relacionados con el terapeuta dentro del proceso de EPR (Law & Boisseau, 2019).

Dada su eficacia y la falta de posibles efectos secundarios negativos, la TCC debería ser el punto de partida del tratamiento para el TOC, especialmente si se alinea con las preferencias del paciente, es proporcionada por profesionales capacitados y en ausencia de condiciones que requieran medicamentos. Aunque la TCC generalmente ha mostrado resultados superiores en comparación con las terapias farmacológicas, es importante considerar factores como las comorbilidades, la gravedad del TOC, los efectos placebo en los ensayos de medicamentos y el hecho de que muchos ensayos de TCC involucran a pacientes en dosis consistentes de ISRS (Ost et al., 2022; Hirschtritt et al., 2017). La TCC intensiva también ha mostrado promesas, tanto para aquellos resistentes al tratamiento como tratamiento primario (Kvale et al., 2018).

Farmacoterapia

La farmacoterapia también puede iniciar el tratamiento del TOC, especialmente si es preferida por el paciente o debido a la falta de acceso a la TCC. Los inhibidores selectivos de la recaptación de serotonina (ISRS) son la elección primaria debido a su eficacia, seguridad, tolerabilidad y bajo potencial de abuso (Locher et al., 2017). Por lo general, el tratamiento del TOC requiere dosis más altas de ISRS en comparación con otros trastornos de ansiedad o depresión. Sin embargo, aunque las dosis más altas pueden proporcionar mejores resultados, también aumentan la probabilidad de efectos secundarios negativos (Albert, 2019). Por lo tanto, evaluar continuamente los efectos secundarios de los ISRS es esencial para determinar las dosis óptimas para los pacientes. Aunque la eficacia de diferentes ISRS parece similar, sus efectos secundarios pueden variar, lo que influye en la elección del medicamento (Del Casale et al., 2019).

La clomipramina, un inhibidor de la recaptación de serotonina y noradrenalina no específico, también es efectiva para el TOC (van Roessel et al., 2023). Aunque estudios comparativos directos entre la clomipramina y los ISRS han mostrado resultados similares, los ISRS a menudo son preferidos debido a su perfil más seguro, especialmente para el uso a largo plazo. Se recomienda un período de prueba de 8-12 semanas para evaluar la eficacia de los ISRS (Vijaya et al., 2019). Sin embargo, algunos estudios muestran una mejora significativa de los síntomas dentro de las dos primeras semanas del tratamiento con ISRS, con la mayoría de las mejoras realizadas al principio del tratamiento (Issari et al., 2016; Del Casale et al., 2019). Después de alcanzar la remisión, se recomienda un tratamiento continuo de 12-24 meses, aunque puede ser necesario un tratamiento prolongado para muchos debido al riesgo de recaída después de la interrupción del medicamento (Batelaan et al., 2017; Beaulieu et al., 2019).

Resistencia al tratamiento

La resistencia al tratamiento en el TOC es una preocupación apremiante. Alrededor de la mitad de todos los pacientes con TOC tratados con un tratamiento de primera línea, como la TCC o los ISRS, no experimentan un alivio completo de los síntomas. Esto podría ser aún mayor en escenarios del mundo real o ensayos clínicos con criterios más amplios (Abramowitz, 2018). Se cree que varios factores contribuyen a esta resistencia, incluidos factores genéticos, condiciones psiquiátricas comórbidas y la gravedad de la presentación del TOC. Se han vinculado diversos marcadores clínicos con una mala respuesta al tratamiento, desde pensamientos obsesivos más pronunciados hasta la presencia de condiciones comórbidas (Chen et al., 2023).

Abordar la resistencia al tratamiento a menudo requiere un enfoque multimodal. Aunque la TCC y los ISRS en monoterapia pueden ser efectivos para muchos, algunos pueden beneficiarse de una combinación de ambos (Abramowitz, 2018). Además, estrategias como cambiar entre diferentes ISRS, aumentar la dosis más allá de los niveles recomendados o probar un inhibidor de la recaptación de serotonina y noradrenalina también han mostrado promesas (van Roessel et al., 2023). La adición de antipsicóticos como Risperidona y Aripiprazol ha demostrado eficacia, aunque es esencial un monitoreo cuidadoso debido a los posibles efectos adversos.

El potencial de los medicamentos glutamatérgicos para abordar la resistencia al tratamiento también ha sido un punto focal. Agentes como la N-acetilcisteína y la memantina han sido especialmente prometedores. La investigación indica que, para aquellos con TOC resistente al tratamiento, la adición de medicamentos glutamatérgicos a los ISRS puede ser segura y efectiva (Fatemeh et al., 2021).

Terapias Avanzadas: Neuromodulación y Neurocirugía

Para pacientes que no responden a tratamientos estándar, las terapias avanzadas pueden ser un rayo de esperanza. La neuromodulación, que implica la alteración de la actividad nerviosa a través de la entrega dirigida de un estímulo, ha mostrado promesas (Kammen et al., 2022). Las técnicas incluyen la Estimulación Transcraneal de Corriente Continua (tDCS), la Estimulación Magnética Transcraneal Repetitiva (rTMS) y la Estimulación Cerebral Profunda (Deep Brain Stimulation, DBS, por sus siglas en inglés). Mientras que la tDCS y la rTMS son no invasivas, la DBS requiere intervención neuroquirúrgica. La tDCS ha mostrado promesas en estudios iniciales, modulando la actividad cerebral a través de una corriente débil aplicada en el cuero cabelludo. La rTMS tiene una base de evidencia más sólida, con ensayos clínicos que indican eficacia en el tratamiento del TOC, especialmente cuando se enfoca en regiones como la corteza motora suplementaria y la corteza prefrontal dorsolateral (Carmi et al., 2019).

Por otro lado, la DBS se reserva para los casos más graves y resistentes al tratamiento. Al implantar un electrodo, se puede activar la circuitaría neural cercana. Las áreas estriatales, como el núcleo accumbens y la cápsula interna del lóbulo frontal, han sido blancos comunes. A pesar de los riesgos asociados, los beneficios para personas gravemente afectadas pueden ser transformadores (Wu et al., 2021). La neurocirugía ablativa sigue siendo una opción de último recurso. Técnicas como la capsulotomía, la cingulotomía anterior y la leucotomía límbica han sido utilizadas. Aunque son efectivas para algunos, su naturaleza irreversible y los posibles efectos secundarios las convierten en una opción reservada (Martina et al., 2022).

Tratamiento de mantenimiento

El mantenimiento a largo plazo es crucial para muchos pacientes con TOC para prevenir recaídas de los síntomas. Aunque alcanzar la remisión de los síntomas durante el tratamiento es un hito significativo, asegurar que este alivio se mantenga es igualmente vital. Para aquellos que están en medicación, los tratamientos de mantenimiento a menudo implican la continuación de la farmacoterapia, posiblemente a dosis reducidas, para asegurar el manejo de los síntomas (Abramowitz et al., 2018). Las consultas regulares con los proveedores de atención médica son esenciales para monitorear cualquier efecto secundario potencial del uso prolongado de medicamentos y hacer los ajustes necesarios.

Además, las sesiones de refuerzo de la TCC también pueden desempeñar un papel crucial en el mantenimiento. Estas sesiones pueden ayudar a los pacientes a repasar técnicas y estrategias, ayudándoles a enfrentar posibles recaídas o nuevos desencadenantes de estrés. Es esencial reconocer que el viaje del tratamiento para el TOC suele ser a largo plazo y un enfoque combinado de farmacoterapia y psicoterapia puede ofrecer las mejores posibilidades para el manejo sostenido de los síntomas (Hirschtritt et al., 2017).

Un enfoque algorítmico para el tratamiento del TOC

El viaje para entender y manejar el TOC ha sido iluminador pero también lleno de desafíos. El cuerpo existente de conocimiento, aunque extenso, a menudo lucha con hallazgos inconsistentes, especialmente en los estudios de imágenes que a menudo provienen de proyectos aislados y de un solo sitio con tamaños de muestra limitados (Sprooten et al., 2017). Esta inconsistencia puede atribuirse potencialmente a disparidades en las selecciones de muestra o diferencias en las metodologías de imágenes. Sin embargo, incluso cuando consideramos las anormalidades cerebrales reconocidas, surge una pregunta crucial: ¿estas anormalidades son el resultado de los síntomas del TOC o actúan realmente como desencadenantes?

Más allá de estos desafíos científicos, los matices prácticos para diagnosticar el TOC son igualmente difíciles. La realidad es que este trastorno a menudo permanece oculto en entornos clínicos convencionales, principalmente porque los profesionales de la salud mental o médicos no logran identificar los síntomas o porque los pacientes, por diversas razones, se abstienen de divulgarlos. Esta falta de diagnóstico, o el diagnóstico frecuentemente erróneo, puede resultar en tratamientos inadecuados u oportunidades terapéuticas perdidas (Van Ameringen et al., 2017). La excesiva dependencia de los informes de los pacientes, dada la naturaleza subjetiva del trastorno, subraya la necesidad apremiante de herramientas de diagnóstico objetivas y confiables. Enfoques como la imagenología avanzada, tareas neurocognitivas o el prometedor campo de la tecnología de detección pasiva podrían ofrecer conocimientos más definitivos, cerrando así las brechas diagnósticas.

La eficacia de los tratamientos de primera línea, aunque notable, aún presenta un dilema. La TCC y los ISRS, aunque son tratamientos bien establecidos, ofrecen alivio completo de los síntomas solo a alrededor de la mitad de las personas tratadas (Abramowitz et al., 2018; Hirschtritt et al., 2017). Sumado a esto, la disparidad en el acceso global a este tipo de atención basada en evidencia, especialmente la TCC, acentúa aún más el problema. Esta distribución desigual de la atención señala una necesidad urgente de explorar medios tecnológicos, potencialmente aprovechando el poder de la salud digital, para democratizar el acceso.

Un enfoque algorítmico para el tratamiento del TOC podría desempeñar un papel transformador en medio de estas complejidades de cuatro maneras. Primero, **consolidando el conocimiento existente**. Esta estrategia asimilaría nuestra comprensión más profunda y basada en evidencia del TOC. Va más allá de la intuición individual del clínico, asegurando que el tratamiento dispensado se alinee con un protocolo estandarizado, universalmente aceptado.

La segunda transformación sería promover la **flexibilidad inherente en el tratamiento.** Un algoritmo, aunque estructurado, no sería rígido. Reconocería si y cuando las metodologías tradicionales no están funcionando y se orientaría hacia modalidades emergentes como moduladores de glutamato, cannabinoides o psicoterapias de vanguardia.

El tercer medio sería ayudar al campo a **evolucionar hacia la psiquiatría de precisión**. Este enfoque actuaría como un catalizador, acercándonos a la atención altamente personalizada. Al aprovechar las firmas objetivas del comportamiento y biológicas y entrelazar estos datos en el régimen de tratamiento, los clínicos pueden personalizar los tratamientos, asegurando la mayor probabilidad de eficacia.

Finalmente, un modelo de tratamiento algorítmico promovería la **relevancia global**. Dada la colaboración continua entre varios sitios expertos de TOC en múltiples países, es evidente que un enfoque universal armonizado para comprender y tratar el TOC es el futuro. Un algoritmo, por lo tanto, serviría como una guía globalmente pertinente, siendo lo suficientemente maleable como para adaptarse a contextos culturales y regionales distintos.

En resumen, un enfoque algorítmico en el tratamiento y manejo del TOC podría agilizar, optimizar y elevar el viaje del tratamiento. Al ofrecer una hoja de ruta estructurada pero adaptable, este enfoque puede asegurar que los pacientes a nivel mundial reciban atención conforme a la comprensión más reciente y científicamente respaldada. Tal algoritmo, respaldado por investigaciones continuas y colaboración internacional, podría ser el faro de esperanza para innumerables personas que luchan contra el TOC.

Algoritmo de tratamiento del TOC

A continuación, presentamos un algoritmo de tratamiento cuidadosamente elaborado, adaptado de Stein y sus colegas (2019), fundamentado en tratamientos de primera línea y delineando un enfoque sistemático que debe seguirse cuando las intervenciones iniciales no producen los resultados esperados (ver Figura 1). Es importante tener en cuenta que este algoritmo está especialmente diseñado para facilitar resultados positivos en personas con TOC refractario, reconociendo la singularidad y complejidad inherentes en cada caso.

Ilustramos la aplicación práctica de este algoritmo guiándote a través de un ejemplo de caso detallado. Este ejercicio ofrecerá perspectivas sobre las diversas etapas y puntos de decisión dentro del algoritmo, brindando una demostración concreta de cómo este modelo puede ser fundamental para mejorar la eficacia y precisión de las estrategias de tratamiento del TOC. Después del estudio de caso, se presentará una representación visual en forma de un diagrama de flujo, delineando el proceso de toma de decisiones para destacar el potencial del algoritmo como una herramienta dinámica y adaptable en el panorama en evolución del tratamiento del TOC.

Al dorso:
Figura 1. Algoritmo de tratamiento propuesto para el trastorno obsesivo-compulsivo. EPR = exposición y prevención de respuesta, ISRS= inhibidores selectivos de la recaptación de serotonina, IRSN = inhibidor de la recaptación de serotonina y norepinefrina, ASG = antipsicóticos de segunda generación, EMT= estimulación magnética transcraneal, MOG = moduladores orales de glutamato

Diagnóstico de TOC

Tratamientos de primera línea

Identificar comorbilidades

EPR

Recomendado cuando

- Cuando EPR está disponible por el proveedor.
- El paciente prefiere la EPR a la medicación
- El paciente tiene comorbilidades (ej: depresión mayor).
- El paciente está motivado para la terapia
- TOC pediátrico

Recomendaciones

- TOC leve - Sesión semanal de 90 minutos
- TOC moderado - Sesiones de 90 minutos dos veces por semana
- TOC severo - Sesiones de 90 minutos tres o más veces por semana

ISRS

Recomendado cuando

- El paciente prefiere la medicación a la EPR
- El paciente no puede participar en la terapia
- El paciente tiene comorbilidades significativas (ej: trastorno bipolar)

Recomendaciones

- Dosis máxima recomendada o tolerada
- Ciclo de al menos 8 semanas
- Elija el fármaco según el mejor perfil de efectos secundarios para el paciente

Buena respuesta → Mantenimiento

Respuesta inadecuada → Combinar ISRS

Respuesta Inadecuada → Combinar EPR / EPR no disponible

Buena Respuesta → Mantenimiento

Mover a opciones de tratamiento que no sean de primera línea

Cambiar ISRS

- Segunda ISRS
- Clomipramina
- IRSN

Aumentar ISRS

- ASG
- EMT Profunda
- Infusión de Ketamina
- Moduladores de glutamato

Si la respuesta es inadecuada

- Considere tratamiento residencial
- Considere neurocirugía (incluyendo DBS) o capsulotomía

328

Caso práctico: El camino de Alejandro hacia la recuperación
Un enfoque guiado por algoritmos en el Anxiety Treament Center
(Centro de tratamiento de ansiedad)

Alejandro, de 28 años, fue referido al Anxiety Treament Center después de un período de hospitalización en un hospital psiquiátrico de Cincinnati. Su queja principal eran pensamientos intrusivos de hacer daño sexualmente, lo que resultó en su hospitalización anterior. Esta narrativa ilustra cómo un algoritmo guiado clínicamente puede guiar sistemáticamente las decisiones de tratamiento, avanzando desde intervenciones menos invasivas hasta intervenciones más intensivas para casos complejos de TOC (ver Figura 2).

Fase 1: Evaluación exhaustiva
Al ingreso, Alejandro fue evaluado exhaustivamente mediante una entrevista neuropsiquiátrica estructurada. Tenía antecedentes de haber tomado dos ISRS distintos, fluvoxamina y sertralina, durante períodos prolongados sin un alivio notable de los síntomas. Las intervenciones terapéuticas previas incluían exposición y prevención de respuesta (EPR) administradas a razón de 45 minutos semanales. Además, el perfil de salud mental de Alejandro incluía depresión, acentuada por ideación suicida. La administración del Y-BOCS proporcionó una perspectiva cuantitativa indicativa de síntomas profundos de TOC, con una puntuación de 37.

Fase 2: Sentar las bases con recomendaciones sobre algoritmos
El equipo de tratamiento se basó en un algoritmo basado en pruebas para elaborar un plan claro:

1) **EPR intensificada:** La recomendación inicial del algoritmo fue reforzar la estrategia no farmacológica. En consecuencia, las sesiones de EPR de Alejandro se ampliaron a 90 minutos y se programaron cinco veces por semana para optimizar la exposición terapéutica.

2) **Transición de medicación:** Reconociendo la ineficacia de los ISRS previos, el algoritmo apuntó hacia la clomipramina, un antidepresivo tricíclico. Con ello se esperaba abordar los síntomas primarios de TOC de Alejandro y las alteraciones secundarias del sueño.

Para supervisar los hitos y cambios terapéuticos, se registraron periódicamente los progresos de Alejandro. Esto fue facilitado por el software especializado de la clínica que proporciona una evaluación holística, integrando métricas psiquiátricas y sociales. El estado depresivo se evaluó además mediante el PHQ-9.

Fase 3: Perfeccionamiento del enfoque con la retroalimentación del algoritmo
Tras cuatro semanas del régimen terapéutico reforzado, se produjo una modesta reducción del 20 % en los síntomas de Alejandro. Interpretando esta información, el algoritmo proporcionó nuevas directrices:

3) **Inclusión de antipsicóticos de segunda generación:** Para mejorar la respuesta terapéutica, se incorporó al régimen el Aripiprazol, elegido por su eficacia documentada y su perfil de efectos secundarios manejable.

4) **Ajuste d las sesiones de EPR:** A la octava semana, a pesar de la diligente adherencia de Alejandro a la terapia, su puntuación Y-BOCS presentaba sólo una reducción del 25 %. Esto llevó al algoritmo a recomendar una revisión de la intensidad de la EPR, centrándose en un enfoque manejable y a largo plazo.

Fase 4: Transición a las técnicas intensivas
Con la orientación estructurada del algoritmo, el tratamiento gravitó hacia intervenciones más intensivas:

5) **Introducción a la EMT profunda:** La Estimulación Magnética Transcraneal Profunda (EMT Profunda) se identificó como un potencial cambio de juego. Alejandro se sometió a 36 sesiones de este procedimiento no invasivo, diseñado para tratar específicamente los síntomas residuales del TOC y las manifestaciones depresivas. Se combinó armoniosamente con sesiones quincenales de EPR para mantener la continuidad de la terapia.

Conclusiones
A lo largo de 17 semanas, el tratamiento de Alejandro, basado en la orientación estructurada de un algoritmo basado en la evidencia, culminó con una mejora significativa de la puntuación Y-BOCS de 13 y una puntuación PHQ-9 de 6. Este enfoque estructurado demostró la utilidad de las intervenciones sistemáticas que

evolucionan en función de la respuesta del paciente. La continuidad de la mejora se confirmó durante el seguimiento a los seis y doce meses.

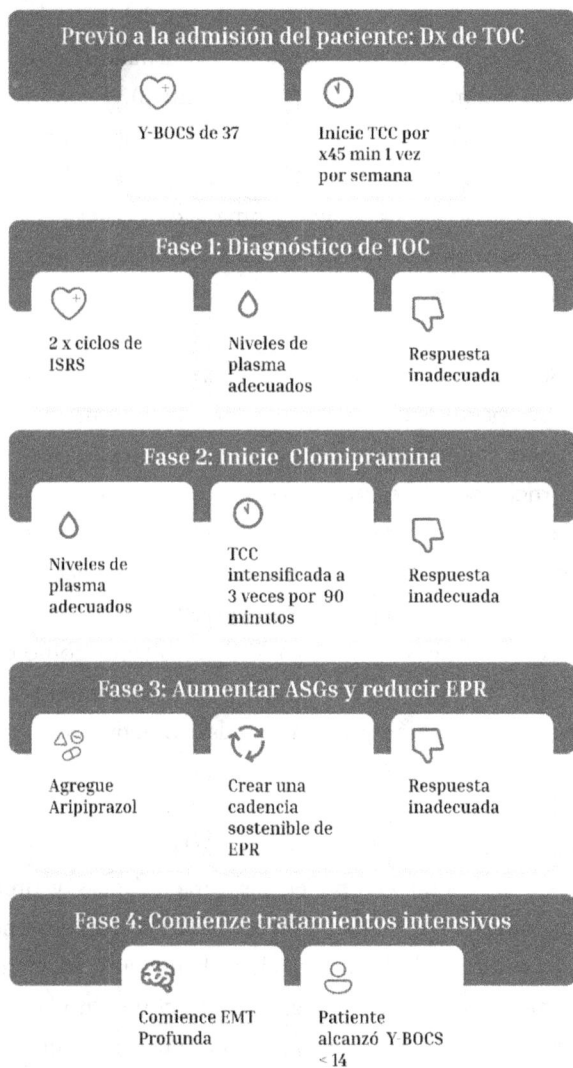

Figura 2. Diagrama de flujo del tratamiento de Alejandro. Y-BOCS = Escala de Yale-Brown para el trastorno obsesivo compulsivo, EPR = exposición y prevención de respuesta, ISRS = inhibidores selectivos de la recaptación de serotonina, EMT = estimulación magnética transcraneal

Atención basada en la medición (MBC): no se puede arreglar lo que no se conoce

En los últimos años, los avances en el tratamiento del TOC han trascendido los límites de las disciplinas individuales, salvando las distancias entre la psiquiatría, la psicología y la neuroestimulación (Burchi et al, 2018). Entre estas metodologías innovadoras se encuentra la aplicación de la Atención Basada en la Medición (MBC) para guiar la trayectoria de la intervención terapéutica. Esta orientación está especialmente adaptada a los psicólogos, enmarcada por la experiencia de Jessica Barber y Sandra G. Resnick, que han defendido la aplicación práctica de la MBC en el contexto de la salud mental.

El MBC mejora la atención a la salud mental mediante la evaluación periódica y sistemática de las perspectivas del paciente sobre sus síntomas y su funcionamiento. Este método ofrece un enfoque dinámico y en tiempo real del tratamiento, garantizando la participación integral del paciente en su proceso asistencial. El núcleo de la MBC es la recopilación sistemática de las opiniones de los pacientes, su intercambio inmediato y su combinación con el juicio clínico del proveedor para orientar la dirección del tratamiento (Boswell et al., 2023). Aunque comparte similitudes tanto con el seguimiento rutinario de resultados como con la evaluación de programas, el MBC destaca por fomentar cambios en tiempo real en tratamientos individuales, y sus datos también pueden impulsar objetivos organizativos como la mejora de la calidad.

Un elemento central de la MBC es la integración de la investigación con la experiencia clínica, centrándose al mismo tiempo en las características y preferencias de los pacientes. Cuando se aplica de forma coherente, la MBC mejora notablemente los resultados de los pacientes. No sólo produce beneficios en la reducción de los síntomas, especialmente para aquellos identificados como "no en la pista", sino que también da lugar a una mayor satisfacción del paciente, y un compromiso más profundo en el tratamiento y permite a los médicos refinar adaptativamente las estrategias de tratamiento (Jensen-Doss, 2020). Dada su naturaleza iterativa e impulsada por la retroalimentación, la MBC es particularmente adecuada para implementar un proceso de tratamiento algorítmico, especialmente en condiciones desafiantes como el TOC. La recopilación metódica de datos intrínseca a la MBC puede alimentar poderosamente estos algoritmos, garantizando que el tratamiento no se base únicamente en pruebas previas, sino que también se adapte en tiempo real a las necesidades cambiantes del paciente, lo que la hace especialmente potente para el tratamiento del TOC.

La base de la MBC descansa en la utilización continua y sistemática de medidas de resultados comunicados por los pacientes (PROM) para informar y modificar las decisiones de tratamiento de forma colaborativa. Representa una evolución significativa de los juicios clínicos intuitivos más tradicionales a un enfoque objetivo basado en datos que permite intervenciones más personalizadas (Gelkopf et al., 2022). El objetivo final sigue siendo inquebrantable: optimizar los resultados que tienen un eco significativo en los pacientes. Comprender los matices del MBC, especialmente en el contexto del TOC, requiere una mirada exhaustiva a sus tres procesos centrales: Recopilar, Compartir y Actuar. La guía subsiguiente (véase la Figura 3) ofrece una guía para integrar este modelo en el tratamiento del TOC, encapsulando conocimientos de psicología, psiquiatría y neuroestimulación (Barber & Resnick, 2022).

1. Recopilar
Empiece explicando al paciente el proceso de la MBC, estableciendo paralelismos con las evaluaciones médicas rutinarias, como las constantes vitales. Al presentar la MBC, haga hincapié en que no se trata de sustituir las evaluaciones tradicionales, sino de enriquecerlas. Discutir las medidas seleccionadas, explicando su relevancia para los síntomas del TOC y los objetivos del paciente. Asegúrese de que el paciente comprende la frecuencia de estas evaluaciones, la protección de sus datos y las personas que tienen acceso a sus respuestas. Esta transparencia fomenta la confianza y estimula la participación del paciente.

2. Compartir
Una vez recopilados los datos, entable un diálogo bidireccional con el paciente. Ilustre sus progresos mediante puntuaciones totales y profundice en puntuaciones específicas, subrayando las áreas de mejora y de atención continuada. Es fundamental hacer coincidir los datos objetivos con la experiencia subjetiva del paciente, rectificando cualquier desajuste. Esta concordancia no sólo refuerza la alianza

terapéutica, sino que también garantiza que las intervenciones se ajusten con precisión a las necesidades del paciente.

3. Actuar

Con los datos en la mano, revise en colaboración la trayectoria del tratamiento, examinando si hay una mejora notable, un estancamiento o un deterioro. Entablar un debate con el paciente, contemplando posibles modificaciones del tratamiento. Aquí es donde la integración de la psicología, la psiquiatría y la neuroestimulación puede marcar la diferencia. Por ejemplo, aunque las intervenciones cognitivo-conductuales pueden servir de base, algunos pacientes podrían beneficiarse de mejoras farmacológicas o incluso de modalidades de neuroestimulación como la estimulación magnética transcraneal. Cada sugerencia o ajuste debe estar respaldado por una justificación clara que utilice el algoritmo y la ruta de datos individual. De este modo se garantiza que el paciente siga participando activamente en el proceso de toma de decisiones.

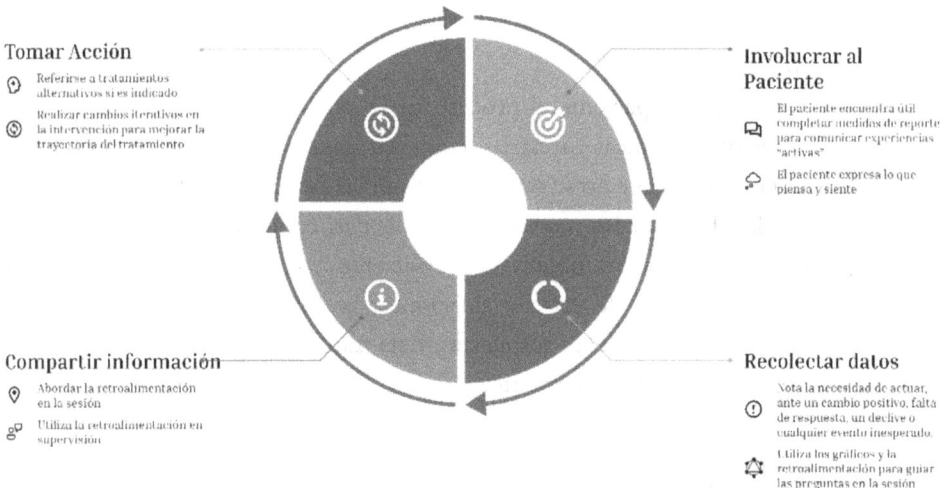

Figura 3. Procesos básicos de la atención basada en la medición (MBC)

En el siempre cambiante panorama del tratamiento del TOC, la incorporación del Fenotipo Cognitivo Basado en Máquinas (Machine-Based Cognitive Phenotyping-

MBCP, por sus siglas en inglés) supone un cambio innovador. No se trata simplemente de una capa adicional de evaluación, sino que encarna un enfoque integral. Al combinar datos cuantitativos, experiencias individuales e investigación acumulada de diversos campos como la psicología, la psiquiatría y la neuroestimulación, este enfoque guía a los pacientes a través de tratamientos meticulosamente adaptados a sus necesidades específicas. Esta integración no sólo aumenta la eficacia, sino que también añade un toque personalizado, mejorando significativamente el recorrido terapéutico de las personas que combaten el TOC. De cara al futuro, la integración del fenotipado digital, impulsado por el aprendizaje automático, anuncia una nueva era en la atención de precisión.

Al recopilar datos de forma pasiva a partir de dispositivos electrónicos personales, proporciona información profunda sobre los patrones de comportamiento de los pacientes y el uso de los dispositivos. Esta información puede transformar los métodos de diagnóstico, permitir tratamientos individualizados, facilitar el seguimiento en tiempo real e incluso anticipar posibles recaídas. La fusión perfecta de la MBCP y el fenotipado digital no sólo reconfigura nuestra comprensión del TOC, sino que también revoluciona nuestro enfoque de su tratamiento, marcando el comienzo de un periodo de intervenciones terapéuticas personalizadas, eficaces y con capacidad de respuesta.

Futuras direcciones en el tratamiento del TOC: Aprovechamiento del fenotipado digital y el aprendizaje automático en la toma de decisiones clínicas

Transformación digital y atención de precision

Las modalidades tradicionales de tratamiento del TOC se han centrado a menudo en las terapias cognitivo-conductuales y la medicación, que son tratamientos maravillosos. Sin embargo, con la llegada del aprendizaje automático y la revolución digital surge un horizonte prometedor para la gestión del tratamiento del TOC con un mayor grado de precisión (Huckvale et al., 2016). El fenotipado digital, la recopilación pasiva de datos de dispositivos electrónicos personales, podría ser estratégico para el conocimiento individualizado de los pacientes, ya que puede utilizarse para refinar los procesos de diagnóstico, adaptar los tratamientos, monitorizar los progresos, identificar signos tempranos de recaída y diseñar modelos de intervención. (Montag y Quintana, 2023).

Para una persona con TOC, los patrones de comportamiento, el uso de aplicaciones e incluso el contenido escrito pueden proporcionar información sobre la gravedad de las obsesiones o compulsiones. Por ejemplo, un aumento en el uso de motores de búsqueda en torno a una obsesión específica o un patrón repetitivo en la apertura de aplicaciones podría indicar un repunte en la gravedad de los síntomas. Con las enormes cantidades de datos que pueden recopilarse de forma pasiva, los algoritmos de aprendizaje automático pueden entrenarse para detectar estos patrones y predecir posibles brotes o recaídas en el estado del paciente. Este seguimiento en tiempo real puede ayudar a intervenir precozmente, ajustar las modalidades de tratamiento y proporcionar al paciente información instantánea (Dwyer et. al., 2018).

Las intervenciones digitales, como las aplicaciones diseñadas específicamente para el tratamiento del TOC, pueden personalizarse a partir de la fenotipificación digital. Una aplicación puede proporcionar ejercicios de TCC cuando predice un posible brote o puede ofrecer ejercicios de atención plena cuando está presente un determinado factor estresante (detectado a través de los patrones de uso del teléfono). Además, gracias a la capacidad del aprendizaje automático para procesar grandes conjuntos de datos, la combinación de datos globales de múltiples pacientes con TOC puede ayudar a perfeccionar los algoritmos de tratamiento (Koppe et al., 2021). A través de esta sinergia de datos, podemos avanzar hacia un enfoque de tratamiento más basado en la precisión, maximizando la eficacia en los resultados y el coste. Por ejemplo, los patrones observados en miles de pacientes antes de una recaída pueden informar al algoritmo de la aplicación para predecir e intervenir mejor en posibles recaídas en el futuro.

Cuestiones éticas en el fenotipado digital
Sin embargo, por muy prometedora que sea esta frontera digital, no está exenta de preocupaciones éticas, especialmente en torno a la privacidad. Los datos de los pacientes, especialmente los psiquiátricos, son profundamente personales. La recogida pasiva de estos datos puede resultar invasiva para muchos, y siempre existe la amenaza de que se produzcan filtraciones de datos. Es fundamental que estas intervenciones garanticen un cifrado de extremo a extremo y políticas transparentes

de uso de los datos. Además, la interpretación de estos datos es igualmente crucial (McCradden et al., 2023). Los falsos positivos, en los que los algoritmos predicen un brote que no se produce, podrían provocar estrés o intervenciones médicas innecesarias. Por otro lado, los falsos negativos, en los que no se predice una reagudización, podrían conducir a una falta de intervención médica necesaria.

Conclusiones

Aunque la intersección del tratamiento del TOC basado en algoritmos, el fenotipado digital y el aprendizaje automático presenta una vía innovadora para mejorar los resultados de los pacientes, su recorrido está plagado de retos que es necesario abordar. Sin embargo, si se navega con cuidado y transparencia, manteniendo siempre el interés superior del paciente en el corazón, esta vía promete un futuro en el que el tratamiento del TOC no es sólo reactivo, sino proactivo, personalizado y altamente eficaz.

References

Aboraya, A., Nasrallah, H., Elswick, D., Elshazly, A., Estephan, N., Aboraya, D., Berzingi, S., Chumbers, J., Berzingi, S., Justice, J., Zafar, J. and Dohar, S. (2018). Measurement-based care in psychiatry: Past, present, and future. *Innovations in Clinical Neuroscience, 15*(11-12), 13-26.

Abramowitz, J. S., Blakey, S. M., Reuman, L., & Buchholz, J. L. (2018). New Directions in the cognitive-behavioral treatment of OCD: Theory, research, and practice. *Behavior Therapy, 49*(3), 311–322.

Albert, U., Marazziti, D., Di Salvo, G., Solia, F., Rosso, G., & Maina, G. (2019). A systematic review of evidence-based treatment strategies for obsessive-compulsive disorder resistant to first-line pharmacotherapy. *Current Medicinal Chemistry, 25*(41), 5647–5661.

American Psychiatric Association, APA. (2007). *Treating Obsessive Compulsive Disorder: A Quick Reference Guide.* Retrieved from https://psychiatryonline.org/pb/assets/raw/sitewide/practice_guidelines/ guidelines/ocd-guide-1410457187493.pdf on October 6, 2023.

Balon, R., Motlova, L. B., Beresin, E. V., Brenner, A. M., Coverdale, J. H., Guerrero, A. P. S., Louie, A. K., & Roberts, L. W. (2017). Psychoeducation as an opportunity for patients, psychiatrists, and psychiatric educators: Why do we ignore it? *Academic Psychiatry, 41*(4), 447–451.

Barber, J., & Resnick, S. G. (2022). Collect, Share, Act: A transtheoretical clinical model for doing Measurement-Based Care in mental health treatment. *Psychological Services*, 10.1037/ser0000629. Advance online publication.

Batelaan, N. M., Bosman, R. C., Muntingh, A., Scholten, W. D., Huijbregts, K. M., & van Balkom, A. J. (2017). Risk of relapse after antidepressant discontinuation in anxiety disorders, obsessive-compulsive disorder, and post-traumatic stress disorder: Systematic review and meta-analysis of Relapse Prevention Trials. *BMJ (Clinical research ed.), 358*, j3927.

Beaulieu, A., Tabasky, E., & Osser, D. (2019). The psychopharmacology algorithm project at the Harvard South Shore Program: An algorithm for adults with obsessive-compulsive disorder. *Psychiatry Research, 281*.

Boschen, M. J., Drummond, L. M., Pillay, A., & Morton, K. (2010). Predicting outcome of treatment for severe, treatment resistant OCD in inpatient and community settings. *Journal of Behavior Therapy and Experimental Psychiatry, 41*(2), 90–95.

Boswell, J. F., Hepner, K. A., Lysell, K., Rothrock, N. E., Bott, N., Childs, A. W., Douglas, S., Owings-Fonner, N., Wright, C. V., Stephens, K. A., Bard, D. E., Aajmain, S., & Bobbitt, B. L. (2022). The need for a Measurement-

Based Care professional practice guideline. *Psychotherapy*. Advance online publication.

Burchi, E., Hollander, E., & Pallanti, S. (2018). From treatment response to recovery: A realistic goal in OCD. *International Journal of Neuropsychopharmacology*, *21*(11), 1007–1013.

Carmi, L., Tendler, A., Bystritsky, A., Hollander, E., Blumberger, D.M., Daskalakis, J., Ward, H., Lapidus, K., Goodman, W., Casuto, L., Feifel, D., Barnea-Ygael, N., Roth, Y., Zangen, A., & Zohar, J. (2022). Efficacy and safety of Deep Transcranial Magnetic Stimulation for Obsessive-Compulsive Disorder: A prospective multicenter randomized double-blind placebo-controlled trial. *FOCUS*, *20*(1), 152–159.

Chen, L. L., Naesström, M., Halvorsen, M., Fytagoridis, A., Mataix-Cols, D., Rück, C., Crowley, J.J., & Pascal, D. (2023). Genomics of severe and treatment-resistant Obsessive-Compulsive Disorder treated with Deep Brain Stimulation: A Preliminary Investigation. *medRxiv : the preprint server for health sciences*, 2023.04.15.23288623.

Del Casale, A., Sorice, S., Padovano, A., Simmaco, M., Ferracuti, S., Lamis, D. A., Rapinesi, C., Sani, G., Girardi, P., Kotzalidis, G. D., & Pompili, M. (2019). Psychopharmacological treatment of obsessive-compulsive disorder (OCD). *Current Neuropharmacology*, *17*(8), 710–736.

Drummond, L., Kham Hameed, A., Ion, R. (2011). Physical complications of severe enduring obsessive-compulsive disorder. *World Psychiatry*, 10(2), 154.

Dwyer, D.B., Falkai, P., & Koutsouleris, N. (2018). Machine learning approaches for clinical psychology and psychiatry. *Annual Review of Clinical Psychology*, *7(14)*, 91-118.

Durna, G., Yorulmaz, O., & Aktaç, A. (2019). Public stigma of obsessive compulsive disorder and schizophrenic disorder: Is there really any difference? *Psychiatry Research*, *271*, 559–564.

Hadi, F., Kashefinejad, S., Kamalzadeh, L., Hoobehfekr, S., &Shalbafan, M. (2021). Glutamatergic medications as adjunctive therapy for moderate to severe obsessive-compulsive disorder in adults: a systematic review and meta-analysis. *BMC Pharmacology and Toxicology*, *22*(1), 1–11.

Gelkopf, M., Mazor, Y., & Roe, D. (2022). A systematic review of patient-reported outcome measurement (PROM) and provider assessment in mental health: goals, implementation, setting, measurement characteristics and barriers. *International Journal for Quality in Health Care, 34*, 13–27.

Hirschtritt, M. E., Bloch, M. H., & Mathews, C. A. (2017). Obsessive-compulsive disorder: Advances in diagnosis and treatment. *JAMA, 317(*13),

Huckvale, K., Venkatesh, S., & Christensen, H. (2019). Toward clinical digital phenotyping: a timely opportunity to consider purpose, quality, and safety. *npj Digital Medicine, 2*, 88.

Jensen-Doss, A., Douglas, S., Phillips, D. A., Gencdur, O., Zalman, A., & Gomez, N. E. (2020). Measurement-based care as a practice improvement tool: Clinical and organizational applications in youth mental health. *Evidence-Based Practice in Child and Adolescent Mental Health, 5*(3), 233–250.

Kammen, A., Cavaleri, J., Lam, J., Frank, A. C., Mason, X., Choi, W., Penn, M., Brasfield, K., Van Noppen, B., Murray, S. B., & Lee, D. J. (2022). Neuromodulation of OCD: A review of invasive and non-invasive methods. *Frontiers in Neurology, 13.*

Kendall, P.C. (2021). *Flexibility within fidelity: Breathing life into a treatment manual.* Oxford, UK: Oxford University Press.

Koppe, G., Meyer-Lindenberg, A. & Durstewitz, D. Deep learning for small and big data in psychiatry. *Neuropsychopharmacol.* 46, 176–190 (2021).

Kvale, G., Hansen, B., Björgvinsson, T., Børtveit, T., Kristen, H., Haseth, S., Kristensen, U., Launes, G., Ressler, K., Solem, S., Strand, A., Van den Heuvel, O., & Öst, L. (2018). Successfully treating 90 patients with obsessive compulsive disorder in eight days: the Bergen 4-day treatment. *BMC Psychiatry 18*, 323.

Law, C. and Boisseau, C. (2019). Exposure and Response Prevention in the treatment of Obsessive-Compulsive Disorder: Current perspectives. *Psychological Research and Behavior Management, 12,* 1167–1174.

Locher, C., Koechlin, H., Zion, S. R., Werner, C., Pine, D. S., Kirsch, I., Kessler, R. C., & Kossowsky, J. (2017). Efficacy and safety of Selective Serotonin Reuptake Inhibitors, Serotonin-Norepinephrine Reuptake Inhibitors, and Placebo for common psychiatric disorders among children and adolescents: A Systematic teview and meta-analysis. *JAMA Psychiatry, 74*(10), 1011–1020.

Mustroph, M.L., Cosgrove, G.R., & Williams, Z.M. (2022). The evolution of modern ablative surgery for the treatment of Obsessive-Compulsive and Major Depression Disorders. *Frontiers in Integrative Neuroscience, 16.*

McCradden, M., Buchman, D. Z., & Hui, K. (2023). Evidence, ethics and the promise of artificial intelligence in psychiatry. *Journal of Medical Ethics, 49*(8), 573–579.

Meyer, E., Shavitt, R.G., Leukefeld, C., Heldt, E., Souza, F.P., Knapp, P. & Cordioli. (2010). Adding motivational interviewing and thought mapping to cognitive-behavioral group therapy: results from a randomized clinical trial (Adicionando a entrevista motivacional e o mapeamento cognitivo à terapia cognitivo-comportamental em grupo: resultados de um ensaio clínico randomizado.) *Brazilian Journal of Psychiatry, 32*(1), 20–29.

Montag, C., & Quintana, D. S. (2023). Digital phenotyping in molecular psychiatry—a missed opportunity? *Molecular Psychiatry, 28*(1), 6–9.

340

Öst, L.-G., Enebrink, P., Finnes, A., Ghaderi, A., Havnen, A., Kvale, G., Salomonsson, S., & Wergeland, G. J. (2022a). Cognitive behavior therapy for obsessive-compulsive disorder in routine clinical care: A systematic review and meta-analysis. *Behaviour Research and Therapy. 159.*

Pinciotti, C. M., Bulkes, N. Z., Horvath, G., & Riemann, B. C. (2022). Efficacy of intensive CBT telehealth for obsessive-compulsive disorder during the COVID-19 pandemic. *Journal of Obsessive-Compulsive and Related Disorders, 32.*

Pittenger, C. (2020). Brain and Behavior Based Strategies in the Treatment of OCD [Webinar]. *Brain & Behavior Research Foundation.* https://www.bbrfoundation.org/event/brain-and-behavior-based-strategies-treatment-ocd

Stein, D., Costa, D., Lochner, C., Miguel, E., Reddy, J., Shavitt, R., Van Der Heuvel, O. and Simpson, B. (2019). Obsessive-Compulsive Disorder. *Nat Rev Dis Primers, 5*(1), 52.

Sprooten, E., Rasgon, A., Goodman, M., Carlin, A., Leibu, E., Lee, W. H., & Frangou, S. (2017). Addressing reverse inference in psychiatric neuroimaging: Meta-analyses of task-related brain activation in common mental disorders. *Human Brain Mapping, 38*(4), 1846–1864.

Van Ameringen, M., Turna, J., Khalesi, Z., Pullia, K., & Patterson, B. (2017). There is an app for that! the current state of Mobile Applications (Apps) for DSM-5 obsessive-compulsive disorder, posttraumatic stress disorder, anxiety and mood disorders. *Depression and Anxiety, 34*(6), 526–539.

van Roessel, P. J., Grassi, G., Aboujaoude, E. N., Menchón, J. M., Van Ameringen, M., & Rodríguez, C. I. (2023). Treatment-resistant OCD: Pharmacotherapies in adults. *Comprehensive Psychiatry, 120.*

Kotapati, V. P., Khan, A. M., Dar, S., Begum, G., Bachu, R., Adnan, M., Zubair, A., & Ahmed, R. A. (2019). The Effectiveness of Selective Serotonin Reuptake Inhibitors for Treatment of Obsessive-Compulsive Disorder in Adolescents and Children: A Systematic Review and Meta-Analysis. *Frontiers in psychiatry, 10,* 523.

Wu, H., Hariz, M., Visser-Vandewalle, V., Zrinzo, L., Coenen, V. A., Sheth, S. A., Bervoets, C., Naesström, M., Blomstedt, P., Coyne, T., Hamani, C., Slavin, K., Krauss, J. K., Kahl, K. G., Taira, T., Zhang, C., Sun, B., Toda, H., Schlaepfer, T., … Nuttin, B. (2021). Deep brain stimulation for refractory obsessive-compulsive disorder (OCD): emerging or established therapy? *Molecular Psychiatry, 26*(1), 60–65.

Capítulo Once

TOC en Latinoamérica: Una revisión

Alvaro Flores-Garcia[1], Tania L. Barbieri, Andres González-Galera, Yaravi Peña Domínguez, Matías I. Jensen, Itzel Marín-Tenorio, Ambar Nuñez, y Sary Torres-Rioseco

En este capítulo se abordan diversos factores relacionados al trastorno obsesivo compulsivo (TOC) en Latinoamérica. También, se destaca porqué solo una parte de la población accede a tratamientos especializados en salud mental y cómo la cultura, las creencias y la religión, entre otras cosas, pueden ser tanto factores que ayuden al tratamiento, como factores de riesgo para el afectado con TOC.

Pese a todas las limitantes que puede tener la población latinoamericana para acceder a tratamientos y sus profesionales a formación en las terapias de primera línea para el tratamiento del TOC; se encuentran en la región algunos centros de atención y formación que dan servicios de atención en salud mental de una manera seria y responsable con psicólogos y psiquiatras altamente familiarizados con las terapias basadas en evidencia tanto psicológicas como farmacológicas. Finalmente, se destacan algunos relatos de personas que se han recuperado del TOC producto de terapia especializada haciendo énfasis en la importancia de una detección temprana y la posibilidad de acceder a un tratamiento específico basado en evidencia.

Prevalencia del TOC en Latinoamérica

Los esfuerzos para conocer más sobre las causas, presentación y tratamiento del TOC han sido realizados primordialmente en países de habla inglesa. Lamentablemente, en Latinoamérica la investigación y desarrollo de tratamientos efectivos es escasa, aislada y de muy bajo impacto a nivel mundial. No obstante, existen algunos estudios

---

[1] La correspondencia relativa a este artículo debe dirigirse a Álvaro Flores de ALTOC. E-mail: alvaromfloresgarcia@gmail.com

que nos permiten hacernos una idea de las cifras respecto a cómo se presenta el TOC en la región.

En términos de prevalencia, el TOC tiende a presentar valores similares a través de las distintas poblaciones. La mayoría de los estudios muestra una prevalencia a lo largo de la vida de entre un 1 a 3,5 % (Mathes et al., 2019). En Latinoamérica de hecho existen estudios consistentes con dichos números. En un estudio de salud mental realizado en la ciudad de Medellín, Colombia, Torres et al (2019) reportaron una prevalencia a lo largo de la vida de 2,6 %, en México el Instituto Nacional de Psiquiatría reportó una prevalencia de 2,3 % en una muestra comunitaria de 3,086 pacientes (Caraveo et al., 1999) y en Brasil, Scholl et al (2017) reportaron un 3,9 % en una muestra de 1,081 individuos provenientes de tres centros de salud primaria. Muchas veces las diferencias metodológicas generan diferencias significativas entre un estudio y otro. Sin embargo, no contamos con estudios de prevalencia comparativa entre países latinoamericanos recogidos con una misma metodología.

Además de las diferencias metodológicas, es posible que existan factores sociales, culturales o económicos que puedan explicar dichas diferencias internas en la prevalencia reportada entre países y que además son menos frecuentes en el mundo anglosajón. Por ejemplo, el estudio de Navarro-Mancilla (2011) encontró una mayor prevalencia de TOC en estudiantes escolares (niños y adolescentes) que trabajaban para aportar económicamente en el hogar que aquellos que no, especialmente en mujeres.

Otro factor que ha recibido muy poca atención en la literatura ha sido el rol que la religión puede tener en la presentación de los síntomas obsesivo-compulsivos en comunidades latinas. La rica y especial interacción entre catolicismo y creencias religiosas prehispánicas ha generado un sincretismo cultural único, el cual puede ser evidenciado también en los síntomas de pacientes con diagnóstico TOC. En este sentido, la evidencia mayormente es anecdótica y representa un rico espacio de mejora para terapeutas e investigadores, para lo que podría ser la generación de mejores prácticas a la hora de adaptar el tratamiento cognitivo conductual y el diseño de la terapia de exposición con prevención de respuesta.

Características clínicas del TOC en Latinoamérica

En salud mental, los factores psicosociales pueden afectar los comportamientos biológicos y psicológicos. Los síntomas dependen de los diferentes estados de adaptación al contexto; es decir, según el entorno ambiental de la persona (Casullo, 2004). Tomando esto en cuenta, para poder determinar las diferencias en las características clínicas del TOC en Latinoamérica, es necesario promover investigaciones en las cuales se establezcan relaciones entre variables sociales y culturales (Beaglehole, Bonita y Kjellstrom, 1994; Friedman, 1975).

A pesar de las escasas investigaciones realizadas respecto al contenido de los síntomas obsesivos del TOC en regiones latinas, se ha obtenido información relevante (Wetterneck et al., 2012). Estos resultados sugieren que existe un predominio en temas de contaminación, simetría y obsesiones sexuales, así como las compulsiones de lavarse, revisarse, limpiarse y repetirse (Chavira et al., 2008; Fontenelle et al., 2004; Nicolini et al., 1997; Petribu & Bastos, 1997). Asimismo, los hallazgos de la investigación epidemiológica internacional indican diferencias en la sintomatología del TOC entre las poblaciones latina y caucásica, particularmente en el contenido de las obsesiones, lo que puede deberse a influencias socioculturales (Chavira et al., 2008; Fontenelle et al., 2004). Por ejemplo, los costarricenses tienen una puntuación más alta en obsesiones somáticas y de contaminación, mientras que los brasileños tienen una puntuación más alta en obsesiones religiosas y agresivas (Chavira et al., 2008; Fontenelle et al., 2004). Una muestra mexicana de 27 pacientes con TOC de un rango de edad de 17 a 49 años realizado en el Instituto Mexicano de Psiquiatría durante el periodo de septiembre de 1990 a noviembre de 1991 (Nicolini, et. al, 1992), arrojó que las obsesiones más comunes eran primeramente las de contaminación, siguiendo las obsesiones sexuales, varias, religiosa, simetría, peligro y por último las de agresión.

Es importante considerar a la población latina para futuras investigaciones, y tomar en cuenta que la presentación de síntomas obsesivos puede variar de acuerdo con cada subgrupo latino debido a sus características sociales y culturales como se mencionó anteriormente. Por lo tanto, no se pueden sacar conclusiones sustanciales sin más investigación, por lo que surge la necesidad de explorar más a fondo estos temas y avanzar hacia el desarrollo de evaluaciones étnicas apropiadas.

Ante este panorama nos enfrentamos a la disyuntiva entre establecer una caracterización del trastorno obsesivo compulsivo en América Latina, misma que defina las particularidades e incidencias de las principales obsesiones asociadas, o enfocar nuestros esfuerzos en identificar al diagnosticar la estructura y el ciclo del TOC, prestando poca o nula atención al contenido de las obsesiones y fortaleciendo el tratamiento terapéutico, ya que se corre el riesgo de caer en una generalización simple, y más aún cuando sabemos que las obsesiones son tan diversas como la población de la región latinoamericana y del mundo.

Barreras para el diagnóstico y tratamiento del TOC en Latinoamérica

Una de las principales barreras que dificultan el diagnóstico y tratamiento adecuado del TOC en Latinoamérica es el acceso limitado a servicios de salud mental especializados. Se estima que solo una pequeña parte de las personas que requieren atención acuden a servicios de salud mental en Latinoamérica, entre el 13 y 40 % dependiendo del país (Kohn y Levav, 2009). Existen diversos factores que influyen en este problema, los cuales pueden estar asociados a variables conductuales, sociales y estructurales (González et al., 2016).

González et al (2016) encontraron que la decisión de buscar atención en salud mental dependía en gran parte de factores comportamentales; sin embargo, estos se veían influenciados por la falta de información o información distorsionada respecto a los tratamientos. Además, las barreras geográficas y financieras también influyeron considerablemente en el acceso a servicios de salud mental (Kohn y Levav, 2009; González et al., 2016). Por ejemplo, tener menores ingresos se asoció con mayor necesidad de atención psicológica/psiquiátrica y menor probabilidad de acudir a un servicio de salud mental en países como Brasil, Chile y Colombia (Kohn y Levav, 2009).

Incluso las personas que logran acceder a un servicio de salud mental se encuentran con otro grave problema. Si bien los tratamientos de primera línea recomendados para el TOC son la medicación con inhibidores selectivos de la recaptación de serotonina (ISRS) y la exposición con prevención de respuesta (EPR); no todos los afectados por TOC reciben un tratamiento adecuado. Esto se debe probablemente a la escasez de profesionales capacitados para el tratamiento. Brakoulias et al. (2019) evaluaron a 7340 participantes atendidos en 19 centros especializados de 15 países, entre ellos: Argentina, Brasil y México. Las tasas encontradas indicaron que una gran cantidad pacientes que eran referidos a centros especializados no estaban recibiendo tratamientos de primera línea para el TOC, específicamente la EPR (solo un 31.5 %). Incluso se concluyó que, mientras que, en la mayoría de los países evaluados, la terapia psicológica más utilizada era la EPR; en México y Sudamérica se reportó un mayor uso de la terapia psicodinámica en el tratamiento del TOC (Brakoulias et al., 2019).

Una posible explicación se podría encontrar en la barrera del lenguaje, ya que gran parte de la literatura sobre psicología basada en evidencia no se encuentra disponible en español. Por otro lado, aplicar terapias basadas en evidencia implica estar en constante actualización y capacitación; además de realizar modificaciones constantes (y a veces radicales) en la forma de hacer psicoterapia y realizar documentaciones rigurosas respecto a los avances y resultados de las intervenciones. Todo esto requiere de grandes inversiones de tiempo y dinero, ya sea por parte los mismos profesionales como por parte del gobierno (Martínez-Taboas, 2014). La investigación en este tema sugiere que las políticas gubernamentales juegan un papel muy importante en el tratamiento que reciben las personas con TOC (Brakoulias, et al., 2016). El problema es que gran parte los países latinoamericanos carecen del presupuesto requerido para realizar los cambios necesarios (Henao et al., 2009; Martínez-Taboas, 2014). Por ejemplo, en lugares como Australia, Alemania, España y Reino Unido se reportó que la EPR era subsidiada por el gobierno; mientras que en Latinoamérica esto no ocurre (Brakoulias, et al., 2019).

En síntesis, el acceso limitado a los servicios de salud mental especializados es una grave barrera para el diagnóstico y tratamiento adecuado del TOC en Latinoamérica. Es necesario abordar con un enfoque integral y colaborativo los diversos factores sociales, económicos, geográficos y políticos que mantienen esta problemática. Específicamente, como profesionales de la salud mental es nuestro deber continuar actualizándonos y capacitándonos para brindar cada vez servicios de mejor calidad y basados en evidencia para el tratamiento del TOC. Además de promover la divulgación de información científica sobre el TOC en las poblaciones más vulnerables.

Abordaje cultural del TOC en Latinoamérica

Latinoamérica es una región diversa en términos de cultura y creencias, con una mezcla de influencias indígenas, europeas y africanas. Las creencias tradicionales, los valores religiosos y las prácticas culturales juegan un papel importante en la vida cotidiana de las personas. Estas creencias pueden tener un impacto significativo en la percepción del TOC y su tratamiento. El abordaje del TOC en la población latinoamericana debe tener en cuenta la influencia cultural y religiosa, las creencias sobre la salud mental y el apoyo familiar y comunitario.

Influencia cultural y religiosa: Una parte de la población latinoamericana considera los síntomas del TOC y de las enfermedades mentales en general como producto de fuerzas espirituales o sobrenaturales. Términos como "los nervios", "pérdida del alma", "susto", "embrujo", "mal de ojo", "malos aires", "chucaque", etc. (Berenzon Gorn et al., 2001; Bernal García, 2010) son utilizados para referirse a problemas que se asemejan a la ansiedad, depresión y presencia de obsesiones y compulsiones. Asimismo, la mayoría de la población latinoamericana es creyente de alguna religión, especialmente del catolicismo.

Esto hace que pueda haber mayor vulnerabilidad a presentar TOC, ya que la literatura muestra que puntuaciones más altas de religiosidad/espiritualidad e ideación mágica se suele asociar con un aumento de rasgos obsesivo-compulsivos. De igual forma, algunos estudios muestran que quienes practican la religión católica pueden tener un mayor riesgo de TOC y una mayor gravedad en los síntomas (Nicolini et al., 2017). La fuerte influencia religiosa o sobrenatural en Latinoamérica puede llevar a enfoques de tratamiento basados en prácticas religiosas o espirituales, haciendo que algunas personas opten por acudir a curanderos, chamanes o líderes religiosos en lugar de buscar ayuda profesional en el ámbito de la salud mental, por lo que un enfoque terapéutico adaptado a la cultura latinoamericana debería considerar el trabajo en conjunto con líderes religiosos o espirituales para facilitar la adherencia al tratamiento.

Creencias sobre la salud mental: en Latinoamérica existe una tendencia a minimizar o estigmatizar los trastornos mentales, incluido el TOC. Las personas con TOC pueden enfrentar barreras para buscar ayuda debido al temor al estigma social y a la falta de comprensión sobre la naturaleza del trastorno. Por ejemplo, un estudio realizado en Colombia encontró que solamente 3 de cada 10 personas que reportaron haber tenido algún problema de salud mental solicitaron atención especializada y 6 de cada 10 personas no consultaron porque consideraron que «no era necesario consultar», «descuido» o «no querer asistir», respuestas relacionadas con posible estigma, miedo y desconocimiento (Gonzales et al., 2016). De igual forma, otro estudio realizado en Chile mostró que "el miedo al diagnóstico" y "lo que otros pudieran pensar", junto con "los problemas se resuelven solos", "el tratamiento no ayudará" y "puedo resolver los problemas por mí mismo", fueron argumentos utilizados para no solicitar ayuda a proveedores de salud mental (Vicente et al., 2005). Además, un estudio que buscaba medir la prevalencia de TOC en una muestra mexicana halló que únicamente el 8 % de todos los casos de TOC encuestados buscaron ayuda, y aquellos que no tuvieron comorbilidad psiquiátrica no buscaron ayuda en absoluto (Caraveo-Anduaga y Bermúdez, 2004). Teniendo en cuenta la relación existente entre mayor estigma y pobre apego al tratamiento (Reynoso et al., 2012), parte del reto que presentan los proveedores de salud mental que se dedican a la atención del TOC en Latinoamérica implica disminuir el estigma a través de la psicoeducación a la población.

Apoyo familiar y comunitario: En Latinoamérica, las familias y comunidades suelen tener una gran influencia en la vida de las personas. Esto puede ser tanto beneficioso como perjudicial para aquellos que padecen TOC. Por un lado, el "familismo" podría brindar un entorno de apoyo para lidiar con situaciones estresantes (Nicolini et al., 2017). Por otro lado, también puede existir presión por parte de la familia para ocultar o negar los síntomas por el estigma de salud mental, lo que dificulta el acceso a la ayuda profesional (Glazier et al., 2015).

Avances y desafíos en la atención del TOC en Latinoamérica

En Latinoamérica, existen pocos centros de investigación y divulgación acerca del TOC. La Asociación Latinoamérica de Trastorno Obsesivo Compulsivo (ALTOC) es una de las instituciones que dan acceso y hacen conciencia sobre el TOC en la región a través de apoyo a pacientes con TOC y trastornos relacionados por medio de psicoeducación, asesoramiento, talleres y congresos, brindando servicio en

Paraguay, Chile, Argentina, México, Perú y Colombia. Además, el consorcio Latin American Trans- Ancestry Initiative for OCD Genomics (LATINO) es la institución que se encuentra realizando el primer estudio genómico de personas con Trastorno Obsesivo Compulsivo en Latinoamérica, la investigación se llevará a cabo en Argentina, Brasil, México, Paraguay, Perú, Canadá, Estados Unidos y Chile, y es patrocinada por el Instituto Nacional de Salud de Estados Unidos teniendo por finalidad identificar los factores que contribuyen a que una persona de ascendencia latina desarrolle la enfermedad.

Aunque se ha avanzado mucho en la investigación acerca del trastorno, en Latinoamérica se puede observar que aún queda varios déficits en la aplicación de esta información a la hora de trabajar con los pacientes que sufren TOC, por lo que se comentarán algunos desafíos pendientes para poder trabajar de manera integral sobre este tema.

En primer lugar, el psicoterapeuta que trabaja en TOC debe de ser licenciado en psicología, así como presentar un posgrado de terapia cognitiva conductual y además un entrenamiento específico en técnicas de exposición y prevención de respuesta (EPR) para el tratamiento de los pacientes.

Se puede observar un error generalizado entre los terapeutas especializados en el trastorno obsesivo compulsivo donde no toman en cuenta la comorbilidad entre los trastornos tanto orgánicos como otros de índole psicológica. Se debe dar psicoeducación sobre otros trastornos además de una constante actualización, para poder realizar una evaluación funcional e integral de toda la sintomatología del paciente, ya que hay trastornos que podrían influir en la manifestación de los síntomas, como sería en el caso del trastorno de depresión mayor a nivel grave que genera anhedonia y apatía excesiva que con su desesperanza podría inhibir la frecuencia de obsesiones, quedando en muchos casos el TOC en un segundo lugar en el protocolo de tratamiento.

El estudio del TOC es relativamente nuevo en el campo de las ciencias del comportamiento, los pioneros en investigar acerca de este trastorno han sido investigadores de EEUU, por lo que la mayoría de la literatura científica acerca de este padecimiento se encuentra en lengua inglesa, esto limita el acceso por parte de los profesionales de la salud mental que no presentan conocimientos en este lenguaje, de esta forma, se sugiere la traducción y un crecimiento en investigación por parte de la población latinoamericana sobre este tema en habla española.

La psicoterapia y el abordaje psicofarmacológico es la indicación terapéutica para el tratamiento del paciente que sufre de TOC (Kodysz, s.f.), por ello es necesario una comunicación efectiva tanto del profesional de psiquiatría como el profesional de psicología, sin embargo, en Latinoamérica la comunicación suele ser complicada. Muchas veces se encuentra que psicólogos que no se encuentran capacitados en el trastorno niegan y rechazan al paciente la asistencia del profesional de la psiquiatría, y de la misma manera, psiquiatras que tampoco se encuentran entrenados en la sintomatología y tratamiento del padecimiento rechazan la idea de la psicoterapia como complemento en su procedimiento, por lo que únicamente basa su ejecución en la receta de medicamentos como método único.

Según la Organización Mundial de la Salud (2020) los países gastan en promedio el 2 % de su presupuesto sanitario en salud mental, de hecho, la asistencia internacional para el desarrollo en materia de salud nunca ha superado el 1 % del presupuesto. Por ello, se sugieren campañas de concientización en materia de salud mental, y en este caso de TOC para que las organizaciones gubernamentales cambien las legislaciones para brindar un servicio especializado y de calidad en pacientes que padecen TOC.

Experiencias y testimonios de pacientes con TOC en Latinoamérica

El TOC afecta a personas de todas las edades, el acceso a la atención médica y los recursos disponibles pueden variar según el país, ciudad o zona. Algunas personas han compartido sus experiencias y testimonio en el transcurso del camino hacia la recuperación del control de su vida. En muchos de los casos el paciente realiza todo su proceso terapéutico presencial y en otros gracias a las nuevas tecnologías vía online, teniendo el mismo éxito. Como ejemplo de ello, se presentarán algunos relatos de pacientes con altas terapéuticas exitosas del centro especializado en TOC: SIN TOC de México.

"Tengo TOC desde hace 12 años. Actualmente, tengo 25 años y tengo un TOC puro y medicada con antidepresivos y ansiolíticos. Luego de varios años y cambios de psiquiatra y medicación me daba cuenta de que mis síntomas no cambiaban y cada vez era peor. Inicie terapia con una psicóloga que solo me decía que tenía que aceptar lo que me pasaba sin darse cuenta de que era cada vez peor, pero, ella no era especialista en TOC. En el 2019, inicie con otra psicóloga especialista en TOC, me enseñó sobre mi trastorno y el tratamiento de EPR, entonces yo no creía en nada pero que más podría pasar si ya lo había intentado todo. Mis niveles de ansiedad pasaron de 10 a 9 y así fueron bajando en cada una de las exposiciones hasta llegar a 1 – 2 en el transcurso de 10 meses, prácticamente la terapia salvo mi vida" (Noelia, 2020, SIN TOC).

"Soy de Chile, me diagnosticaron a mediados del año 2020, el día que me dijeron que lo tenía agradecí al fin sabía que tenía y me di cuenta de que no era la única persona del mundo así. Al iniciar terapia lo primero fue la psicoeducación para conocer más sobre el TOC y aprender la técnica necesaria. Tuve un cambio positivo y notorio durante el tratamiento. Actualmente aún tengo pensamientos, pero ya no me causan el mismo efecto" (Nicola, 2020, SIN TOC).

"Creía que el TOC me iba a matar, tuve mi encuentro en el 2021 durante pandemia. Tenía una visión romantizada del TOC, si saber que me afectaría tanto mi vida, llegue al punto de estar agotado, el TOC me visitaba todo el día y me llenaba de ideas la cabeza de cosas terribles. Con la terapia aprendí a no entrar en sus bucles de miedo y poco a poco fui teniendo momentos, días, horas y semanas de paz. El camino no es rendirse ni quedarme en la cama. A mis 43 años fue mi camino más retador con mucho sudor, lágrimas y toca poner todas tus fuerzas, pero si se puede y si hay salida" (Luis Diego, Costa Rica, SIN TOC).

En síntesis, la detección temprana del trastorno obsesivo-compulsivo (TOC) es de vital importancia para poder brindar un tratamiento adecuado y mejorar la calidad de vida de las personas afectadas. Es fundamental aumentar la conciencia pública sobre el TOC y sus síntomas, ya que esto puede ayudar a las personas a reconocer los signos tempranos en sí mismas o en sus seres queridos. La educación y la difusión de información acerca del trastorno pueden contribuir a reducir el estigma asociado y fomentar una mayor búsqueda de ayuda. Además, es importante que los profesionales de la salud estén capacitados para identificar y diagnosticar correctamente el TOC. La detección temprana implica reconocer los síntomas característicos del trastorno y diferenciarlos de otros problemas de salud mental. Los médicos de atención primaria, psicólogos y psiquiatras desempeñan un papel crucial en este proceso, ya que son quienes suelen tener el primer contacto con los pacientes. La identificación temprana de los síntomas del TOC en niños y adolescentes puede ser especialmente beneficiosa, ya que permite intervenir de manera pertinente y evitar posibles complicaciones a largo plazo. Se sabe que el trastorno puede generar angustia, vergüenza y aislamiento, por lo que brindar comprensión y empatía puede marcar una diferencia significativa en el bienestar general del individuo. Por último, es fundamental garantizar el acceso a servicios de salud mental de calidad para aquellos que son diagnosticados con TOC. La detección temprana por sí sola no es suficiente si las personas no reciben el tratamiento adecuado. Los enfoques terapéuticos, como la terapia cognitivo-conductual y la EPR han demostrado ser eficaces en el manejo del TOC. Por lo tanto, es necesario contar con sistemas de salud sólidos que brinden acceso oportuno y asequible a estos tratamientos en todos los países de nuestra región.

Referencias

Beaglehole, R., Bonita, R., & Kjellstrom, T. (1994). Epidemiología Básica. Washington: Oficina Panamericana de la Salud.

Bernal García, E. (2010). Síndromes folklóricos en cuatro ciudades de la sierra del Perú: prevalencia de vida, asociación con tres síndromes psiquiátricos y sistemas de atención. Anales de Salud Mental, 39-48.

Berenzon Gorn, S., Hernández Hernández, J., & Saavedra Solano, N. (2001). Percepciones y creencias en torno a la salud-enfermedad mental, narradas por curanderos urbanos de la ciudad de México. Gazeta de Antropología.

Brakoulias, V., Starcevic, V., Albert, U., Arumugham, S. S., Bailey, B. E., Belloch, A., ... Fineberg, N. A. (2019). Treatments used for obsessive-compulsive disorder-An international perspective. Human Psychopharmacology, 34(1), e2686. https://doi.org/10.1002/hup.2686

Brakoulias, V., Starcevic, V., Belloch, A., Dell'Osso, L., Ferrão, Y. A., Fontenelle, L. F., ... Viswasam, K. (2016). International prescribing practices in obsessive-compulsive disorder (OCD). Human psychopharmacology, 31(4), 319–324. https://doi.org/10.1002/hup.2541

Caraveo-Anduaga, J. J., & Bermúdez, E. C. (2004). The epidemiology of obsessive-compulsive disorder in Mexico City. Salud Mental, 27(2), 65-73.

Caraveo, A. J., Colmenares, B. E., & Saldivar, H. G. (1999). Morbilidad psiquiátrica en la Ciudad de México: prevalencia y comorbilidad en la vida. Salud Mental, 22(especial), 62-67.

Casullo, M. (2004). Síntomas Psicopatológicos en pacientes urbanos. Psicología y Ciencia Social, 6(1), Universidad Nacional Autónoma de México, 46-57.

Chavira, D. A., Garrido, H., Bagnarello, M., Azzam, A., Reus, V. I., & Mathews, C. A. (2008). A comparative study of obsessive-compulsive disorder in Costa Rica and the United States. Depression and anxiety, 25(7), 609-619.

Fontenelle, L. F., Mendlowicz, M. V., Marques, C., & Versiani, M. (2004). Trans-cultural aspects of obsessive–compulsive disorder: a description of a Brazilian sample and a systematic review of international clinical studies. Journal of psychiatric research, 38(4), 403-411.

Friedman, G. (1975). Principios de epidemiología. Buenos Aires: Panamericana.

García-Anaya, M. (2011). Efecto clínico y electrofisiológico de la estimulación magnética transcraneal repetitiva derecha e izquierda en pacientes con trastorno depresivo mayor.

Glazier, K., Wetterneck, C., Singh, S., & Williams, M. (2015). Stigma and shame as barriers to treatment for obsessive-compulsive and related disorders. Journal of Depression and Anxiety, 4(3), 191.

González, L. M., Enrique Peñaloza, R., Matallana, M. A., Gil, F., Gómez-Restrepo, C., & Vega Landaeta, A. P. (2016). Factores que determinan el acceso a

354

servicios de salud mental de la población adulta en Colombia. Revista colombiana de psiquiatría, 45, 89-95.

González, L. M., Penaloza, R. E., Matallana, M. A., Gil, F., Gómez-Restrepo, C., & Vega Landaeta, A. P. (2016). Factores que determinan el acceso a servicios de salud mental de la población adulta en Colombia. Asociación Colombiana de Psiquiatria, 45(1), 89-95.

Henao, S., Restrepo, V., Alzate, A. F., & González, C. M. (2009). Percepción sobre el acceso a los servicios de salud mental que tienen los residentes de tres municipios de Antioquia, Facultad Nacional de Salud Pública, 27(3), 271-281.

Kodysz, S. (s.f.). Trastorno obsesivo-compulsivo. Breve revisión bibliográfica. Hojas Clínicas de Salud Mental. Buenos Aires: Universidad de Buenos Aires, 15-20.

Kohn, R., & Levav, I. (2009). La utilización de los servicios de salud mental y la brecha de tratamiento en América Latina y el Caribe. En Rodríguez, J. J., Kohn, R. y Aguilar-Gaxiola, S. (Eds). Epidemiología de los trastornos mentales en América Latina y el Caribe (pp. 300-315). Organización Panamericana de la Salud.

López Jiménez, M. T., Barrera Villalpando, M. I., Cortés Sotres, J. F., Guines, M., & Jaime, M. (2011). Funcionamiento familiar, creencias e inteligencia emocional en pacientes con trastorno obsesivo-compulsivo y sus familiares. Salud mental, 34(2).

Luca Cocchia,*, Andrew Zaleskyb, d, Zoie Notta, Geneviève Whybirda, Paul B. Fitzgeraldc, Michael Breakspeara (2018). Transcranial magnetic stimulation in obsessive-compulsive disorder: A focus on network mechanisms and state dependence.

Martínez-Taboas, A. (2014). Prácticas psicológicas basadas en la evidencia: beneficios y retos para Latinoamérica. Revista Costarricense de Psicología, 33(2), 63-78.

Mathes, B. M., Morabito, D. M., & Schmidt, N. B. (2019). Epidemiological and Clinical gender differences in OCD. Current Psychiatry Reports, 21(5).

Navarro-Mancilla, Álvaro Andrés, Rueda-Jaimes, Germán Eduardo, Camacho López, Paul Anthony, Franco López, Jorge Augusto, Escobar Sánchez, Mauricio, & Díaz-Martínez, Luis Alfonso. (2011). Prevalencia de trastorno obsesivo compulsivo en adolescentes colombianos y su asociación con la doble condición de trabajo y estudio. Revista Colombiana de Psiquiatría, 40(2), 279-288.

Nicolini, H., Orozco, B., Giuffra, L., Páez, F., Mejía, J., de Carmona, M. S., & De la Fuente, J. R. (1997). Edad de inicio, sexo y gravedad en el trastorno obsesivo-compulsivo. Un estudio sobre una población mexicana. Salud Mental, 20(2), 1-4.

Nicolini, H., Mejía, J., Merino, J., & de Carmona, M. S. (1992). Estudio del paciente obsesivo compulsivo en una muestra mexicana. Experiencia del Instituto Mexicano de Psiquiatría. Salud Mental, 15(4), 1-11.

Nicolini, H., Salin-Pascual, R., Cabrera, B., & Lanzagorta, N. (2017). Influence of Culture in Obsessive-compulsive Disorder and Its Treatment. Current Psychiatry Reviews, 13(4), 285–292. doi:10.2174/2211556007666180115105935

Organización Mundial de la Salud. (2020). Día Mundial de la Salud Mental: una oportunidad para impulsar un aumento a gran escala de la inversión en salud mental. Recuperado de https://www.who.int/es/news/item/27-08-2020-world-mental-health-day-an-opportunity-to-kick-start-a-massive-scale-up-in-investment-in-mental-health

Organización Mundial de la Salud. (2023). Día Mundial de la Salud Mental: una oportunidad para impulsar un aumento a gran escala de la inversión en salud mental. Recuperado de https://www.who.int/es/news/item/27-08-2020-world-mental-health-day-an-opportunity-to-kick-start-a-massive-scale-up-in-investment-in-mental-health

Petribú, K., & Bastos, O. (1997). Comorbidade em transtorno obsessivo-compulsivo: terceira parte: objetivos, metodologia, resultados e discussao. J. bras. psiquiatr, 417-425.

Reynoso, S. F., Dávalos, R. M., García, R. R., & Agraz, F. P. (2012). Estigma y apego al tratamiento psiquiátrico en los trastornos mentales severos y persistentes. Revista Latinoamericana de Psiquiatría, 11(3), 82-89.

Scholl, C. C., Tabeleão, V. C., Stigger, R. S., Trettim, J. P., De Mattos, M. B., Pires, A. C., ... De Avila Quevedo, L. (2017). Qualidade de vida no Transtorno Obsessivo-Compulsivo: um estudo com usuários da Atenção Básica. Ciencia & Saude Coletiva, 22(4), 1353–1360.

Torres, Y. G., Castaño, G. P., Sierra, G. H., Salas, C. Z., Bareño, J. S. (2020). Estudio de Salud Mental Medellín, The World Mental Health Survey Initiative. Medellín: Universidad CES. Editorial CES.

Universidad de Valparaíso Chile, Vicerrectoría de Investigación e Innovación. (2023). Recuperado de https://investigacion.uv.cl/2022/11/23/inician-primer-estudio-genomico-de-personas-con-trastorno-obsesivo-compulsivo-en-latinoamerica/

Vicente B, Kohn R, Saldivia S, Rioseco P, Torres S. (2005) Patrones de uso de servicios entre adultos con problemas de salud mental, en Chile. Rev Panam Salud Publica, 18(4/5), 263–70.

Wetterneck, C. T., Little, T. E., Rinehart, K. L., Cervantes, M. E., Hyde, E., & Williams, M. (2012). Latinos con trastorno obsesivo-compulsivo: Utilización e inclusión de la salud mental en ensayos clínicos. Revista de trastornos obsesivo-compulsivos y relacionados, 1(2), 85–97.

Acerca de los editores

Marcos E. Ochoa-Panaifo es psicólogo clínico de la Universidad San Ignacio de Loyola del Perú, director de la Asociación Latinoamericana de Trastorno Obsesivo Compulsivo – ALTOC. Es colaborador de LATINO OCD Genomics de Baylor College of Medicine y University of North Carolina at Chapel Hill.

Psicólogo clínico, psicoterapeuta e investigador especializado en el TOC. Durante los últimos años, el Psic. Marcos se ha dedicado a abordar la complejidad de este trastorno tanto a nivel clínico como a nivel de investigación. Asimismo, mediante ALTOC y sus colaboradores, se ha enfocado en entrenamiento, investigación y difusión del TOC en toda Latinoamérica.

Más información en www.altoc.org

Caleb W. Lack, Ph.D. es profesora de Psicología, coordinadora del programa de Maestría en Consejería en Psicología y coordinadora de prácticas de Consejería en Psicología y MFT en el Departamento de Psicología de la Universidad de Central Oklahoma.

Psicólogo clínico autorizado, el Dr. Lack es el autor o editor de ocho libros más vendidos sobre temas que van desde el pensamiento crítico y la pseudociencia hasta el racismo y el sexismo en la psicología temprana y varios tipos de psicopatología. También es autor de más de 65 publicaciones científicas relacionadas con la evaluación y el tratamiento de problemas psicológicos como el trastorno obsesivo-compulsivo, el síndrome de Tourette, los trastornos del estado de ánimo pediátricos y el estrés postraumático. Además, el Dr. Lack presenta regularmente conferencias a nivel nacional e internacional sobre una variedad de temas, forma parte del consejo editorial de revistas científicas y es revisor tanto de revistas como de agencias financiadoras.

El interés clínico del Dr. Lack en la práctica basada en evidencia se desarrolló mientras estaba en la escuela de posgrado en Psicología Clínica en la Universidad Estatal de Oklahoma y durante su pasantía predoctoral en Psicología Clínica Infantil/Pediátrica en la Universidad de Florida. Se especializa en el tratamiento de niños y adultos con trastornos de ansiedad, traumas y trastornos obsesivo-compulsivos y relacionados, como tics crónicos, síndrome de Tourette, tricotilomanía y excoriación. Es consultado y entrevistado regularmente por medios de comunicación locales, nacionales e internacionales, incluidos *The New York Times*, *The Atlantic* y más.

Además de los cursos sobre sus especialidades clínicas y de investigación en trastornos de ansiedad y práctica psicológica basada en evidencia, el Dr. Lack también imparte cursos de pregrado y posgrado sobre pensamiento crítico, ciencia y pseudociencia. Ha escrito para Skeptic Ink Network, Center for Inquiry, Skeptic.com y Skeptical Inquirer. además de presentar con frecuencia sobre el escepticismo y el pensamiento crítico. El Dr. Lack también es el exdirector del Proyecto de Terapeutas Seculares, cuyo objetivo es reunir a personas no religiosas que buscan tratamiento de salud mental con proveedores seculares basados en evidencia.

El Dr. Lack creció en la comunidad rural de Mountain View, Oklahoma, Estados Unidos, donde sus padres y su familia todavía residen y cultivan tierras que han sido propiedad de la familia durante más de 100 años. Actualmente vive en las afueras de Edmond, Oklahoma, con su familia, incondicionales perros guardianes del ganado, feroces gatos de granero, cabras insufribles y una manada de cerdos kunekune que resoplan en una pequeña y maravillosa propiedad llamada Freethinkt Farm.

Puede obtener más información y mantenerse actualizado sobre las actividades académicas y clínicas del Dr. Lack visitando www.caleblack.com.

www.ingramcontent.com/pod-product-compliance
Lightning Source LLC
Chambersburg PA
CBHW070546270326
41926CB00013B/2222